Prüfungsordnungen für Ärzte und Zahnärzte

nebst dem amtlichen Verzeichnis der zur Annahme
von Medizinalpraktikanten ermächtigten
Krankenanstalten des Deutschen Reiches

Auf Grund amtlichen Materials
bearbeitet und erläutert von

Kurt Opitz

Amtsrat im Ministerium für Volkswohlfahrt
Medizinalabteilung

Dritte berichtigte und
erweiterte Auflage

Springer-Verlag Berlin Heidelberg GmbH 1928

ISBN 978-3-662-31911-6   ISBN 978-3-662-32738-8 (eBook)
DOI 10.1007/978-3-662-32738-8

Geleitwort zur ersten Auflage.

Während der zwei Jahrzehnte, in denen ich als Referent in dem Preußischen Medizinalministerium die Angelegenheiten der ärztlichen und der zahnärztlichen Prüfungen bearbeitet habe, konnte ich häufig beobachten, daß die Unkenntnis der einschlägigen Bestimmungen über diese Prüfungen den Anwärtern für den ärztlichen oder den zahnärztlichen Beruf schweren Schaden brachte. Einbußen an Zeit und an Geld waren Folgen, die um so lastender wirkten, als zahlreiche Studierende der Medizin und der Zahnheilkunde nur über beschränkte Mittel verfügten. Andere Studierende würden ihre Ausbildung von vornherein zweckmäßiger gestaltet haben, wenn sie den Studienplan, die Vorschriften der Prüfungsordnung und schließlich auch die Vorschriften über das Praktische Jahr im Zusammenhange und mit klarlegenden Bemerkungen zur Hand gehabt hätten.

Aber auch mancher Universitätslehrer und mancher Prüfer würde einen ausführlichen Leitfaden über die Vorschriften betr. die ärztlichen und die zahnärztlichen Prüfungen gern gehabt haben, um sich die Absichten des Gesetzgebers und der Verwaltung bezüglich der Ausbildung und Prüfung zu vergegenwärtigen.

Die beiden kurz nach der Bekanntmachung der Prüfungsordnung für Ärzte vom 28. Mai 1901 erschienenen Abhandlungen

1. von Geh. Obermedizinalrat Prof. Dr. Kirchner in Berlin: „Die wesentlichen Bestimmungen der deutschen Prüfungsordnung für Ärzte vom 28. Mai 1901",

2. von Regierungsrat Frhr. von Welck in Dresden: „Die Prüfungsordnung für Ärzte vom 28. Mai 1901"

sind beide an sich vortreffliche Führer durch die ärztlichen Prüfungsvorschriften. Aber sie beziehen sich nur auf das damalige Recht und nur auf die Ärzte. Andere Erläuterungen, die später, und zwar in größeren Sammelwerken, wie z. B. in der 1913 herausgegebenen „Ärztlichen Rechts- und Gesetzeskunde von Rapmund-Dietrich" erschienen sind, bleiben für die Studierenden schwer zugänglich und berücksichtigen auch nicht die zahlreichen abändernden und erläuternden Bestimmungen, die gerade in den letzten 5 Jahren ergangen sind.

So ist das Bedürfnis nach einer erschöpfenden Zusammenstellung der Prüfungsvorschriften für Ärzte und für Zahnärzte unter den

Studierenden, Prüflingen und Prüfern immer lebhafter hervorgetreten. Der vorliegende Leitfaden, dessen Verfasser als langjähriger und erfahrener Mitarbeiter in meinem Referat für die Herausgabe besonders berufen erscheint, kommt diesem Bedürfnis nach. Das Werk füllt auch insofern eine fühlbare Lücke aus, als es das amtliche Verzeichnis der zur Annahme von Medizinalpraktikanten ermächtigten Krankenanstalten enthält, das in seinem Gesamtumfang für den Bereich des Deutschen Reichs als Sonderausgabe in Buchform wegen der hohen Druckkosten seit 1914 behördlich nicht mehr veröffentlicht worden ist.

Berlin-Steglitz, den 31. Juli 1921.

Prof. Dr. med. E. Dietrich,
Wirklicher Geheimer Ober-Medizinalrat.

Aus dem Vorwort zur ersten Auflage.

Die Fülle der zur Durchführung der Prüfungsordnungen für Ärzte und für Zahnärzte erlassenen Bestimmungen hat das Bedürfnis hervorgerufen und mich bewogen, diese in übersichtlich geordneter Form zusammenzustellen und, soweit nötig, zu erläutern, um den Beteiligten zuverlässige Aufklärung über die geltenden Verwaltungsgrundsätze zu geben.

Da diese Grundsätze, die ich während meiner amtlichen Tätigkeit in der Preußischen Medizinalverwaltung gesammelt habe, größtenteils auf Maßnahmen der Reichsregierung beruhen, so kommt ihre Anwendung nicht nur in Preußen, sondern im wesentlichen auch in den übrigen deutschen Ländern in Frage, ebenso wie die Prüfungsordnungen selbst für das ganze Gebiet des Deutschen Reiches gelten.

In besonderen Abschnitten sind außer den Prüfungsordnungen die dazu erlassenen Ausführungsbestimmungen und sonstigen Vorschriften, die mit der medizinischen und zahnärztlichen Ausbildung im Zusammenhang stehen, systematisch geordnet. Diese Abhandlungen und das gleichfalls aufgenommene amtliche Verzeichnis der zur Annahme von Medizinalpraktikanten ermächtigten Krankenanstalten im Deutschen Reich werden voraussichtlich großen Anklang finden und dazu beitragen, daß der Leitfaden zu einem unentbehrlichen Nachschlagewerk wird und damit seinen Zweck erfüllt.

Berlin-Südende, den 31. Juli 1921.

Kurt Opitz.

Vorwort zur dritten Auflage.

Die Vorschriften der Prüfungsordnung für Ärzte sind in neuester Zeit insofern grundlegend geändert worden, als das medizinische Studium von zehn auf elf Halbjahre verlängert worden ist. Die Übergangsbestimmungen zu dieser Änderung sehen eine Regelung vor, wonach das Medizinstudium bis zum Jahre 1931 auf drei verschiedene Arten zum Abschluß gebracht werden kann. Das Verständnis der geltenden Bestimmungen ist hierdurch etwas schwierig geworden.

Da mir in dieser Richtung eine Klärung notwendig erschien, seit Erscheinen der vorigen Ausgabe manche Veränderungen eingetreten sind und die Auflage beinahe vergriffen ist, habe ich deren Text durchgesehen und neu bearbeitet.

In dem vorliegenden Buche bringe ich außer den Prüfungs-, Dispens- und Approbationsbestimmungen nach dem neuesten Stande u. a. eine umfassende Ergänzung der Erläuterungen hierzu und die ausführliche Behandlung einiger Angelegenheiten in besonderen Abschnitten, z. B. Historisches über die Entwicklung der Prüfungs- und Approbationsvorschriften, Anrechnung anderweitiger Studien und Prüfungen, Approbation auf Grund wissenschaftlich erprobter Leistungen usw.

Weiterhin ist das neueste amtliche Verzeichnis der zur Annahme von Medizinalpraktikanten ermächtigten Krankenanstalten aufgenommen worden und zwar für Preußen in einer ausführlichen Fassung unter Angabe der Verhältnisse in den Anstalten und der den Praktikanten gewährten Vergünstigungen, für die übrigen Länder, in denen Ermittlungen in dieser Richtung nicht angestellt sind, in der bisherigen Weise.

Ich hoffe, daß die verbesserte neue Auflage den Kreis der Freunde dieses Leitfadens noch erweitern wird.

Berlin-Südende, den 1. Februar 1928.

Kurt Opitz.

Inhaltsverzeichnis.

Abkürzungen.

AA.	=	Ausführungsanweisung
Anm.	=	Anmerkung.
Abs.	=	Absatz.
ALR.	=	Allgemeines Landrecht vom 5. 2. 1794.
a. O.	=	(alte Ordnung) Prüfungsordnung für Ärzte vom 28. 5. 1901.
Art.	=	Artikel.
Bek.	=	Bekanntmachung.
BGB.	=	Bürgerliches Gesetzbuch.
BGBl.	=	Bundesgesetzblatt.
DAK.	=	Preußische Dienstanweisung für die Kreisärzte vom 1. 9. 1909 (MBl. S. 381).
GS.	=	Preußische Gesetzsammlung.
K.M.	=	Preußisches Kultusministerium[1]).
LVG.	=	Preußisches Gesetz über die allgemeinen Landesverwaltung vom 30. 7. 1883 (GS. S. 195).
MBl.	=	Preußisches Ministerialblatt für Medizinalangelegenheiten.
MBliV.	=	Ministerialblatt für die preußische innere Verwaltung.
MBlV.	=	Preußisches Ministerialblatt „Volkswohlfahrt".
M.J.	=	Preußisches Ministerium des Innern.
M.V.	=	Preußisches Ministerium für Volkswohlfahrt.
n. O.	=	(neue Ordnung) Prüfungsordnung für Ärzte vom 5. 7. 1924 in der ursprünglichen Fassung.
n. O.A.	=	(neue Ordnung, Abänderung) Prüfungsordnung für Ärzte vom 5. 7. 1924 unter Berücksichtigung der Abänderung durch den Reichsratsbeschluß vom 21. 12. 1927.
PrG.	=	Preußisches Gesetz.
RG.	=	Reichsgesetz.
RGB.	=	Reichsgesetzblatt.
RGO.	=	Reichsgewerbeordnung (Fassung v. 26. 7. 1900 — RGB. S. 871).
R.J.	=	Reichsminister des Innern.
R.K.	=	Reichskanzler (Reichsamt des Innern).
RV.	=	Reichsverfassung v. 11. 8. 1919 (RGB. S. 1383).
RVO.	=	Reichsversicherungsordnung (Fassung v. 15. 12. 1924/9. 1. 1926 — RGB. I 1924 S. 779, 1926 S. 9).
S.	=	Seite.
StGB.	=	Strafgesetzbuch (Fassung v. 15. 5. 1871 — RGB. S. 127).
usw.	=	und so weiter.
v.	=	vom
VO.	=	Verordnung.
ZBlUV.	=	Zentralblatt für die Preußische Unterrichtsverwaltung.
ZG.	=	Preußisches Gesetz über die Zuständigkeit der Verwaltungs- und Verwaltungsgerichtsbehörden v. 1. 8. 1883 (GS. S. 237).

---

[1] Bezeichnung des Preußischen Kultusministeriums:
bei Errichtung Ministerium der geistlichen, Unterrichts- und Medizinalangelegenheiten gemäß Kabinettsorder v. 3. 11. 1817 (GS. S. 289),
dann Ministerium der geistlichen und Unterrichtsangelegenheiten gemäß VO. v. 30. 11. 1910 (GS. 1911 S. 21),
seit der Staatsumwälzung Ministerium für Wissenschaft, Kunst und Volksbildung.

I. Prüfungsordnung für Ärzte.

A. Historisches.

Die an die Medizinalpersonen bei den Prüfungen gestellten Anforderungen hinsichtlich ihrer Vorbildung und Fachkenntnisse waren zu allen Zeiten je nach dem Stande der medizinischen Wissenschaft und Forschung verschieden. Als staatlicher Befähigungsnachweis für Medizinalpersonen war schon in dem Edikt vom 12. November 1685 die Approbation vorgesehen.

Vor der Umgestaltung der preußischen Gesundheitsgesetzgebung in den Jahren 1825 und 1826 bestanden folgende Arten von Medizinalpersonen: 1. promovierte praktische Ärzte (für die innere Praxis), 2. promovierte praktische Ärzte und Operateure (für innere und äußere Heilkunde), 3. ärztliche Lizentiaten (nichtpromovierte praktische Ärzte), 4. Stadtwundärzte (für die reine kleinchirurgische Stadtpraxis), 5. Landwundärzte (für die reine kleinchirurgische Landpraxis, für interne jedoch nur, soweit sie eine entsprechende Prüfung abgelegt hatten und am Niederlassungsorte kein praktischer Arzt wohnte) und 6. Militärärzte. Außerdem gab es für einzelne Zweige der operativen Heilkunde besonders geprüfte und konzessionierte Personen, z. B. Zahnärzte, Okulisten, Bruch- und Steinschneider usw. Erst in späterer Zeit wurden Personen für solche einzelnen Gegenstände der operativen Heilkunde nicht mehr geprüft und approbiert, doch erteilte man noch ausnahmsweise an ausgediente Militärchirurgen, Barbiere, Schäfer, selbst an alte Weiber Konzessionen zur Ausübung einzelner chirurgischer Hilfeleistungen, namentlich zur Heilung von Beinbrüchen, Verrenkungen, Geschwüren u. dgl.

Bis zum Jahre 1789 war die Befähigung der Ärzte nur von der Teilnahme an einem anatomischen Kursus und der Ausarbeitung eines ärztlichen Kasus in lateinischer Sprache abhängig. Durch die Kabinettsorder vom 15. Dezember 1789 und 4. Februar 1791 wurde bestimmt, daß nach Zurücklegung des anatomischen Kursus eine Prüfung über die wichtigsten Teile der Medizin in deutscher Sprache abgehalten und danach die Approbation erteilt werden sollte. In dem Prüfungsreglement vom 1. Februar 1798 wurde ein Studium von sechs Halbjahren vorgeschrieben, und zwar für diejenigen, welche promovierte Ärzte zu werden wünschten. Nur wenn der Kandidat den anatomischen Kursus wenigstens mit gutem Erfolge zurückgelegt und nachher noch drei Monate hindurch studiert hatte, konnte er zum klinischen Studium zugelassen werden und danach die ärztliche Prüfung ablegen.

Damals durften übrigens nur Personen, welche die vorgeschriebenen Prüfungen abgelegt und die entsprechende Approbation erworben hatten, die Heilkunst ausüben. Eine Ausnahme war jedoch durch Ministerialerlaß vom 8. Dezember 1809 zugelassen, wonach „jeder Arzt, den der Staat für würdig hält, zur Lehre oder zur Ausübung der Heilkunst selbst, in das Land zu rufen, ohne weitere Anfrage von jeder Prüfung befreit und berechtigt sein sollte, seine Kunst auszuüben".

Schon das Medizinaledikt vom 27. September 1725/22. April 1727 und später das Gewerbeedikt vom 2. November 1810 untersagte den Ärzten das Dispensieren von Arzneien, dagegen gestattete ihnen die Apothekerordnung vom 11. Oktober 1801 im § 14 das heute noch erlaubte Halten einer Hausapotheke unter gewissen Bedingungen.

Durch die Kabinettsorder vom 26. November 1825 (Prüfungsreglement vom 1. Dezember 1825) wurde das medizinische Studium für angehende promovierte Ärzte auf acht Halbjahre verlängert. Die letzten beiden Halbjahre sollten besonders zum Besuch der praktischen Institute benutzt werden. Gleichzeitig wurde eine ärztliche Vorprüfung, das Tentamen philosophicum, eingeführt, bei der in Logik, Psychologie, Physik, Chemie, Botanik, Mineralogie und Zoologie geprüft wurde. Voraussetzung für die Zulassung angehender promovierter Ärzte zur Staatsprüfung war damals: das Zeugnis der Reife eines humanistischen Gymnasiums, acht Halbjahre Studium, das Bestehen der ärztlichen Vorprüfung und der Nachweis, daß der Kandidat rite zum Doktor promoviert war.

Nach der Klassifikation des Heilpersonals vom 28. Juni 1825 gab es in Preußen entsprechend der damals noch scharf gezogenen Grenze zwischen Medizin und Chirurgie außer den praktischen promovierten Ärzten, die sich in promovierte Medico-Chirurgen (für Medizin und Chirurgie zugleich) und Medici puri (für innere Leiden ohne operativer Tätigkeit) teilten, Wundärzte erster Klasse (nicht promovierte Medico-Chirurgen), die ihrer ursprünglichen Bestimmung entsprechend als Landärzte in erster Linie Chirurgie betreiben durften, innere Praxis jedoch nur, wenn an ihrem Niederlassungsorte kein promovierter Arzt wohnte, und Wundärzte zweiter Klasse für die kleine Chirurgie und chirurgische Hilfsleistungen (z. B. Aderlassen, Blutigelsetzen, Verbändemachen). Letztere waren von größeren Operationen und der inneren Praxis ganz ausgeschlossen. Alle Kategorien von Ärzten mit Ausnahme der Wundärzte zweiter Klasse konnten auch durch eine besondere Prüfung die Approbation als Geburtshelfer erwerben. Einer besonderen Prüfung und Approbation bedurften auch diejenigen Ärzte, die die Augenheilkunde ausüben wollten und nicht die zur Ausübung der Augenheilkunst berechtigende Approbation als Medico-Chirurgen erhalten hatten. Für die Wundärzte erster Klasse war die Reife für Sekunda und für die Wundärzte zweiter Klasse die Reife für Tertia vorgeschrieben. Das Studium umfaßte drei Jahre. Die medizinischen Prüfungen waren für beide Arten verschieden geregelt (Kabinettsorder vom 28. Juni 1825) entsprechend den an sie gestellten Anforderungen.

Durch Ministerialerlaß vom 14. Dezember 1841 wurde bestimmt, daß in der Promotionsprüfung auch die erforderlichen Kenntnisse in der gerichtlichen Medizin und medizinischen Polizei nachgewiesen werden mußten.

Seit dem Ministerialerlaß vom 8. Oktober 1852 konnten nur solche Kandidaten zu praktischen Ärzten approbiert werden, welche zugleich die Prüfung als Wundarzt und diejenige als Geburtshelfer bestanden hatten. Sie führten den Titel Arzt, Wundarzt und Geburtshelfer. Die Prüfung bestand nach diesem Erlaß aus vier Abschnitten: dem anatomischen, medizinischen, chirurgischen und geburtshilflichen. Durch Ministerialerlaß vom 1. Februar 1856 wurde noch ein weiteres Prüfungsgebiet hinzugefügt, und zwar als Unterabschnitt des anatomischen Abschnittes die Prüfung in Physiologie. Durch Ministerialerlaß vom 19. Februar 1861 wurde das Tentamen philosophicum in ein Tentamen physicum umgewandelt, in dem die Fächer der Logik und Psychologie durch diejenigen der Anatomie und Physiologie ersetzt wurden.

Nach Einführung der Gewerbeordnung für den Norddeutschen Bund vom 21. Juni 1869, durch die übrigens die Ausübung der Heilkunde freigegeben, die Führung des Arzttitels aber geschützt wurde (vgl. S. 243), wurde eine neue Prüfungsordnung für die Medizinalpersonen vom 25. September 1869 für das Gebiet des Norddeutschen Bundes erlassen. Gleichzeitig wurde im Anschluß an den vorgenannten Ministerialerlaß vom 8. Dezember 1809 durch die jetzt noch gültige Bekanntmachung des Bundeskanzlers vom 9. Dezember 1869 bestimmt, daß hervorragende Ärzte aus dem Auslande, die wissenschaftlich erprobte Leistungen nachweisen und in den Staats- oder Gemeindedienst eintreten wollen, die Approbation als Arzt unter Befreiung von den ärztlichen Prüfungen und der Ableistung des Praktischen Jahres erhalten können (vgl. S. 167). Die Prüfungsordnung vom 25. September 1869 wurde durch die Bekanntmachung des Reichskanzlers vom 28. Juni 1872 auf das Deutsche Reich ausgedehnt, brachte aber für die ärztliche Prüfung keine wesentlichen Abänderungen. Nur sollte die Zulassung zur Prüfung nicht mehr von der vorherigen Promotion abhängig gemacht werden. Erst durch die Vorschriften betreffend die Prüfung als Arzt und die ärztliche Vorprüfung vom 2. Juni 1883 wurden Bestimmungen getroffen, die der jetzigen Prüfungsordnung in Form und Fassung nahe stehen. Die Gesamtdauer des Studiums wurde darin von acht auf neun Halbjahre verlängert. Für die Zulassung zur ärztlichen Vorprüfung wurde ein viersemestriges Studium gefordert; nach vollständig bestandener ärztlicher Vorprüfung mußten fünf klinische Halbjahre nachgewiesen werden. Prüfungsgegenstände in der Vorprüfung waren: Anatomie, Physiologie, Physik, Chemie und Botanik oder Zoologie. Die ärztliche Prüfung bestand aus sieben Abschnitten: Anatomie, Physiologie, pathologische Anatomie, Chirurgie und Augenheilkunde, innere Medizin, Geburtshilfe und Frauenheilkunde sowie Hygiene. Durch Bundesratsbeschluß vom 31. März 1887 wurde die Ausdehnung der ärztlichen Prüfung auf die Schutzpockenimpfung vorgeschrieben.

Durch die Prüfungsordnung vom 28. Mai 1901 ist neben dem Zeugnis der Reife eines Gymnasiums auch das Reifezeugnis eines Realgymnasiums zugelassen worden, weiterhin gemäß des Beschlusses des Bundesrats vom 31. 1. 1907 auch das Reifezeugnis einer Oberrealschule mit dem Nachweis von Kenntnissen in der lateinischen Sprache, der bei der Meldung zur Vorprüfung beizubringen ist. Für die Zulassung zur ärztlichen Vorprüfung wurde ein fünfhalbjähriges medizinisches Studium verlangt. Die Gesamtdauer des medizinischen Studiums wurde von neun auf zehn Halbjahre verlängert, dem sich noch eine zwölfmonatige praktische Ausbildung (Praktisches Jahr) an Universitätskliniken oder Krankenanstalten anschließt. Das Praktische Jahr ist im vollen Umfange erst am 1. Oktober 1908 in Kraft getreten, weil bis dahin noch Ausnahmen zugelassen werden konnten (wegen der Bestimmungen über die Art der Ausbildung vgl. S. 95). Geprüft wird bei der ärztlichen Vorprüfung in Anatomie, Physiologie, Physik, Chemie, Zoologie und Botanik, bei der ärztlichen Prüfung in pathologischer Anatomie und allgemeiner Pathologie, innerer Medizin, Pharmakologie, Chirurgie, topographischer Anatomie, Geburtshilfe und Gynäkologie, Augenheilkunde, Irrenheilkunde sowie Hygiene. Hinzugekommen sind durch Beschluß des Bundesrats vom 8. Mai 1918 Kinderheilkunde sowie Dermatologie und Venerologie, ferner durch Beschluß des Staatenausschusses vom 1. August 1919 Hals-, Nasen- und Ohrenheilkunde.

Die neue Prüfungsordnung vom 5. Juli 1924 ist der bisherigen Fassung angepaßt, sieht aber als Neuerungen hauptsächlich vor: die Herabsetzung der vorklinischen Studienzeit von fünf auf vier Halbjahre, die Verlängerung des klinischen Studiums von fünf auf sechs Halbjahre mit einer Erweiterung der Pflichtvorlesungen und -kurse und die Beschränkung der ärztlichen Vorprüfung und Prüfung auf eine einmalige Wiederholung (bisher zwei Wiederholungsprüfungen), wobei die Wiederholung der Vorprüfung als Kollegialprüfung abzuhalten ist. Ferner sind als besondere neue Prüfungsgegenstände bei der ärztlichen Prüfung die pathologische Physiologie und gerichtliche Medizin und die Bearbeitung eines Probegutachtens über einen Krankheitsfall aus dem Gebiete der Versicherungsmedizin oder des Versorgungswesens während des Praktischen Jahres eingeführt worden. Dieses ist im übrigen unverändert geblieben.

Durch Beschluß des Reichsrats vom 21. Dezember 1927 ist unter Beibehaltung des sechshalbjährigen klinischen Studiums das vorklinische Studium wieder von vier auf fünf Halbjahre verlängert, die Gesamtstudienzeit mithin von zehn auf elf Halbjahre erhöht worden.

Seit Herbst 1908 werden Frauen unter denselben Bedingungen, wie männliche Studierende, zum medizinischen Studium allgemein zugelassen.

Die Zahl der Ärzte betrug in den Jahren 1885 rund 16000, 1904 rund 30000, 1914 etwa 33000, 1924 rund 40000 und 1927 rund 47000.

B. Prüfungsordnung für Ärzte

vom 28. Mai 1901¹.	vom 5. Juli 1924¹.
A. Zentralbehörden, welche Appro-bationen erteilen.	**A. Behörden, die Approbationen erteilen.**
§ 1.	§ 1.

<table>
<tr><td>

Zur Erteilung der Approbation als Arzt für das Reichsgebiet sind befugt:

1. die Zentralbehörden derjenigen Bundesstaaten, welche eine oder mehrere Landesuniversitäten haben², mithin zur Zeit die zuständigen Ministerien des Königreichs Preußen³,

</td><td>

Zur Erteilung der Approbation als Arzt für das Reichsgebiet sind die obersten Landesbehörden der Länder befugt, die eine Landesuniversität haben², mithin zur Zeit die zuständigen obersten Landesbehörden von Preußen³, Bayern, Sachsen,

</td></tr>
</table>

---

¹ Die Prüfungsordnung für Ärzte vom 28. 5. 1901 (a. O.) gilt noch für Medizinstudierende, die die ärztliche Vorprüfung nach der a. O. bis zum 31. 5. 1928 vollständig bestanden haben. Sie können nach Zurücklegung des vorgeschriebenen weiteren Studiums mit zusammen zehn Halbjahren die ärztliche Prüfung nach der a. O. ablegen, wenn sie sich hierzu nach Erfüllung der in der a. O. vorgeschriebenen Bedingungen spätestens bis zum 15. 3. 1931 melden. Von diesem Zeitpunkte ab werden Studierende zur Ablegung der ärztlichen Prüfung nach der a. O. nicht mehr zugelassen.

Die Prüfungsordnung für Ärzte vom 5. 7. 1924 in der ursprünglichen Fassung (n. O.) findet hinsichtlich der Meldung zur ärztlichen Vorprüfung mit vier und zur ärztlichen Prüfung mit zehn medizinischen Studienhalbjahren auf solche Medizinstudierenden Anwendung, die die ärztliche Vorprüfung mit vier Halbjahren begonnen und bis zum 31. 5. 1928 vollständig bestanden haben. Diese Studierenden haben nach der Vorprüfung die Voraussetzungen für die Meldung zur ärztlichen Prüfung nach den Vorschriften der n. O. zu erfüllen und können diese Prüfung mit insgesamt zehn medizinischen Halbjahren ablegen, wenn sie sich hierzu bis zum 15. 3. 1931 melden.

Die Prüfungsordnung für Ärzte vom 5. 7. 1924 ist durch Beschluß des Reichsrats vom 21. 12. 1927 mit Wirkung vom 1. 6. 1928 ab insofern geändert worden (n. O. A., Änderungen im Wortlaut der Prüfungsordnung schräg gedruckt), als von diesem Zeitpunkte ab nur solche Studierenden zur ärztlichen Vorprüfung zugelassen werden, die mindestens fünf medizinische Halbjahre zurückgelegt haben. Diese Studierenden haben zur ärztlichen Prüfung eine medizinische Gesamtstudienzeit von elf Halbjahren, von denen mindestens fünf Halbjahre nach vollständig bestandener Vorprüfung zurückgelegt sein müssen, nachzuweisen und hiernach die ärztliche Prüfung nach der n. O. abzulegen. Diese Vorschriften kommen auch bei denjenigen Studierenden zur Anwendung, die die ärztliche Vorprüfung nach der a. O. mit fünf oder nach der n. O. mit vier Halbjahren begonnen, aber bis zum 31. 5. 1928 nicht vollständig bestanden haben und später beenden sowie auf solche, die die ärztliche Vorprüfung zwar nach den bisherigen Bestimmungen bis zum 31. 5. 1928 vollständig bestanden haben, aber erst nach dem 15. 3. 1931 die Bedingungen für die Zulassung zur ärztlichen Prüfung erfüllen und sich erst nach diesem Zeitpunkte zu dieser Prüfung melden (vgl. S. 50 Anm. 1B.

Die für das Gebiet des Deutschen Reiches geltende Prüfungsordnung vom 28. 5. 1901 hat der Reichskanzler veröffentlicht, nachdem ihr der Bundesrat auf Grund des § 29 der Reichsgewerbeordnung seine Zustimmung erteilt hat. In der vorliegenden Fassung sind die nachträglichen Änderungen berücksichtigt.

Die Prüfungsordnung vom 5. 7. 1924 hat der Reichsminister des Innern auf Grund des § 29 der Reichsgewerbeordnung in Verbindung mit Artikel 179 Abs. 2 der Reichsverfassung nach Zustimmung des Reichsrats erlassen. Die Abänderung dieser Prüfungsordnung f(vgl. Abs. 3) ist durch schrägen Druck kenntlich gemacht.

² Für die Erteilung der Approbation und für die Bewilligung von Ausnahmen hinsichtlich der Ableistung des Praktischen Jahres ist die oberste Behörde desjenigen Landes zuständig, welchem der Prüfungsausschuß angehört, vor dem der Studierende die ärztliche Prüfung abgelegt hat. Wegen der Reichsausländer vgl. S. 5 Anm 3. Wegen der Zuständigkeit für alle Angelegenheiten, welche die Prüfungsordnung berühren, z. B. Anrechnung von anderweitigen Studien, Prüfungen usw., Ausnahmen für die Zulassung zu den Prüfungen vgl. S. 49 Anm 1.

³ In Preußen ist als oberste Landesbehörde (Medizinalverwaltung) das Ministerium für Volkswohlfahrt in Berlin zuständig (Beschluß der Preußischen Staatsregierung vom 7. 11. 1919 — G.S. S. 173). Vorher war diese Verwaltung dem Ministerium des Innern (Verordnung vom 30. 11. 1910 — G.S. 1911 S. 21 —) und vordem dem Ministerium der geistlichen, Unterrichts- und Medizinalangelegenheiten zugewiesen.

Folgende Universitäten bestehen in Preußen: Berlin, Bonn a. Rh., Breslau, Frankfurt a. M., Göttingen, Greifswald, Halle a. S., Kiel, Köln a. Rh., Königsberg i. Pr., Marburg und Münster i. W. sowie die Medizinische Akademie in Düsseldorf.

des Königreichs Bayern, des Königreichs Sachsen, des Königreichs Württemberg, des Großherzogtums Baden, des Großherzogtums Hessen, des Großherzogtums Mecklenburg-Schwerin und in Gemeinschaft die Ministerien des Großherzogtums Sachsen und der sächsischen Herzogtümer[1];

2. das Ministerium für Elsaß-Lothringen[2].

Württemberg, Baden, Thüringen, Hessen, Hamburg und Mecklenburg-Schwerin[1].

B. Vorschriften über den Nachweis der Befähigung als Arzt.

§ 2.

Die Approbation wird demjenigen erteilt, welcher die ärztliche Prüfung vollständig bestanden und den Bestimmungen über das Praktische Jahr entsprochen hat[3].

Der ärztlichen Prüfung hat die Ablegung der ärztlichen Vorprüfung vorherzugehen.

Die Zulassung zu den Prüfungen und zum Praktischen Jahre sowie die Erteilung der Approbation sind zu versagen, wenn schwere strafrechtliche oder sittliche Verfehlungen vorliegen. Die Entscheidung erfolgt endgültig durch die zuständige Zentralbehörde[4] (§ 3 Abs. 2, § 20 Abs. 2, § 55 Abs. 2, § 60 Abs. 3, § 63 Abs. 2), ist bindend

B. Vorschriften über den Nachweis der Befähigung als Arzt.

§ 2.

Die Approbation erhält, wer die ärztliche Prüfung vollständig bestanden und den Bestimmungen über das Praktische Jahr entsprochen hat[3].

Der ärztlichen Prüfung hat die ärztliche Vorprüfung voranzugehen.

Die Zulassung zu den Prüfungen und zum Praktischen Jahre sowie die Erteilung der Approbation sind zu versagen, wenn schwere strafrechtliche oder sittliche Verfehlungen vorliegen. Die Entscheidung erfolgt endgültig durch die zuständige oberste Landesbehörde[4] (§ 3 Abs. 2, § 21 Abs. 2, § 62, § 65 Abs. 3, § 66 Abs. 2), ist

---

[1] Die zuständigen obersten Landesbehörden sind für
 a) Bayern: Staatsministerium für Unterricht und Kultus in München (Univ. München, Würzburg, Erlangen),
 b) Sachsen: Ministerium für Volksbildung in Dresden (Univ. Leipzig),
 c) Württemberg: Ministerium des Innern in Stuttgart (Univ. Tübingen),
 d) Baden: Ministerium des Innern in Karlsruhe (Univ. Freiburg i. B., Heidelberg),
 e) Thüringen: (ehemals Großherzogtum Sachsen und die sächsischen Herzogtümer): Ministerium für Volksbildung und Justiz, Abteilung Volksbildung in Weimar (Univ. Jena),
 f) Hessen: Ministerium des Innern in Darmstadt [für Approbationen] (Univ. Gießen) — für Studien- und Prüfungsangelegenheiten: Landesamt für das Bildungswesen in Darmstadt,
 g) Hamburg: Hochschulbehörde in Hamburg (Univ. Hamburg),
 h) Mecklenburg-Schwerin: Ministerium für Medizinalangelegenheiten in Schwerin (Univ. Rostock).

[2] Die Befugnisse, die nach der ehemaligen elsaß-lothringischen Verfassung und den früher in Elsaß-Lothringen geltenden Reichs- und Landesgesetzen dem Statthalter oder den Verwaltungsbehörden zugestanden haben, kann bis auf weiteres der Reichsminister des Innern ausüben (§ 2 des Reichsnotgesetzes v. 1. 3. 1919. — R.G.B. S. 257).

[3] Die Approbation wird männlichen und weiblichen Personen, Inländern ebenso wie Ausländern erteilt, falls sie alle Bedingungen der Prüfungsordnung erfüllen (reichsdeutsches Reisezeugnis, Studium an reichsdeutschen Universitäten, reichsdeutsche Prüfungen usw.). Wenn aber Ausländer auch nur einer Ausnahmebewilligung des § 65 a. O., § 68 n. O. bedürfen, wird ihnen die Approbation versagt (vgl. S. 200 f.). Besondere Approbationen für Fachärzte werden nicht erteilt. Wegen der Behandlung von Reichsdeutschen mit ausländischer Vorbildung vgl. S. 8 Anm. 1 und wegen Entziehung der Approbation vgl. S. 242.
 Die oberste Landesbehörde entscheidet hier nach eigenem pflichtmäßigen Ermessen. Bestimmungen darüber, unter welchen Voraussetzungen Verfehlungen als schwer im Sinne dieser Vorschrift anzusehen sind, und ein Rechtsmittel gibt es ebenso wie bei anderen nach der Prüfungsordnung erfolgenden Entscheidungen nicht. Ein weiterer Grund zur Vertagung der Approbation in § 60 Abs. 3 a. O., § 65 Abs. 3 n. O.

für alle anderen Zentralbehörden (§ 1) und diesen durch Vermittlung des Reichskanzlers[1] mitzuteilen[2].

I. Ärztliche Vorprüfung[3].

§ 3.

Die ärztliche Vorprüfung kann nur vor der Prüfungskommission derjenigen Universität[4] des Deutschen Reichs abgelegt werden, an welcher der Studierende dem medizinischen Studium obliegt[5]. Ausnahmen hiervon können nur aus besonderen Gründen gestattet werden (§ 65).

Die Prüfungskommission wird jährlich von der vorgesetzten Zentralbehörde (§ 1) nach Anhörung der Medizinischen Fakultät[6] berufen. In der Regel sind der Vorsitzende und dessen Stellvertreter den ordentlichen Professoren der Medizinischen Fakultät[6], die Mitglieder den Universitätslehrern der Fächer, welche Gegenstand der Prüfung sind (§ 11), zu entnehmen[7].

§ 4.

Der Vorsitzende leitet die Prüfung, achtet darauf, daß die Bestimmungen der Prüfungsordnung genau befolgt werden, ordnet bei vorübergehender Behinderung eines Mitgliedes dessen Stellvertretung an[8], berichtet unmittelbar nach dem Schlusse jedes Prüfungsjahrs der vorgesetzten Be-

---

bindend für alle anderen obersten Landesbehörden (§ 1) und diesen durch Vermittlung des Reichsministers des Innern mitzuteilen[2].

I. Ärztliche Vorprüfung[3].

§ 3.

Die ärztliche Vorprüfung kann nur vor dem Prüfungsausschuß derjenigen Universität[4] des Deutschen Reichs abgelegt werden, an der der Studierende dem medizinischen Studium obliegt[5]. Ausnahmen hiervon können nur aus besonderen Gründen gestattet werden (§ 68).

Der Prüfungsausschuß wird für jedes Prüfungsjahr, das vom 1. Oktober bis 30. September dauert, von der obersten Landesbehörde (§ 1) nach Anhörung der Medizinischen Fakultät[6] berufen. In der Regel sind der Vorsitzende und sein Stellvertreter den ordentlichen Professoren der Medizinischen Fakultät[6], die Mitglieder den Universitätslehrern der Fächer, die Gegenstand der Prüfung sind (§ 11), zu entnehmen[7].

§ 4.

Der Vorsitzende leitet die Prüfung, ist berechtigt, ihr in allen Fächern beizuwohnen, achtet darauf, daß die Bestimmungen der Prüfungsordnung genau befolgt werden, ordnet bei vorübergehender Behinderung eines Mitglieds des Prüfungsausschusses seine Stellvertretung an[8], berichtet un-

---

[1] Vgl. S. 49 Anm. 2.

[2] In den Abgangszeugnissen der Studierenden sind neben den von den akademischen Behörden ausgesprochenen Disziplinarstrafen auch die von den Gerichten wegen Verbrechen und Vergehen erkannten Strafen einzutragen (K.M. 19. 10. 1903 — U I 1732).

[3] Vgl. hierzu S. 65 ff.

[4] Angabe der Universitäten S. 4 Anm. 3, S. 5 Anm. 1. Wegen des beschränkten Unterrichts vgl. S. 54.

[5] D. h. vollimmatrikuliert und bei der Medizinischen Fakultät eingeschrieben ist. Hiernach besteht bei einem Universitätswechsel die Möglichkeit, die Vorprüfung, falls die Bedingungen für die Zulassung erfüllt sind, auch zu Beginn eines Studienhalbjahres an der Universität abzulegen oder zu beenden, an der das Studium fortgesetzt wird, wenn der Studierende vorher immatrikuliert worden ist. Die Zurücklegung einer bestimmten Zahl von Studienhalbjahren an derjenigen Universität, an der die Vorprüfung abgelegt wird, ist nicht vorgeschrieben (vgl. auch S. 9 Anm. 4). Wegen des beschränkten Unterrichts vgl. S. 54.
Die nach § 3 der Vorschriften für die Studierenden (S. 52) mögliche Zulassung zum Studium in der Philosophischen (Naturwissenschaftlichen, Wirtschafts- und Sozialwissenschaftlichen) Fakultät auf vier Halbjahre (mit der kleinen Matrikel) und die Zulassung als Gasthörer gewährt kein Anrecht, zu den ärztlichen und zahnärztlichen Prüfungen zugelassen zu werden (vgl. S. 83).

[6] Als Medizinische Fakultät im Sinne der Prüfungsordnung gilt auch der Akademische Rat der Medizinischen Akademie in Düsseldorf.

[7] Wegen Auswahl der Prüfer bei der Teilung der Vorprüfung in Anatomie und Physiologie vgl. K.M. 20. 1. 1925 — U I 2391 — S. 70.

[8] Hiernach regelt der Vorsitzende die Stellvertretung der Prüfer bei deren vorübergehender Behinderung selbständig (vgl. S. 234). Ist ein Prüfer versetzt, ausgeschieden oder voraussichtlich längere Zeit behindert und finden bis zum Ablauf des Prüfungsjahres (Ende September j. Js.)

hörde über die Tätigkeit der Kommission und legt Rechnung über die Gebühren.

Es finden in jedem Studienhalbjahre so viele Prüfungen statt, wie notwendig sind, um sämtliche eingegangenen Gesuche[2] zu erledigen. Gesuche, welche später als vierzehn Tage vor dem gesetzlichen Schlusse der Vorlesungen eingehen, haben keinen Anspruch auf Berücksichtigung in dem laufenden Halbjahre. Der Vorsitzende setzt die Prüfungstermine fest[3] und ladet die Mitglieder zu denselben.

Zu einem Prüfungstermine dürfen nicht mehr als vier Kandidaten zugelassen werden[4].

§ 5.

Die Gesuche[5]) um Zulassung zur Prüfung sind an den Vorsitzenden zu richten.

§ 6.

Der Meldung ist beizufügen das Zeugnis der Reife von einem deutschen Gymnasium, einem deutschen Realgymnasium oder einer deutschen Oberrealschule[6].

Das Zeugnis der Reife von einem Gymnasium, einem Realgymnasium oder einer Oberrealschule außerhalb des Deutschen Reichs darf nur aus-

mittelbar nach dem Schlusse jedes Prüfungsjahres der vorgesetzten Behörde über die Tätigkeit des Ausschusses und legt Rechnung über die Gebühren.

Vorprüfungen werden nur in der Zeit vom 1. März oder 1. August an abgehalten und müssen bis Ende Mai und Ende November jedes Jahres[1] beendet sein. Zulassungsgesuche[2] sind spätestens acht Tage vor dem amtlichen Schlusse der Vorlesungen einzureichen. Später eingehende Gesuche werden nur bei hinreichender Begründung berücksichtigt. Der Vorsitzende setzt die Prüfungstermine fest[3] und ladet hierzu die Mitglieder.

Von einem Prüfer dürfen nicht mehr als vier Kandidaten gleichzeitig geprüft werden[4].

§ 5.

Die Gesuche[5]) um Zulassung zur Prüfung sind an den Vorsitzenden zu richten.

§ 6.

Der Meldung ist beizufügen das Zeugnis der Reife eines Gymnasiums, eines Realgymnasiums oder einer Oberrealschule innerhalb des Deutschen Reichs[6].

Das Zeugnis der Reife eines Gymnasiums, eines Realgymnasiums oder einer Oberrealschule außerhalb des Deutschen Reichs darf nur ausnahms-

---

noch Prüfungen statt, so wird die Stellvertretung nach Anhörung des Vorsitzenden des Prüfungsausschusses vom Ministerium geregelt.

Für den Vorsitzenden wird für das ganze Prüfungsjahr ein Stellvertreter ernannt. Falls dieser verhindert sein sollte, den Vorsitzenden während seiner Abwesenheit zu vertreten, kommt als Stellvertreter nur einer der ordentlichen Prüfer in Betracht.

[1] Vgl. auch § 24 Abs. 3 a. O., § 25 Abs. 2 n. O.

[2] Muster S. 73.

[3] Die Meldung der Prüflinge und die Ansetzung der Prüfungstermine müssen rechtzeitig erfolgen, damit die Frist für die Beendigung der Prüfung (vgl. Anm. 1) nicht überschritten wird, weil sonst das Halbjahr, in dem die ärztliche Vorprüfung bestanden ist, nicht auf die klinische Studienzeit angerechnet werden darf (§ 24 a. O., § 25 n. O., K.M. 5. 6. 1907 — U I 892 M). Sofern die Vorprüfung wegen der Anzahl der Kandidaten nicht in der festgesetzten Frist zu Ende geführt werden kann, muß es dem Vorprüfungsausschuß überlassen werden, die Prüfung früher also evtl. schon während der Universitätsferien, zu beginnen.

[4] Dadurch soll nicht ausgeschlossen sein, daß an einem Tage mehrere Prüfungstermine mit je vier Kandidaten von einem Prüfer abgehalten werden.

[5] Muster S. 73.

[6] Zusammenstellung der verschiedenen zur Hochschulreife führenden Schularten S. 55.

Ein etwaiger Vermerk des Ministeriums für Wissenschaft, Kunst und Volksbildung auf einem nicht vollgültigen Reifezeugnis, wonach dieses einem reichsdeutschen Reifezeugnis gleichgestellt ist, gilt nur für die Zulassung zur Immatrikulation, gibt aber keinen Anspruch auf die Zulassung zu den Prüfungen und auf die Erteilung der Approbation.

nahmsweise als genügend erachtet werden (§ 65)[1].

Inhaber des Reifezeugnisses einer Oberrealschule haben nachzuweisen, daß sie in der lateinischen Sprache die Kenntnisse besitzen, welche für die Versetzung nach Obersekunda eines Realgymnasiums erforderlich sind[2].

Als Nachweis hierfür dient entweder ein mindestens genügendes Prädikat im Lateinischen im Reifezeugnis einer Oberrealschule mit wahlfreiem Lateinunterricht oder ein auf Grund einer Prüfung[3] ausgestelltes Zeugnis des Leiters eines deutschen Gymnasiums oder Realgymnasiums. Andere Nachweise über Kenntnisse in der lateinischen Sprache dürfen ausnahmsweise als genügend erachtet werden (§ 65)[4].

weise als genügend erachtet werden (§ 68)[1].

Inhaber des Reifezeugnisses einer Oberrealschule haben nachzuweisen, daß sie in der lateinischen Sprache die Kenntnisse besitzen, die für die Versetzung nach Obersekunda eines Realgymnasiums erforderlich sind[2]. Als Nachweis hierfür dient entweder ein mindestens genügendes Urteil im Lateinischen im Reifezeugnis einer Oberrealschule mit wahlfreiem Lateinunterricht oder ein auf Grund einer Prüfung[3] ausgestelltes Zeugnis des Leiters eines Gymnasiums oder Realgymnasiums innerhalb des Deutschen Reichs. Andere Nachweise über Kenntnisse in der lateinischen Sprache dürfen ausnahmweise als genügend erachtet werden (§ 68)[4].

§ 7.

Der Meldung ist der Nachweis[5] beizufügen, daß der Studierende nach Erlangung des Reifezeugnisses (§ 6 Abs. 1 und 2) mindestens fünf Halb-

§ 7.

Der Meldung ist der Nachweis[5] beizufügen, daß der Studierende nach Erlangung des Reifezeugnisses (§ 6 Abs. 1 und 2) mindestens vier Halb-

---

[1] Vgl. S. 7 Anm. 6 Abs. 2.

Reichsdeutsche (von Geburt) mit ausländischen Reifezeugnissen werden zu den ärztlichen Prüfungen mit dem Ziele der Erlangung der deutschen Approbation ausnahmsweise nur zugelassen, wenn diese Reifezeugnisse den deutschen gleichwertig sind und schwerwiegende Gründe für die Erwerbung der schulwissenschaftlichen Vorbildung außerhalb des Deutschen Reiches geltend gemacht werden. Solche Gesuche unterliegen der Entscheidung des Ministeriums. Ebenso werden von diesem die Anträge eingebürgerter Kandidaten mit ausländischer Schulbildung von Fall zu Fall geprüft.

Wegen der Reichsausländer vgl. S. 5 Anm. 3, wegen der österreichischen und anderen ausländischen Reifezeugnisse vgl. S. 192.

[2] Aus diesen Bestimmungen ergibt sich, daß die Einschreibung in der Medizinischen Fakultät auch auf Grund des Zeugnisses einer reichsdeutschen Oberrealschule zulässig ist. Der Nachweis lateinischer Sprachkenntnisse ist von den Oberrealschülern erst bei der Meldung zur ärztlichen Vorprüfung beizubringen, er ist nicht Voraussetzung für den Beginn des medizinischen Studiums (K.M. 5. 3. 1907 — U I 330).

[3] Es handelt sich hier nur um eine Prüfung in Latein. Die Prüfung ist in einem öffentlichen Gymnasium oder Realgymnasium (nicht Oberrealschule oder Privatschule) abzulegen. Die „Ordnung einer Prüfung im Lateinischen" vom 17. 8. 1917 findet auf diese Fälle keine Anwendung. Die Zulassung ist in Preußen beim Provinzialschulkollegium zu beantragen. Die Prüfung muß grundsätzlich bis zur Meldung zur Vorprüfung abgelegt sein, wenn im Reifezeugnis einer Oberrealschule oder gleichwertigen Lehranstalt nicht ein mindestens genügendes Urteil im Lateinischen enthalten ist. Auch bei Ablegung der Prüfung an einem Gymnasium brauchen nur die Lateinkenntnisse nachgewiesen zu werden, die für die Versetzung nach Obersekunda eines Realgymnasiums erforderlich sind.

[4] Von dieser Ausnahmebewilligung wird in der Regel nur bei Kriegsteilnehmern Gebrauch gemacht (vgl. auch S. 199). Im übrigen ist der Lateinnachweis grundsätzlich bei der Meldung zur Vorprüfung beizubringen und wird in Preußen nicht gestundet. Auch ein Zeugnis über die Teilnahme am Lateinunterricht in den oberen drei Klassen einer Oberrealschule wird nicht als genügender Lateinnachweis anerkannt, wenn nicht bei der Reifeprüfung auch eine Prüfung in Latein mit mindestens genügendem Erfolge abgelegt worden ist. Ebensowenig wird ein von Nichtkriegsteilnehmern erworbenes Zeugnis über die Teilnahme an Lateinkursen an einer Universität und über die Ablegung einer anschließenden, von dem Kursusleiter abgehaltenen Prüfung als ausreichender Lateinnachweis angesehen.

[5] Der Nachweis ist durch das Anmeldebuch und, wenn der Studierende bereits eine andere Universität besucht hat, durch das Abgangszeugnis der Letzteren in Urschrift zu führen.

jahre[3] dem medizinischen Studium[4]) an Universitäten des Deutschen Reichs obgelegen hat; die Zulassung darf indessen schon innerhalb der letzten sechs Wochen des fünften Studienhalbjahres erfolgen.

Auf diese fünf Halbjahre ist die Zeit des Militärdienstes, sofern der Studierende während dieser Zeit an einer Universität immatrikuliert war und die Ableistung am Universitätsort erfolgte, bis zur Dauer eines halben Jahres anzurechnen[5].

Ausnahmsweise darf die Studienzeit, welche

1. vor oder nach der Erlangung des Reifezeugnisses (§ 6 Abs. 1 und 2) einem dem medizinischen verwandten Universitätsstudium oder gleichwertigen Hochschulstudium gewidmet[6],[7],

jahre[1] [*fünf Halbjahre*[2]] dem medizinischen Studium[4] an Universitäten des Deutschen Reichs obgelegen hat.

Ausnahmweise darf diejenige Studienzeit ganz oder teilweise angerechnet werden (§ 68), die

1. vor oder nach der Erlangung des Reifezeugnisses (§ 6 Abs. 1 und 2) einem dem medizinischen verwandten Universitätsstudium oder gleichwertigen Hochschulstudium gewidmet[6],[7];

---

[1] Mit einem Medizinstudium von vier Halbjahren darf die ärztliche Vorprüfung nur noch bis zum 31. 5. 1928 abgelegt werden. Für die Fortsetzung des Studiums ist die n. O. maßgebend, wenn die Vorprüfung bis dahin vollständig bestanden ist. Gegebenfalls dürfen die Kandidaten nach Zurücklegung von insgesamt zehn Halbjahren zur ärztlichen Prüfung nach der n. O. zugelassen werden, wenn sie bis zum 15. 3. 1931 die Voraussetzungen der n. O. für die Meldung zur ärztlichen Prüfung erfüllen und sich spätestens zu diesem Zeitpunkte hierzu melden (vgl. S. 4 Anm. 1 Abs. 2 und S. 50 Anm. 1B).

[2] Abgeänderte Fassung gemäß Beschlusses des Reichsrats v. 21. 12. 1927. Fünf Halbjahre haben solche Studierenden bei der Meldung zur ärztlichen Vorprüfung nach der n. O. nachzuweisen, die erst nach dem 1. 6. 1928 die Bedingungen für die Zulassung zu dieser Vorprüfung erfüllen (vgl. auch S. 4 Anm. 1 Abs. 3 und S. 50 Anm. 1B).

[3] Nach einem fünfhalbjährigen Medizinstudium können Studierende nur noch bis zum 31. 5. 1928 zur Ablegung der ärztlichen Vorprüfung nach der a. O. zugelassen werden. Wer sie bis zu diesem Zeitpunkte vollständig bestanden hat, die Bedingungen der a. O. für die Zulassung zur ärztlichen Prüfung bis zum 15. 3. 1931 erfüllt und sich spätestens zu diesem Zeitpunkte zur ärztlichen Prüfung meldet, darf sie nach der a. O., also nach zehn Halbjahren, ablegen (vgl. auch S. 4 Anm. 1 Abs. 1 und S. 50 Anm. 1B).

[4] Als medizinisches Studium gilt formell nur das nach Einschreibung bei der Medizinischen Fakultät zurückgelegte Fachstudium als Studierender der Medizin (nicht etwa auch der Zahnheilkunde) (vgl. im übrigen § 7 Abs. 3 Ziff. 1. a. O., § 7 Abs. 2 Ziff. 1 n. O.).
Wegen Anrechnung von Gasthörsemestern oder eines Studiums mit der kleinen Matrikel auf die medizinische Studienzeit vgl. S. 81.

[5] Diese Bestimmung beruht auf der im § 4 der Wehrordnung v. 22. 11. 1888 festgelegten Wehrpflicht und kann deshalb nur noch auf die vor Außerkraftsetzung der gesetzlichen Vorschriften über die Wehrpflicht zurückliegenden Fälle Anwendung finden. Ein Dienst in der Reichswehr wird demgemäß nicht als Militärdienst im Sinne dieser Bestimmung der Prüfungsordnung angesehen (R.J. 14. 11. 1923 — II 9016 A — M.B. I M V 3467/23).

[6] Die Anrechnung kommt nur in Frage, wenn während eines nichtmedizinischen Studiums Vorlesungen oder Übungen aus dem Gebiete des medizinischen Studiums, z. B. Naturwissenschaften, belegt worden sind. Dabei gilt allgemein folgendes:
Wer in der Medizinischen Fakultät eingetragen ist und Physik, Chemie, Zoologie oder Botanik hört, betreibt, obwohl diese Fächer zur Philosophischen Fakultät gehören, ein medizinisches Studium und erfüllt die Voraussetzungen des § 7 Abs. 1 der Prüfungsordnung. Dagegen gilt das gleiche nicht von einem in der Philosophischen Fakultät eingeschriebenen Studierenden, welcher dieselben Vorlesungen besucht. Diesem kann die betreffende Studienzeit nur ausnahmsweise gemäß § 7 letzter Absatz angerechnet werden.
Falls ein Studium, das vor Erlangung des für die Eintragung bei der Medizinischen Fakultät vorgeschriebenen Reifezeugnisses zurückgelegt ist, auf die medizinische Studienzeit angerechnet wird, so wird durch diese Genehmigung ein Anrecht auf vorzeitige Erteilung der Approbation nicht erworben. Diese wird in der Regel frühestens erst sechs Jahre nach Erlangung des für die Eintragung bei der Medizinischen Fakultät vorgeschriebenen Reifezeugnisses erteilt.

[7] Wegen Anrechnung nichtmedizinischer und ausländischer Studien auf die medizinische Studienzeit vgl. auch S. 76 und 198.

2. an einer ausländischen Universität zurückgelegt ist[1],[2]
teilweise oder ganz angerechnet werden (§ 65).

§ 8.

Der Meldung ist der Nachweis[3] beizufügen, daß der Studierende zwei
Halbjahre an den Präparierübungen[5]
und ein Halbjahr an den mikroskopisch-
anatomischen Übungen sowie an
einem physiologischen und einem chemischen Praktikum regelmäßig teilgenommen hat.

Ausnahmen von einzelnen dieser
Voraussetzungen dürfen nur aus besonderen Gründen gestattet werden
(§ 65).

§ 9.

Die in §§ 6 bis 8 bezeichneten Nachweise sind in Urschrift vorzulegen[6].

Der Nachweis zu § 7 wird durch das
Anmeldebuch und, soweit das Studium an einer anderen Universität zurückgelegt ist, durch das Abgangszeugnis, der Nachweis zu § 8 durch
besondere, nach dem beigefügten
Muster 1[7] auszustellende Zeugnisse geführt. Für die Studierenden der
Kaiser-Wilhelms-Akademie für das
militärärztliche Bildungswesen in
Berlin werden die Zeugnisse zu §§ 7
und 8 von der Direktion der Akademie
ausgestellt.

2. an einer ausländischen Universität zurückgelegt ist[1],[2].

§ 8.

Der Meldung ist der Nachweis[3] beizufügen, daß der Studierende

a) je eine Vorlesung[4] über
Anatomie, Physiologie, Physik,
Chemie, Zoologie und Botanik
gehört sowie

b) zwei Halbjahre an den Präparierübungen[5] und ein Halbjahr
an den mikroskopisch-anatomischen Übungen sowie an einem
physiologischen Praktikum (unter
Berücksichtigung der physiologischen Chemie) und einem chemischen Praktikum regelmäßig
und mit Erfolg teilgenommen
hat.

Ausnahmen von einzelnen dieser
Voraussetzungen dürfen nur aus besonderen Gründen gestattet werden
(§ 68).

§ 9.

Die in §§ 6 bis 8 bezeichneten Nachweise sind in Urschrift vorzulegen[6].

Der Nachweis zu § 7 und zu § 8
Ziffer a wird durch das Anmeldebuch
oder durch Universitätsabgangszeugnisse, der Nachweis zu § 8 Ziffer b
durch besondere Zeugnisse geführt, die
nach dem beigefügten Muster 1[7] auszustellen sind.

---

[1] Vgl. S. 9, Anm. 7.

[2] Für die Entscheidung solcher Gesuche ist wesentlich, wie das Studium während der auf deutschen Universitäten zurückgelegten Halbjahre geregelt worden ist. Solche Gesuche um Ausnahmebewilligungen sind deshalb erst vor Ablegung der Prüfung zur Entscheidung vorzulegen (vgl.
auch S. 198.).

[3] Die Nachweise sind, soweit es sich nicht um Vorlesungen handelt, durch besondere Praktikantenscheine (Muster 1 S. 74) zu erbringen und müssen während des medizinischen Studiums erworben
sein. Falls sie zu anderer Zeit, z. B. während eines naturwissenschaftlichen Studiums erlangt
sind, müssen sie zur ministeriellen Entscheidung vorgelegt werden. Vgl. S. 76 und 198.

[4] Falls bei einzelnen dieser Vorlesungen der gesamte Lehrstoff auf mehrere Halbjahre verteilt
ist, wird dieser Vorschrift auch genügt, wenn der Prüfling diese Vorlesungen nur für ein Studienhalbjahr belegt, also nur einen Teil des fraglichen Stoffes gehört hat (M.B. 29. 4. 25 — I M III
1109).

[5] Die zwei Präparierkurse dürfen nicht etwa hintereinander in einem Halbjahre, sondern müssen
in zwei Halbjahren erledigt werden. Die Präparierkurse werden in der Regel nur im Winter
abgehalten. Drei in einem Halbjahr belegte Übungen werden in der Regel nicht als mit Erfolg besucht angesehen.

[6] Die Nachweise werden nach der Vorprüfung den Prüflingen zurückgegeben und sind von
ihnen aufzubewahren, da sie bei der Meldung zur ärztlichen Prüfung wieder beizubringen sind
(§ 22 Abs. 1 a. O.; § 23 Abs. 1 n. O.).   [7] Vgl. S. 74.

§ 10.

Ist der Studierende zuzulassen, so wird er durch den Vorsitzenden nach Entrichtung der Gebühren zur Prüfung mindestens zwei Tage vor ihrem Beginne schriftlich geladen[1].

Wer in einem Püfungstermine nicht rechtzeitig oder gar nicht erscheint[2] oder von der begonnenen Prüfung zurücktritt, geht, sofern genügende Entschuldigungsgründe nicht vorliegen, der Hälfte des für die Prüfung eingezahlten Gebührenbetrags verlustig[3]. Auch kann je nach Umständen durch einen mit Zustimmung des Vorsitzenden gefaßten Beschluß der Prüfungskommission der ganze Gebührenbetrag für verfallen und die Prüfung in allen oder in einzelnen Fächern für nicht bestanden erklärt werden[4]. Gegen den Beschluß ist binnen zwei Wochen Beschwerde bei der Zentralbehörde (§ 3 Abs. 2) zulässig.

Wer von der Prüfung mit genügender Entschuldigung zurücktritt[2], erhält die Gebühren für die noch nicht begonnenen Fächer ganz, die Gebühren für sächliche und Verwaltungskosten nach Verhältnis zurück.

§ 10.

Ist der Studierende zugelassen, so wird er durch den Vorsitzenden nach Entrichtung der Gebühren zur Prüfung mindestens zwei Tage vor ihrem Beginne schriftlich unter Angabe der für die einzelnen Fächer festgesetzten Prüfungszeiten geladen[1].

Wer ohne genügende Entschuldigung in einem Prüfungstermin nicht rechtzeitig oder gar nicht erscheint[2], geht des auf das betreffende Prüfungsfach entfallenden Gebührenanteils verlustig[3].

Wer mit genügender Entschuldigung von der begonnenen Prüfung zurücktritt[2], erhält die Gebührenanteile für die noch nicht begonnenen Fächer zurück. Der Gebührenanteil für sächliche und Verwaltungskosten ist dagegen verfallen[3].

Liegt im Falle des Abs. 3 eine genügende Entschuldigung nicht vor[2], so wird nur die Hälfte der Gebührenanteile für die noch nicht begonnenen Fächer zurückerstattet. Auch kann je nach Umständen durch einen mit Zustimmung des Vorsitzenden gefaßten Beschluß des Prüfungsausschusses der ganze Gebührenbetrag für verfallen[2] und die Prüfung in allen oder in einzelnen Fächern für nicht bestanden erklärt werden[4]. Gegen den Beschluß ist

---

[1] § 10 Abs. 1 Satz 2 a. O („der Ladung ist ein Abdruck der gegenwärtigen Bekanntmachung beizufügen") ist fortgefallen. Die Prüfungsordnung wird bei jedem Prüfungsausschuß in einem geeigneten Raum in genügender Zahl zur Einsicht ausgelegt oder ausgehängt (M.V. 30. 7. 21 — I M V gen. 301).

[2] Vgl. § 14 Abs. 5 a. O., n. O. Wegen Berücksichtigung eines solchen Rücktritts vgl. S. 67.

[3] Vgl. § 18 letzter Abs. a. O., § 19 Abs. 2 n. O.

[4] Der Prüfling darf die Prüfung nicht nach Erledigung eines oder mehrerer Fächer nach Belieben abbrechen. Wenn der Ausschuß beschlossen hat, daß sämtliche oder nur die Fächer, in denen der Prüfling während der Prüfung zurückgetreten ist, als nicht bestanden gelten sollen, so sind für diese Fächer entsprechende Urteile festzusetzen und solche Fächer als Wiederholungsfächer zu betrachten. Vgl. hierzu die Ausführungen S. 67, den Erlaß K.M. 2. 3. 06 — U I 142 M — (S. 70) und § 15 Abs. 1 a. O., Abs. 2 n. O. Wegen Mitteilung des Ergebnisses an die Universitätsbehörde und Eintragung eines Vermerks in dem Abgangszeugnis vgl. § 17 Abs. 1 a. O., § 18 Abs. 1 n. O.

Die folgende Wiederholung gilt nicht als neu begonnene Vorprüfung, sondern als Fortsetzung der Vorprüfung, muß also innerhalb der Gesamtfrist (§ 14 letzter Abs.) beendet sein.

§ 11.

Die Prüfung[1] umfaßt folgende Fächer:

   I. Anatomie,
  II. Physiologie,
 III. Physik,
  IV. Chemie,
   V. Zoologie,
  VI. Botanik.

§ 12.

Die Prüfung findet, soweit sie vorwiegend mündlich ist, öffentlich unter dauernder Anwesenheit des Vorsitzenden statt und ist in der Regel in vier aufeinander folgenden Wochentagen[2] zu erledigen, und zwar so, daß auf die anatomische Prüfung zwei Tage entfallen, während ein Tag für die Physiologie und ein Tag für die übrigen Prüfungsgegenstände bestimmt ist.

In der anatomischen Prüfung[3] hat der Studierende:

1. die in einer der Haupthöhlen des Körpers befindlichen Teile nach Form, Lage und Verbindung (Situs) oder eine Gegend des Stammes oder der Gliedmaßen an der Leiche zu erläutern;
2. ein anatomisches Nerven- oder Gefäßpräparat regelrecht anzufertigen und zu erläutern und im Anschluß daran in einer mündlichen Prüfung seine Vertrautheit mit den verschiedenen Teilen der beschreibenden Anatomie nachzuweisen;
3. zwei mikroskopisch-anatomische Präparate regelrecht anzufertigen und zu erklären und im Anschluß daran in einer mündlichen Prüfung gründliche Kenntnisse in der Gewebelehre darzutun sowie zu zeigen, daß ihm die Grundzüge der Entwicklungsgeschichte bekannt sind.

binnen zwei Wochen Beschwerde bei der obersten Landesbehörde (§ 3 Abs. 2) zulässig.

§ 11.

Die Prüfung[1] umfaßt folgende Fächer:

   I. Anatomie,
  II. Physiologie,
 III. Physik,
  IV. Chemie,
   V. Zoologie,
  VI. Botanik.

§ 12.

Der Reichsminister des Innern und die oberste Landesbehörde (§ 3 Abs. 2) können zu den Prüfungen Vertreter entsenden.

Die Prüfung findet, soweit sie vorwiegend mündlich ist, öffentlich und nach Möglichkeit unter Anwesenheit des Vorsitzenden statt; sie ist in der Regel in vier aufeinanderfolgenden Wochentagen[2] zu erledigen, und zwar so, daß auf die anatomische Prüfung zwei Tage entfallen, während ein Tag für die Physiologie und ein Tag für die übrigen Prüfungsgegenstände bestimmt ist.

In der anatomischen Prüfung[3] hat der Studierende;

1. die in einer der Haupthöhlen des Körpers befindlichen Teile nach Form, Lage und Verbindung (Situs) oder eine Gegend des Stammes oder der Gliedmaßen an der Leiche zu erläutern,
2. ein einfaches anatomisches Präparat regelrecht anzufertigen und zu erläutern und im Anschluß daran in einer mündlichen Prüfung seine Vertrautheit mit den verschiedenen Teilen der beschreibenden Anatomie nachzuweisen,
3. zwei mikroskopisch-anatomische Präparate anzufertigen und zu erklären und im Anschluß daran in einer mündlichen Prüfung gründliche Kenntnisse in der Gewebelehre darzutun sowie zu zeigen, daß ihm die Grundzüge der Entwicklungsgeschichte bekannt sind.

---

[1] Wegen Anrechnung von Teilprüfungen vgl. S. 78.
[2] In der Regel also nicht an Sonn- und Feiertagen.
[3] Wegen Teilung der Prüfungen in Anatomie und Physiologie vgl. S. 70.

In der physiologischen Prüfung[1] hat der Studierende den Nachweis zu führen, daß er sich mit der gesamten Physiologie einschließlich der physiologischen Chemie vertraut gemacht sowie die wichtigeren Apparate und Untersuchungsmethoden kennengelernt hat.

Die Prüfungen in der Physik und in der Chemie sind gleichfalls eingehend zu gestalten und haben besonders die Bedürfnisse des künftigen Arztes zu berücksichtigen. In der Zoologie hat sich die Prüfung auf die Grundzüge der vergleichenden Anatomie und Physiologie, in der Botanik auf die Grundzüge der Anatomie und Physiologie der Pflanzen und auf einen allgemeinen Überblick des Pflanzenreichs, namentlich mit Rücksicht auf die medizinisch wichtigen Pflanzen, zu beschränken.

Wer an einer Universität[2] des Deutschen Reichs auf Grund einer Prüfung in den Naturwissenschaften die Doktorwürde erworben hat, wird in Physik, Chemie, Zoologie und Botanik nur dann geprüft, wenn diese Fächer nicht Gegenstand der Promotionsprüfung gewesen sind[3].

Die Anrechnung einer anderweitigen Prüfung an deutschen Universitäten oder Hochschulen in naturwissenschaftlichen Fächern der Prüfung auf diese kann ausnahmsweise gestattet werden (§ 65)[4].

§ 13.

Die Gegenstände und das allgemeine Ergebnis der Prüfung in jedem Fache sowie die für dasselbe erteilte Zensur werden von dem Examinator für jeden Geprüften in ein besonderes Protokoll[5] eingetragen, welches von dem Vorsitzenden und sämtlichen Mitgliedern der Kommission zu unterzeichnen und bei den Fakultätsakten[6] aufzubewahren ist.

In der physiologischen Prüfung[1] hat der Studierende den Nachweis zu führen, daß er sich mit der gesamten Physiologie einschließlich der physiologischen Chemie vertraut gemacht sowie die wichtigeren Apparate und Untersuchungsmethoden kennengelernt hat.

Die Prüfungen in der Physik und in der Chemie sind gleichfalls eingehend zu gestalten und haben besonders die Bedürfnisse des künftigen Arztes zu berücksichtigen. In der Zoologie hat sich die Prüfung auf die Grundzüge der vergleichenden Anatomie und Physiologie, in der Botanik auf die Grundzüge der Anatomie und Physiologie der Pflanzen und auf einen allgemeinen Überblick des Pflanzenreichs, namentlich mit Rücksicht auf die medizinisch wichtigen Pflanzen, zu beschränken.

Wer an einer Universität[2] des Deutschen Reichs auf Grund einer Prüfung in den Naturwissenschaften die Doktorwürde erworben hat, wird in Physik, Chemie, Zoologie und Botanik nur dann geprüft, wenn diese Fächer nicht Gegenstand der Promotionsprüfung gewesen sind[3].

Von einer anderweitigen, an Universitäten oder Hochschulen des Deutschen Reichs vollständig bestandenen Prüfung können naturwissenschaftliche Fächer auf die ärztliche Vorprüfung ausnahmsweise angerechnet werden (§ 68)[4].

§ 13.

Die Gegenstände, der Zeitpunkt sowie das für das einzelne Fach abgegebene Urteil werden von dem Prüfer für jeden Geprüften in eine besondere Prüfungsübersicht eingetragen, die von dem Vorsitzenden und sämtlichen Mitgliedern des Ausschusses zu unterzeichnen und bei den Fakultätsakten[6] aufzubewahren ist.

---

[1] Vgl. S. 12, Anm. 8.

[2] Nicht Hochschule z. B. Landwirtschaftliche Hochschule (Doktor der Landwirtschaft) (vgl. auch S. 78).

[3] Hierüber entscheiden die Vorsitzenden der Prüfungsausschüsse selbständig. Dazu haben ihnen die Prüflinge eine entsprechende Bescheinigung der Fakultät, bei der sie die Promotionsprüfung bestanden haben, beizubringen.

[4] Physik und Chemie der zahnärztlichen Vorprüfung werden auf die ärztliche Vorprüfung nicht angerechnet. Wegen dieser und weiterer Prüfungsfächer vgl. S. 78.

[5] Vgl. S. 36, Anm. 3.   [6] Vgl. S. 6 Anm. 6.

§ 14.

Für jedes Fach wird von dem Examinator nach Benehmen mit dem Vorsitzenden eine Zensur erteilt, für welche ausschließlich die Bezeichnungen „sehr gut" (1), „gut" (2), „genügend" (3), „ungenügend" (4), „schlecht" (5) zulässig sind[1].

Für diejenigen, welche in allen sechs Fächern mindestens „genügend" erhalten haben, wird nach Beendigung der Prüfung von dem Vorsitzenden die Gesamtzensur[2] ermittelt, indem die Zensur für die antomische Prüfung mit 5, diejenige für die physiologische mit 4, die Zensuren für die physikalische und die chemische Prüfung je mit 2 multipliziert, diejenigen für die Prüfungen in Zoologie und in Botanik je einfach gerechnet werden und die Summe durch 15 geteilt wird[3]. Ergeben sich bei der Teilung Brüche, so werden sie, wenn sie über 0,5 betragen, als ein Ganzes gerechnet, andernfalls bleiben sie unberücksichtigt.

Ist in einem Prüfungsfache die Zensur „ungenügend" oder „schlecht" erteilt, so gilt es als nicht bestanden und muß wiederholt werden[4].

Die Frist, nach welcher die Wiederholungsprüfung erfolgen kann, beträgt je nach den Zensuren und der Zahl der nicht bestandenen Prüfungsfächer zwei Monate bis ein Jahr. Sie wird von dem Vorsitzenden für alle zu wiederholenden Fächer nach Benehmen mit den betreffenden Examinatoren einheitlich bestimmt[5]. In gleicher Weise wird der Zeitpunkt festgesetzt, bis zu welchem spätestens die Meldung zur Wiederholung der Prüfung in allen nicht bestandenen Fächern erfolgen muß[6].

§ 14.

Für jedes Fach wird von dem Prüfer ein Urteil abgegeben, für das nur die Bezeichnungen „sehr gut" (1), „gut" (2), „genügend" (3), „ungenügend" (4), „schlecht" (5) zulässig sind[1].

Für die Kandidaten, die in allen sechs Fächern mindestens „genügend" erhalten haben, wird nach Beendigung der Prüfung von dem Vorsitzenden das Gesamturteil[2] ermittelt, indem die Urteile für die anatomische und die physiologische Prüfung mit je 5, die Urteile für die physikalische und die chemische Prüfung je mit 2 vervielfacht, die Urteile für die Prüfungen in Zoologie und in Botanik je einfach gerechnet werden und die Summe durch 16 geteilt wird[3]. Ergeben sich bei der Teilung Brüche, so werden sie, wenn sie über 0,25 betragen, als ein Ganzes gerechnet, andernfalls bleiben sie unberücksichtigt.

Ist in einem Prüfungsfache das Urteil „ungenügend" oder „schlecht" abgegeben worden, so gilt es als nicht bestanden und muß wiederholt werden[4].

Die Frist, nach deren Ablauf die Wiederholungsprüfung erfolgen kann, beträgt je nach den abgegebenen Urteilen und der Zahl der nicht bestandenen Prüfungsfächer zwei bis sechs Monate. Sie wird von dem Vorsitzenden für alle zu wiederholenden Fächer nach Anhörung der Prüfer einheitlich bestimmt[5]. In gleicher Weise wird unter Beachtung der Vorschrift im Abs. 6 der Zeitpunkt festgesetzt, bis zu dem spätestens die Meldung zur Wiederholung der Prüfung in allen nicht bestandenen Fächern erfolgen muß[6].

---

[1] Wegen Mitteilung des Ergebnisses an die Universitätsbehörde und Eintragung eines Vermerks in dem Abgangszeugnis vgl. § 17 Abs. 1 a. O., § 18 Abs. 1 n. O. Vgl. auch die folgende Anm.

[2] Der Vorsitzende des Prüfungsausschusses hat den Prüflingen das Ergebnis der Prüfung oder einer etwa erforderlichen Wiederholungsprüfung ohne Verzug und in einer jeden Zweifel ausschließenden Weise bekanntzugeben (K.M. 18. 9. 90 — U I 1887, M 6558).

[3] Wegen der Berechnung des Gesamturteils bei Vorprüfungen, in denen einzelne Fächer von früheren Prüfungen angerechnet werden, vgl. S. 78 Anm. 4.

[4] Die Wiederholungsprüfung hat nach denselben Grundsätzen zu erfolgen, die in der Prüfungsordnung für die erstmalige Vornahme der Prüfung vorgeschrieben sind (K.M. 12. 8. 95 — U I 827, M 2918). Wenn der Studierende auch bei der (letzten) Wiederholungsprüfung versagt hat, darf ihm eine Frist zu einer erneuten Prüfung in den anderen Fächern, in denen er z. B. zurückgetreten ist, nicht mehr gesetzt werden (vgl. § 16 a. O., § 17 n. O.).

[5] Vom Vorsitzenden wird eine früheste und späteste Frist für die Wiederholung festgesetzt. Die späteste Frist darf die Gesamtfrist (§ 14 letzter Absatz) nicht überschreiten.

[6] Wegen Mitteilung des Ergebnisses an die Universitätsbehörde und Eintragung eines Vermerks in dem Abgangszeugnis vgl. § 17 Abs. 1 a. O., § 18 Abs. 1 n. O. Vgl. auch Min.Erl. K.M. 9. 7. 07 — U I 1101 M — S. 69.

Wer sich ohne genügende Entschuldigung nicht vor Ablauf der Endfrist[1] zur Wiederholung der Prüfung meldet, hat nach Ermessen der Prüfungskommission die Prüfung von Anfang an zu wiederholen[2], wobei auch die bereits erledigten Fächer als nicht bestanden gelten. Gegen den Beschluß ist binnen zwei Wochen Beschwerde bei der Zentralbehörde (§ 3 Abs. 2) zulässig.

Wird die Vorprüfung in einem Zeitraume von zwei Jahren[4] nach ihrem Beginne nicht vollständig beendet[5], so gilt sie in allen Fächern als nicht bestanden[3,6]. Ausnahmen können nur aus besonderen Gründen gestattet werden (§ 65)[7].

§ 15.

Sofern der Studierende seine Studien an einer anderen Universität fortsetzt[9], muß die Wiederholungsprüfung

Wer sich ohne genügende Entschuldigung nicht vor Ablauf der Endfrist[1] zur Wiederholung der Prüfung meldet, hat nach Ermessen des Prüfungsausschusses die Prüfung von Anfang an zu wiederholen[2], wobei auch die bereits erledigten Fächer als nicht bestanden und der nicht verwendete Gebührenrest als verfallen gelten[3]. Gegen den Beschluß ist binnen zwei Wochen Beschwerde bei der obersten Landesbehörde (§ 3 Abs. 2) zulässig.

Wird die Vorprüfung in einem Zeitraum von achtzehn Monaten[4] nach ihrem Beginne nicht vollständig beendet[5], so gilt sie in allen Fächern als nicht bestanden[6] und der nicht verwendete Gebührenrest als verfallen[3]. Ausnahmen können nur aus besonderen Gründen gestattet werden (§ 68)[7].

§ 15

Hat ein Studierender die Vorprüfung vor ihrer Beendigung unterbrochen, so darf er sie nur da fortsetzen, wo er sie begonnen hat[8]. Ausnahmen können nur aus besonderen Gründen gestattet werden (§ 68).

Die Wiederholungsprüfung muß, sofern der Studierende seine Studien an einer anderen Universität fort-

---

[1] Gemeint ist die Endfrist, die nach Abs. 4 vom Vorsitzenden des Prüfungsausschusses für die Ablegung der Wiederholungsprüfung festgesetzt ist (vgl. auch S. 14 Anm. 5).

[2] Wer auch die Gesamtfrist (§ 14 letzter Absatz) verstreichen läßt, ohne sich zur Wiederholungsprüfung zu melden, darf vom Prüfungsausschuß hierzu nicht zugelassen werden. In diesem Falle muß die ministerielle Genehmigung eingeholt werden, die je nach der Länge der Unterbrechung des Studiums von der Beibringung neuer Studiennachweise und der Ablegung der Vorprüfung in sämtlichen Fächern abhängig gemacht wird. Wegen Mitteilung des Ergebnisses an die Universitätsbehörde und Eintragung eines Vermerks in dem Abgangszeugnis vgl. § 17 Abs. 1 a. O., § 18 Abs. 1 n. O. Vgl. auch Min.Erlaß K.M. 9. 7. 07 — U I 1101 — S. 69.

[3] Vgl. § 18 letzter Abs. a. O., § 19 Abs. 2 n. O.

[4] Frist 18 Monate für alle mit dem 1. 10. 24 beginnenden Vorprüfungen (vgl. § 72 n. O.) ohne Rücksicht darauf, ob die Prüfungen nach der a. O. oder n. O. abgelegt werden.

[5] Das ist die Gesamtfrist für die Beendigung der Vorprüfung. Dabei ist es ohne Bedeutung, ob innerhalb dieser Frist eine Wiederholungsprüfung abgelegt worden ist oder nicht.
Solange die Vorprüfung noch in diesem Zeitraum fortgesetzt oder beendet werden soll, ist die ministerielle Genehmigung nicht erforderlich. Wegen der zulässigen Zahl von Wiederholungen vgl. S. 16 Anm. 5.

[6] Gleichzeitig darf die Prüfung nicht fortgesetzt werden, und das bisherige Studium verliert seine Gültigkeit im Sinne der Prüfungsordnung. Dies geschieht ohne besondere Verfügung. Ein Vermerk in dem Abgangszeugnis, wie in den Fällen des § 10 Abs. 2 und § 14 Abs. 4 und 5 a. O. durch § 17 Abs. 1 a. O. bzw. § 10 Abs. 4 und § 14 Abs. 4 und 5 n. O. durch § 18 Abs. 1 n. O. vorgeschrieben ist, wird nicht gemacht (vgl. hierzu K.M. 28. 8. 07 — U I 1778 S. 71). Die Fortsetzung der Prüfung ist auch ausgeschlossen im Falle des § 16 a. O., § 17 n. O.

[7] Eine Ausnahme (d. h. die Verlängerung der Gesamtfrist für die Ablegung der Vorprüfung) kommt nur in Frage, wenn das medizinische Studium nicht unterbrochen ist und die Ausnahmebewilligung durch besondere Verhältnisse gerechtfertigt erscheint. Andernfalls ist es dem Studierenden nur durch nochmalige Zurücklegung des medizinischen Studiums (einschl. Erwerbung neuer Praktikantenscheine) möglich, zur ärztlichen Vorprüfung in allen Fächern ohne weiteres nochmals zugelassen zu werden. (vgl. Erlaß K.M. 28. 8. 07 U I 1778 S. 71).

[8] Dies gilt auch beim entschuldigten Rücktritt von der Prüfung. Kommt eine Wiederholungsprüfung in Betracht (vgl. S. 67), so ist § 15 Abs. 2 n. O. maßgebend.

[9] Der Prüfling muß bei dieser Universität immatrikuliert sein.

vor der Kommission dieser Universität abgelegt werden[2].

Die auf Grund des § 10 Abs. 2 und des § 14 Abs. 4 und 5 getroffenen Entscheidungen haben bindende Kraft für alle Prüfungskommissionen.

setzt[1], vor dem Prüfungsausschuß dieser Universität abgelegt werden[3]. Dieser hat die bei dem bisherigen Prüfungsausschuß entstandenen Prüfungsakten einzufordern.

Die auf Grund des § 10 Abs. 4 und des § 14 Abs. 4 und 5 getroffenen Entscheidungen haben bindende Kraft für alle Prüfungsausschüsse.

§ 16.

Die Wiederholungsprüfung findet in Anwesenheit des Vorsitzenden statt[4]. Ferner ist vom Vorsitzenden der Vertreter der Anatomie oder der Physiologie hinzuzuziehen[4], auch wenn diese Fächer nicht Gegenstand der Wiederholungsprüfung sind.

§ 16.

Wer auch bei der zweiten Wiederholung[5] nicht besteht, wird zu einer weiteren Prüfung nicht zugelassen[6]. Ausnahmen dürfen nur aus besonderen Gründen gestattet werden (§ 65)[7].

§ 17.

Wer auch bei der Wiederholung[5] nicht besteht, wird zu einer nochmaligen Prüfung nicht zugelassen[6]. Ausnahmen dürfen nur aus besonderen Gründen gestattet werden (§ 68)[7].

---

[1] Vgl. S. 15, Anm. 9.

[2] Wegen Unterbrechung der Vorprüfung und Wechsel des Prüfungsausschusses vgl. allg. Erlaß K.M. 2. 3. 06 — U I 142 M — S. 70 und folgende Anm.

[3] Ausnahmen können vom Reichsministerium des Innern in Übereinstimmung mit der zuständigen obersten Landesbehörde aus besonderen Gründen gestattet werden (vgl. § 3 Abs. 1). Bei einem ausnahmsweise zugelassenen Wechsel des Prüfungsausschusses wird die Vorprüfung in den Fächern, die noch nicht erledigt sind, fortgesetzt. Der neue Prüfungsausschuß tritt dabei an die Stelle des bisherigen Ausschusses. Vgl. auch vorige Anm.

[4] Ist der Vorsitzende selbst Prüfer, so ist die Prüfung in Gegenwart des Stellvertreters des Vorsitzenden zu wiederholen (vgl. auch S. 68). Wegen der Gebühren S. 17 Anm. 4 und wegen der Mitwirkung S. 69. (Erl. v. 29. 4. 25 — I M III 1109).

[5] Wiederholung ist ohne weiteres bei ärztlichen Vorprüfungen, die vor dem 1. 10. 24 angefangen worden sind, zweimal, und die später begonnen haben, nur einmal gestattet, falls die erstgenannten Vorprüfungen innerhalb von zwei Jahren und die letztgemeinten innerhalb von achtzehn Monaten nach ihrem Beginn vollständig beendet werden, ohne Rücksicht darauf, ob die Vorprüfung nach der alten oder der neuen Prüfungsordnung abgelegt wird (§ 72 n. O.).

[6] Dies gilt bei der Wiederholung auch für die Fächer, in denen der Prüfling bei der Vorprüfung nicht erschienen ist und tatsächlich erst bei der Wiederholung zum erstenmal geprüft wird bzw. etwa wieder nicht erscheint (§ 10). Wenn jemand z. B. bei der Vorprüfung nur in Physik nicht bestanden hat, und zur Prüfung in Chemie nicht erschienen ist, bei der (letzten) Wiederholung in Physik wieder nicht besteht und in Chemie von neuem nicht erscheint, wird er zu einer weiteren Prüfung in Chemie nicht mehr zugelassen. Es wird auch keine Frist zur Wiederholung dieses Faches festgesetzt. Falls der Studierende in diesem Falle aber bei der Wiederholung in Physik bestanden hat, und nur in Chemie mit genügender Entschuldigung nicht erschienen ist, darf die Prüfung in Chemie innerhalb der Gesamtfrist (§ 14 Abs. 6) ohne Einholung der ministeriellen Genehmigung fortgesetzt werden (Nachprüfung). Vgl. auch den allg. Erlaß M.B. 5. 10. 26 — I M III 2854 — S. 67. Die Benachrichtigung des Studierenden erfolgt durch Aushändigung des Prüfungszeugnisses nach dem Muster 3 (S. 75) mit dem vorgeschriebenen Vermerk. Die Prüfungsakten werden aufbewahrt.

Die Wiederholungsprüfung kann auch nicht als bestanden erklärt werden, wenn der Studierende die Gesamtfrist versäumt (§ 14 Abs. 5). Vgl. hierzu K.M. 28. 8. 07 U I 1778 S. 71. Wegen Mitteilung des Ergebnisses der Prüfung an die Universitätsbehörde und Eintragung eines Vermerks in dem Abgangszeugnis vgl. § 17 Abs. 1 a. O., § 18 Abs. 1 n. O. Die Fortsetzung der Prüfung ist auch ausgeschlossen im Falle des § 14 Abs. 6.

[7] Wiederholungsprüfungen aller nach dem 1. 10. 24 begonnenen oder beginnenden Vorprüfungen sind im Sinne des § 16 n. O. abzuhalten, auch wenn die Vorprüfung noch nach der a. O. abgelegt wird (M.B. 30. 9. 24 — I M III 2382 — vgl. auch § 72 n. O.). Sollte ausnahmsweise eine weitere Wiederholung vom Ministerium genehmigt werden, so ist diese ebenso abzuhalten, wie die erste Wiederholungsprüfung, d. h. im Sinne des § 16 n. O.

§ 17.

Nach Abschluß jeder Prüfung und Wiederholungsprüfung hat der Vorsitzende binnen drei Tagen das Ergebnis der Prüfung und die gemäß § 10 Abs. 2 und § 14 Abs. 4 und 5 getroffenen Entscheidungen der Universitätsbehörde mitzuteilen. Diese hat, falls der Studierende vor vollständig bestandener Vorprüfung die Universität verläßt, einen entsprechenden Vermerk in das Abgangszeugnis einzutragen.

Über den Erfolg der Prüfung ist dem Studierenden ein Zeugnis nach dem beigefügten Muster 2[1] auszustellen. Hat er eine Wiederholungsprüfung abzulegen, so werden statt der Gesamtzensur die Fristen nach § 14 Abs. 4 vermerkt. Über eine Wiederholung der Prüfung erhält der Studierende ein Zeugnis nach Muster 3[2].

§ 18.

Abs. 1 bis 3 handelt von den Prüfungsgebühren[4].

Die Entschädigungen für den Vorsitzenden und dessen Stellvertreter werden nach Maßgabe ihrer Mühe-

§ 18.

Nach Abschluß jeder Prüfung und Wiederholungsprüfung hat der Vorsitzende binnen drei Tagen das Ergebnis der Prüfung und die gemäß § 10 Abs. 4 und § 14 Abs. 4 und 5 getroffenen Entscheidungen der Universitätsbehörde mitzuteilen. Diese hat, falls der Studierende vor vollständig bestandener Vorprüfung die Universität verläßt, einen entsprechenden Vermerk in das Abgangszeugnis einzutragen.

Über den Erfolg der Prüfung ist dem Studierenden ein Zeugnis nach dem beigefügten Muster 2[1] auszustellen. Hat er eine Wiederholungsprüfung abzulegen, so werden statt des Gesamturteils die Fristen nach § 14 Abs. 4 vermerkt. Über eine Wiederholung der Prüfung erhält der Studierende ein Zeugnis nach Muster 3[2]. Nach vollständig bestandener Vorprüfung werden dem Studierenden die mit dem Zulassungsgesuch eingereichten Zeugnisse (§§ 6 bis 8) wieder ausgehändigt[3].

§ 19.

Die Gebühren für die Prüfung werden vom Reichsminister des Innern im Einvernehmen mit den obersten Landesbehörden (§ 1) festgesetzt und bekanntgegeben[4].

---

[1] Vgl. S. 75. [2] Vgl. S. 75.

[3] Die Zeugnisse sind bei der Meldung zur ärztlichen Prüfung wieder einzureichen (§ 22 Abs. 1 a. O., § 23 Abs. 1 n. O.) und deshalb bis dahin aufzubewahren.

[4] Wegen der Prüfungsgebühren vgl. die Fassung des § 19 Abs. 1 der Prüfungsordnung v. 5. 7. 24 (Beschluß des Reichsrats v. 1. 2. 23, M. B. I M V 394/23).

Zurzeit gilt seit dem 1. 3. 27 folgende Gebührenordnung (vgl. S. 213 ff.):

Ärztliche Vorprüfung (a. O. und n. O.)

Anatomische Prüfung	20	ℛℳ
Physiologische Prüfung	15	,,
Physikalische Prüfung	7	,,
Chemische Prüfung	7	,,
Zoologische Prüfung	5	,,
Botanische Prüfung	5	,,
Sächliche und Verwaltungskosten	31	,,
zusammen	90	ℛℳ

Doktoren der Philosophie oder der Naturwissenschaften haben im Falle des § 12 Abs. 5 a. O., § 12 Abs. 6 n. O. nur die Gebührenanteile für diejenigen Mitglieder des Ausschusses, von denen sie geprüft werden, sowie für sächliche und Verwaltungskosten 31 ℛℳ zu entrichten. Dies gilt auch allgemein bei Vorprüfungen, in denen einzelne Fächer von anderen früher bestandenen Prüfungen angerechnet werden.

Vor der Wiederholungsprüfung sind außer dem Betrage von 12 ℛℳ für sächliche und Verwaltungskosten die Gebührenanteile für die Fachvertreter, von denen die Wiederholungsprüfung abgehalten wird, aufs neue zu entrichten. Für die bei der Wiederholungsprüfung der ärztlichen Vorprüfung vorgeschriebene Anwesenheit des Vorsitzenden des Prüfungsausschusses oder, wenn dieser selbst Prüfer ist, für den stellvertretenden Vorsitzenden und die hinzugezogenen Mitglieder des Prüfungsausschusses (§ 16 n. O.) ist weiterhin für jedes zu wiederholende Fach für den Vorsitzenden und die an der Wiederholungsprüfung teilnehmenden Mitglieder des Prüfungsausschusses eine besondere Gebühr von je 3 ℛℳ zu entrichten.

waltung von der Zentralbehörde (§ 3 Abs. 2) am Ende jedes Prüfungsjahrs festgesetzt und aus dem Betrage für sächliche und Verwaltungskosten bestritten.

Über die Verwendung der bei den sächlichen und Verwaltungskosten erwachsenden Ersparnisse sowie der verfallenden Gebühren (§ 10 Abs. 2, § 14 Abs. 6)[1] befindet die Zentralbehörde (§ 3 Abs. 2).

Über die Verwendung der bei den Gebührenanteilen für sächliche und Verwaltungskosten etwa entstandenen Ersparnisse sowie der verfallenen Gebühren (§ 10 Abs. 2, 3 und 4, § 14 Abs. 5 und 6)[1] befindet die oberste Landesbehörde (§ 3 Abs. 2).

§ 19.

Dem Reichskanzler[2] werden von der Zentralbehörde (§ 3 Abs. 2) Verzeichnisse der Kandidaten, welche die Vorprüfung in dem abgelaufenen Prüfungsjahre bestanden haben, mit den auf die Prüfung bezüglichen Akten[3] eingereicht. Die letzteren werden der Zentralbehörde zurückgesendet.

§ 20.

Dem Reichsminister des Innern werden von der obersten Landesbehörde (§ 3 Abs. 2) Verzeichnisse der Kandidaten, welche die Vorprüfung in dem abgelaufenen Prüfungsjahr bestanden haben, und auf Ersuchen auch die Prüfungsakten[3] eingereicht. Die letzteren werden der obersten Landesbehörde zurückgesandt.

II. Ärztliche Prüfung[4].

§ 20.

Die ärztliche Prüfung kann vor jeder ärztlichen Prüfungskommission bei einer Universität[5] des Deutschen Reichs abgelegt werden.

Die Kommission, einschließlich des Vorsitzenden und seiner Stellvertreter, wird von der vorgesetzten Zentralbehörde (§ 1) für jedes Prüfungsjahr (§ 21 Abs. 1) nach Anhörung der Medizinischen Fakultät[6] der betreffenden Universität aus geeigneten Fachmännern ernannt.

II. Ärztliche Prüfung[1].

§ 21.

Die ärztliche Prüfung kann vor jedem ärztlichen Prüfungsausschuß bei einer Universität[5] des Deutschen Reichs oder vor dem Prüfungsausschuß bei der Medizinischen Akademie in Düsseldorf abgelegt werden.

Der Ausschuß, einschließlich des Vorsitzenden und seines Stellvertreters, wird von der obersten Landesbehörde (§ 1) für jedes Prüfungsjahr, das vom 1. Oktober bis 30. September dauert, nach Anhörung der Medizinischen Fakultät[6] der betreffenden Universität oder des Akademischen Rats der Medizinischen Akademie in Düsseldorf aus geeigneten Fachvertretern ernannt.

---

[1] In Preußen sind sämtliche verfallenen und einbehaltenen Gebühren nicht den Prüfern auszuzahlen, sondern zur Deckung der allgemeinen Kosten des Prüfungsausschusses zu verwenden. Der Rest ist in der Abrechnung dadurch, daß diese Gebühren zwar voll vereinnahmt, aber gar nicht oder nicht voll verausgabt sind, in dem etwaigen Bestande nachzuweisen.

[2] Vgl. S 49 Anm. 2.

[3] Unter den auf die Prüfung bezüglichen Akten im Sinne dieser Bestimmung sind das Gesuch des Studierenden und die auf die Vorprüfung bezüglichen Niederschriften, sowie alle sonstigen den einzelnen Studierenden betreffenden, bei dem Ausschuß einlaufenden Schriftstücke zu verstehen. Ausgenommen sind nur die Zeugnisse des Studierenden, welche ihm nach beendeter Prüfung zurückzugeben sind (K.M. 3. 7. 05 — U I 1324). Vgl. S. 17 Anm. 3.
In Preußen sind diese Akten von den Prüfungsausschüssen alljährlich mit den Gebührenabrechnungen dem Ministerium einzureichen. (vgl. S. 233).

[4] Vgl. hierzu S. 84 ff.

[5] Die Prüfung braucht nicht, wie bei der Vorprüfung (vgl. § 3 Abs. 1) an der Universität abgelegt zu werden, an der der Kandidat immatrikuliert ist. Wegen des beschränkten Unterrichts vgl. S. 54.

[6] Vgl. S. 6 Anm. 6.

Der Vorsitzende leitet die Prüfung, ist berechtigt, ihr in allen Abschnitten beizuwohnen, achtet darauf, daß die Bestimmungen der Prüfungsordnung genau befolgt werden, ordnet bei vorübergehender Behinderung eines Mitgliedes dessen Stellvertretung[1] an, berichtet unmittelbar nach dem Schlusse jedes Prüfungsjahrs der vorgesetzten Behörde über die Tätigkeit der Kommission und legt Rechnung über die Gebühren.

§ 21.

In jedem Jahre finden zwei Prüfungsperioden statt. Sie beginnen Mitte Oktober und Mitte März und sollen nicht über Mitte August ausgedehnt werden[2].

Die Gesuche[3] um Zulassung zur Prüfung sind bei der zuständigen Zentralbehörde (§ 20 Abs. 2) oder bei einer von dieser bezeichneten anderen Dienststelle[4] unter Angabe der Prüfungskommission, vor welcher der Kandidat die Prüfung abzulegen wünscht, bis zum 1. Oktober bzw. 1. März jedes Jahres einzureichen. Verspätete Gesuche können nur aus besonderen Gründen berücksichtigt werden.

§ 22.

Der Meldung sind die nach §§ 6 bis 8 für die Zulassung zur ärztlichen Vorprüfung erforderlichen Nachweise sowie das Zeugnis über die vollständig bestandene ärztliche Vorprüfung (§ 17 Abs. 2) beizufügen[5].

Die gemäß §§ 6 bis 8 erteilten Dispensationen gelten auch für die ärztliche Prüfung[6].

Der Vorsitzende leitet die Prüfung, ist berechtigt, ihr in allen Abschnitten beizuwohnen, achtet darauf, daß die Bestimmungen der Prüfungsordnung genau befolgt werden, ordnet bei vorübergehender Behinderung eines Mitglieds dessen Stellvertretung[1] an, berichtet unmittelbar nach dem Schlusse jedes Prüfungsjahrs der vorgesetzten Behörde über die Tätigkeit des Ausschusses und legt Rechnung über die Gebühren.

§ 22.

In jedem Jahre finden zwei Prüfungsperioden statt. Sie beginnen am 15. Oktober und 1. April und sollen nicht über den 15. August ausgedehnt werden[2].

Die Gesuche[3] um Zulassung zur Prüfung sind bei der obersten Landesbehörde (§ 21 Abs. 2) oder bei einer von dieser bezeichneten anderen Dienststelle[4] unter Angabe des Prüfungsausschusses, vor dem der Kandidat die Prüfung abzulegen wünscht, bis zum 1. Oktober oder 15. März jedes Jahres einzureichen. Verspätete Gesuche können nur aus besonderen Gründen berücksichtigt werden.

§ 23.

Der Meldung sind die nach §§ 6 bis 8 für die Zulassung zur ärztlichen Vorprüfung erforderlichen Nachweise sowie das Zeugnis über die vollständig bestandene ärztliche Vorprüfung (§ 18 Abs. 2) beizufügen[5].

Die gemäß §§ 6 bis 8 bewilligten Ausnahmen gelten auch für die ärztliche Prüfung[6].

---

[1] Vgl. S. 6 Anm. 8.

[2] Zu beachten ist der verschiedene Beginn der Prüfungen im Frühjahr und zwar am 15. März für die Prüfungen nach der a. O. und am 1. April für die nach der n. O. Wegen der strengen Innehaltung der Prüfungstermine vgl. S. 88.

Zur Vermeidung von Härten kann der Vorsitzende in einzelnen Fällen, z. B. wenn ein Kandidat am 15. August nur noch einen Prüfungsteil (Station) zu erledigen hat und damit seine Prüfung beendet ist, ausnahmsweise gestatten, diesen Teil während der Ferien zu erledigen, vorausgesetzt, daß die Prüfer zur Abnahme der Prüfung in der Lage und bereit sind.

[3] Muster S. 90.

[4] In Preußen sind die Gesuche im Laufe des letzten Studienhalbjahres nach Belegung der Vorlesungen und Übungen beim Vorsitzenden des Prüfungsausschusses einzureichen. Diesem ist die selbständige Entscheidung über alle Meldungen von deutschen Reichsangehörigen mit regelmäßigem Studienverlauf übertragen worden. Nur die anderen Zulassungsgesuche sind vom Vorsitzenden des Prüfungsausschusses mit einer gutachtlichen Äußerung dem Ministerium zur Entscheidung vorzulegen. Vgl. S. 207.

[5] Wegen Rückgabe der Nachweise vgl. § 57 Abs. 2 a. O., § 60 Abs. 2 n. O.

[6] Bewilligungen von Ausnahmen von der Prüfungsordnung sind nicht nur für diejenige oberste Landesbehörde, die sie erteilt hat, sondern für alle obersten Landesbehörden bindend und den Zulassungsgesuchen in Urschrift beizufügen.

Eine außerhalb des Deutschen Reichs bestandene Prüfung darf nur ausnahmsweise an Stelle der ärztlichen Vorprüfung als genügend erachtet werden (§ 65)[1].

§ 23.

Der Meldung ist der durch Universitäts-Abgangszeugnisse[2] zu erbringende Nachweis beizufügen[3], daß der Kandidat nach Erlangung des Reifezeugnisses (§ 6 Abs. 1 und 2) einschließlich der für die ärztliche Vorprüfung nachgewiesenen medizinischen Studienzeit mindestens zehn Halbjahre[4] dem medizinischen Studium[7] an Universitäten des Deutschen Reichs obgelegen hat. Auf diese zehn Halbjahre ist die Zeit des Militärdienstes[8], sofern der Studierende während dieser Zeit an einer Universität immatrikuliert war und die Ableistung am Universitätsort erfolgte, bis zur Dauer eines halben Jahres anzurechnen.

Eine außerhalb des Deutschen Reichs vollständig bestandene Prüfung darf nur ausnahmsweise an Stelle der ärztlichen Vorprüfung als genügend erachtet werden (§ 68)[1].

§ 24.

Der Meldung ist der Nachweis beizufügen[3], daß der Kandidat nach Erlangung des Reifezeugnisses (§ 6 Abs. 1 und 2) einschließlich der für die ärztliche Vorprüfung nachgewiesenen medizinischen Studienzeit mindestens zehn Halbjahre[5] [*elf Halbjahre*[6]] dem medizinischen Studium[7] an Universitäten des Deutschen Reichs obgelegen hat. Der Nachweis ist durch Universitätsabgangszeugnisse[2] zu führen. Als Nachweis der Studienzeit an der zuletzt besuchten Universität gelten, falls die Prüfung vor dem Ausschuß dieser Universität abgelegt wird, je nach der Bestimmung der zuständigen obersten Landesbehörde (§ 21 Abs. 2) auch das letzte Anmeldebuch oder eine besondere von der Universitätsbehörde auszustellende Bescheinigung[2].

---

[1] Die ausländische Prüfung muß den Fächern und Anforderungen der deutschen Vorprüfung entsprechen und vollständig bestanden sein. Eine ausländische Vorprüfung wird in der Regel aber nur solchen Studierenden auf die deutsche Vorprüfung angerechnet, die keinen Anspruch auf die deutsche Approbation haben (vgl. S. 5 Anm. 3). Von den übrigen Studierenden wird die Ablegung der deutschen Vorprüfung verlangt.

Zur Anrechnung einzelner Fächer einer außerhalb des Deutschen Reiches bestandenen Prüfung auf die ärztliche Vorprüfung ist ein Dispens nicht vorgesehen (R.Z. 19. 3. 21 — II A 2787). Wegen Zulassung zum klinischen Studium vgl. S. 85 und wegen Behandlung der Ausländer usw. vgl. S. 191ff.

[2] In Preußen braucht sich der Kandidat für die Ablegung der Prüfung nicht exmatrikulieren zu lassen und bleibt im Besitz des akademischen Bürgerrechts. Er kann also auch während der Prüfungszeit die Vergünstigungen der Studierenden (akademische Krankenkasse, Studentenspeisung, Stipendien usw.) genießen und wird während dieser Zeit nicht aus der Liste der Studierenden gestrichen, wenn er keine Vorlesungen belegt. Vgl. S. 208.

[3] Wegen Rückgabe der Nachweise vgl. § 57 Abs. 2 a. O., § 60 Abs. 2 n. O.

[4] Diese Studienzeit kann je zur Hälfte vor und nach der Vorprüfung oder zu sechs Halbjahren vor und zu vier Halbjahren nach dieser zurückgelegt werden (vgl. § 24 Abs. 1 a. O.).

Mit zehn Halbjahren werden Kandidaten der Medizin nur noch bis zum 15. März 1931 zur ärztlichen Prüfung nach der a. O. zugelassen, wenn sie die ärztliche Vorprüfung nach der a. O. spätestens bis zum 31. Mai 1928 vollständig bestanden haben, die Bedingungen der a. O. für die Zulassung zur ärztlichen Prüfung nach der a. O. bis zum 15. März 1931 erfüllen und sich spätestens zu diesem Zeitpunkte zur Prüfung melden (vgl. auch S. 4 Anm. 1 Abs. 1).

[5] Nach zehn Halbjahren dürfen Kandidaten die ärztliche Prüfung nach der n. O. nur ablegen, wenn sie die ärztliche Vorprüfung nach der n. O. spätestens bis zum 31. Mai 1928 vollständig bestanden haben, die Bedingungen der n. O. für die Zulassung zur ärztlichen Prüfung nach der n. O. bis zum 15. März 1931 erfüllen und sich spätestens zu diesem Zeitpunkte zur Prüfung melden (vgl. auch S. 4 Anm. 1 Abs. 2 und S. 50 Anm. 1B).

[6] Abgeänderte Fassung gemäß Beschlusses des Reichsrats v. 21. 12. 27. Diese Studienzeit kann mit fünf vor und sechs nach der Vorprüfung oder mit sechs vor und fünf nach dieser zurückgelegt werden (vgl. § 25 Abs. 1 n. O.N.).

Elf Halbjahre haben diejenigen Kandidaten bei der Meldung zur ärztlichen Prüfung nach der n. O. nachzuweisen, die die ärztliche Vorprüfung erst nach dem 1. Juni 1928 beginnen oder, wenn sie sie vorher begonnen haben, beenden, oder die erst nach dem 15. März 1931 die Bedingungen für die Meldung zur ärztlichen Prüfung erfüllen und sich erst nach diesem Zeitpunkte zur Prüfung melden (vgl. auch S. 4, Anm. 1 Abs. 3).

[7] Vgl. S. 9 Anm. 4.   [8] Vgl. S. 9 Anm. 5.

Die Bestimmung des § 7 Abs. 3 findet entsprechende Anwendung[1].

§ 24.

Von der nachzuweisenden Studienzeit müssen mindestens vier Halbjahre[2] nach vollständig bestandener Vorprüfung zurückgelegt sein.

Auf diese vier Halbjahre darf die Zeit des Militärdienstes[5] nicht angerechnet werden.

Das Halbjahr, in dem die ärztliche Vorprüfung bestanden ist, wird nur angerechnet, wenn die Vorprüfung innerhalb der ersten sechs Wochen[6] nach dem vorgeschriebenen Semesteranfange[7] vollständig bestanden ist[8]. Ausnahmen dürfen nur aus besonderen Gründen gestattet werden (§ 65)[9].

§ 25.

Der Meldung ist der Nachweis beizufügen[10], daß der Kandidat nach vollständig bestandener ärztlicher Vorprüfung[11] mindestens
1. je zwei Halbjahre hindurch an der medizinischen, chirurgischen und geburtshilflichen Klinik als Praktikant[12] regelmäßig teilgenommen,

Die Bestimmung des § 7 Abs. 2 wird entsprechend angewendet[1].

§ 25.

Von der nachzuweisenden Studienzeit müssen mindestens sechs Halbjahre[2,3] [*fünf Halbjahre[2,4]*] nach vollständig bestandener Vorprüfung zurückgelegt sein.

Das Halbjahr, in dem die ärztliche Vorprüfung bestanden ist, wird nur angerechnet, wenn die Vorprüfung bis Ende Mai und Ende November jedes Jahres vollständig bestanden ist[8]. Ausnahmen dürfen nur aus besonderen Gründen gestattet werden (§ 68)[9].

§ 26.

Der Meldung ist der Nachweis beizufügen[10], daß der Kandidat nach vollständig bestandener ärztlicher Vorprüfung[11] mindestens
1. je zwei Halbjahre hindurch an der medizinischen, chirurgischen und geburtshilflichen Klinik als Praktikant[12] regelmäßig und mit Er-

---

[1] Hier kommt in der Regel nur die Anrechnung medizinisch-klinischer Studien an ausländischen Universitäten in Betracht. Sonstige Studien z. B. naturwissenschaftliche, auch zahnärztlich-klinische können eventuell nur auf die Gesamtstudienzeit (§ 23 Abs. 1 a. O. § 24 Abs. 1 n. O.) angerechnet werden. Die im § 24 Abs. 1 a. O. § 25 Abs. 1 n. O. vorgeschriebene medizinisch-klinische Studienzeit muß auf alle Fälle voll erledigt werden. Näheres hierüber S. 76. Vgl. jedoch S. 86 Anm. 2.

[2] Diese Bestimmung soll die Studierenden, die die Vorprüfung erst während des klinischen Studiums vollständig beendet haben, veranlassen, sich nach vollständig bestandener Vorprüfung noch eine bestimmte Zeit dem klinischen Studium zu widmen. Auf diese Mindestfrist zwischen Vorprüfung und Prüfung darf ein anderweitiges Studium nicht angerechnet werden (vgl. S. 21 Anm. 1). Auf sie werden aber auch medizinische Halbjahre gerechnet, in denen nur eine Vorlesung (nicht Übungen) belegt worden sind.

[3] Die sechs Halbjahre der klinischen Studienzeit nach der Prüfungsordnung v. 5. 7. 24 müssen voll erledigt werden und rechnen erst von dem Zeitpunkte ab, an dem die Vorprüfung (einschließlich etwaiger Wiederholungsprüfung) vollständig bestanden ist (vgl. S. 86 Anm 2).

[4] Abgeänderte Fassung gemäß Beschlusses des Reichsrats v. 21. 2. 27. (vgl. S. 50 Anm. 1B).

[5] Vgl. S. 9 Anm. 5.

[6] D. h. in Preußen bis 27. Mai bzw. 26. November j. Js.

[7] Vgl. S. 54.   [8] Vgl. S. 7 Anm. 3.

[9] Hierbei wird mit ministerieller Genehmigung ausnahmsweise auch ein Studienhalbjahr auf die nach vollständig bestandener Vorprüfung nachzuweisende Studienzeit angerechnet, währenddessen zwischen Beginn und Beendigung der Vorprüfung bereits klinische Vorlesungen und Übungen belegt worden sind. Hierdurch sollen Härten vermieden werden, besonders wenn ein Prüfling sich nur in einem Prüfungsfache der Vorprüfung einer Wiederholungsprüfung unterziehen mußte, oder wenn sich die Vorprüfung durch außerhalb seines Willens liegende Umstände verzögert hat (Beschluß des Staatenausschusses vom 8. 7. 19). Vgl. S. 86 Anm. 2.

[10] Nachweise, die erst am Schlusse des letzten Studienhalbjahrs erworben werden, sind, falls der Kandidat sich vorher zur Prüfung meldet (vgl. S. 20 Anm. 2), vor Beginn der Prüfung nachträglich dem Vorsitzenden des Prüfungsausschusses vorzulegen. Vgl. S. 207. Wegen Rückgabe der Nachweise vgl. § 57 Abs. 2 a. O., § 60 Abs. 2 n. O.

[11] Vgl. K.M. 22. 8. 96 — U I 1211 M — S. 85.

[12] Über die Voraussetzungen für die Zulassung von Kandidaten als Praktikanten vgl. S. 85. Die Teilnahme ist durch besondere Praktikantenscheine nachzuweisen. Muster 4 S. 94.

vier Kreißende in Gegenwart des Lehrers oder Assistenzarztes selbständig entbunden,

2. je ein Halbjahr als Praktikant[1] die Klinik für Augenkrankheiten, die medizinische Poliklinik, die Kinderklinik oder -poliklinik, die psychiatrische Klinik sowie die Spezialkliniken oder -polikliniken[2] für Hals- und Nasen-, für Ohren- und für Haut- und syphilitische Krankheiten regelmäßig besucht sowie am praktischen Unterricht in der Impftechnik teilgenommen und die zur Ausübung der Impfung erforderlichen technischen Fähigkeiten und Kenntnisse über Gewinnung und Erhaltung der Lymphe erworben[3],

3. je eine Vorlesung über topographische Anatomie, Pharmakologie und gerichtliche Medizin gehört hat[4].

Soweit am Universitätsort eine besondere Kinderklinik oder -poliklinik oder eine besondere Klinik oder Poliklinik für die zu 2 genannten Spezialfächer nicht besteht, genügt die Teilnahme an einem Kursus für diese Fächer in der entsprechenden Abteilung eines von der Zentralbehörde ermächtigten größeren Krankenhauses.

folg teilgenommen, vier Kreißende in Gegenwart des Lehrers oder Assistenzarztes selbständig entbunden,

2. je ein Halbjahr als Praktikant[1] die Klinik für Augenkrankheiten, die medizinische Poliklinik, die chirurgische Poliklinik, die Kinderklinik oder -poliklinik, die psychiatrische Klinik sowie die Spezialkliniken oder -polikliniken[2] für Hals- und Nasen-, für Ohren- und für Haut- und syphilitische Krankheiten regelmäßig und mit Erfolg besucht sowie am praktischen Unterricht in der Impftechnik teilgenommen und die zur Ausübung der Impfung erforderlichen technischen Fähigkeiten und Kenntnisse über Gewinnung und Erhaltung der Lymphe erworben[3],

3. je eine Vorlesung über allgemeine Pathologie und pathologische Anatomie, spezielle Pathologie, topographische Anatomie, Pharmakologie der organischen und anorganischen Heilmittel, Hygiene, Orthopädie, gerichtliche Medizin gehört[4],

4. an einem pathologisch-anatomischen Demonstrationskursus, einem Sektionskursus sowie einem bakteriologischen Kursus regelmäßig und mit Erfolg teilgenommen hat[5],[6].

Soweit am Universitätsort eine besondere Kinderklinik oder -poliklinik oder eine besondere Klinik oder Poliklinik für die zu 2 genannten Spezialfächer nicht besteht, genügt die regelmäßige und erfolgreiche Teilnahme an einem Kursus für diese Fächer in der entsprechenden Abteilung eines von der obersten Landesbehörde ermächtigten größeren Krankenhauses.

---

[1] Vgl. S. 21, Anm. 12.

[2] Die Studierenden derjenigen Universitäten, an welchen eine Kinderklinik oder Spezialkliniken für Hals- usw. Krankheiten vorhanden sind, haben den Nachweis über den Besuch dieser Kliniken zu führen. Der Nachweis über den Besuch einer Poliklinik dagegen genügt nur an denjenigen Universitäten, an welchen keine gleichartigen Kliniken vorhanden sind (K. M. 5. 5. 05 — M 17355 U I).

[3] Die Bescheinigung muß wörtlich mit dieser Vorschrift übereinstimmen (K.M. 28. 9. 08 — M 19352).

[4] Diese Vorlesungen dürfen nur nach bestandener Vorprüfung gehört werden (K.M. 4. 8. 06 — M 18321 U I) Vgl. S. 10 Anm. 4 und S. 62 Anm. 1. Für diese Vorlesungen genügt Belegen im Anmeldebuch.

[5] Die Teilnahme ist durch besondere Praktikantenscheine nachzuweisen.

[6] Wegen Rückgabe der Nachweise vgl. § 57 Abs. 2 a. O., § 60 Abs. 2 n. O.

Der Nachweis wird für die Vorlesungen über topographische Anatomie, Pharmakologie und gerichtliche Medizin durch das Abgangszeugnis, im übrigen durch besondere, nach dem beigefügten Muster 4[1] auszustellende Zeugnisse der klinischen oder poliklinischen Dirigenten oder durch das entsprechende Zeugnis eines von der Behörde mit der Erteilung des Unterrichts in der Impftechnik beauftragten Lehrers erbracht.

Für die Studierenden der Kaiser-Wilhelms-Akademie für das militärärztliche Bildungswesen in Berlin werden die zu §§ 23 und 25 erforderten Zeugnisse von der Direktion der Akademie ausgestellt.

Ausnahmen dürfen nur aus besonderen Gründen gestattet werden (§ 65).

Der Nachweis zu Ziffer 3 wird durch das Abgangszeugnis usw. (§ 24 Abs. 1) erbracht, im übrigen wird er durch besondere Zeugnisse der klinischen oder poliklinischen Dirigenten oder des Institutsleiters nach Muster 4[1] oder durch das entsprechende Zeugnis eines von der Behörde mit der Erteilung des Unterrichts in der Impftechnik beauftragten Lehrers geführt.

Ausnahmen dürfen nur aus besonderen Gründen gestattet werden (§ 68).

§ 26.

Außerdem sind der Meldung noch beizufügen[2]:

1. ein eigenhändig geschriebener Lebenslauf, in welchem der Gang der Universitätsstudien darzulegen ist, sowie,
2. falls der Kandidat sich nicht alsbald nach dem Abgang von der Universität meldet, ein amtliches Zeugnis über seine Führung in der Zwischenzeit[3].

Sämtliche in §§ 22, 23 und 25 aufgeführten Nachweise nebst dem vorstehend zu 2 bezeichneten Zeugnis sind in Urschrift vorzulegen.

§ 27.

Außerdem sind der Meldung beizufügen[2]:

1. die Geburtsurkunde,
2. ein eigenhändig geschriebener Lebenslauf, in dem der Gang der Universitätsstudien darzulegen ist, sowie,
3. falls der Kandidat sich nicht alsbald nach dem Abgang von der Universität meldet, ein amtliches Zeugnis über seine Führung in der Zwischenzeit.

Sämtliche in §§ 23, 24 und 26 sowie die vorstehend zu 1 und 3 bezeichneten Nachweise sind in Urschrift vorzulegen.

§ 27[4].

Der Kandidat hat sich binnen einer Woche[5] nach Empfang der Zulassungsverfügung[6], unter Vorzeigung derselben sowie der Quittung über die eingezahlten Gebühren (§ 58) bei dem Vorsitzenden der Prüfungskommission ohne besondere Aufforderung persönlich zu melden.

§ 28.

Der Kandidat hat sich binnen einer Woche[5] nach Empfang der Zulassungsverfügung[4],[6] unter Vorzeigung derselben sowie der Quittung über die eingezahlten Gebühren (§ 61), bei dem Vorsitzenden des Prüfungsausschusses ohne besondere Aufforderung persönlich zu melden.

---

[1] Vgl. S. 94.   [2] Vgl. S. 22, Anm. 6.

[3] Außerdem die Geburtsurkunde (M.V. 24. 12. 21 — I M V gen. 508).

[4] § 27 Abs. 1 a.O. („der Zulassungsverfügung ist ein Abdruck der gegenwärtigen Bekanntmachung beizulegen") ist fortgefallen. Die Prüfungsordnung wird bei jedem Prüfungsausschuß in einem geeigneten Raum in genügender Zahl zur Einsicht ausgelegt oder ausgehängt (M.V. 30. 7. 21 — I M V gen. 301).

[5] Die einwöchige Meldungsfrist läuft nicht während der Ferien (K.M. — M 3805/04).

[6] Die Zeugnisse werden mit der Zulassungsverfügung nicht zurückgesandt, sondern erst später dem Kandidaten ausgehändigt (M.V. 11. 2. 20 — I M V 848).

§ 28.

Die Prüfung umfaßt folgende Abschnitte[1]:

I. die Prüfung in der pathologischen Anatomie und in der allgemeinen Pathologie,
II. die medizinische Prüfung,
III. die chirurgische Prüfung,
IV. die geburtshilflich-gynäkologische Prüfung,
V. die Prüfung in der Augenheilkunde,
VI. die Prüfung in der Irrenheilkunde,
VII. die Prüfung in der Hygiene.

Die Examinatoren in den einzelnen Prüfungsabschnitten sind, auch abgesehen von der Vorschrift des § 38, verpflichtet, soweit der Gegenstand dazu Gelegenheit bietet, festzustellen, daß der Kandidat in den mit dem betreffenden Abschnitt in Zusammenhang stehenden Gebieten der Anatomie und Physiologie die in der Vorprüfung nachzuweisenden Kenntnisse festgehalten und während der klinischen Zeit zu verwerten gelernt hat. Die Art und der Erfolg der Prüfung in der Anatomie und Physiologie sind in dem Protokolle (§ 50) der betreffenden Prüfungsabschnitte im einzelnen anzugeben[9].

§ 29.

Die Prüfung umfaßt folgende Abschnitte[1]:

I. Pathologische Anatomie und allgemeine Pathologie,
II. Topographische Anatomie[2],
III. Pathologische Physiologie[3],
IV. Pharmakologie[4],
V. Innere Medizin,
VI. Chirurgie,
VII. Geburtshilfe und Frauenheilkunde,
VIII. Augenheilkunde,
IX. Ohren-, Hals- und Nasenkrankheiten[5],
X. Kinderheilkunde[6],
XI. Haut- und Geschlechtskrankheiten[7],
XII. Irrenheilkunde,
XIII. Hygiene,
XIV. Gerichtliche Medizin[8].

Die Prüfer in den einzelnen Prüfungsabschnitten sind, auch abgesehen von der Vorschrift der §§ 33 und 34, verpflichtet, soweit der Gegenstand dazu Gelegenheit bietet, festzustellen, daß der Kandidat in den mit dem betreffenden Abschnitt in Zusammenhang stehenden Gebieten der Anatomie und Physiologie die in der Vorprüfung nachzuweisenden Kenntnisse festgehalten und während des klinischen Studiums verwerten gelernt hat. Die Prüfer in den Abschnitten V bis IX sowie XI und XII haben ferner, soweit der Gegenstand dazu Gelegenheit bietet, auch abgesehen von der Vorschrift des § 51 festzustellen, daß der Kandidat über die Grundsätze unterrichtet ist, nach denen die versicherungsmedizinische Beurteilung von körperlichen oder geistigen Zuständen (Arbeitsfähigkeit, Erwerbsfähigkeit, Berufsfähigkeit, Invalidität, Hilflosigkeit, Unfallfolgen usw.) zu erfolgen hat[10]. Auch haben die Prüfer ihr Augenmerk darauf zu richten, daß der Kandidat auf eine wirtschaftliche Behandlungsweise Rücksicht zu nehmen weiß[10]. Desgleichen sind bei den ein-

---

[1] Eine Anrechnung anderweitiger Prüfungen auf einzelne Abschnitte ist nicht angängig. Die Prüfung ist vielmehr grundsätzlich in allen Abschnitten vollständig abzulegen.
[2] A. O. Abschnitt III, Teil 4 (§ 38).　　　[3] Neu vorgesehen.
[4] A. O. Abschnitt II, Teil 2 (§ 33).　　　[5] A. O. Abschnitt III, Teil 5 (§ 39).
[6] A. O. Abschnitt II, Teil 3 (§ 33a).　　　[7] A. O. Abschnitt II, Teil 4 (§ 38b).
[8] Neu vorgesehen. Vgl. § 47 Satz 1 a. O., wonach bisher kein besonderes Prüfungsfach.
[9] Diese Angaben fallen in der vorgeschriebenen Prüfungsübersicht (vgl. S. 229) fort.
[10] Neu vorgesehen.

§ 29.

In keinem Prüfungsabschnitte dürfen gleichzeitig mehr als vier Kandidaten geprüft werden[5], mit Ausnahme der technischen Teile der chirurgischen Prüfung (§§ 36 und 37), bei welchen die doppelte Zahl zulässig ist.

§ 30.

I. Die Prüfung in der pathologischen Anatomie und in der allgemeinen Pathologie umfaßt zwei Teile, wird von einem Examinator abgehalten und ist tunlichst in zwei Tagen zu erledigen. In derselben muß der Kandidat sich befähigt zeigen:

1. an der Leiche die vollständige Sektion mindestens einer der drei Haupthöhlen zu machen und den Befund sofort zu Protokoll zu bringen;
2. zwei bis drei pathologisch-anatomische Präparate, von denen jedenfalls eins für die mikrosko-

zelnen Prüfungsgegenständen ihre Geschichte[1] und, soweit sich dazu Gelegenheit bietet, die Beziehungen zu den praktisch wichtigen Gebieten der Vererbungslehre[2] zu berücksichtigen. Endlich ist auch darauf zu achten, daß der Kandidat sprachliches Verständnis für die medizinischen Kunstausdrücke besitzt[1].

§ 30[3].

Der Reichsminister des Innern und die oberste Landesbehörde (§ 21 Abs. 2) können zu den Prüfungen Vertreter entsenden.

Zu den klinischen Prüfungen ist den Studierenden der Medizin der Zutritt gestattet, die als Auskultanten[4] oder Praktikanten an der betreffenden Klinik teilnehmen. Den übrigen Prüfungen dürfen Studierende beiwohnen, die die ärztliche Vorprüfung bestanden haben.

Außerdem steht jedem Lehrer der Medizin an einer Universität des Deutschen Reichs oder an der Medizinischen Akademie in Düsseldorf der Zutritt frei.

§ 31.

Von einem Prüfer dürfen nicht mehr als vier Kandidaten gleichzeitig geprüft werden[5] mit Ausnahme der Prüfungen nach §§ 33, 39 und 40, bei denen die doppelte Zahl zulässig ist.

§ 32.

Die Prüfung in der pathologischen Anatomie und in der allgemeinen Pathologie (I) umfaßt zwei Teile, wird von einem Prüfer abgehalten und ist tunlichst in zwei Tagen zu erledigen. Der Kandidat muß sich befähigt zeigen:

1. an der Leiche die vollständige Sektion mindestens einer der drei Haupthöhlen auszuführen und den Befund sofort niederzuschreiben;
2. zwei bis drei pathologisch-anatomische Präparate, von denen jedenfalls eins für die mikrosko-

---

[1] § 47 a. O.   [2] Neu vorgesehen.   [3] § 48 a. O.
[4] Vgl. S. 86 Anm. 3.
[5] Die Anm. 4 S. 7 findet sinngemäß Anwendung.

pifche Unterfuchung herzuftellen ift, zu erläutern und demnächft in einer eingehenden mündlichen Prüfung feine Kenntniffe in der pathologifchen Anatomie und in der allgemeinen Pathologie dar-zutun.

pifche Unterfuchung herzuftellen ift, zu erläutern und demnächft in einer eingehenden mündlichen Prüfung feine Kenntniffe in der pathologifchen Anatomie und in der allgemeinen Pathologie dar-zutun.

§ 33[1].

Die Prüfung in der topographifchen Anatomie (II) ift an einem Tage zu erlebigen. Der Kandidat hat dabei vor zwei Prüfern[2], und zwar dem Fachvertreter und dem Vertreter der inneren oder der chirurgifchen oder der Frauenklinik, in einer mündlichen Prüfung feine Vertrautheit mit dem topographifchen Teil der Anatomie unter Berückfichtigung der Anatomie am Lebenden darzutun. Die Prüfung hat fich in der Regel auf eine Körper-gegend zu befchränken.

§ 34[3].

Die Prüfung in der pathologifchen Phyfiologie (III) erfolgt mündlich und ift an einem Tage zu erlebigen. Der Kandidat hat vor zwei Prüfern[4], dar-unter einem Vertreter der inneren Medizin, nachzuweifen, daß er mit den wichtigften phyfiologifchen Grund-lagen der klinifchen Erfcheinungen ver-traut ift.

§ 35[5].

Die Prüfung in der Pharmakologie (IV) ift an einem Tage von einem Prüfer abzunehmen. Der Kandidat hat einige Aufgaben über Arznei-verordnungen fchriftlich zu löfen und mündlich darzutun, daß er in der Pharmakologie und Toxikologie die für einen praktifchen Arzt erforder-lichen Kenntniffe befitzt und fich auch mit der wirtfchaftlichen Verordnungs-weife vertraut gemacht hat.

§ 31.

II. Die medizinifche Prüfung um-faßt vier Teile und ift in der Regel in fieben aufeinanderfolgenden Wochen-tagen zu erlebigen.

§ 36.

Die Prüfung in der inneren Medi-zin (V) ift in der Regel in vier auf-einanderfolgenden Tagen zu erlebigen und von zwei Prüfern[6] in einer Uni-verfitätsklinik oder Univerfitätspoli-

---

[1] § 88 a. O. [2] Vgl. § 55 Abf. 2 u. O. [3] Neu vorgefehen.
[4] Vgl. § 55 Abf. 2 u. O. Wegen Auswahl der Prüfer vgl. allg. Erlaß M.B. 12. 2. 25 — M III 3212/24 — S. 88. [5] § 88 a. O. [6] Vgl. § 55 Abf. 2 u. O.

§ 32.

In dem ersten Teile der medizinischen Prüfung, der von zwei Examinatoren[1] in der medizinischen Abteilung eines größeren Krankenhauses oder in einer Universitätsklinik oder an Kranken der Poliklinik abgehalten wird, hat der Kandidat

a) an zwei aufeinanderfolgenden Tagen je einen Kranken in Gegenwart des betreffenden Examinators zu untersuchen, die Anamnese, Diagnose und Prognose des Falles sowie den Heilplan festzustellen, den Befund sofort in ein von dem Examinator gegenzuzeichnendes Protokoll aufzunehmen und noch an demselben Tage zu Hause über den Krankheitsfall einen kritischen Bericht anzufertigen, welcher, mit Datum und Namensunterschrift versehen, am nächsten Morgen dem Examinator zu übergeben ist;

b) die beiden ihm überwiesenen Kranken im Laufe der nächsten vier Tage täglich wenigstens einmal, auf Erfordern des Examinators auch öfter zu besuchen, im Anschluß an den ihm vom Examinator zurückgegebenen Bericht den Verlauf der Krankheit mit Angabe der Behandlung in Form eines Krankenblatts zu beschreiben und im Falle des vor Ablauf der vier Tage erfolgenden Todes des Kranken eine schriftliche Epikrise unter Berücksichtigung des Sektionsbefundes zu geben. Scheidet einer der dem Kandidaten überwiesenen Kranken vor Ablauf der vier Tage aus der Behandlung aus, so bestimmt der Examinator, ob der Kandidat einen anderen Kranken zu übernehmen hat.

Jeder Examinator hat den Krankenbesuchen zu b mindestens dreimal beizuwohnen, hierbei den Krankheitsbericht mit dem Kandidaten durchzugehen und ihn nötigenfalls zu Nachträgen zu veranlassen.

klinik oder in der medizinischen Abteilung eines größeren Krankenhauses abzuhalten. Der Kandidat hat

a) an zwei aufeinanderfolgenden Tagen je einen Kranken in Gegenwart des Prüfers zu untersuchen, die Anamnese, Diagnose und Prognose des Falles sowie den Heilplan festzustellen, den Befund sofort unter Gegenzeichnung des Prüfers niederzuschreiben und noch an demselben Tage zu Hause über den Krankheitsfall einen kritischen Bericht anzufertigen, der, mit Datum und Namensunterschrift versehen, am nächsten Morgen dem Prüfer zu übergeben ist,

b) die beiden ihm überwiesenen Kranken an jedem der nächsten zwei Tage wenigstens einmal, auf Erfordern des Prüfers auch öfter zu besuchen, im Anschluß an den ihm vom Prüfer zurückgegebenen Bericht den Verlauf der Krankheit mit Angabe der Behandlung in Form eines Krankenblatts zu beschreiben und im Falle des vor Ablauf der zwei Tage erfolgenden Todes des Kranken eine schriftliche Epikrise unter Berücksichtigung des Sektionsbefundes zu geben. Scheidet einer der dem Kandidaten überwiesenen Kranken vor Ablauf der zwei Tage aus der Behandlung aus, so bestimmt der Prüfer, ob der Kandidat einen anderen Kranken zu übernehmen hat.

Jeder Prüfer hat den Krankenbesuchen zu b mindestens zweimal beizuwohnen, hierbei den Krankheitsbericht mit dem Kandidaten durchzugehen und ihn nötigenfalls zu Nachträgen zu veranlassen.

---

[1] Vgl. § 52 Abs. 2 a. O.

Gelegentlich der Krankenbesuche (zu a und b) hat der Kandidat noch an sonstigen Kranken seine Fähigkeit in der Diagnose und Prognose der inneren Krankheiten und seine Vertrautheit mit der gesamten Heilmittellehre, soweit sie nicht Gegenstand der Prüfung zu § 33 ist, nachzuweisen.

§ 33[1].

In dem zweiten Teile der medizinischen Prüfung hat der Kandidat in einem besonderen Termin in Gegenwart eines Examinators einige Aufgaben zu Arzneiverordnungen schriftlich zu lösen und mündlich darzutun, daß er in der Pharmakologie und Toxikologie die für einen praktischen Arzt erforderlichen Kenntnisse besitzt.

Dieser Prüfungsteil kann einem dritten Examinator übertragen werden.

§ 33a[2].

In dem dritten Teile der medizinischen Prüfung hat der Kandidat in einem besonderen Termin in der Kinderabteilung eines größeren Krankenhauses oder in einer Universitäts-Kinderklinik oder -poliklinik in Gegenwart eines Fachvertreters der Kinderheilkunde einen Kranken zu untersuchen, den Befund und den Heilplan kurz niederzuschreiben und sodann mündlich darzutun, daß er in der Kinderheilkunde die für einen praktischen Arzt erforderlichen Kenntnisse besitzt.

§ 33b[3].

In dem vierten Teile der medizinischen Prüfung hat der Kandidat in einem besonderen Termin in der Abteilung für Haut- und Geschlechtskrankheiten eines größeren Krankenhauses oder in einer Universitätsklinik oder -poliklinik für Haut- und Geschlechtskranke in Gegenwart eines Fachvertreters für Haut- und Geschlechtskrankheiten einen Kranken zu untersuchen, den Befund und den Heilplan kurz niederzuschreiben und sodann mündlich darzutun, daß er über die

Gelegentlich der Krankenbesuche (zu a und b) hat der Kandidat noch an anderen Kranken seine Fähigkeit in der Diagnose und Prognose der inneren Krankheiten und seine Vertrautheit mit der gesamten Heilmittellehre, soweit sie nicht Gegenstand der Prüfung zu § 35 ist, nachzuweisen.

---

[1] § 35 u. O.   [2] § 47 u. O.   [3] § 48 u. O.

Haut- und Geschlechtskrankheiten die
für einen praktischen Arzt erforderlichen Kenntnisse besitzt.

§ 34.

III. Die chirurgische Prüfung umfaßt fünf Teile und ist in der Regel
in sieben aufeinanderfolgenden
Wochentagen zu erledigen. Sie wird
in den ersten drei Teilen von zwei
Examinatoren[1], welche im zweiten
und dritten Teile gleichzeitig zu
prüfen haben, in der chirurgischen
Abteilung eines größeren Krankenhauses oder in einer Universitätsklinik
oder an Kranken der Poliklinik, erforderlichenfalls in der Anatomie, abgehalten.

§ 35.

In dem ersten Teile der chirurgischen Prüfung hat der Kandidat
 a) an zwei aufeinanderfolgenden
    Tagen je einen Kranken in
    Gegenwart des betreffenden
    Examinators zu untersuchen, die
    Anamnese, Diagnose und Pro-
    gnose des Falles sowie den Heil-
    plan festzustellen, den Befund
    sofort in ein von dem Exa-
    minator gegenzuzeichnendes
    Protokoll aufzunehmen und
    noch an demselben Tage zu
    Hause über den Krankheitsfall
    einen kritischen Bericht anzu-
    fertigen, welcher, mit Datum
    und Namensunterschrift ver-
    sehen, am nächsten Morgen dem
    Examinator zu übergeben ist;
 b) die beiden ihm überwiesenen
    Kranken im Laufe der nächsten
    vier Tage täglich wenigstens ein-
    mal, auf Erfordern des Exa-
    minators auch öfter zu besuchen,
    im Anschluß an den ihm vom
    Examinator zurückgegebenen
    Bericht den Verlauf der Krank-
    heit mit Angabe der Behand-
    lung in Form eines Kranken-
    blatts zu beschreiben und im
    Falle des vor Ablauf der vier
    Tage erfolgenden Todes eine
    schriftliche Epikrise unter Be-
    rücksichtigung des Sektionsbe-
    fundes zu geben. Scheidet einer

§ 37.

Die Prüfung in der Chirurgie (VI)
umfaßt drei Teile und ist in der Regel
in fünf aufeinanderfolgenden Wochentagen zu erledigen. Sie wird von
zwei Prüfern[2], die im zweiten und
dritten Teile gleichzeitig zu prüfen
haben, in einer Universitätsklinik oder
Universitätspoliklinik oder in der chirurgischen Abteilung eines größeren
Krankenhauses, erforderlichenfalls im
Anatomischen Institut, abgehalten.

§ 38.

Im ersten Teil der Prüfung in der
Chirurgie hat der Kandidat
 a) an zwei aufeinanderfolgenden
    Tagen je einen Kranken in
    Gegenwart des Prüfers zu
    untersuchen, die Anamnese, Dia-
    gnose und Prognose des Falles
    sowie den Heilplan festzustellen,
    den Befund sofort unter Gegen-
    zeichnung des Prüfers nieder-
    zuschreiben und noch an dem-
    selben Tage zu Hause über den
    Krankheitsfall einen kritischen
    Bericht anzufertigen, der, mit
    Datum und Namensunterschrift
    versehen, am nächsten Morgen
    dem Prüfer zu übergeben ist;
 b) die beiden ihm überwiesenen
    Kranken an jedem der nächsten
    zwei Tage wenigstens einmal,
    auf Erfordern des Prüfers auch
    öfter zu besuchen, im Anschluß
    an den ihm vom Prüfer zu-
    rückgegebenen Bericht den Ver-
    lauf der Krankheit mit Angabe
    der Behandlung in Form eines
    Krankenblatts zu beschreiben und
    im Falle des vor Ablauf der
    zwei Tage erfolgenden Todes
    eine schriftliche Epikrise unter
    Berücksichtigung des Sektions-
    befundes zu geben. Scheidet
    einer der dem Kandidaten über-

---

[1] Vgl. § 52 Abs. 2 a. E.

[2] Vgl. § 55 Abs. 2 u. E.

der dem Kandidaten über-
wiesenen Kranken vor Ablauf
der vier Tage aus der Be-
handlung aus, so bestimmt der
Examinator, ob der Kandidat
einen anderen Kranken zu übernehmen hat.

Jeder der beiden Examinatoren hat
den Krankenbesuchen zu b mindestens
dreimal beizuwohnen, hierbei den
Krankheitsbericht mit dem Kandidaten
durchzugehen und ihn nötigenfalls zu
Nachträgen zu veranlassen.

Gelegentlich der Krankenbesuche (zu
a und b) hat der Kandidat noch an
sonstigen Kranken seine Fähigkeit in
der Diagnose und Prognose der
chirurgischen Krankheiten, seine Vertrautheit mit den verschiedenen Methoden ihrer Behandlung unter besonderer Berücksichtigung der Antisepsis und Asepsis sowie seine Fertigkeit in der Ausführung kleiner chirurgischer Operationen nachzuweisen.

§ 36.

In dem zweiten Teile der chirurgischen Prüfung hat der Kandidat in
der Operationslehre und in der
Würdigung der bezüglichen Methoden
sich einer mündlichen Prüfung zu
unterziehen, zwei Operationen, darunter eine Arterienunterbindung, an
der Leiche zu verrichten und die für
einen praktischen Arzt erforderlichen
Kenntnisse in der Instrumentenlehre
darzulegen.

§ 37.

In dem dritten Teile der chirurgischen Prüfung hat der Kandidat auf
Fragen aus der Lehre von den
Knochenbrüchen und Verrenkungen
ebenfalls mündlich Auskunft zu geben,
in einem Falle das angezeigte Verfahren am Phantom oder an Kranken
auszuführen und den Verband kunstgerecht anzulegen.

§ 38[1].

In dem vierten Teile der chirurgischen Prüfung hat der Kandidat in

---

[1] § 33 u. O.

wiesenen Kranken vor Ablauf der
zwei Tage aus der Behandlung
aus, so bestimmt der Prüfer, ob
der Kandidat einen anderen
Kranken zu übernehmen hat.

Jeder der beiden Prüfer hat den
Krankenbesuchen zu b mindestens
zweimal beizuwohnen, hierbei den
Krankheitsbericht mit dem Kandidaten
durchzugehen und ihn nötigenfalls
zu Nachträgen zu veranlassen.

Gelegentlich der Krankenbesuche (zu
a und b) hat der Kandidat noch an
anderen Kranken seine Fähigkeit in
der Diagnose und Prognose der chirurgischen Krankheiten, seine Vertrautheit mit den verschiedenen Methoden ihrer Behandlung unter besonderer Berücksichtigung der Asepsis
und Antisepsis sowie seine Fertigkeit
in der Ausführung kleiner chirurgischer Operationen nachzuweisen.

§ 39.

Im zweiten Teil der Prüfung in
der Chirurgie hat der Kandidat in
der Operationslehre und in der
Würdigung der bezüglichen Methoden
sich einer mündlichen Prüfung zu
unterziehen, zwei Operationen, darunter eine Arterienunterbindung, an
der Leiche zu verrichten und die für
einen praktischen Arzt erforderlichen
Kenntnisse in der Instrumentenlehre
darzulegen.

§ 40.

Im dritten Teil der Prüfung in der
Chirurgie hat der Kandidat auf Fragen
aus der Lehre von den Knochenbrüchen und Verrenkungen ebenfalls
mündlich Auskunft zu geben, in einem
Falle das angezeigte Verfahren am
Phantom oder an Kranken auszuführen und den Verband kunstgerecht
anzulegen.

Er hat ferner seine Vertrautheit
mit den Lehren der Orthopädie nachzuweisen, soweit deren Kenntnis für
den praktischen Arzt erforderlich ist.

einer von einem Fachvertreter ab-
zunehmenden, nach Befinden mit der
Prüfung zu § 36 zu verbindenden,
mündlichen Prüfung seine Vertrautheit mit dem topographisch-chirur-
gischen Teile der Anatomie darzutun.
Die Prüfung hat sich in der Regel
auf einen Körperteil zu beschränken.

§ 39[1].

In dem fünften Teile der chirurgischen Prüfung hat der Kandidat in
einem besonderen Termin in der Abteilung für Ohren-, Hals- und Nasenkrankheiten eines größeren Krankenhauses oder in einer Universitätsklinik oder -poliklinik für Ohren-, Hals-
und Nasenkranke in Gegenwart eines
Fachvertreters einen Kranken zu
untersuchen, den Befund und den
Heilplan kurz niederzuschreiben und
sodann mündlich darzutun, daß er
über die Ohren-, Hals- und Nasenkrankheiten sowie ihre Behandlung
die für einen praktischen Arzt erforderlichen Kenntnisse besitzt.

§ 40.

IV. Die geburtshilflich-gynäkologische Prüfung umfaßt zwei Teile, sie
wird von zwei Examinatoren in einer
öffentlichen Gebäranstalt, mit der eine
gynäkologische Abteilung verbunden
ist, oder in einer Universitätsklinik abgehalten und ist in der Regel in fünf
aufeinanderfolgenden Wochentagen
zu erledigen.

§ 41.

In dem ersten Teile der geburtshilflich-gynäkologischen Prüfung hat
der Kandidat
a) eine Gebärende in Gegenwart
eines der Examinatoren oder
eines von demselben damit beauftragten Assistenzarztes der
Anstalt zu untersuchen, die Geburtsperiode und Kindeslage,
die Prognose und das einzuschlagende Verfahren zu bestimmen und auf Erfordern sich
an den geburtshilflichen Maßnahmen zu beteiligen sowie auch
nach Beendigung der Geburt im

§ 41.

Die Prüfung in der Geburtshilfe
und Frauenheilkunde (VII) umfaßt
zwei Teile; sie wird von zwei Prüfern
in einer Universitätsklinik oder in einer
öffentlichen Gebäranstalt, mit der eine
gynäkologische Abteilung verbunden
ist, abgehalten und ist in der Regel in
fünf aufeinanderfolgenden Wochentagen zu erledigen.

§ 42.

Im ersten Teil der Prüfung in der
Geburtshilfe und Frauenheilkunde
hat der Kandidat
a) eine Gebärende in Gegenwart
eines der Prüfer oder eines von
diesem damit beauftragten Assistenzarztes der Anstalt zu untersuchen, die Geburtsperiode und
Kindeslage, die Prognose und
das einzuschlagende Verfahren
zu bestimmen und auf Er-
fordern sich an den geburtshilflichen Maßnahmen zu beteiligen sowie auch nach Beendigung der Geburt im Laufe

---

[1] § 46 u. O.

Laufe der nächsten 24 Stunden zu Hause einen kritischen Bericht anzufertigen und solchen, mit Datum und Namensunterschrift versehen, am anderen Tage dem betreffenden Examinator zu übergeben;

b) die Wöchnerin im Laufe der nächsten vier Tage täglich zweimal zu besuchen, dabei den Bericht in Beziehung auf die Pflege der Wöchnerin und des Neugeborenen sowie auf die etwaigen Krankheiten beider zu vervollständigen und im Falle des vor Ablauf der vier Tage erfolgenden Todes der Entbundenen eine schriftliche Epikrise unter Berücksichtigung des Sektionsbefundes zu geben. Scheidet die dem Kandidaten überwiesene Wöchnerin vor Ablauf der vier Tage aus der Behandlung aus, so bestimmt der Examinator, ob der Kandidat eine andere Wöchnerin zu übernehmen hat.

Während dieser Zeit hat der Kandidat vor demselben Examinator noch seine Fähigkeit in der Diagnose, Prognose und Behandlung der Schwangerschaft und des Wochenbetts zu bekunden und in einer mündlichen Prüfung an Kranken nachzuweisen, daß er die für einen praktischen Arzt erforderlichen Kenntnisse in der Erkennung und Behandlung der Frauenkrankheiten besitzt.

§ 42.

In dem zweiten Teile der geburtshilflich-gynäkologischen Prüfung hat der Kandidat in einem besonderen Termin in Gegenwart beider Examinatoren[1] seine Bekanntschaft mit denjenigen Operationen nachzuweisen, welche wissenschaftlich anerkannt sind, sodann am Phantom die Diagnose verschiedener regelwidriger Kindeslagen zu stellen, die Entbindung durch die Wendung auszuführen und seine Fertigkeit im Gebrauche der Zange darzulegen.

der nächsten 24 Stunden zu Hause einen kritischen Bericht anzufertigen und diesen, mit Datum und Namensunterschrift versehen, am anderen Tage dem betreffenden Prüfer zu übergeben,

b) die Wöchnerin an jedem der nächsten vier Tage zweimal zu besuchen, dabei den Bericht in Beziehung auf die Pflege der Wöchnerin und des Neugeborenen sowie auf die etwaigen Krankheiten beider zu vervollständigen und im Falle des vor Ablauf der vier Tage erfolgenden Todes der Entbundenen eine schriftliche Epikrise unter Berücksichtigung des Sektionsbefundes zu geben. Scheidet die dem Kandidaten überwiesene Wöchnerin vor Ablauf der vier Tage aus der Behandlung aus, so bestimmt der Prüfer, ob der Kandidat eine andere Wöchnerin zu übernehmen hat.

Während dieser Zeit hat der Kandidat vor demselben Prüfer noch seine Fähigkeit in der Diagnose, Prognose und Behandlung der Schwangerschaft und des Wochenbetts zu bekunden und in einer mündlichen Prüfung an Kranken nachzuweisen, daß er die für einen praktischen Arzt erforderlichen Kenntnisse in der Erkennung und Behandlung der Frauenkrankheiten besitzt.

§ 43.

Im zweiten Teil der Prüfung in der Geburtshilfe und Frauenheilkunde hat der Kandidat in einem besonderen Termin in Gegenwart beider Prüfer[2] seine Bekanntschaft mit den Operationen nachzuweisen, die wissenschaftlich anerkannt sind; auch hat er am Phantom die Diagnose verschiedener regelwidriger Kindeslagen zu stellen, die Entbindung durch die Wendung auszuführen und seine Fertigkeit im Gebrauche der Zange darzulegen.

---

[1] Vgl. § 52 Abs. 2 a. E.

[2] Vgl. § 55 Abs. 2 n. E.

§ 43.

Dem dirigierenden Arzte steht es beim Mangel an Gebärenden oder Kranken in der Anstalt frei, solche aus der poliklinischen Praxis zur Prüfung heranzuziehen. Die Überweisung derselben Gebärenden zur Prüfung (zu § 41 Abs. 1a) für zwei oder mehrere Kandidaten ist in keinem Falle gestattet.

§ 44.

V. Die Prüfung in der Augenheilkunde wird von einem Examinator in der Augenabteilung eines größeren Krankenhauses oder in einer Universitätsklinik oder an Kranken der Poliklinik abgehalten und ist in drei Tagen zu erledigen.

In Gegenwart des Examinators hat der Kandidat einen Augenkranken zu untersuchen, die Anamnese, Diagnose und Prognose des Falles sowie den Heilplan festzustellen, den Befund sofort in ein von dem Examinator gegenzuzeichnendes Protokoll aufzunehmen und noch an demselben Tage zu Hause über den Krankheitsfall einen Bericht anzufertigen, welcher, mit Datum und Namensunterschrift versehen, am nächsten Morgen dem Examinator zu übergeben ist. Sodann hat er den Kranken zwei Tage hindurch unter Aufsicht des Examinators zu behandeln und in einer mündlichen Prüfung auch an anderen Fällen nachzuweisen, daß er die für einen praktischen Arzt erforderlichen Kenntnisse in der Augenheilkunde besitzt sowie sich mit dem Gebrauche des Augenspiegels vertraut gemacht hat.

§ 44.

Dem dirigierenden Arzte steht es beim Mangel an Gebärenden oder Kranken in der Anstalt frei, solche aus der poliklinischen Praxis zur Prüfung heranzuziehen. Die Überweisung derselben Gebärenden zur Prüfung (zu § 42 Abs. 1a) für zwei oder mehrere Kandidaten ist in keinem Falle gestattet.

§ 45.

Die Prüfung in der Augenheilkunde (VIII) wird von einem Prüfer in einer Universitätsklinik oder Universitätspoliklinik oder in der Augenabteilung eines größeren Krankenhauses abgehalten und ist in zwei Tagen zu erledigen.

In Gegenwart des Prüfers hat der Kandidat einen Augenkranken zu untersuchen, die Anamnese, Diagnose und Prognose des Falles sowie den Heilplan festzustellen, den Befund sofort unter Gegenzeichnung des Prüfers niederzuschreiben und noch an demselben Tage zu Hause über den Krankheitsfall einen Bericht anzufertigen, der, mit Datum und Namensunterschrift versehen, am nächsten Morgen dem Prüfer zu übergeben ist. Sodann hat er den Kranken am nächsten Tage unter Aufsicht des Prüfers zu behandeln und in einer mündlichen Prüfung auch an anderen Fällen nachzuweisen, daß er die für einen praktischen Arzt erforderlichen Kenntnisse in der Augenheilkunde besitzt sowie sich mit dem Gebrauche des Augenspiegels vertraut gemacht hat.

§ 46[1]

Die Prüfung über Ohren-, Hals- und Nasenkrankheiten (IX) ist an einem Tage von einem Prüfer in einer Universitätsklinik oder Universitätspoliklinik oder in der Abteilung für Ohren-, Hals- und Nasenkrankheiten eines größeren Krankenhauses abzunehmen.

Der Kandidat hat in Gegenwart des Prüfers einen Kranken zu untersuchen, den Befund und den Heilplan kurz niederzuschreiben und sodann

---

[1] § 39 a. O.

§ 45.

VI. Die Prüfung der Irrenheilkunde wird von einem Examinator in der Irrenabteilung eines größeren Krankenhauses oder einer Universitätsklinik abgehalten und ist an einem Tage zu erledigen.

In Gegenwart des Examinators hat der Kandidat einen Geisteskranken zu untersuchen, die Anamnese, Diagnose und Prognose des Falles sowie den Heilplan festzustellen, den Befund sofort in ein von dem Examinator gegenzuzeichnendes Protokoll aufzunehmen und hierauf in einer mündlichen Prü-

münblich darzutun, daß er über die Ohren-, Hals- und Nasenkrankheiten sowie ihre Behandlung die für einen praktischen Arzt erforderlichen Kenntnisse besitzt.

§ 47[1].

Die Prüfung in der Kinderheilkunde (X) wird von einem Prüfer in einer Universitätsklinik oder Universitätspoliklinik oder in der Kinderabteilung eines größeren Krankenhauses abgehalten und ist an einem Tage zu erledigen.

Der Kandidat hat in Gegenwart des Prüfers einen Kranken zu untersuchen, den Befund und den Heilplan kurz niederzuschreiben und sodann mündlich darzutun, daß er in der Kinderheilkunde die für einen praktischen Arzt erforderlichen Kenntnisse besitzt.

§ 48[2].

Die Prüfung über Haut- und Geschlechtskrankheiten (XI) ist an einem Tage von einem Prüfer in einer Universitätsklinik oder Universitätspoliklinik oder in der Abteilung für Haut- und Geschlechtskrankheiten eines größeren Krankenhauses abzunehmen.

Der Kandidat hat in Gegenwart des Prüfers einen Kranken zu untersuchen, den Befund und den Heilplan kurz niederzuschreiben und sodann mündlich darzutun, daß er über die Haut- und Geschlechtskrankheiten die für einen praktischen Arzt erforderlichen Kenntnisse besitzt.

§ 49.

Die Prüfung in der Irrenheilkunde (XII) wird von einem Prüfer in einer Universitätsklinik oder in der Irrenabteilung eines größeren Krankenhauses abgehalten und ist an einem Tage zu erledigen.

In Gegenwart des Prüfers hat der Kandidat einen Geisteskranken zu untersuchen, die Anamnese, Diagnose und Prognose des Falles sowie den Heilplan festzustellen, den Befund sofort unter Gegenzeichnung des Prüfers niederzuschreiben und hierauf in einer mündlichen Prüfung auch an

---

[1] § 33a a. O.   [2] § 33b a. O.

fung auch an anderen Kranken nachzuweisen, daß er die für einen praktischen Arzt erforderlichen Kenntnisse
in der Irrenheilkunde besitzt.

§ 46.

VII. Die hygienische Prüfung ist
eine mündliche; sie wird von einem
Examinator abgehalten[1] und ist in
einem Tage zu erledigen.

In derselben hat der Kandidat nachzuweisen, daß er sich die für einen
praktischen Arzt erforderlichen Kenntnisse in der Hygiene erworben, sich
mit den wichtigeren hygienischen und
insbesondere auch bakteriologischen
Untersuchungsmethoden sowie mit den
Grundsätzen und der Technik der
Schutzpockenimpfung vertraut gemacht
hat, auch die erforderlichen Kenntnisse
über Gewinnung und Erhaltung der
Lymphe besitzt.

§ 47[2].

Bei den einzelnen Prüfungsfächern
sind ihre Geschichte und, soweit solche
vorhanden, ihre Beziehungen zur gerichtlichen Medizin nicht unberücksichtigt zu lassen. Auch ist darauf zu
achten, daß der Kandidat sprachliches
Verständnis für die medizinischen
Kunstausdrücke besitzt.

§ 48[3].

Zu dem ersten und siebenten
Prüfungsabschnitt ist den Studierenden der Medizin, zu den klinischen
Prüfungen denjenigen Studierenden
der Zutritt gestattet, welche als Auskultanten[4] oder Praktikanten an der
betreffenden Klinik teilnehmen.

anderen Kranken nachzuweisen, daß
er die für einen praktischen Arzt erforderlichen Kenntnisse in der Irrenheilkunde besitzt.

§ 50.

Die Prüfung in der Hygiene
(XIII)[1] erfolgt mündlich und ist in
einem Tage zu erledigen.

Der Kandidat hat nachzuweisen, daß
er sich die für einen praktischen Arzt
erforderlichen Kenntnisse in der Hygiene erworben, sich mit den wichtigeren hygienischen und insbesondere
auch bakteriologischen Untersuchungsmethoden sowie mit den Grundsätzen
und der Technik der Schutzpockenimpfung vertraut gemacht hat, auch
die erforderlichen Kenntnisse über Gewinnung und Erhaltung der Lymphe
besitzt.

Bei der Prüfung in der allgemeinen
Hygiene sind die praktisch wichtigen
Gebiete der sozialen Hygiene be-
sonders zu berücksichtigen.

---

[1] Die Prüfung in Hygiene wird in der Regel von einem Prüfer abgehalten. Hierzu können
aber mit ministerieller Genehmigung auch zwei Prüfer herangezogen werden, wenn die allgemeine
und die soziale Hygiene je besonders vertreten ist. In Preußen werden hiernach nur in Berlin
alle Prüflinge in der allgemeinen Hygiene und in der sozialen Hygiene je besonders geprüft.
Die Prüfungsgebühren werden zu zwei Dritteln auf die erstere und zu einem Drittel auf die letztere
Prüfung verteilt. Beide Prüfungen sollen, wenn irgend möglich, an einem Tage erledigt werden.
Die Dauer jeder Prüfung soll im allgemeinen eine Stunde nicht übersteigen. Die Prüfung wird
in beiden Teilen wiederholt, wenn einer von den Prüfern das Urteil „ungenügend" oder „schlecht"
erteilt. Bei der Berechnung des Gesamturteils für die beiden Teile werden die Zahlenwerte der
Einzelurteile für allgemeine Hygiene zweifach, für soziale Hygiene einfach gerechnet und die sich danach für den Prüfungsabschnitt „Hygiene" ergebende Summe der Zahlenwerte durch drei geteilt.

[2] § 29 Abs. 2 u. O.   [3] § 30 u. O.   Vgl. S. 86 Anm. 3.

Außerdem steht jedem Lehrer der Medizin an einer Universität des Deutschen Reichs der Zutritt frei.

§ 49.

Die zu den klinischen Prüfungen erforderlichen Kranken und Schwangeren (§ 32 Abs. 1a und b, § 35 Abs. 1a und b, § 41 Abs. 1a und b, §§ 44, 45) werden von der Direktion der betreffenden Anstalt dem Examinator zugewiesen und sind von diesem den Kandidaten für jeden Abschnitt erst bei Beginn desselben zu überweisen. Die Überweisung desselben Kranken für mehrere Kandidaten im Laufe der Prüfungsperiode ist nur ausnahmsweise gestattet (unbeschadet der gänzlichen Ausschließung im § 43 Satz 2).

§ 50.

Für jeden Kandidaten wird über jeden Prüfungsabschnitt ein besonderes Protokoll[3] unter Anführung der Prüfungsgegenstände und der erteilten Zensuren, bei der Zensur „ungenügend" oder „schlecht" und kurzer Angabe der Gründe aufgenommen.

§ 51.

Nach Beendigung eines jeden Prüfungsabschnitts sind die Examinatoren verpflichtet, dem Vorsitzenden die Prüfungsakten unverweilt zuzusenden. Der Kandidat hat sich nach Beendigung des Abschnitts behufs Entgegennahme der Mitteilung des Ergebnisses ohne besondere Aufforderung binnen

§ 51[1].

Die Prüfung in der gerichtlichen Medizin (XIV) erfolgt mündlich; sie ist in einem Tage von einem Prüfer abzunehmen. Der Kandidat hat nachzuweisen, daß er über die für einen praktischen Arzt wichtigen Lehren der gerichtlichen Medizin sowie der Versicherungsmedizin, ferner über die Grundregeln der Gutachtenerstattung, endlich auch über die Rechte und Pflichten des Arztes[2] unterrichtet ist.

§ 52.

Die zu den klinischen Prüfungen erforderlichen Kranken und Schwangeren (§ 36 Abs. 1a und b, § 38 Abs. 1a und b, § 42 Abs. 1a und b, §§ 45 bis 49) werden von der Leitung der betreffenden Anstalt dem Prüfer zugewiesen und sind von diesem den Kandidaten für jeden Abschnitt erst bei dessen Beginn zu überweisen. Die Überweisung desselben Kranken für mehrere Kandidaten im Laufe der Prüfungsperiode ist nur ausnahmsweise gestattet (unbeschadet der gänzlichen Ausschließung im § 44 Satz 2).

§ 53.

Für jeden Kandidaten wird über die Prüfung eine Übersicht unter Anführung der Prüfungsfächer und Prüfungstage sowie der abgegebenen Urteile, bei dem Urteil „ungenügend" oder „schlecht" unter kurzer Angabe der Gründe geführt.

§ 54.

Nach Beendigung eines jeden Prüfungsabschnitts sind die Prüfer verpflichtet, dem Vorsitzenden die Prüfungsakten sofort zuzusenden. Der Kandidat hat sich nach Beendigung des Abschnitts zur Entgegennahme der Mitteilung des Ergebnisses ohne besondere Aufforderung binnen zwei

---

[1] Neu vorgesehen, vgl. § 47 a. O., wonach bisher kein besonderes Prüfungsfach.

[2] Aufschluß hierüber gibt das Buch „Rechte und Pflichten der Ärzte und Zahnärzte", bearbeitet von Amtsrat Opitz (Verlag von Julius Springer in Berlin).

[3] Die besonderen Protokolle für jeden Prüfungsabschnitt sind fortgefallen und in einer Prüfungsübersicht vereinigt (vgl. S. 229).

drei Tagen bei dem Vorsitzenden der Prüfungskommission oder gemäß dessen Bestimmung im Bureau der letzteren und, sofern er bestanden hat, binnen weiteren 24 Stunden bei dem Examinator (oder den Examinatoren) für den nächstfolgenden Prüfungs=abschnitt behufs Anberaumung fer=neren Termins persönlich zu melden. Der Vorsitzende hat darauf zu achten, daß in der Regel zwischen den einzelnen Prüfungsabschnitten nur ein Zeit=raum von acht Tagen liegt.

Die Reihenfolge, in welcher die einzelnen Abschnitte zurückzulegen sind, bestimmt der Vorsitzende. Jedoch darf niemals gestattet werden, daß Ab=schnitt IV vor Ablauf von acht Tagen nach Abschnitt I begonnen wird[1].

Ist ein Abschnitt nicht vollständig bestanden, so entscheidet der Vor=sitzende nach Anhörung des Kandi=daten, ob dieser sich der Prüfung in einem anderen Abschnitt oder dem späteren Teile desselben Abschnitts sogleich oder erst nach Wiederholung des nicht bestandenen zu unterziehen hat. Ist die Prüfung fortzusetzen, so gilt wegen der Meldung zur An=beraumung ferneren Termins das im Abf. 1 Gesagte.

§ 52.

über den Ausfall der Prüfung in den Abschnitten V bis VII sowie in jedem Teile der übrigen Abschnitte wird eine besondere Zensur unter aus=schließlicher Anwendung der Zensuren „sehr gut" (1), „gut" (2), „genügend" (3), „ungenügend" (4) und „schlecht" (5) erteilt[2].

Wenn von zwei an einer Prüfung beteiligten Examinatoren einer die Zensur „ungenügend" oder „schlecht" erteilt, so entscheidet seine Stimme. Andernfalls finden die Bestimmungen des § 53 Abf. 1 zu a und Abf. 2 ent=sprechende Anwendung.

Tagen bei dem Vorsitzenden des Prü=fungsausschusses oder gemäß dessen Bestimmung im Geschäftszimmer des Ausschusses und, sofern er bestanden hat, binnen 24 Stunden bei dem Prüfer (oder den Prüfern) für den nächstfolgenden Prüfungsabschnitt zur Anberaumung des Termins persönlich zu melden. Hierbei ist darauf zu achten, daß in der Regel zwischen den einzelnen Prüfungsabschnitten ein Zeitraum von höchstens acht Tagen liegt.

Die Reihenfolge, in der die ein=zelnen Abschnitte zurückzulegen sind, bestimmt der Vorsitzende[1].

Ist ein Abschnitt nicht vollständig bestanden, so entscheidet der Vor=sitzende nach Anhörung des Kandi=daten, ob dieser sich der Prüfung in einem anderen Abschnitt unterziehen darf, oder ob er erst den begonnenen Abschnitt zu erledigen hat. Ist die Prüfung fortzusetzen, so gilt wegen der Meldung zur Anberaumung des Ter=mins die Bestimmung des Abf. 1.

§ 55.

Für die Abschnitte II bis V und VIII bis XIV sowie für jeden Teil der übrigen Abschnitte wird ein Ur=teil abgegeben, für das nur die Be=zeichnungen „sehr gut" (1), „gut" (2), „genügend" (3), „ungenügend" (4) und „schlecht" (5) zulässig sind[2].

Wenn von zwei an einer Prüfung beteiligten Prüfern einer das Urteil „ungenügend" oder „schlecht" abgibt, so entscheidet seine Stimme. Andern=falls wird die Summe der Zahlen=werte der beiden Einzelurteile durch 2 geteilt. Ergibt sich bei der Teilung ein Bruch, so wird er als Ganzes gerechnet.

---

[1] Zweck der Bestimmung im § 51 Abf. 2, Satz 2 a. O. ist, zu verhüten, daß Gebärende oder Wöchnerinnen durch Prüflinge, die kurz vorher mit Leichen zu tun gehabt haben, infiziert werden. Diese Vorschrift ist in der Prüfungsordnung vom 5. 7. 1924 fortgelassen worden, weil ein hinreichen=des Verständnis in dieser Frage bei den Prüflingen vorausgesetzt wird und die gegenwärtigen Desinfektionsmittel ausreichen, um die Ansteckungsgefahr zu beseitigen.

[2] Wegen Eintragung eines Vermerks in dem Abgangszeugnis usw. vgl. § 57 Abf. 2 a. O., § 60 Abf. 2 u. O., und wegen Mitteilung des Ergebnisses der Prüfung an die Kandidaten vgl. S. 14 Anm. 2.

§ 53.

Ist ein Prüfungsabschnitt vollständig bestanden, so wird für den ganzen Abschnitt von dem Vorsitzenden die Gesamtzensur ermittelt, indem die Zahlenwerte der Einzelzensuren (§ 52 Abs. 1)

a) für Abschnitt I einfach,
b) für Abschnitt II Teil 1 dreifach, Teil 2 bis 4 je einfach,
c) für Abschnitt III Teil 1 zweifach, Teil 2 bis 5 je einfach,
d) für Abschnitt IV Teil 1 dreifach, Teil 2 einfach)

gerechnet werden und die sich für die einzelnen Abschnitte ergebende Summe der Zahlenwerte zu a durch zwei, zu b und c durch sechs, zu d durch vier geteilt wird.

Ergeben sich bei der Teilung Brüche, so werden sie, wenn sie über 0,5 betragen, als ein Ganzes gerechnet, anderenfalls bleiben sie unberücksichtigt.

§ 54.

Ist in einem Prüfungsabschnitt oder in einem Teile eines Prüfungsabschnitts die Zensur „ungenügend" oder „schlecht" erteilt, so gilt er als nicht bestanden und muß wiederholt werden[1].

Die Frist, nach welcher die Wiederholungsprüfung erfolgen kann, beträgt je nach den Zensuren zwei Monate bis ein Jahr[2]. Sie wird von dem Vorsitzenden nach Benehmen mit den betreffenden Examinatoren für jeden Abschnitt einheitlich bestimmt[3]. In gleicher Weise wird der Zeitpunkt festgesetzt, bis zu welchem spätestens die Meldung zur Wiederholungsprüfung in dem Abschnitt, soweit er nicht bestanden ist, erfolgen muß. Wiederholungsfristen verschiedener Abschnitte laufen gleichzeitig nebeneinander.

Die zweite Wiederholung eines Prüfungsabschnitts oder eines Teils

§ 56.

Ist einer der Prüfungsabschnitte I, VI und VII vollständig bestanden, so wird von dem Vorsitzenden das Gesamturteil für den ganzen Abschnitt ermittelt. Hierbei werden die Zahlenwerte der für den einzelnen Prüfungsteil abgegebenen Urteile

a) für Abschnitt I je einfach,
b) für Abschnitt VI Teil 1 zweifach, Teil 2 und 3 je einfach,
c) für Abschnitt VII Teil 1 dreifach, Teil 2 einfach)

gerechnet und die für die einzelnen Abschnitte sich ergebende Summe der Zahlenwerte zu a durch zwei, zu b und c durch vier geteilt. Ergeben sich bei der Teilung Brüche, so werden sie, wenn sie über 0,25 betragen, als ein Ganzes gerechnet, andernfalls bleiben sie unberücksichtigt.

§ 57.

Ist in einem Prüfungsabschnitt oder in einem Teile eines Prüfungsabschnitts das Urteil „ungenügend" oder „schlecht" abgegeben, so gilt er als nicht bestanden und muß wiederholt werden[1].

Die Frist, nach deren Ablauf die Wiederholungsprüfung erfolgen kann, beträgt je nach den abgegebenen Urteilen zwei bis sechs Monaten[2]. Sie wird von dem Vorsitzenden nach Benehmen mit den betreffenden Prüfern für jeden Abschnitt einheitlich bestimmt[3]. In gleicher Weise wird unter Beachtung der Vorschrift im § 59 Abs. 6 der Zeitpunkt festgesetzt, bis zu dem spätestens die Meldung zur Wiederholungsprüfung in dem Abschnitt, soweit er nicht bestanden ist, erfolgen muß. Wiederholungsfristen verschiedener Abschnitte oder ihrer Teile laufen gleichzeitig nebeneinander.

Die Wiederholung eines Prüfungsabschnitts oder -teiles findet in Gegen-

---

[1] Vgl. S. 14 Anm. 4.
[2] Die Frist, nach deren Ablauf die Wiederholungsprüfung erfolgen kann, läuft vom letzten Tage des nicht bestandenen Teiles. Vgl. § 56 Abs. 3 a. O., § 59 Abs. 5 n. O.
[3] Vom Vorsitzenden wird eine früheste und späteste Frist für die Wiederholung festgesetzt. Die späteste Frist darf die Gesamtfrist (§ 56 Abs. 4 a. O., § 59 Abs. 6 n. O.) nicht überschreiten.

desselben findet in Gegenwart des Vorsitzenden statt[1].

Wer auch bei der zweiten Wiederholung[2] nicht besteht, wird zu einer weiteren Prüfung nicht zugelassen[3]. Ausnahmen dürfen nur aus besonderen Gründen gestattet werden (§ 65)[4].

wart des Vorsitzenden statt[1]. Dieser kann noch ein Mitglied des Prüfungsausschusses zur Wiederholungsprüfung heranziehen. Stellt der Kandidat einen dahingehenden Antrag, so ist ihm stattzugeben; auch hierbei bestimmt der Vorsitzende, welches Mitglied des Prüfungsausschusses außerdem an der Prüfung teilnimmt.

Wer auch bei der Wiederholung[2] nicht besteht, wird zu einer nochmaligen Prüfung nicht zugelassen[3]. Ausnahmen dürfen nur aus besonderen Gründen gestattet werden (§ 68)[4].

§ 55.

Hat der Kandidat sämtliche Prüfungsabschnitte bestanden, so wird aus den für die Prüfungsabschnitte erteilten Zensuren die Gesamtzensur ermittelt, indem die Zensuren für Abschnitt II und III je mit 6, für Abschnitt IV mit 4, für Abschnitt I und VII je mit 2 multipliziert, die Zensuren für Abschnitt V und VI einfach gerechnet werden und die sich ergebende Summe durch 22 geteilt wird. Mit den sich hierbei ergebenden Brüchen wird in der im § 53 Abs. 2 angegebenen Weise verfahren.

§ 58.

Hat der Kandidat sämtliche Prüfungsabschnitte bestanden, so wird aus den Urteilen für die einzelnen Prüfungsabschnitte das Gesamturteil ermittelt, indem die Urteile für die Abschnitte V, VI und VII je mit 4, für die Abschnitte I und XIII je mit 2 vervielfacht, die Urteile für die übrigen Abschnitte je einfach gerechnet werden und die sich ergebende Summe durch 25 geteilt wird. Mit den sich hierbei ergebenden Brüchen wird in der im § 56 Abs. 2 angegebenen Weise verfahren.

---

[1] Ist der Vorsitzende selbst Prüfer, so ist die Prüfung in Gegenwart des Stellvertreters des Vorsitzenden zu wiederholen (hierzu und wegen der Gebühren vgl. S 42 Anm. 6 und wegen der Mitwirkung S. 69, Erl. v. 29. 4. 1925 — I M III 1109).

[2] Kandidaten, die mit der ärztlichen Prüfung vor dem 1. 10. 1924 begonnen haben, dürfen noch zwei Wiederholungsprüfungen ablegen, auch wenn sie in einzelnen Abschnitten der Prüfung zum ersten Male nach dem 1. 10. 1924 geprüft werden und dann die Prüfung nicht bestehen, da die ärztliche Prüfung vom Beginn bis zum Schluß als ein geschlossenes Ganzes anzusehen ist (M.V. 29. 4. 1925 — I M III 1109).

Alle mit dem 1. 10. 1924 beginnenden oder begonnenen ärztlichen Prüfungen dürfen nur einmal wiederholt werden ohne Rücksicht darauf, ob die Prüfung nach der alten oder der neuen Prüfungsordnung abgelegt wird (§ 72 n. O.).

Die Gesamtfrist von zwei Jahren (§ 59 Abs. 6, § 72 n O.) für die nach dem 1. 10. 24 nach der alten und neuen Prüfungsordnung begonnenen Prüfungen darf nicht überschritten werden.

Wiederholungsprüfungen aller nach dem 1. 10. 1924 begonnenen oder beginnenden Prüfungen sind im Sinne des § 57 Abs. 3 n. O. abzuhalten, auch wenn die Prüfung noch nach der a. O. abgelegt wird (M.V. 30. 9. 1924 — I M III 2382 — vgl. auch § 72 n. O.).

Sollte ausnahmsweise eine weitere Wiederholung vom Ministerium genehmigt werden, so ist diese ebenso abzuhalten, wie die erste Wiederholungsprüfung, d. h. im Sinne des § 57 Abs. 3 n. O.

[3] Die Fortsetzung der Prüfung ist auch ausgeschlossen im Falle des § 56 Abs. 4 a. O. und § 59 Abs. 6 n. O. Wegen der Berichterstattung und des Verfahrens vgl. § 57 a. O., § 60 n. O.

[4] Gesuche um Zulassung zu einer derartigen weiteren Wiederholungsprüfung sind von den Kandidaten durch die Hand des Vorsitzenden des Prüfungsausschusses mit dessen gutachtlicher Äußerung, der Prüfungsübersicht und, soweit die Kandidaten von dem Vorsitzenden selbständig zur Prüfung zugelassen worden sind (vgl. S. 207), mit der Meldung zur Prüfung nebst den dazu gehörigen Unterlagen der vorgesetzten obersten Landesbehörde einzureichen.

Wenn ein Kandidat wegen Nichtbestehens in einem Prüfungsabschnitt oder -teil von der Fortsetzung der Prüfung ausgeschlossen ist, gelten auch die übrigen Fächer als nicht bestanden und das bisherige Studium verliert seine Gültigkeit im Sinne der Prüfungsordnung. Die Wiederzulassung des Kandidaten zur Prüfung ist erst nach Zurücklegung eines erneuten Studiums, dessen Umfang von der obersten Landesbehörde bestimmt wird, möglich. Vergleiche jedoch S. 41 Anm. 9.

[1] Der Vorsitzende überreicht binnen einer Woche die Prüfungsakten[2] der Zentralbehörde (§ 20 Abs. 2) zur Erteilung einer Bescheinigung darüber, daß der Kandidat die Prüfung bestanden hat, und gegebenenfalls, daß seiner Zulassung zum Praktischen Jahr nichts entgegensteht[3]. Der Bescheinigung über die Zulassung zum Praktischen Jahre werden die Bestimmungen des § 63 Abs. 1 als Anmerkung beigegeben.

§ 56[4].

Wer sich nicht rechtzeitig gemäß § 27 Abs. 2 und § 51 Abs. 1 und 3 persönlich meldet, kann auf Antrag des Vorsitzenden von der Zentralbehörde (§ 20 Abs. 2) bis zur folgenden Prüfungsperiode zurückgestellt werden.

Wer ohne genügende Entschuldigung in einem Prüfungstermin nicht rechtzeitig oder gar nicht erscheint, geht der Hälfte des auf den betreffenden Prüfungsabschnitt entfallenden, wer ohne genügende Entschuldigung von der begonnenen Prüfung zurücktritt, der Hälfte des auf alle noch zu erledigenden Prüfungsabschnitte entfallenden Gebührenbetrags verlustig[5]. Auch kann je nach Umständen durch einen mit Zustimmung des Vorsitzenden gefaßten Beschluß der Prüfungskommission der ganze eingezahlte Betrag für verfallen und in besonderen Fällen die Prüfung in allen oder in einzelnen Abschnitten für nicht bestanden erklärt werden[6]. Gegen den Beschluß ist binnen zwei Wochen Beschwerde bei der Zentralbehörde (§ 20 Abs. 2) zulässig.

§ 59.

Wer sich nicht rechtzeitig gemäß § 28 und § 54 Abs. 1 und 3 persönlich meldet, kann auf Antrag des Vorsitzenden von der obersten Landesbehörde (§ 21 Abs. 2) bis zur folgenden Prüfungsperiode zurückgestellt werden. In diesem Falle ist der volle Gebührenanteil für sächliche und Verwaltungskosten verfallen[5].

Wer in einem Prüfungstermin nicht rechtzeitig oder gar nicht erscheint, geht des auf den betreffenden Prüfungsabschnitt entfallenden Gebührenanteils verlustig[5].

Wer mit genügender Entschuldigung von der begonnenen Prüfung zurücktritt, erhält den Gebührenanteil für die noch nicht begonnenen Prüfungsabschnitte zurück; der Gebührenanteil für sächliche und Verwaltungskosten ist dagegen verfallen[5].

Liegt im Falle des Abs. 3 eine genügende Entschuldigung nicht vor, so sind die vollen Gebührenanteile für sächliche und Verwaltungskosten sowie für den begonnenen Prüfungsabschnitt oder -teil verfallen[5]; auch kann je nach Umständen durch einen mit Zustimmung des Vorsitzenden gefaß-

---

[1] Vgl. § 62 u. D. und S. 44 Anm. 2.

[2] Unter Prüfungsakten im Sinne dieser Bestimmung sind die Prüfungsübersicht und, falls der Vorsitzende den Kandidaten nach den geltenden Vorschriften selbständig zur Prüfung zugelassen hat (vgl. S. 207), das Gesuch um Zulassung zur Prüfung nebst sämtlichen Zeugnissen zu verstehen.

[3] Nach vollständig bestandener Prüfung wird den Inländern die Bescheinigung über die Zulassung zum Praktischen Jahr (Muster S. 115) — wegen der Zuständigkeit vgl. S. 211 — und den Ausländern in der Regel vom Ministerium eine Prüfungsbescheinigung (vgl. S. 198) ausgehändigt.

[4] Wegen der Gebührenanteile für sächliche und Verwaltungskosten vgl. § 58 Abs. 4 a. O.

[5] Vgl. § 58 letzter Abs a. O., § 61 Abs. 2 u. O.

[6] Der Prüfling darf die Prüfung nicht nach Erledigung eines oder mehrerer Abschnitte oder Teile nach Belieben abbrechen. enn der Ausschuß beschlossen hat, daß sämtliche oder nur die Abschnitte oder Teile, in denen der Prüfling während der Prüfung zurückgetreten ist, als nicht bestanden gelten sollen, so sind für diese Abschnitte oder Teile entsprechende Urteile festzusetzen und solche Abschnitte oder Teile als Wiederholungsfächer zu betrachten. Vgl. auch S. 41 Anm. 4.

Wer sich ohne genügende Entschuldigung nicht vor Ablauf der Endfrist (§ 54 Abf. 2) zur Wiederholungsprüfung meldet, hat die Prüfung nach Ermessen der Prüfungskommission von Anfang an zu wiederholen[3], wobei auch die bereits erledigten Abschnitte oder Teile als nicht bestanden gelten[4]. Gegen den Beschluß ist binnen zwei Wochen Beschwerde bei der Zentralbehörde (§ 20 Abf. 2) zulässig.

Wird die Prüfung in einem Zeitraum von drei Jahren[5] nach ihrem Beginne nicht vollständig beendet[6], so gilt sie in allen Abschnitten als nicht bestanden[7]. Ausnahmen hiervon können nur aus besonderen Gründen gestattet werden (§ 65)[9].

§ 57.

Die Prüfung darf nur bei der Kommission fortgesetzt oder wiederholt werden, bei welcher sie begonnen ist[10]. Ausnahmen können nur aus besonderen Gründen gestattet werden (§ 65) Mit dem Dispensationsgesuch ist zugleich eine Erklärung der bisherigen

ten Beschluß des Prüfungsausschusses der ganze eingezahlte Betrag für verfallen[1] und in besonderen Fällen die Prüfung in allen oder in einzelnen Abschnitten für nicht bestanden erklärt werden[2]. Gegen den Beschluß ist binnen zwei Wochen Beschwerde bei der obersten Landesbehörde (§ 21 Abf. 2) zulässig.

Wer sich ohne genügende Entschuldigung nicht vor Ablauf der Endfrist (§ 57 Abf. 2) zur Wiederholungsprüfung meldet, hat die Prüfung nach Ermessen des Prüfungsausschusses von Anfang an zu wiederholen[3], wobei auch die bereits erledigten Abschnitte oder Teile als nicht bestanden gelten[4]. Gegen den Beschluß ist binnen zwei Wochen Beschwerde bei der obersten Landesbehörde (§ 21 Abf. 2) zulässig.

Wird die Prüfung in einem Zeitraum von zwei Jahren[5] nach ihrem Beginne nicht vollständig beendet[6], so gilt sie in allen Abschnitten als nicht bestanden[7] und der nicht verwendete Gebührenrest als verfallen[8]. Ausnahmen hiervon können nur aus besonderen Gründen gestattet werden (§ 68)[9].

§ 60.

Die Prüfung darf nur bei dem Ausschuß fortgesetzt oder wiederholt werden, bei dem sie begonnen ist[10]. Ausnahmen können nur aus besonderen Gründen gestattet werden (§ 68). Mit dem Gesuch um Ausnahmebewilligung ist zugleich eine Erklärung des

---

[1] Vgl. S. 40, Anm. 5.　　　　[2] Vgl. S. 40, Anm. 6.

[3] Eine Wiederholung kommt nur innerhalb der Gesamtfrist (§ 56 Abf. 4 a. O., § 59 Abf. 6 n. O.) in Frage.

[4] Die folgende Wiederholung gilt nicht als neubegonnene Prüfung, sondern als Fortsetzung der Prüfung, muß also innerhalb der Gesamtfrist (§ 56 Abf. 4 a. O., § 59 Abf. 6 n. O.) beendet sein,

[5] Frist zwei Jahre für alle mit dem 1. 10. 1924 beginnenden Prüfungen (vgl. § 72 n. O.) ohne Rücksicht darauf, ob die Prüfungen nach der a. O. oder n. O. abgelegt werden.

[6] Das ist die Gesamtfrist für die Beendigung der Prüfung. Dabei ist es ohne Bedeutung, ob innerhalb dieser Frst eine Wiederholungsprüfung abgelegt worden ist oder nicht.

Solange die Prüfung noch in diesem Zeitraum fortgesetzt oder beendet werden soll, ist die ministerielle Genehmigung nicht erforderlich. Wegen der zulässigen Zahl von Wiederholungen vgl. S. 39 Anm. 2.

[7] In solchen Fällen hat der Vorsitzende des Prüfungsausschusses dem Ministerium mit der Bitte um Entscheidung zu berichten. Ein Vermerk in den Zeugnissen wie in den Fällen des § 57 Abf. 4 n. O. durch § 60 Abf. 3 n. O. vorgeschrieben ist, wird nicht eingetragen.

Die Fortsetzung der Prüfung ist auch ausgeschlossen im Falle des § 54 Abf. 4 a. O., § 57 Abf. 4 n. O

[8] Vgl. § 61 Abf. 2 n. O.

[9] Wenn die Frist zur Beendigung der Prüfung aus besonderen Gründen nicht innegehalten werden kann, bestmmt die oberste Landesbehörde nach Anhörung des Prüfungsausschusses je nach Lage des Falles, ob die Frist zur Beendigung der Prüfung verlängert, oder ob die Prüfung von neuem begonnen, oder ob der Kandidat von der Fortsetzung der Prüfung ausgeschlossen werden soll. Im zweiten Falle (nochmaliger Beginn) wird die Zulassung in der Regel von dem Nachweis eines erneuten Studiums abhängig gemacht. Vgl. jedoch S. 39 Anm. 4.

[10] Dies gilt auch beim entschuldigten Rücktritt von der Prüfung.

Prüfungskommission wegen etwaiger dem Wechsel der Kommission entgegenstehender Bedenken vorzulegen[1].

Die mit dem Zulassungsgesuch eingereichten Zeugnisse (§§ 22, 23, 25, § 26 Ziff. 2) sind dem Kandidaten erst bei Aushändigung der im § 55 Abs. 2 bezeichneten Bescheinigung zurückzugeben[2]. Verlangt er sie früher zurück, so sind sämtliche Zentralbehörden (§ 1) durch Vermittlung des Reichskanzlers[3] zu benachrichtigen, daß der Kandidat die Prüfung begonnen, aber nicht beendigt hat, und daß ihm auf seinen Antrag die Zeugnisse zurückgegeben worden sind. In die Urschrift des Universitätsabgangszeugnisses ist ein Vermerk über den Ausfall der bisherigen Prüfung einzutragen[4].

bisherigen Prüfungsausschusses vorzulegen, ob dem Wechsel des Ausschusses Bedenken entgegenstehen[1].

Die mit dem Zulassungsgesuch eingereichten Zeugnisse (§§ 23, 24, 26, § 27 Ziff. 1 und 3) sind dem Kandidaten erst nach Beendigung der Prüfung von der obersten Landesbehörde (§ 21 Abs. 2) zurückzugeben[2]. Verlangt er sie früher zurück, so sind sämtliche obersten Landesbehörden (§ 1) durch Vermittlung des Reichsministers des Innern zu benachrichtigen, daß der Kandidat die Prüfung begonnen, aber nicht beendigt hat, und daß ihm auf seinen Antrag die Zeugnisse zurückgegeben worden sind. In die Urschrift des Universitätsabgangszeugnisses oder des an seiner Stelle vorgesehenen sonstigen Nachweises (§ 24 Abs. 1) ist ein Vermerk über den Ausfall der bisherigen Prüfung einzutragen[4].

In den Fällen des § 57 Abs. 4 kann die oberste Landesbehörde (§ 21 Abs. 2) die Rückgabe der Zeugnisse anordnen[5]. In diesem Falle werden die Vorschriften im Abs. 2 Satz 2 und 3 entsprechend angewendet.

§ 58.

Abs. 1 bis 3 handelt von den Prüfungsgebühren[6].

§ 61.

Die Gebühren für die Prüfung werden vom Reichsminister des Innern

---

[1] Die Erklärung des bisherigen Prüfungsausschusses ist von dem Prüfling zu beschaffen und seinem Gesuch um Ausnahmebewilligung beizulegen (K.M. 24. 1. 1891 — M 172). Bei einem ausnahmsweise zugelassenen Wechsel des Prüfungsausschusses wird die Prüfung in den Abschnitten oder Teilen, die noch nicht erledigt sind, fortgesetzt. Der neue Prüfungsausschuß tritt dabei an die Stelle des bisherigen Ausschusses.

[2] Über das Verfahren in Preußen vgl. S. 94.   [3] Vgl. S. 49 Anm. 2.

[4] Hierdurch soll verhütet werden, daß ein Kandidat die Tatsache bereits stattgefundener Prüfungen unterdrückt, und daß es einem Kandidaten, welcher sich der Prüfung wiederholt ohne Erfolg unterzogen hat, durch einen Wechsel des Prüfungsausschusses ermöglicht würde, den ohne diesen Wechsel eintretenden Ausschluß von der Prüfung abzuwenden.

Wenn der Kandidat die Prüfung von neuem beginnen will, hat er ein neues Zulassungsgesuch einzureichen.

[5] Zu diesem Zweck hat der Vorsitzende des Prüfungsausschusses der obersten Landesbehörde entsprechend zu berichten und die Prüfungsübersicht nebst sämtlichen vorhandenen Vorgängen (Zulassungsgesuch nebst Unterlagen usw.) einzureichen. Die von dem Kandidaten bei der Meldung zur Prüfung vorgelegten Zeugnisse werden diesem alsdann vom Ministerium mit einer entsprechenden Mitteilung zurückgegeben. Der Prüfungsausschuß erhält vom Ministerium Abschrift der Entscheidung und zahlt alsdann dem Kandidaten bei dessen Ausschluß von der Prüfung die nichtverwendeten Prüfungsgebühren zurück.

[6] Wegen der Prüfungsgebühren vgl. die Fassung des § 61 Abs. 1 der Prüfungsordnung vom 5. 7. 1924 (Beschluß des Reichsrats vom 1. 2. 1923, M.B. I M V 394/23).

Zurzeit gilt seit dem 1. 3. 1927 folgende Gebührenordnung (vgl. S. 214 ff.):

Ärztliche Prüfung.

a. O.			n. O.		
Teil 1 des Prüfungsabschnitts I	. . .	6 *RM*	Abschnitt I 1. Teil	. . . .	6 *RM*
„ 2 „ „ I	. . .	10 „	2. „	. . . .	10 „
„ 1 „ „ II	. . .	25 „	„ II 1. Prüfer	. . .	6 „
„ 2 „ „ II	. . .	10 „	2. „	. . .	6 „

(Fortsetzung S. 43.)

[1] Wer von der Prüfung zurücktritt oder zurückgestellt wird, erhält vorbehaltlich der Bestimmung im § 56 Abf. 2 die Gebühren für die noch nicht begonnenen Prüfungsabschnitte ganz, die Gebühren für fächliche und Verwaltungskosten nach Verhältnis zurück.

Die Entschädigung für den Vorsitzenden und deffen Stellvertreter werden nach Maßgabe ihrer Mühewaltung von der Zentralbehörde (§ 20 Abf. 2) am Ende jedes Prüfungsjahrs feftgefetzt und aus dem Betrage für fächliche und Verwaltungskosten beftritten.

Über die Verwendung der bei diesem Betrag erwachsenden Erfparniffe sowie der verfallenen Gebühren (§ 56 Abf. 2 und 4)[3] entscheidet die Zentralbehörde (§ 20 Abf. 2).

im Einvernehmen mit den zuständigen oberften Landesbehörden (§ 1) feftgefetzt und bekanntgegeben[2].

Über die Verwendung der bei den Gebührenanteilen für fächliche und Verwaltungskosten etwa entstandenen Erfparniffe sowie der verfallenen Gebühren (§ 59)[3] entscheidet die oberfte Landesbehörde (§ 21 Abf. 2).

§ 62[4].

Hat ein Kandidat die Prüfung vollftändig beftanden, fo reicht der Vorsitzende des Prüfungsausschusses bin-

Teil 3 des Prüfungsabschnitts	II	. . .	10 ℛℳ
„ 4 „ „	II	. . .	10 „
„ 1 „ „	III	. . .	25 „
„ 2 „ „	III	. . .	10 „
„ 3 „ „	III	. . .	10 „
„ 4 „ „	III	. . .	10 „
„ 5 „ „	III	. . .	10 „
„ 1 „ „	IV	. . .	12 „
„ 2 „ „	IV	. . .	12 „
Prüfungsabschnitt	V	. . .	12 „
„	VI	. . .	12 „
„	VII	. . .	12 „
Sächliche und Verwaltungskosten		. . .	34 „
		zusammen	230 ℛℳ.

Abschnitt III	1. Prüfer	. . .			6 ℛℳ
	2. „	. . .			6 „
„ IV	. . . .				10 „
„ V	1. „	. . .			12 „
	2. „	. . .			12 „
„ VI	1. Teil	1. Prüfer			12 „
		2. „			12 „
	2. „	1. „			5 „
		2. „			5 „
	3. „	1. „			5 „
		2. „			5 „
„ VII	1. „	. . . .			12 „
	2. „	1. Prüfer			6 „
		2. „			6 „
„ VIII	. . . .				12 „
„ IX	. . . .				10 „
„ X	. . . .				10 „
„ XI	. . . .				10 „
„ XII	. . . .				12 „
„ XIII	. . . .				12 „
„ XIV	. . . .				10 „
Sächliche und Verwaltungskosten					34 „
				zusammen	252 ℛℳ

Bei Wiederholungen kommen für den betreffenden Abschnitt oder Teil eines Abschnitts zu den anzusetzenden Gebühren jedesmal 4 ℛℳ für fächliche und Verwaltungskosten zur nochmaligen Erhebung. Für die bei einer Wiederholungsprüfung (§ 54 Abf. 3 a. O., § 57 Abf. 3 n. O.) vorgeschriebene Anwesenheit des Vorsitzenden und der hinzugezogenen Mitglieder des Prüfungsausschusses ist in jedem zu wiederholenden Abschnitt oder Teile eines Abschnittes für den Vorsitzenden und jedes an der Wiederholungsprüfung teilnehmende Mitglied des Prüfungsausschusses eine besondere Gebühr von je 3 ℛℳ zu entrichten.

Falls bei der Wiederholung der Vorsitzende selbst Prüfer ist, so ist an seiner Stelle der stellvertretende Vorsitzende heranzuziehen und ihm die dem Vorsitzenden zustehende Gebühr zu gewähren (M.B. 16. 7. 1924 — I M III 1495).

[1] § 59 n. O. Vgl. hierzu die Ausführungsanweisung K.M. 23. 1. 1907 — M 19696 — S. 227.

[2] Vgl. S. 42 Anm. 6.

[3] In Preußen sind fämtliche verfallenen und einbehaltenen Gebühren nicht den Prüfern auszuzahlen, sondern zur Deckung der allgemeinen Kosten des Prüfungsausschusses zu verwenden. Der Rest ist in der Abrechnung dadurch, daß diese Gebühren zwar voll vereinnahmt, aber gar nicht oder nicht voll verausgabt sind, in dem etwaigen Bestande nachzuweisen.

[4] § 55 Abf. 2 a. O.

nen einer Woche die Prüfungsakten[1] bei der obersten Landesbehörde (§ 21 Abs. 2) ein. Diese oder eine von ihr bezeichnete andere Dienststelle[2] erteilt dem Kandidaten eine Bescheinigung darüber, daß er die Prüfung bestanden hat und gegebenenfalls, daß er zum Praktischen Jahre zugelassen wird[3]; der Bescheinigung werden die Bestimmungen der §§ 63 bis 66 als Anmerkung beigegeben.

III. Praktisches Jahr[4].

§ 59.

Nach vollständig bestandener ärztlicher Prüfung und in der Regel im unmittelbaren Anschluß[5] an diese hat der Kandidat sich ein Jahr lang an einer Universitätsklinik, Universitätspoliklinik oder an einem dazu besonders ermächtigten Krankenhaus[6] innerhalb des Deutschen Reichs unter Aufsicht und Anleitung des Direktors oder ärztlichen Leiters als Praktikant zu beschäftigen[7] und von dieser Zeit mindestens ein drittel Jahr vorzugsweise der Behandlung von inneren Krankheiten zu widmen[8].

Die Ermächtigung[9] erfolgt durch den Reichskanzler[10] in Übereinstimmung mit der Zentralbehörde (§ 1)

III. Praktisches Jahr[4].

§ 63.

Nach vollständig bestandener ärztlicher Prüfung und in der Regel im unmittelbaren Anschluß[5] an diese hat der Kandidat sich ein Jahr lang an einer Universitätsklinik, Universitätspoliklinik oder an einem dazu besonders ermächtigten Krankenhaus[6] innerhalb des Deutschen Reichs unter Aufsicht und Anleitung des Direktors oder ärztlichen Leiters als Praktikant zu beschäftigen[7] und von dieser Zeit mindestens ein drittel Jahr vorzugsweise der Behandlung von inneren Krankheiten zu widmen[8].

Die Ermächtigung[9] des Krankenhauses erfolgt durch den Reichsminister des Innern in Überein-

---

[1] Vgl. S. 40 Anm. 2.

[2] In Preußen ist der Vorsitzende des Prüfungsausschusses ermächtigt, Kandidaten, die er nach den geltenden Bestimmungen selbständig zur ärztlichen Prüfung zugelassen hat (vgl. S. 207), nach vollständig bestandener Prüfung die förmliche Genehmigung zum Eintritt in das Praktische Jahr zu erteilen (vgl. S. 211). Dies ist auf den Prüfungsübersichten, die von den Prüfungsausschüssen mit den Zulassungsgesuchen und sämtlichen Zeugnissen dem Ministerium einzureichen sind, zu vermerken. Alle anderen Kandidaten erhalten vom Prüfungsausschuß eine Bescheinigung über die bestandene Prüfung (Muster S. 97) und später vom Ministerium die förmliche Genehmigung zum Eintritt in das Praktische Jahr. Diese Kandidaten dürfen aber schon auf Grund der Bescheinigung des Prüfungsausschusses über die bestandene Prüfung das Praktische Jahr antreten. Dieses rechnet ohne Rücksicht darauf, wann der Kandidat die ministerielle Genehmigung zum Eintritt in das Praktische Jahr erhält, vom tatsächlichen Beginn ab.

[3] Vgl. S. 40 Anm. 3.

[4] Vgl. die Anweisung über das Praktische Jahr S. 95 und die folgenden Ausführungen.

[5] Vgl. § 7 der Anweisung über das Praktische Jahr der Mediziner vom 7. 7. 1908 (S. 96).

[6] Die Zahl der ermächtigten Anstalten ist eine so große, daß die Praktikanten genügend Auswahl haben. Dem Praktikanten ist deshalb auch kein Anrecht auf Zuweisung einer Praktikantenstelle eitens der obersten Landesbehörde eingeräumt worden.

[7] Wegen der polizeilichen Führungszeugnisse für die Zeit des Praktischen Jahres vgl. § 63 a. O. und § 66 n. O.

[8] Vgl. § 6 der Anweisung über das Praktische Jahr der Mediziner vom 7. 7. 1908 (S. 96. Die vorzugsweise der Behandlung von inneren Krankheiten gewidmete Zeit muß in dem Zeugnis (Muster S. 116) genau angegeben werden.

[9] Es handelt sich um eine Ermächtigung, die nicht zugleich mit der Verpflichtung verbunden ist, Praktikanten tatsächlich anzunehmen. Es steht also im freien Ermessen der Krankenhäuser, ob und in welchem Umfange sie von der Ermächtigung Gebrauch machen wollen. Andererseits besteht keine rechtliche Handhabe, irgendeinem nichtstaatlichen Krankenhause eine allgemeine Verpflichtung zur Annahme von Praktikanten aufzuerlegen. Falls hierbei ein Zwang ausgeübt würde, würden Krankenanstaltsvorstände überhaupt keinen Wert ehr auf die Erlangung einer Ermächtigung legen, durch die ihre Selbstverwaltung geschädigt werden könnte (vgl. S. 45 Anm. 4).

[10] Vgl. S. 49 Anm. 2.

desjenigen Bundesstaats, in dessen Gebiete das Krankenhaus belegen ist, im Reichslande mit dem Ministerium für Elsaß-Lothringen[1]. Ein Verzeichnis der ermächtigten Krankenhäuser wird alljährlich vom Reichskanzler[2] veröffentlicht[3].

Die Wahl der Anstalt steht dem Kandidaten frei[4]. Ein mehr als zweimaliger Wechsel ist jedoch nur mit Genehmigung der für die Approbation zuständigen Zentralbehörde (§ 63 Abs. 2) zulässig.

stimmung mit der obersten Landesbehörde (§ 1) des Landes, in dessen Gebiet das Krankenhaus liegt. Ein Verzeichnis der ermächtigten Krankenhäuser wird alljährlich vom Reichsminister des Innern veröffentlicht[3].

Die Wahl der Anstalt steht dem Kandidaten frei[4]. Ein mehr als zweimaliger Wechsel ist jedoch nur mit Genehmigung der für die Approbation zuständigen obersten Landesbehörde (§ 66 Abs. 2) zulässig.

§ 60[5].

Während des Praktischen Jahres, welches in der Regel ohne Unterbrechung zu erledigen ist, hat der Kandidat seine praktischen Kenntnisse und Fähigkeiten zu vertiefen und fortzubilden sowie auch ausreichendes Verständnis für die Aufgaben und Pflichten des ärztlichen Berufs zu zeigen[7]. Nach Ableistung erhält er darüber ein Zeugnis nach dem beigefügten Muster 5[8]. In demselben ist die Art der Beschäftigung des Praktikanten eingehend zu würdigen. Scheidet der Kandidat vor Beendigung des Praktischen Jahres aus der Anstalt aus, so ist ihm über seine bisherige Beschäftigung in entsprechender Weise ein Abgangszeugnis zu erteilen. In beiden Fällen sind die Zeugnisse von dem Direktor der Klinik oder Poliklinik, bei Krankenhäusern von dem ärztlichen Leiter der Anstalt zu unterzeichnen.

Gegen die Versagung des Zeugnisses im einen wie im anderen Falle ist binnen zwei Wochen Beschwerde

§ 64[6].

Die Zeit, während derer der Kandidat nach vollständig bestandener ärztlicher Prüfung an einem medizinischen nichtklinischen Universitätsinstitut innerhalb des Deutschen Reichs mit Erfolg tätig gewesen ist, ist nach dem Ermessen der obersten Landesbehörde (§ 66 Abs. 2) ganz oder teilweise auf das Praktische Jahr anzurechnen[9]. Universitätsinstituten dieser Art stehen selbständige medizinisch-wissenschaftliche Institute gleich, sofern sie unter entsprechender Anwendung des § 63 Abs. 2 ermächtigt worden sind.

Die an Anstalten der in §§ 63 und 64 bezeichneten Art außerhalb des Deutschen Reichs ausgeübte Tätigkeit

---

[1] Solche Anstalten kommen nicht mehr in Frage.   [2] Vgl. S. 49 Anm. 2.

[3] In jedem Jahre erfolgt eine Neuaufstellung des Verzeichnisses der ermächtigten Krankenanstalten. Vgl. S. 120.

[4] Ebenso wie den Praktikanten die Wahl unter den Krankenanstalten freisteht, steht jeder Anstalt das gleiche Recht in bezug auf deren Annahme zu, b. h. die Anstaltsleiter können Medizinalpraktikanten annehmen oder unter Umständen auch ablehnen. Hierbei wird zweckentsprechend nach sachlichen, ausschließlich im Interesse der Anstalt gelegenen Gründen verfahren werden. Vgl. auch S. 44 Anm. 9.

[5] § 65 n. O.   [6] § 61 Abs. 2 und 3 a. O.

[7] Das Zeugnis muß dieser Fassung entsprechen, insbesondere auch eine eingehende Würdigung der Art der Beschäftigung des Praktikanten enthalten, wobei anzugeben ist, welchen Teil der bezeichneten Zeit der Kandidat vorzugsweise der Behandlung von inneren Krankheiten gewidmet hat, sowie inwieweit er in ihr seine praktischen Kentnisse und Fähigkeiten vertieft und fortgebildet und ausreichendes Verständnis für die Aufgaben und Pflichten des ärztlichen Berufs gezeigt hat. (M.J. 4. 1. 1913 — M 20834/12 II) Vgl. §§ 17 bis 19 der Anweisung über das Praktische Jahr der Mediziner vom 7. 7. 1908 S. 98.

[8] Muster S. 116.

[9] Die Anrechnung ist in jedem Falle von dem Kandidaten rechtzeitig vor Antritt der Beschäftigung besonders zu beantragen und erfolgt grundsätzlich nur bis zur Dauer von höchstens sechs Monaten (vgl. den allg. Erlaß K.M. 2. 9. 1905 — M 19061 U I — S. 101).

an die der Klinik oder Poliklinik vorgesetzte, bei Krankenhäusern an die im § 59 Abs. 2 bezeichnete Zentralbehörde zulässig[1].

Gewinnt die zur Erteilung der Approbation zuständige Zentralbehörde (§ 63 Abs. 2) nach Ablauf des Praktischen Jahres nicht die Überzeugung, daß der Kandidat durch seine Beschäftigung während des Praktischen Jahres den nach Abs. 1 zu stellenden Anforderungen[3] entsprochen hat, so ist die Beschäftigung von dem Kandidaten vor Erteilung der Approbation während eines von ihr zu bestimmenden Zeitraums fortzusetzen[4].

§ 61[5].

Für die aus der Kaiser-Wilhelms-Akademie für das militärärztliche Bildungswesen hervorgehenden Unterärzte, welche vor Ablegung der ärztlichen Prüfung in das Charité-Krankenhaus zu Berlin kommandiert werden, wird diese Zeit auf das Praktische Jahr angerechnet.

Die Zeit, während deren der Kandidat nach vollständig bestandener ärztlicher Prüfung an einem medizinischen nichtklinischen Universitätsinstitut innerhalb des Deutschen Reichs mit Erfolg Assistenz geleistet hat, ist nach dem Ermessen der Zentralbehörde (§ 63 Abs. 2) ganz oder teilweise auf das Praktische Jahr anzurechnen[9]. Universitätsinstituten dieser Art stehen selbständige medizinisch-wissenschaftliche Institute gleich, sofern sie unter entsprechender Anwendung des § 59 Abs. 2 ermächtigt worden sind.

Die an Anstalten der in §§ 59 und 61 bezeichneten Art außerhalb des Deutschen Reichs ausgeübte Tätigkeit kann nur ausnahmsweise als ausreichend erachtet werden (§ 65)[10].

kann nur ausnahmsweise als ausreichend erachtet werden (§ 68)[2].

§ 65[6].

Während des Praktischen Jahres, das in der Regel ohne Unterbrechung zu erledigen ist, hat der Kandidat seine praktischen Kenntnisse und Fähigkeiten zu vertiefen und fortzubilden sowie auch ausreichendes Verständnis für die Aufgaben und Pflichten des ärztlichen Berufs zu zeigen[7]. Nach Ableistung erhält er darüber ein Zeugnis nach dem beigefügten Muster 5[8]. In dem Zeugnis ist die Art der Beschäftigung des Praktikanten eingehend zu würdigen. Scheidet der Kandidat vor Beendigung des Praktischen Jahres aus der Anstalt aus, so ist ihm über seine bisherige Beschäftigung in entsprechender Weise ein Abgangszeugnis zu erteilen. In beiden Fällen sind die Zeugnisse von dem Direktor der Klinik oder Poliklinik, bei Krankenhäusern von dem ärztlichen Leiter der Anstalt zu unterzeichnen.

Gegen die Versagung des Zeugnisses im einen wie im anderen Falle ist binnen zwei Wochen Beschwerde an die der Klinik oder Poliklinik vorgesetzte, bei Krankenhäusern an die im § 63 Abs. 2 bezeichnete oberste Landesbehörde zulässig[11].

---

[1] Vgl. §§ 21 und 27 der Anweisung über das Praktische Jahr der Mediziner vom 7. 7. 1908 S. 98.

[2] Vgl. das Verzeichnis der zugelassenen ausländischen Anstalten S. 162.

[3] Dies bezieht sich auch auf das persönliche Verhalten und etwaige Verfehlungen der Kandidaten (vgl. § 2 Abs. 3 a. O. und n. O.).

[4] Die Entscheidung erfolgt seitens der obersten Landesbehörde nach eigenem pflichtmäßigen Ermessen. Bestimmungen darüber, wann die Anforderungen nicht als erfüllt anzusehen sind, und ein Rechtsmittel gibt es nicht. Ein weiterer Grund zur Versagung der Approbation in § 2 Abs. 3.

[5] § 64 n. O. [6] § 60 a. O. [7] Vgl. S. 45, Anm. 7.

[8] Muster S. 116. [9] Vgl. S. 45 Anm. 9.

[10] Vgl. S. 46 Anm. 2. [11] Vgl. S. 46 Anm. 1.

Gewinnt die zur Erteilung der Approbation zuständige oberste Landesbehörde (§ 66 Abs. 2) nach Ablauf des Praktischen Jahres nicht die Überzeugung, daß der Kandidat durch seine Beschäftigung während des Praktischen Jahres den nach Abs. 1 zu stellenden Anforderungen[1] entsprochen hat, so kann sie dem Kandidaten vor Erteilung der Approbation aufgeben, die Beschäftigung für einen bestimmten Zeitraum fortzusetzen[2].

§ 62[3].

Soweit die Zahl der nach vorstehenden Bestimmungen ermächtigten Anstalten innerhalb des Reichsgebiets zur Aufnahme der Kandidaten nicht ausreicht, kann die Ableistung des Praktischen Jahres bei einem geeigneten und vielseitig beschäftigten praktischen Arzte gestattet werden. Die Entscheidung erfolgt auf Antrag des Kandidaten durch den Reichskanzler[4] in Übereinstimmung mit der Zentralbehörde (§ 1) desjenigen Bundesstaats, in dessen Gebiete der betreffende Arzt seinen Wohnsitz hat, im Reichslande mit dem Ministerium für Elsaß-Lothringen[5]. Von der Entscheidung ist der zur Erteilung der Approbation zuständigen Zentralbehörde (§ 63 Abs. 2) Mitteilung zu machen.

Die Bestimmungen der §§ 59 und 60 finden in diesem Falle entsprechende Anwendung.

C. Erteilung der Approbation[6].

C. Erteilung der Approbation[6].

§ 63.

Nach Ablauf des Praktischen Jahres hat der Kandidat unter Vorlage des Zeugnisses über die Ableistung desselben und etwaiger nach § 60 Abs. 1 erteilter Abgangszeugnisse[7] sowie unter Beifügung eines selbstgeschriebenen Berichts über seine Beschäftigung

§ 66.

Nach Ablauf des Praktischen Jahres hat der Kandidat bei der zuständigen obersten Landesbehörde (Abs. 2) die Erteilung der Approbation als Arzt zu beantragen. Dem Antrag sind die Zeugnisse über die Ableistung des Praktischen Jahres[7], ein selbstge-

---

[1] Vgl. S. 46 Anm. 3.   [2] Vgl. S. 46 Anm. 4.

[3] Von dieser Vorschrift wird nicht Gebrauch gemacht, da die nach dieser Vorschrift gegebenen Voraussetzungen (Mangel an geeigneten Anstalten) nicht zutreffen.

[4] Vgl. S. 49 Anm. 2.   [5] Kommt nicht mehr in Frage.   [6] Vgl. hierzu S. 164 ff.

[7] Die der obersten Landesbehörde vorgelegten Zeugnisse über die Ableistung des Praktischen Jahres werden von dieser nicht zurückgegeben, auch Abschriften im allgemeinen nicht erteilt, die Kandidaten vielmehr in der Regel an die Leiter derjenigen Anstalten verwiesen, an denen das Praktische Jahr abgeleistet worden ist. Dem Kandidaten wird daher empfohlen, vor Einreichung der Urschrift eine beglaubigte Abschrift des Praktikantenscheines für den künftigen Gebrauch zurückzubehalten (K.M. 9. 1. 1909 — M 20193 II).

Diese Zeugnisse müssen mit dem Siegel der Anstalt usw. versehen sein und in Ermangelung eines solchen polizeilich beglaubigt werden (vgl. auch das Muster S. 116).

während des Praktischen Jahres und eines auf die Zeit seit Ablegung der ärztlichen Prüfung bezüglichen polizeilichen Führungszeugnisses[1] bei der zuständigen Zentralbehörde die Erteilung der Approbation als Arzt zu beantragen. Auch hat er nachzuweisen, daß er mindestens zwei öffentlichen Impfungs= und ebenso vielen Wiederimpfungsterminen beigewohnt hat[2]; Ausnahmen dürfen nur aus besonderen Gründen gestattet werden (§ 65)[3].

Zuständig für die Erteilung der Approbation ist die Zentralbehörde (§ 20 Abs. 2), in deren Bezirke der Kandidat die ärztliche Prüfung bestanden hat.

Die Approbation wird nach dem beigefügten Muster 6[5] ausgestellt.

§ 64.

Dem Reichskanzler[6] werden von der Zentralbehörde (§ 63 Abs. 2) Verzeichnisse der in dem abgelaufenen

schriebener Bericht über die Betätigung während der Praktikantenzeit und ein polizeiliches Führungszeugnis[1] für die Zeit seit Ablegung der ärztlichen Prüfung beizufügen. Auch hat der Kandidat nachzuweisen, daß er nach vollständig bestandener ärztlicher Prüfung mindestens zwei öffentlichen Impf= und ebenso vielen Wiederimpfterminen beigewohnt hat[2]; er hat ferner den Nachweis zu erbringen, daß er während des Praktischen Jahres über einen Krankheitsfall aus dem Gebiete der Versicherungsmedizin oder des Versorgungswesens ein schriftliches, von dem Direktor oder Leiter (§ 63 Abs.1) oder von einem beamteten Arzt als genügend befundenes Probe=Gutachten[4] ausgearbeitet hat, in dem der von dem Kranken erhobene Rechtsanspruch (Unfallrente, Invalidenrente, Versorgungsrente usw.) gewürdigt wird; Ausnahmen dürfen nur aus besonderen Gründen gestattet werden (§ 68)[3].

Zuständig für die Erteilung der Approbation ist die oberste Landesbehörde (§ 21 Abs. 2), in deren Bezirk der Kandidat die ärztliche Prüfung bestanden hat.

Die Approbation wird nach dem beigefügten Muster 6[5] ausgestellt.

§ 67.

Dem Reichsminister des Innern werden von der obersten Landesbehörde (§ 66 Abs. 2) Verzeichnisse der

---

[1] D. h. je ein polizeiliches Führungszeugnis von allen Orten, an denen der Kandidat sich nach Ablegung der ärztlichen Prüfung aufgehalten bzw. während des Praktischen Jahres tätig gewesen ist (die Zeiten im polizeilichen Führungszeugnis und im Beschäftigungszeugnis müssen möglichst übereinstimmen).

[2] Die vorgeschriebene Beteiligung an mindestens zwei öffentlichen Impf= und ebenso vielen Wiederimpfterminen hat nach vollständig bestandener ärztlicher Prüfung zu erfolgen und ist auch dann nachzuweisen, wenn der Kandidat nur einen Teil des Praktischen Jahres abzuleisten hat. Dieser Vorschrift wird also nicht Genüge geleistet, wenn nachgewiesen werden kann, daß der Kandidat während der Studienzeit an einer entsprechenden Zahl von Impfterminen teilgenommen hat (K.M. 30. 1. 1906 — M 16241 U I). Die Ausstellung von Zeugnissen über die Teilnahme an den vorgeschriebenen Impfterminen kann durch jeden Arzt erfolgen, der öffentliche Impfungen vornimmt (K.M. 11. 6. 1906 — M 18034).

[3] Befreiungen von den Erfordernissen zuzulassen, welche die Prüfungsordnung für Ärzte an die Ableistung des praktischen Jahres knüpft, ist im allgemeinen sowohl im Hinblick auf den hohen ert dieser Ausbildungszeit, als auch mit Rücksicht auf die Neigung mancher Medizinalpraktikanten, gerade hier sich in anderer als der vorgeschriebenen Weise zu betätigen, nicht angängig. Lediglich insoweit wird die Bewilligung einer Ausnahme unbedenklich sein, als der Nachweis der Teilnahme an zwei öffentlichen Impfterminen und ebenso vielen Wiederimpfterminen in Betracht kommen (Beschluß des Staatenausschusses v. 8. 7. 1919).

[4] Den Nachweis über die Ausarbeitung und den mindestens genügenden Befund eines Probegutachtens müssen alle Kandidaten erwerben, die die ärztliche Prüfung nach der a. O. oder n. O. nicht vor dem 1.10.1925 bestanden haben (§ 73 n. O., vgl. auch S. 99 Anm. 3). Dieser Nachweis und b ieUrschrift des Probegutachtens sind mit dem Approbationsgesuch vorzulegen (R.J. 23. 7. 24 — II 4827 A. — M.B. 30. 9. 1924 — I M III 2382).

[5] Vgl. S. 167.   [6] Vgl. S. 49 Anm. 2.

Prüfungsjahr Approbierten mit den auf die ärztliche Prüfung und das Praktische Jahr bezüglichen Akten eingereicht. Die letzteren werden der Zentralbehörde zurückgesendet.

D. Dispensationen.

§ 65[1].

Über die Zulassung der im § 3 Abs. 1, § 6 Abs. 2, § 6 Abs. 4, § 7 Abs. 3, § 8 Abs. 2, § 12 Abs. 6, § 14 Abs. 6, § 16 Satz 2, § 22 Abs. 3, § 23 Abs. 2, § 24 Abs. 3 Satz 2, § 25 Abs. 5, § 54 Abs. 4 Satz 2, § 56 Abs. 4, § 57 Abs. 1, § 61 Abs. 3 und § 63 Abs. 1 Satz 2 vorgesehenen Ausnahmen entscheidet der Reichskanzler[2], in Übereinstimmung mit der zuständigen Zentralbehörde (§ 1, § 3 Abs. 2, § 20 Abs. 2, § 63 Abs. 2)[3].

in dem abgelaufenen Prüfungsjahr Approbierten und auf Ersuchen auch die auf die ärztliche Prüfung und das Praktische Jahr bezüglichen Akten eingereicht. Die letzteren werden der obersten Landesbehörde zurückgesandt.

D. Ausnahmen und Abweichungen.

§ 68[1].

Über die Zulassung der im § 3 Abs. 1, § 6 Abs. 2, § 6 Abs. 3, § 7 Abs. 2, § 8 Abs. 2, § 12 Abs. 7, § 14 Abs. 6, § 15 Abs. 1, § 17 Satz 2, § 23 Abs. 3, § 25 Abs. 2, § 26 Abs. 4, § 57 Abs. 4, § 59 Abs. 6, § 60 Abs. 1, § 64 Abs. 2 und § 66 Abs. 1 Satz 3 vorgesehenen Ausnahmen entscheidet der Reichsminister des Innern in Übereinstimmung mit der zuständigen obersten Landesbehörde (§ 1, § 3 Abs. 2, § 21 Abs. 2, § 66 Abs. 2)[3].

§ 69.

Unter Berücksichtigung der verschiedenen Verhältnisse an den einzelnen Universitäten bleibt es der zuständigen obersten Landesbehörde (§ 3 Abs. 2, § 21 Abs. 2) nach Anhörung des Prüfungsausschusses und im Einvernehmen mit dem Reichsminister des Innern überlassen zu bestimmen, ob bei den Prüfungsgegenständen, für deren Abnahme die Anwesenheit des Vertreters eines Sonderfachs nicht ausdrücklich vorgeschrieben ist, dieser außerdem zur Prüfung heranzuziehen ist. Ferner können von der zuständigen obersten Landesbehörde (§ 3 Abs. 2, § 21 Abs. 2) im Einvernehmen mit dem Reichsminister des Innern formale Abweichungen von der Handhabung des Prüfungsgeschäfts zugelassen werden.

Durch die im Abs. 1 vorgesehene Regelung darf jedoch weder eine Er-

---

[1] Vgl. S. 5 Anm. 3. Die Gesuche um Ausnahmebewilligungen sind nicht bei dem Reichsminister des Innern, sondern bei der Zentralbehörde desjenigen Landes einzureichen, welchem der Prüfungsausschuß, bei dem die Prüfung abgelegt werden wird, angehört, soweit nicht die zuständige Zentralbehörde eine andere Landesstelle als zur Annahme der Gesuche um Ausnahmebewilligungen berufen bezeichnet (R.K. 15. 4. 1884 — Zentralbl. für d. Dtsch. Reich S. 123).

Die Entscheidungen der Zentralbehörde sind endgültig und unanfechtbar, d. h. einen Rechtsweg gibt es nicht. Wegen der Zuständigkeit vgl. S. 4 Anm. 3 und S. 5 Anm. 1.

[2] Die Befugnisse sind vom Reichskanzler (Reichsamt des Innern), der sie gemäß Verordnung vom 24. 12. 1879 (RGBl. S. 321) ausgeübt hat, auf Grund des Reichsgesetzes vom 4. 3. 1919 (RGBl. S. 285) auf den Reichsminister des Innern übergegangen. — Vgl. auch S. 19 Anm. 6.

[3] Die übrigen Bestimmungen haben den Charakter einer zwingenden Rechtsnorm. Auf deren strenge Durchführung muß von allen zuständigen Organen sorgfältig geachtet werden. Ausnahmen dürfen hierbei auch von den Zentralbehörden nicht zugelassen werden.

schwerung noch eine Erleichterung der Prüfung eintreten. Namentlich müssen die Vorschriften über die Zulassung zu den Prüfungen (§§ 6 bis 8, §§ 23 bis 27), ferner die im § 12 Abf. 3 bis 5, in den §§ 32 bis 36, §§ 38 bis 40, §§ 42 und 43, §§ 45 bis 51 enthaltenen Vorschriften über den Inhalt der Prüfung in den einzelnen Fächern sowie die Bestimmungen über die für die Wiederholung einer Prüfung festgesetzten Fristen (§ 14 Abf. 4, § 57 Abf. 2) hiervon unberührt bleiben.

Von einer gemäß Abf. 1 getroffenen Entschließung werden sämtliche obersten Landesbehörden (§ 3 Abf. 2, § 21 Abf. 2) vom Reichsminister des Innern in Kenntnis gesetzt.

E. Schluß- und Übergangs-bestimmungen.

§ 66.

Vorstehende Bestimmungen treten am 1. Oktober 1901 in Kraft.

E. Schluß- und Übergangs-bestimmungen [1].

§ 70.

Vorstehende Bestimmungen treten am 1. Oktober 1924 in Kraft.

---

[1] A. Auf Grund eines Beschlusses des Reichsrats vom 13. 10. 1927 wird folgende Abweichung von der Handhabung des § 71 der Prüfungsordnung für Ärzte vom 5. 7. 1924 angeordnet:

„Studierende der Medizin, die bis zum 31. 5. 1928 die ärztliche Vorprüfung (einschließlich etwaiger Wiederholungsprüfungen) nach den Vorschriften der Prüfungsordnung vom 28. 5. 1901 vollständig bestanden haben, dürfen die ärztliche Prüfung (einschließlich etwaiger Wiederholungsprüfungen) auf ihren Antrag nach den früheren Vorschriften ablegen, sofern sie sich spätestens bis zum 1. 10. 1930 (verlängert bis zum 15. 3. 1931 durch den Reichsratsbeschluß vom 21. 12. 1927, f. unten Abschnitt B) zur ärztlichen Prüfung melden. Die Bestimmung des § 72 der Prüfungsordnung für Ärzte vom 5. 7. 1924 bleibt hiervon unberührt.“

Diese Bestimmung ermöglicht es, daß alle Studierenden, die nicht später als im Herbst 1925 ihr medizinisches Studium begonnen haben, dieses bei regelrechtem Studien- und Vorprüfungsverlauf nach den Bestimmungen der a. O. im Herbst 1930 (verlängert bis zum Frühjahr 1931 durch den Reichsratsbeschluß vom 21. 12. 1927, f. unten Abschnitt B) vollenden können. Sie findet aber nicht mehr auf diejenigen Studierenden Anwendung, die das medizinische Studium erst im Frühjahr 1926 oder später aufgenommen haben. Die Ausbildung dieser Studierenden regelt sich nach den Bestimmungen der n. O.

Zur Vermeidung von Zweifeln wird bemerkt, daß sich obiger Reichsratsbeschluß v. 13. 10. 1927 nur auf Studierende bezieht, die sich nach der a. O., also nach Zurücklegung von fünf Studienhalbjahren, zur ärztlichen Vorprüfung gemeldet haben oder noch melden, und daß auf Studierende, die die ärztliche Vorprüfung nach Zurücklegung von vier Halbjahren begonnen haben oder noch beginnen, die n. O. für den späteren Studiengang Anwendung findet, auch wenn sie die Vorprüfung nicht beim ersten Termin bestanden haben oder bestehen und später Wiederholungsprüfungen abgelegt haben oder ablegen müssen.

(M.B. 30. 9. 1924 — I M III 2382 —, 29. 10. 1927 — I M III 3311.)

B. Der Reichsrat hat am 21. 12. 27 folgendes beschlossen:

I. Die Prüfungsordnung für Ärzte vom 5. 7. 24 wird geändert wie folgt:

(Es folgen die bisherigen und die abgeänderten Fassungen des § 7 Abf. 1, § 24 Abf. 1 und § 25 Abf. 1. Diese Abänderungen sind oben an den betreffenden Stellen durch schrägen Druck kenntlich gemacht. Die n. O. in dieser abgeänderten Fassung wird hier kurz mit n. O. A. bezeichnet.)

II. Vorstehende Bestimmungen treten mit dem 1. 6. 28 in Kraft. Der Beschluß des Reichsrats v. 13. 10. 27 (vgl. allg. Erlaß v. 29. 10. 27 I M III 3311/27, f. oben Abschnitt A) bleibt hiervon unberührt.

Studierende, die bis zum 31. 5. 28 die ärztliche Vorprüfung nach den Vorschriften der Prüfungsordnung vom 28. 5. 01 oder nach den bisherigen Vorschriften der Prüfungsordnung vom 5. 7. 24 vollständig bestanden haben, dürfen die ärztliche Prüfung (einschließlich etwaiger Wiederholungsprüfungen) nach den genannten Vorschriften ablegen, sofern sie sich spätestens bis zum 15. 3. 31 zur ärztlichen Prüfung melden. Die Bestimmung des § 72 der Prüfungsordnung vom 5. 7. 24 bleibt hiervon unberührt.

Fortsetzung S. 51.

§ 67.

Diejenigen Studierenden, welche vor dem 1. Oktober 1901 das medizinische Studium begonnen haben und sich spätestens am 1. Oktober 1903 zur Ablegung der ärztlichen Vorpüfung melden, dürfen diese (einschließlich etwaiger Wiederholungsprüfungen) auf ihren Antrag unbeschadet der Bestimmungen des § 69 nach den bisherigen Vorschriften ablegen.

§ 68.

Diejenigen Kandidaten, welche die ärztliche Vorprüfung nach den bisherigen Vorschriften vollständig bestanden haben oder gemäß § 67 weiterhin bestehen, haben nach diesen auch die ärztliche Prüfung abzulegen. Kandidaten, welche sich nicht spätestens bis zum 1. Oktober 1908 zur ärztlichen Prüfung melden, haben sich der Prüfung unter Wiederholung der ärztlichen Vorprüfung nach den vorstehenden Bestimmungen zu unterziehen. Das gleiche gilt von solchen nach den bisherigen Vorschriften zugelassenen Kandidaten, welche die ärztliche Prüfung nicht spätestens bis zum 1. Oktober 1912 vollständig bestanden haben.

§ 69.

Die Bestimmungen des § 2 Abs. 3, § 14 Abs. 6, § 16, § 54 Abs. 4 und des

§ 71.

Studierende, die vor dem 1. Oktober 1922[1] das medizinische Studium begonnen und die ärztliche Vorprüfung nach den bisherigen Bestimmungen bis zum 1. Juni 1925[1] vollständig bestanden haben, dürfen die ärztliche Prüfung (einschließlich etwaiger Wiederholungsprüfungen) auf ihren Antrag unbeschadet der Bestimmung des § 72 nach den bisherigen Vorschriften ablegen, sofern sie sich spätestens bis zum 1. April 1927[1] zur ärztlichen Prüfung melden.

§ 72.

Die Bestimmungen des § 14 Abs. 6, § 17, § 57 Abs. 4 und des § 59 Abs. 6

Hierzu wird folgendes bemerkt:

Nachdem das medizinisch-vorklinische Studium nach der n. O. vom 1. 6. 28 ab von vier auf fünf und damit die medizinische Gesamtstudienzeit von zehn auf elf Halbjahre verlängert worden ist, haben Studierende, die erst nach diesem Zeitpunkte die Bedingungen für die Zulassung zur ärztlichen Vorprüfung erfüllen und sich hierzu melden, fünf vorklinische und sechs klinische oder sechs vorklinische und fünf klinische medizinische Studienhalbjahre nach Maßgabe der abgeänderten n. O. nachzuweisen (§ 25 Abs. 1 n. O. Ä.).

Zur ärztlichen Vorprüfung gemäß der a. O. nach Zurücklegung von fünf Halbjahren und gemäß der n. O. in der ursprünglichen Fassung mit einem Nachweis von vier Halbjahren werden die Medizinstudierenden im Frühjahr 1928 zum letzten Male zugelassen. Sie dürfen, nur wenn sie diese Vorprüfung bis zum 31. 5. 28 vollständig bestanden haben, das medizinische Studium nach den bisherigen Bestimmungen fortsetzen und sich mit einer Gesamtstudienzeit von zehn Halbjahren zur ärztlichen Prüfung melden. Wer die ärztliche Vorprüfung nach den bisherigen Vorschriften begonnen, aber bis zum 31. 5. 28 nicht vollständig bestanden hat oder später beendet, ebenso wer die ärztliche Vorprüfung zwar nach den bisherigen Bestimmungen bis zum 31. 5. 28 vollständig bestanden hat, aber erst nach dem 15. 3. 31 die Bedingungen für die Zulassung zur ärztlichen Prüfung erfüllt und sich erst nach diesem Zeitpunkte zu dieser Prüfung meldet, fällt unter die abgeänderte n. O. und hat die ärztliche Prüfung sowie die Zulassungsbedingungen nach dieser Ordnung zu erledigen, bei der Meldung zur ärztlichen Prüfung also eine medizinische Gesamtstudienzeit von elf Halbjahren nachzuweisen, von denen mindestens fünf Halbjahre nach vollständig bestandener Vorprüfung zurückgelegt sein müssen (vgl. den vorigen Absatz).

(M.B. 28. 12. 27 — I M III 3962/27). Vgl. auch S. 4 Anm. 1.

[1] Dieser Zeitpunkt ist nach vorstehender Anm. abgeändert.

4*

§ 56 Abf. 4 gelten für alle seit dem 1. Oktober 1901 begonnenen Prüfungen.

§ 70.

Die Vorschriften wegen des Praktischen Jahres finden auf alle Kandidaten Anwendung, welche die ärztliche Prüfung nicht vor dem 1. Oktober 1903 vollständig bestanden haben.

Kandidaten, welche die ärztliche Prüfung erst nach diesem Zeitpunkt nach den bisherigen Vorschriften bestehen, können nur in Berücksichtigung zwingender persönlicher Verhältnisse, jedoch nicht über den 1. Oktober 1908 hinaus, von der Ableistung des Praktischen Jahres ganz oder teilweise entbunden werden[2]. Die Entscheidung hierüber erfolgt durch den Reichskanzler[3] in Übereinstimmung mit der nach § 63 Abf. 2 zuständigen Zentralbehörde.

gelten für alle seit dem 1. Oktober 1924 begonnenen Prüfungen[1].

§ 73.

Die Vorschriften wegen der Abgabe eines Probe-Gutachtens während des Praktischen Jahres (§ 66 Abf. 1) werden auf alle Kandidaten angewendet, die die ärztliche Prüfung nicht vor dem 1. Oktober 1925 vollständig bestanden haben[4].

Für Änderungen der Prüfungsordnung ist der Reichsrat[5] zuständig.

II. Studium.

A. Vorschriften für die Studierenden der Preuß. Landesuniversitäten vom 1. Oktober 1914.

— Auszug —

Vorschriften für die Studierenden der Preuß. Universitäten.

§ 2. Zum Nachweise der wissenschaftlichen Vorbildung für das akademische Studium haben Angehörige des Deutschen Reiches dasjenige Reifezeugnis einer deutschen neunstufigen höheren Lehranstalt beizubringen, welches für die Zulassung zu den ihrem Studienfach entsprechenden Berufsprüfungen in ihrem Heimatstaate vorgeschrieben ist; auf Grund ausländischer Reifezeugnisse dürfen Reichsangehörige nur dann immatrikuliert werden, wenn daraufhin ihre Zulassung zu den ihrem Studienfach entsprechenden Berufsprüfungen in ihrem Heimatstaate gesichert erscheint.

Die Fakultät, bei welcher der Studierende einzutragen ist, bestimmt sich durch das von ihm gewählte Studienfach.

§ 3. Mit besonderer Erlaubnis der Immatrikulationskommission können Angehörige des Deutschen Reiches, welche ein nach § 2 Abf. 1 genügendes Reifezeugnis nicht erworben, jedoch wenigstens dasjenige Maß der Schulbildung erreicht haben, welches für die Erlangung der Berechtigung zum Einjährig-Freiwilligen-Dienst vorgeschrieben ist, auf vier Semester immatrikuliert und bei der Philosophischen Fakultät eingetragen werden.

---

[1] D. h. auch Prüfungen, die nach a. O. begonnen sind. Für die vor dem 1. 10. 1924 begonnenen Prüfungen gelten die Bestimmungen der a. O., soweit und solange sie wirksam sind. Vgl. im übrigen S. 50 Anm. 1, S. 16 Anm. 7 und S. 39 Anm. 2 Abf. 4 und 5.

[2] Diese Bestimmung gilt als Übergang von der Prüfungsordnung vom 2. 6. 1883 zu der vom 28. 5. 1901 und ist am 1. 10. 1908 außer Kraft getreten.

[3] Vgl. S. 49 Anm. 2.   [4] Vgl. S. 48 Anm. 4 und S. 99 Anm. 3.

[5] Reichsrat gemäß Art. 60 der Verfassung des Deutschen Reichs vom 11. 8. 1919 (RGBl. S. 1383), vorher Staatenausschuß gemäß Reichsgesetz vom 4. 3. 1919 (RGBl. S. 285) und vorher Bundesrat gemäß Art. 6 der Reichsverfassung vom 16. 4. 1871 (RGBl. S. 628).

Die Immatrikulationskommission ist ermächtigt, nach Ablauf dieser vier Semester die Verlängerung des Studiums um zwei Semester aus besonderen Gründen zu gestatten. Eine weitere Verlängerung ist nur mit Genehmigung des Kurators zulässig[1].

§ 4. Ausländer können, soweit darüber nicht besondere Bestimmungen erlassen sind, immatrikuliert werden[2], wenn sie sich über den Besitz einer Schulbildung ausweisen, welche der in § 2 bezeichneten im wesentlichen gleichwertig ist.

§ 5. Reichs-, Staats-, Gemeinde- oder Kirchenbeamte sowie Personen, die dem Gewerbestand angehören, können zum Studium zugelassen werden, wenn nachgewiesen ist, daß sie durch Beurlaubung vom Dienst oder durch Befreiung von ihrer beruflichen Tätigkeit über so viel freie Zeit verfügen, daß die Durchführung eines gründlichen Studiums gesichert ist. Bei Beamten gilt der Nachweis als erbracht, wenn sie durch ihre Dienstbehörde mindestens von der halben Dienstzeit befreit sind[3].

§ 6. Die Meldung zur Aufnahme soll innerhalb der ersten drei Wochen nach dem vorgeschriebenen Anfang des Semesters erfolgen.

Spätere Meldungen dürfen nur, wenn die Verzögerung durch besonders nachzuweisende Gründe gerechtfertigt wird, ausnahmsweise mit Genehmigung des Kurators zugelassen werden.

§ 9. Will ein Student von einer Fakultät zur anderen übergehen, so hat er dies zunächst dem Dekan seiner bisherigen Fakultät zu melden und sodann unter Vorlegung der Bescheinigung des letzteren den Dekan der neu erwählten Fakultät um die Einschreibung bei ihr zu ersuchen[4].

Ein solcher Übertritt von einer Fakultät zur anderen ist nur am Anfang und am Schluß eines Semesters zulässig[5].

Von dem vollzogenen Übertritt hat der Studierende sofort dem Universitätssekretariat Anzeige zu machen.

§ 11. Abgangszeugnisse dürfen den Studierenden erst in der letzten Woche vor dem gesetzlichen Schluß des Semesters ausgehändigt werden, sofern nicht dem Rektor besonders nachzuweisende Gründe den früheren Abgang des Studierenden ausnahmsweise rechtfertigen.

§ 12. Die Annahme von Vorlesungen soll innerhalb der ersten vier[6] (in Berlin sechs[7]) Wochen nach dem vorgeschriebenen Anfang des Semesters erfolgen.

Für spätere Annahme ist die nur auf nachgewiesene ausreichende Entschuldigungsgründe zu erteilende Erlaubnis des Rektors erforderlich. Diese Erlaubnis ist in das Anmeldebuch einzutragen.

§ 13. Wer nicht innerhalb der vorgeschriebenen Frist (§ 12) mindestens eine Privatvorlesung gehörig angenommen hat, kann entweder aus dem Verzeichnis der Studierenden gestrichen oder im Wege des Disziplinarverfahrens wegen Unfleißes mit Nichtanrechnung des laufenden Halbjahres auf die vorgeschriebene Studienzeit und im Wiederholungsfalle mit Entfernung von der Universität bestraft werden.

§ 14. Binnen der in § 12 vorgeschriebenen Frist haben sich ferner die Studierenden bei den betreffenden akademischen Lehrern persönlich zu melden

---

[1] Zur Ablegung der ärztlichen und zahnärztlichen Prüfungen bedarf es der Vollimmatrikulation und Einschreibung bei der Medizinischen Fakultät (§ 3 Abs. 1 der Prüfungsordnungen für Ärzte und Zahnärzte vgl. S. 83).

[2] Zur Immatrikulation von Ausländern ist die ministerielle Genehmigung erforderlich (vgl. S. 191).

[3] Fassung vom 19. 10. 1923 — U I 2725. Diese Fassung gilt auch für studierende Lehrer (K.M. 15. 3. 1924 — U I 314). Vgl. S. 58 betr. Immatrikulation usw. von Lehrern.

[4] Auch beim Übertritt vom medizinischen zum zahnärztlichen Studium oder umgekehrt ist eine Umschreibung bei der Medizinischen Fakultät erforderlich und zu beantragen.

Die Umschreibung ist von der Universitätsbehörde im Anmeldebuch zu vermerken.

[5] Zu anderer Zeit wird der Übertritt grundsätzlich nicht gestattet. Als Anfang und Schluß des Semesters gelten in der Regel die ersten bzw. letzten vier (in Berlin sechs) Wochen (vgl. § 12 Abs. 1).

[6] D. h. bis 12. 5. und 12. 11.

[7] D. h. bis 26. 5. und 26. 11.

und sie um Eintragung ihres Namens und des Datums der Meldung in die dazu bestimmte Spalte des Anmeldebuches zu ersuchen. Wer durch besondere Gründe an der rechtzeitigen Meldung verhindert worden ist, hat diese dem Rektor nachzuweisen, welcher, wenn er die Verspätung entschuldigt findet, darüber einen Vermerk in das Anmeldebuch einträgt.

Fehlt die Eintragung des Lehrers oder fehlt bei einer verspätet erfolgten Eintragung der Vermerk des Rektors, so wird die Vorlesung in das Abgangszeugnis nicht aufgenommen.

§ 15. Soweit es sich um Übungsvorlesungen handelt, haben die Studierenden außerdem die Pflicht, sich bei den Lehrern innerhalb der letzten 14 Tage vor dem vorgeschriebenen Schlusse des Semesters abermals persönlich zu melden und sie um Eintragung ihres Namens und des Datums in die für die Abmeldung bestimmte Spalte des Anmeldebuchs zu ersuchen[1].

Zu einem früheren Termin darf diese Abmeldung nur erfolgen, wenn in das Anmeldebuch die besondere Erlaubnis des Rektors eingetragen ist oder die Bescheinigung über die erfolgte Meldung zum Abgange von der Universität und über die Zahlung der Abgangszeugnisgebühren vorgelegt wird.

Wenn die Abmeldung einer Übungsvorlesung wegen Abwesenheit, Krankheit oder Tod eines Lehrers nicht rechtzeitig vorgenommen werden kann, so ist sie innerhalb der oben bezeichneten Frist bei dem Dekan der betreffenden Fakultät zu bewirken.

Ist der Studierende ohne sein Verschulden an der Innehaltung der Abmeldungsfrist verhindert worden, so hat er dies dem Rektor nachzuweisen und ihn um Eintragung eines die nachträgliche Abmeldung gestattenden Vermerks in das Anmeldebuch zu ersuchen.

Ist die Abmeldung unterblieben oder nach Maßgabe der vorstehenden Vorschriften zu früh oder zu spät erfolgt, so wird über die Übungsvorlesung kein Vermerk in das Abgangszeugnis aufgenommen.

Semester-einteilung.
Das Winterhalbjahr dauert in Preußen vom 16. 10. bis zum 15. 3., das Sommerhalbjahr vom 16. 4. bis zum 15. 8.

Beschränkter medizin. u. zahnärztl. Unterricht.
Beschränkter Unterricht wird abgehalten an folgenden Universitäten:

1. Köln a. Rh. vorklinischer und klinischer ärztlicher, zeitweise auch vorklinischer, aber nicht klinischer zahnärztlicher,

2. Düsseldorf (Medizinische Akademie) nur klinischer ärztlicher und zahnärztlicher, aber nicht vorklinischer,

3. Gießen nur vorklinischer und klinischer ärztlicher, nicht auch zahnärztlicher.

An diesen Hochschulen werden deshalb auch nur entsprechende Prüfungen abgehalten.

Gleichzeitiges Studium in Bonn u. Köln.
Den an der Universität in Bonn a. Rh. immatrikulierten Studierenden ist es gestattet, an der Universität in Köln a. Rh. Vorlesungen und Übungen zu besuchen. Ebenso dürfen umgekehrt die an der Universität in Köln a. Rh. immatrikulierten Studierenden an der Universität in Bonn a. Rh. Vorlesungen und Übungen besuchen. Die Immatrikulationsgebühren, Auditoriengelder usw. sind nur einmal zu entrichten, während die Vorlesungshonorare, Praktikantenbeiträge usw. an derjenigen von den beiden Universitäten zu zahlen sind, an der die betreffenden Vorlesungen und Übungen belegt werden (K.M. 8. 10. 20 — U I 20429).

Amt für Prüfungs- usw. Angelegenheiten.
Das „Amt für Prüfungs- und Immatrikulationsangelegenheiten" im Ministerium für Wissenschaft, Kunst und Volksbildung (Leiter ist

---

[1] Die Abmeldung der Übungsvorlesungen am Schlusse des Halbjahres ist in den Fällen fortgefallen, in denen besondere Zeugnisse über die Teilnahme an den Übungen ausgestellt werden (K.M. 7. 1. 1920 — U I 20275).

der Regierungsrat in diesem Ministerium Dr. Leist) ist in Preußen u. a. zuständig für die Zulassung der Inländer und Ausländer zu den Doktorprüfungen und der Inländer zum Studium, soweit in Einzelfällen Gesuche an das Ministerium gerichtet werden (K.M. 6. 11. 26 — B 1220 U I). Wegen der Zulassung der Ausländer zum Studium vgl. S. 53 Anm. 2.

Für Gesuche um Bewilligung von Ausnahmen von den Prüfungsordnungen für Ärzte und Zahnärzte (Semesteranrechnung usw.), soweit die Erledigung nicht den Vorsitzenden der Prüfungsausschüsse übertragen ist (vgl. S. 203), ist in Preußen der Minister für Volkswohlfahrt zuständig Vgl. auch) S. 49 Anm. 1. Näheres über die Anrechnung anderweitiger Studien und Prüfungen vgl. S. 76.

B. Hochschulreife auf Grund reichsdeutscher Schulzeugnisse.

Allgemeine Voraussetzung für die Zulassung Reichsdeutscher zum Hochschulstudium mit dem Ziele der Ablegung von Abschlußprüfungen ist die an einer der nachstehenden Anstalten innerhalb des Reichsgebiets bestandene Reifeprüfung, die man nach regelrechtem Schulbesuch oder als Nichtschüler ablegen kann (§ 2 der Vorschriften für die Studierenden. S. 52)[1]. Wegen der Reichsausländer vgl. S. 192.

Nach der Neuordnung des preußischen höheren Schulwesens[2] bestehen in Preußen folgende zur Hochschulreife führende Schularten[3]:

A. Für Knaben.

1. Gymnasium (Reformgymnasium),
2. Realgymnasium (Reformrealgymnasium),
3. Oberrealschule[4]

---

[1] Für Personen, die nicht im Besitz des Reifezeugnisses einer höheren Lehranstalt sind, gibt es in Preußen noch Ersatzreifeprüfungen, deren Bestehen dem Inhaber für bestimmte Hochschulen, Fakultäten und Studien alle mit dem Reifezeugnis verbundenen Rechte verleihen (z. B. für Kaufleute usw.). Solche Ersatzreifeprüfungen gelten aber nicht für die Zulassung zum medizinischen und zahnmedizinischen Studium. Wegen der verkürzten Reifeprüfung für Lehrer vgl. S. 59 Anm. 1.

Zum Studium ohne Reifezeugnis werden ausnahmsweise hervorragend Begabte (vgl. S. 59) zugelassen.

Die nach § 3 der Vorschriften für die Studierenden (S. 52) gestattete Zulassung zum Studium in der Philosophischen (Naturwissenschaftlichen, Wirtschafts- und Sozialwissenschaftlichen) Fakultät auf vier Halbjahre (mit der kleinen Matrikel) und die Zulassung als Gasthörer gewährt keinen Anspruch, zu den Abschlußprüfungen zugelassen zu werden (vgl. S. 83).

[2] Vgl. die Richtlinien für die Lehrpläne der höheren Schulen Preußens Hefte 19 u. 20 der Weidmannschen Taschenausgaben von Verfügungen der Preußischen Unterrichtsverwaltung.

[3] Die höheren Schulen, an denen das Reifezeugnis erworben werden kann, sind nach Art und Aufbau verschieden. Allen ist aber der Unterbau — vier Klassen Volksschule (Grundschule) — und ein daran anschließender neunjähriger Lehrgang gemeinsam. Der Eintritt in die Grundschule erfolgt mit 6 Jahren, die Schulausbildung dauert 13 Jahre, der Übergang zur Universität erfolgt also in der Regel mit 19 Jahren.

Die preußischen Lehranstalten werden alljährlich in dem Handbuch für die preußische Unterrichtsverwaltung veröffentlicht.

Das Zeugnis der Reife zum Fähnrich ist nicht gleichwertig dem Reifezeugnis einer neunstufigen höheren Lehranstalt, da die Fähnrichprüfung als eine militärische, nicht als eine Schulprüfung anzusehen ist und keine Berechtigung zum Eintritt in eine bestimmte Schulklasse verleiht.

[4] Die Inhaber des Reifezeugnisses einer Oberrealschule sind durch Beschluß des Bundesrats vom 31. 1. 1907 zu den ärztlichen und durch die Prüfungsordnung für Zahnärzte vom 15. 3. 1909 zu den zahnärztlichen Prüfungen zugelassen worden. Wegen des Lateinnachweises für die Meldung zur ärztlichen oder zahnärztlichen Vorprüfung vgl. § 6 der Prüfungsordnungen für Ärzte und Zahnärzte (S. 8, 172).

4. Deutsche Oberschule[1], [2],
5. Aufbauschule (höhere Lehranstalt in Aufbauform)[2], [3], nach dem
   Typus
   a) der Oberrealschule,
   b) der Deutschen Oberschule[1].

B. Für Mädchen[4].

1. Gymnasiale Studienanstalt[5],
2. Realgymnasiale Studienanstalt[5],
3. Oberlyzeum
   a) der Oberrealschulrichtung[2], [6], [7],
   b) nach den Richtlinien vom 21. 3. 1923 (neue Schulform)[2], [7],
4. Deutsche Oberschule[1], [2], [7],
5. Aufbauschule (höhere Lehranstalt in Aufbauform)[2], [3], nach dem
   Typus
   a) der Oberrealschule,
   b) der Deutschen Oberschule[1].

---

[1] Über Wesen und Lehrziele der Deutschen Oberschule vgl. Heft 6 der Weidmannschen Taschenausgaben von Verfügungen der Preußischen Unterrichtsverwaltung. Das Beiwort „deutsch" soll das Hauptbildungsfach hervorheben.

[2] Während die Deutsche Oberschule eine neue Art einer neunstufigen höheren Lehranstalt ist, baut die Aufbauschule auf dem Lehrplan des siebenten Volksschuljahres eine sechsjährige höhere Schule mit dem Ziele der Deutschen Oberschule oder der Oberrealschule auf.

Durch Vereinbarungen mit den deutschen Ländern außer Bayern (Ergänzungen — abgedruckt im Reichsministerialblatt 1923 S. 15 und 1925 S. 231 — zu der allgemeinen Vereinbarung der Länder über die gegenseitige Anerkennung der Reifezeugnisse der höheren Schulen vom 19. 12. 1922/ 31. 3. 1925 — Reichsministerialblatt 1923 S. 13 und 1925 S. 263) ist die Deutsche Oberschule und die Aufbauschule als zur Hochschulreife führende höhere Lehranstalt (unter gegenseitiger Anerkennung) zugelassen worden. Auch das Oberlyzeum neuer Art berechtigt zum Hochschulstudium in Preußen (vgl. K.M. 9. 2. 1927 — U I 32931). Diese Schulgattungen sind größtenteils noch im Entstehen oder in Umwandlung begriffen.

Wegen Anerkennung der Reifezeugnisse der Deutschen Oberschule, der Aufbauschule und des Oberlyzeums für die Zulassung zu den ärztlichen und zahnärztlichen Prüfungen vgl. S. 57.

[3] Über die innere Gestaltung der Aufbauschule vgl. Hefte 6 und 22 der Weidmannschen Taschenausgaben von Verfügungen der Preußischen Unterrichtsverwaltung.

[4] Frauen werden als Studierende der preuß. Landesuniversitäen vom Winterhaalbjahr 1908/09 ab zugelassen (K.M. 18. 8. 1908 — U I 2064). Die weiblichen sind den männlichen Studierenden völlig gleichgestellt.

[5] Die Reifezeugnisse der Studienanstalten in der gymnasialen, realgymnasialen und Oberrealschulrichtung sind durch Beschluß des Bundesrats vom 5. 12. 1912 den Reifezeugnissen der Gymnasien, Realgymnasien und Oberrealschulen gleichgestellt worden (M.J. 13. 3. 1913 — M 20892).

[6] Die Oberlyzeen der Oberrealschulrichtung sind an die Stelle der früheren Studienanstalten dieser Richtung getreten (vgl. die vorangehende Anm. 5). Ihre Reifezeugnisse sind von sämtlichen deutschen Ländern (einschließlich Bayern) anerkannt worden.

[7] Den Reifezeugnissen derjenigen preußischen Oberlyzeen, die zu einer Deutschen Oberschule umgewandelt werden, sollen während einer von Ostern 1924 bis einschließlich Ostern 1931 laufenden Übergangszeit für Preußen alle Rechte der Reifezeugnisse von Oberrealschulstudienanstalten (vgl. die vorangehende Anm. 6) verliehen werden. Die gleiche Vergünstigung soll den Reifezeugnissen der Oberlyzeen gewährt werden, die nach den Richtlinien vom 21. 3. 1923 (betr. Umwandlung der Oberlyzeen alten Stils in eine Schulform mit neuen Lehrplänen — hier nicht abgedruckt) umgestaltet werden. Die Unterrichtsverwaltungen der Länder, in denen Hochschulen vorhanden sind, haben sich mit Ausnahme von Bayern bereit erklärt, während der Übergangszeit die Reifezeugnisse anzuerkennen (K.M. 9. 12. 1924 — U II 1250).

Diese Zeugnisse werden hiernach mit einem Anerkennungsvermerk versehen (in Preußen vom K.M.).

Nachdem durch die Richtlinien vom 21. 3. 1923 eine Umgestaltung der früheren Oberlyzeen erfolgt ist und denjenigen Oberlyzeen, die nach dem neuen Lehrplan unterrichten, weitergehende Berechtigungen verliehen worden sind, ist es nicht mehr zulässig, daß sich Frauenschulen, die mit Lyzeen verbunden sind, als Oberlyzeen bezeichnen. Diese Anstalten haben in Zukunft die Bezeichnung „Frauenschule verbunden mit dem Lyzeum usw." zu führen (K.M. 12. 4. 1926 — U II 686).

Der Reichsrat hat am 10. 11. 27 folgendes beschlossen:
A. Die Reifezeugnisse
   1. der Deutschen Oberschulen,
   2. der Aufbauschulen mit dem Ziele der Deutschen Oberschule,
   3. der Aufbauschulen mit dem Ziele der Oberrealschule,
   4. der preußischen Oberlyzeen nach den Richtlinien vom 21. 3. 23 sowie des diesen Richtlinien entsprechenden mecklenburg-schwerinschen Oberlyzeums und oldenburgischen Oberlyzeums und der diesen Richtlinien entsprechenden braunschweigischen Oberlyzeen,
   5. der preußischen Oberlyzeen der Oberrealschulrichtung als Ersatz der Studienanstalt gleicher Richtung,
   6. diejenigen Reifezeugnisse von preußischen Oberlyzeen, die bis zu einer mit Ostern 1931 ablaufenden Übergangsfrist vom Preußischen Ministerium für Wissenschaft, Kunst und Volksbildung mit einem Vermerke versehen werden, wonach das Reifezeugnis als gleichwertig dem Reifezeugnis einer Studienanstalt der Oberrealschulrichtung anzusehen ist,

werden als ausreichende Nachweise im Sinne des § 6 Abs. 1 der Prüfungsordnung für Ärzte und des § 6 Abs. 1 der Prüfungsordnung für Zahnärzte anerkannt.

B. Der in diesen Prüfungsordnungen vorgeschriebene Nachweis der Kenntnisse in der lateinischen Sprache ist von den Inhabern der unter A Ziffer 1 und 2 genannten Reifezeugnisse als erbracht anzusehen, wenn Lateinisch an der betreffenden Anstalt Pflichtfach war. Im übrigen ist er von den Inhabern von Reifezeugnissen der unter A Ziffer 1 bis 6 genannten Anstalten zu erbringen entweder durch ein mindestens genügendes Urteil im Lateinischen in den Reifezeugnissen dieser Anstalten oder durch ein auf Grund einer Prüfung ausgestelltes Zeugnis des Leiters eines Gymnasiums oder Realgymnasiums innerhalb des Deutschen Reichs über Lateinkenntnisse, die für die Versetzung nach Obersekunda eines Realgymnasiums erforderlich sind.

In Bayern werden nur die Reifezeugnisse der unter A 5 und 6 angegebenen, nicht dagegen auch die Reifezeugnisse der unter A 1 bis 4 aufgeführten Anstalten anerkannt.

Hinsichtlich der Art der Reifezeugnisse der verschiedenen Anstalten bemerke ich folgendes:

Für die Zeugnisse wird das durch die Ordnung der Reifeprüfung an den höheren Schulen Preußens vom 22. 7. 26 (K.M. 22. 7. 26 — U II 100 II, U I — ZBlUV. 1926 S. 283) vorgeschriebene Muster verwendet. Am Kopfe ist die Schulart (Gymnasium, Realgymnasium, Oberlyzeum usw.) und der Schulort angegeben, so daß sofort die Art der Berechtigung zu erkennen ist. Zweifel können nur entstehen bei den Reifezeugnissen der Oberlyzeen, von denen es zurzait zwei Arten gibt: Reifezeugnisse der Oberlyzeen nach dem Lehrplan vom 18. 8. 08, die nur nach Ablegung einer Ergänzungsprüfung Hochschulreife gewähren, und auf die sich der Beschluß des Reichsrats vom 10. 11. 27 nicht bezieht, und Reifezeugnisse der Oberlyzeen nach den Richtlinien vom 21. 3. 23. Die Reifezeugnisse der Oberlyzeen nach dem Lehrplan vom 18. 8. 08 sind daran zu erkennen, daß sie eine Note in Pädagogik aufweisen und keinen Vermerk über die Berechtigung enthalten. Ostern 1927 sind Zeugnisse dieser Art zum letzten Mal ausgestellt worden. In den Reifezeugnissen der Oberlyzeen nach den Richtlinien vom 21. 3. 23 fehlt die Note in Pädagogik; außerdem tragen sie am Schluß den Vermerk des Ministers für Wissenschaft, Kunst und Volksbildung, wonach das Zeugnis als gleichwertig dem Reifezeugnis einer Studienanstalt mit Kursen der Oberrealschulrichtung anzusehen ist.

   Berlin, den 12. Januar 1928.
      Der Preußische Minister für Volkswohlfahrt.
I M III 3756/27 I.

fezeugnisse
Oberlyzeen.

Für die Reifezeugnisse der Oberlyzeen alten Stils, d. h. derjenigen Oberlyzeen, die noch nach dem Lehrplan vom 18. 8. 1908 weitergeführt werden und nicht unter die Vergünstigungen des Erl. K.M. 9. 12. 1924 — U II 1250 — (vgl. S. 56 Anm. 7) fallen, und für die Reifezeugnisse der Oberlyzeen, die vor der Umwandlung erteilt worden sind, gilt folgendes:

Frauen, die das Reifezeugnis eines Oberlyzeums alten Stils oder ein Zeugnis der Lehrbefähigung für Lyzeen, Mittelschulen und Volksschulen besitzen, können zum Studium der Medizin und der Zahnheilkunde nur zugelassen werden, wenn sie frühestens nach Ablauf eines Jahres nach Bestehen der Reifeprüfung des Oberlyzeums alten Stils eine Nachprüfung ablegen, und zwar

    a) für die Oberrealschulreife in Mathematik, Physik und Chemie[1],
    b) für die Realgymnasialreife in Latein und Mathematik,
    c) für die Gymnasialreife in Latein und Griechisch.

Eine solche Nachprüfung muß auch vor der Einschreibung bei der Medizinischen Fakultät abgelegt werden, wenn ein genügendes Urteil in einzelnen der vorgenannten Fächer im Reifezeugnis des Oberlyzeums alten Stils oder im Zeugnis der Lehrbefähigung für Lyzeen, Mittelschulen und Volksschulen bereits vorliegt (M.V. 19. 6. 1924 — IMPr. 2695 — K.M. 8. 7. 1924 — U I Schul. 15).

Die Zulassung zur ärztlichen oder zahnärztlichen Vorprüfung ist erst möglich, wenn ein Reifezeugnis, das zur Vollimmatrikulation berechtigt, nebst Lateinnachweis erworben ist, die Einschreibung bei der Medizinischen Fakultät erfolgt ist und die übrigen Bestimmungen der Prüfungsordnungen erfüllt sind.

rerstudium.

C. Zulassung preußischer Lehrer (Lehrerinnen) und Schulamtsbewerber(innen) zum Universitätsstudium.

Um Volksschullehrern, die nicht das ordentliche Reifezeugnis besitzen, den Übergang in die akademischen Berufe, besonders den Oberlehrerberuf, zu erleichtern, ist folgende Regelung getroffen worden:

In der Regel werden Lehrer (Lehrerinnen) und Schulamtsbewerber[2], die nachweisen, daß sie nach Erlangung der Lehrbefähigung zwei Jahre in ihrem Berufe tätig gewesen und zum Zweck des Studiums beurlaubt oder ausgeschieden sind, voll immatrikuliert und bei der Philosophischen Fakultät eingeschrieben. Lehrerinnen, die die Lehrbefähigung für Lyzeen, Mittelschulen und Volksschulen auf dem Oberlyzeum erlangt haben, brauchen eine Berufstätigkeit nicht nachzuweisen.

Diejenigen Lehrer und Schulamtsbewerber, die das Seminarentlassungszeugnis erworben und dazu die verkürzte Reifeprüfung

---

[1] Wegen des Lateinnachweises für die Zulassung zur ärztlichen oder zahnärztlichen Vorprüfung vgl. § 6 der Prüfungsordnungen für Ärzte und Zahnärzte (S. 8. 172.)

[2] Von den künftigen Volksschullehrern wird das ordentliche Reifezeugnis als Voraussetzung für die Zulassung zur Ausbildung verlangt (Beschluß des preuß. Staatsministeriums vom 7. 10. 1924).

nach § 4 der Verordnung des Ministers für Wissenschaft, Kunst und Volksbildung vom 19. 9. 1919 — U I 1977[1] — abgelegt haben, können zu jedem Studium, für welches das Reifezeugnis Voraussetzung ist, zugelassen werden. Indessen kommt für diese Studierenden die Zulassung zu staatlichen Prüfungen in anderen als den philosophischen Studienfächern gegenwärtig nicht in Frage (K.M. 19. 1. 1923 — U I 3451).

Solche Volksschullehrer dürfen nur bei der Philosophischen Fakultät zum Doktor promovieren, und zwar dem Sinne der Verordnung entsprechend nur in philosophischen, philologischen, naturwissenschaftlichen und historischen Fächern (K.M. 21. 2. 1923 — U I 13443).

Zu ärztlichen oder zahnärztlichen Prüfungen und zur medizinischen oder zahnmedizinischen Doktorpromotion dürfen Lehrer hiernach nur zugelassen werden, wenn sie, wie die anderen Studierenden, das ordentliche Reifezeugnis einer höheren Lehranstalt (§ 6 der Prüfungsordnungen für Ärzte und Zahnärzte) besitzen. Zur Immatrikulation an einer preußischen Universität gemäß § 5 der Vorschriften für die Studierenden vom 1. 10. 1914 (S. 53) bedürfen Lehrer in solchen Fällen einer Bescheinigung der zuständigen Regierung, daß sie mindestens von der halben Unterrichtsstundenzahl befreit sind (K.M. 15. 3. 1924 — U I 314).

D. Zulassung Begabter ohne Reifezeugnis zum Hochschulstudium.

Hervorragend begabte Personen können in besonderen Ausnahmefällen auch ohne Reifezeugnis zum Universitätsstudium zugelassen werden.

Voraussetzung für die Zulassung ist:

1. Der Bewerber muß seiner Persönlichkeit und seinen geistigen Fähigkeiten nach für das wissenschaftliche Studium besonders geeignet sein.

2. Er muß über einen angemessenen Grad allgemeiner Bildung, über Urteilskraft und Denkfähigkeit verfügen.

3. Er muß eine deutlich erkennbare Begabung für das gewählte Studiengebiet besitzen und mit dessen fachlichen Grundlagen vertraut sein.

4. Er muß sich in seinem jetzigen Beruf oder in dem Fach, das er zu studieren wünscht, bereits besonders bewährt haben.

5. Es müssen besondere Umstände vorgelegen haben, die es dem Bewerber unmöglich machten, auf dem normalen Wege (durch Reifeprüfung, Ersatzreifeprüfung usw.) zur Universität zu gelangen.

---

[1] Die verkürzte Reifeprüfung für Lehrer (Lehrerinnen) und Schulamtsbewerber(innen) erstreckt sich in den fraglichen Fällen
für das Gymnasium auf Latein und Griechisch,
für das Realgymnasium auf Latein, diejenige neuere Fremdsprache, in der der Bewerber bei der Seminarentlassung nicht geprüft ist, und Mathematik,
für die Oberrealschule auf eine neuere Fremdsprache (wie für das Realgymnasium), Mathematik und Naturwissenschaften.

6. Der Bewerber muß noch die genügende Spannkraft besitzen, um sich auf ein wissenschaftliches Studium einstellen zu können. Als obere Altersgrenze wird im allgemeinen das 40. Lebensjahr anzusehen sein[1].

7. Beamte und Personen, die dem Gewerbestand angehören, können zum Studium außerdem nur dann zugelassen werden, wenn nachgewiesen ist, daß sie durch Beurlaubung vom Dienst oder durch Befreiung von ihrer beruflichen Tätigkeit über soviel freie Zeit verfügen, daß die Durchführung eines gründlichen Studiums gesichert ist. Bei Beamten gilt der Nachweis als erbracht, wenn sie durch ihre Dienstbehörde mindestens von der halben Dienstzeit befreit sind. Beamte und Gewerbetreibende haben also bei der Bewerbung um Zulassung die Erklärung abzugeben, daß sie über die notwendige freie Zeit für das Studium verfügen können. Der Nachweis selbst ist erst zu erbringen, wenn die Zulassung genehmigt ist.

8. Die allgemeine Bestimmung, daß ein Studierender während des Semesters am Ort der Universität oder in seiner unmittelbaren Umgebung wohnhaft sein muß, findet auch auf die nach diesen Bestimmungen zugelassenen Personen Anwendung.

Der Antrag ist nicht von dem Bewerber selbst, sondern von urteilsfähigen Persönlichkeiten zu stellen, die mit den Voraussetzungen und dem Wesen wissenschaftlicher Arbeit vertraut sind und den Bewerber nach seinen bisherigen Leistungen bereits kennen. In dem Antrag ist ausführlich darzulegen, daß die angegebenen Voraussetzungen erfüllt sind; insbesondere muß sich aus ihm ein klares Bild der Persönlichkeit des Bewerbers gewinnen lassen.

Dem Antrag ist beizufügen:

1. ein ausführlicher Lebenslauf des Bewerbers;
2. Nachweise über Berufsvorbildung und Berufsleistungen;
3. eine Darlegung über die Vorstudien, die der Bewerber auf dem Gebiet des von ihm erstrebten fachwissenschaftlichen Studiums getrieben hat, sowie über Art und Umfang dessen, was er seit Verlassen der Schule zur Vertiefung seiner Allgemeinbildung getan hat;
4. eine Angabe über das Ziel des Studiums und des erstrebten neuen Berufes;
5. ein polizeiliches Führungszeugnis;
6. das Zeugnis über den Abschluß der Schulbildung.

Der Antrag ist zu richten an die „Prüfungsstelle für die Zulassung zum Universitätsstudium ohne Reifezeugnis", Berlin W 8, Unter den Linden 4.

Die Anträge für die Zulassung zum Sommersemester müssen bis zum 31. Januar, die Anträge für die Zulassung zum Wintersemester müssen bis zum 31. Juli jedes Jahres gestellt sein.

---

[1] Als untere Altersgrenze gilt in der Regel das 25. Lebensjahr.

Die Gebühr für die Prüfung des Antrages beträgt 10 RM. Die Gebühr ist gleichzeitig mit der Absendung des Antrages einzuzahlen auf das Postscheckkonto der Prüfungsstelle Berlin Nr. 34070.

Die Prüfungsstelle prüft die Anträge, weist ungeeignete Anträge ab und fordert die ihr geeignet erscheinenden Bewerber zur Anfertigung einiger gemäß Anordnung der Prüfungsstelle zu leistender Ausarbeitungen und zur Teilnahme am Kolloquium auf.

Der Gegenstand der Ausarbeitungen nimmt in der Regel Bezug auf die Vorstudien und den Beruf des Bewerbers. Neben einem Thema aus dem Bereich der allgemeinen Bildung wird ein Thema aus dem Berufsgebiet oder dem Fach des Bewerbers gestellt.

Durch die Ausarbeitungen und das Kolloquium soll der Bewerber den Beweis erbringen, daß er die obengenannten Voraussetzungen für die Zulassung erfüllt, insbesondere eine angemessene Allgemeinbildung, gute Urteilskraft, klare Denkfähigkeit und die besondere Begabung für das gewählte Studiengebiet besitzt.

Die Gebühr für das Kolloquium beträgt 30 RM.; sie ist auf Aufforderung der Prüfungsstelle zu entrichten.

Über die endgültige Zulassung entscheidet auf Bericht der Prüfungsstelle der Minister für Wissenschaft, Kunst und Volksbildung.

Die Zulassung erfolgt im allgemeinen nur für ein bestimmtes Fach oder eine bestimmte Gruppe von Fächern, nämlich evangelische oder katholische Theologie, Rechtswissenschaft, Rechts- und Staatswissenschaft, Wirtschaftswissenschaften, Medizin, Zahnheilkunde, Naturwissenschaften, Geisteswissenschaften in der Philosophischen Fakultät.

In besonderen Fällen kann auch die Zulassung für mehrere dieser Fächer erfolgen.

Die Zulassung berechtigt zum Studium als vollimmatrikulierter Studierender an den preußischen Universitäten, der Akademie in Braunsberg, der Medizinischen Akademie in Düsseldorf und der Mecklenburg-Schwerinischen Universität in Rostock[1].

Die für die Zulassung zu den Berufsprüfungen zuständigen Zentralbehörden des Reiches und Preußens haben sich grundsätzlich bereit erklärt, die zum Studium zugelassenen Personen auch zu den Berufsprüfungen zuzulassen, wenn die in den Prüfungsordnungen gegebenen Bedingungen im übrigen erfüllt sind.

Berlin, den 11. Juni 1924.

Der Preuß. Minister für Wissenschaft, Kunst und Volksbildung.
U I 1161/24.

Die Zulassung zum Studium erfolgt nach Erfüllung der Bedingungen durch eine Bescheinigung des Ministeriums für Wissenschaft, Kunst

---

[1] Der Mecklenburg-Schwerinsche Minister für Unterricht, Kunst, geistliche und Medizinalangelegenheiten läßt die Gesuche um Zulassung zum Studium ohne Reifezeugnis an der Universität in Rostock durch die preußische „Prüfungsstelle für die Zulassung zum Universitätsstudium ohne Reifezeugnis" entscheiden. Die für die preußischen Universitäten ausgestellten Bescheinigungen gelten also zugleich für das Studium des betreffenden Faches an der Universität in Rostock.

und Volksbildung. Durch diese werden für das Fach der Medizin oder der Zahnheilkunde dieselben Berechtigungen erworben, die durch das Reifezeugnis einer deutschen Oberrealschule erlangt werden. Die Zulassung zu den ärztlichen oder zahnärztlichen Prüfungen und die Erteilung der Approbation als Arzt oder als Zahnarzt ist jedoch von der Zustimmung des Reichsrats abhängig. Die Zulassung zu den ärztlichen oder zahnärztlichen Prüfungen kommt erst nach einem ordnungsmäßigen Studium der Medizin oder der Zahnheilkunde und nach Erfüllung der übrigen Bestimmungen der Prüfungsordnung, insbesondere auch der Vorschriften über den Nachweis der erforderlichen Kenntnisse in der lateinischen Sprache, in Frage.

E. Studienplan für Mediziner[1].

(Vgl. die folgende Übersicht).

Beginn Ostern	Beginn Michaelis
I. Halbjahr (Sommer)	**I. Halbjahr (Winter)**
Physik.	Anorganische Chemie.
Osteologie und Syndesmologie.	Physik.
Allgemeine Anatomie.	Systematische Anatomie.
Botanik.	Präparierübungen I.
Systematische Anatomie.	Osteologie und Syndesmologie.
	Zoologie.
II. Halbjahr (Winter)	**II. Halbjahr (Sommer)**
Anorganische Chemie.	Organische Chemie.
Physik.	Physik.
System. Anatomie.	Allgemeine Anatomie.
Präparierübungen I.	Systematische Anatomie.
Zoologie.	Botanik.

Außerdem während des I. und II. Halbjahrs:

Mathematische Vorlesungen.	Physikalische Geographie.
Meteorologie.	Logik.
Anthropologie.	Psychologie.
Mineralogie und Geologie.	Zellenlehre.

---

[1] Die für die Zulassung zu den ärztlichen Prüfungen nachzuweisenden Vorlesungen und Übungen (über letztere Praktikantenscheine) sind in § 8 a. O., n. O., § 25 a. O., § 26 n. O. aufgeführt. Nach § 25 Abs. 1 Nr. 3 der Prüfungsordnung für Ärzte v. 28. 5. 1901 haben die Medizinstudierenden die Vorlesungen über topographische Anatomie, Pharmakologie und gerichtliche Medizin nach vollständig bestandener ärztlicher Vorprüfung zu hören. Diese Bestimmung ist von den Kandidaten zu beachten. Eventuell ist ihr durch nochmaliges Belegen der Vorlesungen zu genügen; denn sonst müssen ihre Gesuche um Zulassung zur ärztlichen Prüfung beanstandet werden, weil in der Prüfungsordnung eine Ausnahme von dieser Vorschrift nicht vorgesehen ist (K.M. 25. 11. 1909 — M 19582).

Dasselbe gilt auch von den weiteren in § 26 Abs. 1 Nr. 3 der Prüfungsordnung für Ärzte vom 5. 7. 1924 vorgeschriebenen Vorlesungen über allgemeine Pathologie und pathologische Anatomie, spezielle Pathologie, Hygiene und Orthopädie.

Wegen der für die Zulassung zur preuß. Kreisarztprüfung vorgeschriebenen Vorlesungen und Kurse vgl. S. 252.

Beginn Ostern	Beginn Michaelis
III. Halbjahr (Sommer)	**III. Halbjahr (Winter)**
Mikroskopische Übungen. Physiologie. Organische Chemie. Chemische Übungen.	Präparierübungen II. Entwicklungsgeschichte und vergleichende Anatomie. Physiologie. Chemische Übungen. Mikroskopische Übungen.
IV. Halbjahr (Winter)	**IV. Halbjahr (Sommer)**
Präparierübungen II. Physiologie. Entwickelungsgeschichte und vergleichende Anatomie Physiologische Chemie. Chemische Übungen. Mikroskopisch-anatomische Übungen.	Physiologie. Mikroskopisch-anatomische Übungen. Chemische Übungen.
V. Halbjahr (Sommer)	**V. Halbjahr (Winter)**
Embryologische Übungen. Physiologische Übungen. Mikroskopisch-anatomische oder chemische Übungen.	Entwicklungsgeschichte und vergleichende Anatomie. Embryologische Übungen. Physiologische Chemie. Physiologische Übungen.

Außerdem während des III., IV. und V. Halbjahrs:

Spezialvorlesungen aus dem Gebiete der Anatomie und Physiologie. Zootomische, botanische Übungen; Spezielle Botanik. Besondere chemische Übungen und histologische Kurse für Geübtere.

Beginn Ostern	Beginn Michaelis
VI. Halbjahr (Winter)	**VI. Halbjahr (Sommer)**
Pathologische Anatomie oder allg. Pathologie. Pathol. Physiologie. Spezielle Pathologie und Therapie. Akiurgie. Knochenbrüche und Verrenkungen. Arzneimittellehre und Balneologie. Auskultation und Perkussion. Hygiene.	Pathologische Anatomie oder allg. Pathologie. Pathol. Physiologie. Spezielle Pathologie und Therapie. Allgemeine Chirurgie. Knochenbrüche und Verrenkungen. Arzneimittellehre und Balneologie. Auskultation und Perkussion. Topograph. Anatomie.
VII. Halbjahr (Sommer)	**VII. Halbjahr (Winter)**
Pathol. Anatomie oder allgemeine Pathologie, pathol. Physiologie, pathol.-physiol. Praktikum. Spezielle Pathologie und Therapie. Geburtshilfe. Allgemeine Chirurgie. Med. u. chir. Klinik. Topograph. Anat. (od. i. IX. Halbj.). Hygiene. Augenspiegelkurs.	Pathol. Anatomie oder allgemeine Pathologie, pathol. Physiologie, pathol.-physiol. Praktikum. Spezielle Pathologie und Therapie. Akiurgie. Geburtshilfe. Med. u. chir. Klinik. Hygiene. Augenspiegelkurs.

Außerdem während des VI. und VII. Halbjahrs:

Beginn Ostern	Beginn Michaelis
Physiologische und patholog. Chemie; Toxikologie. Pharmakolog. und toxikolog. Übungen. Topogr.-anat. Präparierübungen.	Arzneiverordnungslehre mit Rezeptierübungen. Syphilis, Haut- und Nervenkrankheiten. Theoretische Vorlesungen über spezielle Kapitel der inneren Medizin, Chirurgie, Geburtshilfe und Gynäkologie.

VIII., IX., X. und XI. Halbjahr

1. Vorlesungen: Spezielle Chirurgie. Gynäkologie. Geschichte der Medizin. Ophthalmologie. Gerichtliche Medizin. Hygiene.
2. Besuch der medizinischen, chirurgischen, geburtshilflich-gynäkologischen, ophthalmologischen Kinder-, psychiatrischen und Nerven-Klinik und Poliklinik, der Kliniken für Hals-, Nasen- und Ohrenkrankheiten sowie für Hautkrankheiten.
3. Patholog. anatom. (Demonstrations-, Sektions-, diagnostische, histolog.) Kurse bzw. Übungen. Patholog.-bakteriolog. Kursus. Hygienisch-bakteriolog. Kursus.
4. Geburtshilflicher, chirurgischer, ophthalmologischer Operations-Kursus. Impf-Kursus. Untersuchungskursus für obere Luft- und Speisewege. Verbandlehre. Otoskopischer Kursus (muß dem Besuch der Ohren- und Nasenklinik vorausgehen).
5. Topographische Anatomie.
    Außerdem: Klinische diagnostische Kurse. Elektrotherapie. Zahnheilkunde. Topographisch-anatomische Präparierübungen. Impftechnik.

Übersicht

über die Pflichtvorlesungen und Übungen, deren Besuch die Studierenden nach der Prüfungsordnung für Ärzte vom 5. 7. 1924 durch das Universitätsabgangszeugnis (Anmeldebuch) oder durch Praktikantenscheine nachweisen müssen

1. bei der Meldung zur ärztlichen Vorprüfung (§ 8), die nach Zurücklegung von vier Halbjahren abgelegt werden darf,
    a) Pflichtvorlesungen: Anatomie, Physiologie, Physik, Chemie, Zoologie, Botanik (Universitätsabgangszeugnis oder Anmeldebuch),
    b) Pflichtübungen: Präparierübungen (2 Halbjahre), mikroskopisch-anatomische Übungen, physiologisches Praktikum (unter Berücksichtigung der physiologischen Chemie), chemisches Praktikum (Praktikantenscheine),
2. bei der Meldung zur ärztlichen Prüfung, die nach Zurücklegung von weiteren sechs Halbjahren abgelegt werden darf, nach vollständig bestandener ärztlicher Vorprüfung (§ 26)
    a) Pflichtübungen als Praktikant:
    je zwei Halbjahre Medizinische Klinik, Chirurgische Klinik, Geburtshilfliche Klinik (dabei selbständige Entbindung von mindestens vier Kreißenden), (Praktikantenscheine),
    je ein Halbjahr Klinik für Augenkrankheiten, Medizinische Poliklinik, Chirurgische Poliklinik, Kinderklinik oder -poliklinik, Psychiatrische Klinik, Spezialkliniken oder -polikliniken für Hals- und Nasen-, für Ohren- und für Haut- und syphilitische Krankheiten, praktischer Unterricht in der Impftechnik, wobei die zur Ausübung der Impfung erforderlichen technischen Fähigkeiten und Kenntnisse über Gewinnung und Erhaltung der Lymphe zu erwerben sind (Praktikantenscheine),
    b) Pflichtvorlesungen: allgemeine Pathologie und pathologische Anatomie, spezielle Pathologie, topographische Anatomie, Pharmakologie der organischen und anorganischen Heilmittel, Hygiene, Orthopädie, gerichtliche Medizin (Universitätsabgangszeugnis oder Anmeldebuch),

c) spezielle Pflichtkurse: pathologisch-anatomischer Demonstrationskursus, Sektionskursus, bakteriologischer Kursus (Praktikantenscheine).

Falls ein Studierender zwei auf dieselben Stunden fallende Vorlesungen oder Übungen belegt, oder wenn eine Stunde mit einer anderen zusammenfällt, werden im allgemeinen nicht beide Vorlesungen oder Übungen ohne weiteres als ungültig für die Meldung zu den ärztlichen oder zahnärztlichen Prüfungen angesehen. Es wird vielmehr in jedem Falle besonders zu prüfen und dabei — eventuell unter Hinzuziehung der in Frage kommenden Universitätslehrer — zu erwägen sein, inwieweit eine Anrechnung erfolgen soll. In der Regel wird wohl mindestens eine Vorlesung oder Übung angerechnet werden. Die Entscheidung im Einzelfalle bleibt dem Vorsitzenden des Prüfungsausschusses überlassen. In Zweifelsfällen entscheidet der Minister für Volkswohlfahrt (M.V. 8. 10 1925 — I M III 2074).

III. Ärztliche Vorprüfung.

A. Allgemeines.

Nach Zurücklegung eines medizinischen Studiums von fünf Halbjahren (a. O. und n. O. A.) bzw. vier Halbjahren (n. O.)[1] ist die Ablegung der ärztlichen Vorprüfung gestattet. Die Zulassung erfolgt durch den Vorsitzenden des Ausschusses für die ärztliche Vorprüfung. Zu diesem Zweck ist ein zur Vollimmatrikulation an einer deutschen Universität berechtigendes Reifezeugnis (§ 6), der Nachweis eines fünf- bzw. viersemestrigen[2] medizinischen Studiums an deutschen Universitäten (§ 7) und Belege über die Teilnahme an den in § 8 bestimmten (Vorlesungen und) Übungen beizubringen. Im übrigen gelten für die ärztliche Vorprüfung die Vorschriften der §§ 3—19 a. O. und 3—20 n. O.

Ausnahmen sind für die Vorprüfung zulässig in den Fällen des § 3 Abs. 1, § 6 Abs. 2, § 6 Abs. 4 a. O. (Abs. 3 n. O.), § 7 Abs. 3 a. O. (Abs. 2 n. O.), § 8, § 12 Abs. 6 a. O. (Abs. 7 n. O.), § 14 Abs. 6, § 15 Abs. 1 n. O., § 16 a. O. und § 17 n. O. Hierzu bedarf es eines Antrags an die zuständige oberste Landesbehörde (vgl. S. 4 Anm. 3 und S. 5 Anm. 1) und der Zustimmung des Reichsministeriums des Innern.

Zur Prüfung von Gesuchen um Bewilligung von Ausnahmen von den Prüfungsordnungen sind jedesmal beizubringen:

1. Reifezeugnis nebst Lateinnachweis (§ 8 der Prüfungsordnungen),
2. sämtliche Studiennachweise (Universitätsabgangszeugnisse, Anmeldebuch und bisher erworbene Praktikantenscheine) sowie
3. Angabe über die Staatsangehörigkeit.

---

[1] Vgl. S. 20 Anm. 4 und 6 Abs. 1 sowie S. 21 Anm. 3.
[2] Vgl. § 7 a. O., § 7 n. O.

Die ministeriellen Bewilligungen von Ausnahmen für die Zulassung zur Vorprüfung werden in Preußen unter Einziehung der vorgeschriebenen Verwaltungsgebühren (vgl. S. 217 ff.) unmittelbar an die Studierenden gesandt. Diese müssen daher in jedem Gesuch ihre Anschrift angeben.

Wegen rechtzeitiger Einreichung der Zulassungsgesuche an das Ministerium vgl. allg. Erlaß M. V. 28. 3. 1925 — I M III 779 — S. 205. Wegen der Ausländer und Anrechnung ausländischer Vorbildung wird auf S. 191 ff. verwiesen, wegen Eintragung eines Vermerks in dem Anmeldebuch über die bestandene Vorprüfung auf S. 86.

Prüfungs-termine. Nach § 4 Abf. 2 n. O. werden Vorprüfungen nur in der Zeit vom 1. 3. oder 1. 8. an abgehalten und müssen bis Ende Mai und Ende November j. Is. beendet sein. Durch die Festsetzung des Prüfungsbeginns auf den 1. 3. oder 1. 8. soll es dem Studierenden ermöglicht werden, das letzte Studienhalbjahr voll auszunutzen und beim Nichtbestehen in einem Fach im März oder August die Wiederholungsprüfung noch bis Ende Mai oder Ende November abzulegen (§ 25 der Prüfungsordnung), so daß ein Studienhalbjahr nicht verloren geht.

Hiernach dürfen die Kandidaten, die die Vorprüfung nach der neuen Prüfungsordnung ablegen wollen, nicht vor dem 1. 3. oder 1. 8. geprüft werden, während es für die Kandidaten, die die Vorprüfung nach der alten Prüfungsordnung erledigen, bei dem bisherigen Verfahren hinsichtlich des Prüfungsbeginns bleibt. Sollten dadurch, daß Prüfer im März oder August verreisen, Schwierigkeiten entstehen, so ist die Regelung im einzelnen Falle dem Vorsitzenden des Prüfungsausschusses überlassen.

Auf eine genaue Innehaltung der in der Prüfungsordnung vorgesehenen Zeiten für den Beginn der Prüfungen wird jedoch besonderer Wert gelegt. In diesem Sinne sind auch die Vorsitzenden der Ausschüsse für die ärztliche usw. Prüfung durch den allg. Erlaß vom 15. 12. 1924 — I M III 3087 — (S. 88) mit Anweisung versehen. (M.V. 21. 1. 1925 — I M III 3178).

Die Zahl der in einem Prüfungsjahr abzuhaltenden Vorprüfungen ist in der Prüfungsordnung nicht bestimmt. Es ist daher angängig, nur je einen Prüfungstermin im Frühjahr und Herbst anzusetzen (M.V. 5. 2. 1927 — I M III 314).

Durchführung der Vorprüfung. Grundsätzlich hat sich die ärztliche und die zahnärztliche Vorprüfung beim ersten Versuch auf sämtliche Fächer zu erstrecken und ist bei der Wiederholung in den noch nicht erledigten oder nicht bestandenen Fächern hintereinander vollständig zu beenden. Es muß dafür Sorge getragen werden, daß der Prüfling bei der (letzten) Wiederholung auch nach dem Nichtbestehen eines oder mehrerer Fächer weiter in den übrigen rückständigen Fächern geprüft, die Wiederholungsprüfung somit nicht abgebrochen wird, zumal es nach den Prüfungsordnungen für Ärzte und Zahnärzte in besonderen Fällen mit ministerieller Genehmigung gestattet ist, den Studierenden ausnahmsweise zu einer

weiteren Wiederholungsprüfung zuzulassen. In dem Zeugnis über
die (letzte) Wiederholungsprüfung ist natürlich eine Frist für eine neue
Wiederholung der noch nicht erledigten oder nicht bestandenen Fächer
nicht festzusetzen (M.B. 17. 5. 1927 — I M III 1514).

Bei einer ärztlichen Vorprüfung ist folgendes Ergebnis festgestellt
worden:

	20. 11. 1924	27. 4. 1926
Anatomie	3	—
Physiologie	nicht erschienen	3
Physik	4	nicht erschienen
Chemie	nicht erschienen	4
Zoologie	4	nicht erschienen
Botanik	4	nicht erschienen

Der Vorsitzende des Prüfungsausschusses hat dabei angenommen,
daß die Prüfungen im April 1926 in Physiologie und Chemie nicht
als „erste Wiederholungsprüfungen", sondern als „Nachprüfungen"
abgehalten wurden, und hat den Prüfling, da die Prüfungen, zu denen
er nicht erschienen war, nicht für nicht bestanden erklärt worden sind
(§ 10 der Prüfungsordnung), im Juli 1926 zur ersten Wiederholungs=
prüfung zugelassen.

Abgesehen davon, daß diese Zulassung schon deswegen nicht an=
gängig war, weil die Frist von 18 Monaten für die Beendigung der
Vorprüfung bereits am 20. 5. 1926 abgelaufen war, trifft auch die Auf=
fassung des Vorsitzenden über die Prüfungen im April 1926 nicht zu.

Jeder Prüfling darf nach der Prüfungsordnung für Ärzte vom
5. 7. 1924 in der Regel nur zweimal (d. h. in zwei Terminen) versuchen,
die ärztliche Vorprüfung abzulegen[1]. Wenn er im ersten Termin von
der begonnenen Prüfung zurücktritt und auch nur in einem Fache das
Urteil „ungenügend" oder „schlecht" erhalten hat oder die Prüfung
für nicht bestanden erklärt wird (§ 10 der Prüfungsordnung), hat er
sie im zweiten Termin (erste Wiederholung) in den noch nicht er=
ledigten oder nicht bestandenen Fächern hintereinander vollständig
zu beenden, ohne Rücksicht darauf, ob die Prüfung mit oder ohne ge=
nügende Entschuldigung unterbrochen worden war. Die Frist zur
Wiederholung ist dabei für sämtliche noch nicht erledigten oder nicht
bestandenen Fächer einheitlich festzusetzen. Wer ebenso bei der Wieder=

---

[1] D. h. die Vorprüfung soll möglichst zusammenhängend, soweit sie beim ersten Versuch in
einzelnen Fächern nicht bestanden ist, im zweiten Termin beendet werden, und zwar muß sie sich
im ersten Termin auf sämtliche Fächer erstrecken, soweit der Prüfling erscheint, und im zweiten
Termine müssen sämtliche Fächer, die vorher nicht bestanden und infolge Unterbrechung nicht erledigt
worden sind, abgelegt werden, da sowohl die Vorprüfung als die Wiederholungsprüfung als ge=
schlossenes Ganze gilt.

Es entspricht nicht dem Sinne der Prüfungsordnung, daß Kandidaten, wie es früher nicht
selten vorgekommen ist, die Vorprüfung nach ihrem Beginn in einzelnen Fächern mit oder ohne
Entschuldigung abgebrochen, in den auf den Beginn der Vorprüfung folgenden Prüfungsterminen
die Prüfung zunächst in den Fächern, die im ersten Termine abgebrochen waren, fortgesetzt (Nach=
prüfung), die Fächer, die vorher nicht bestanden waren, aber erst in späteren Terminen erledigt
haben, so daß die Vorprüfung in drei, vier und noch mehr Prüfungsterminen abgelegt und nach Be=
lieben eingeteilt worden ist.

Wiederholung ist ohne weiteres bei ärztlichen Vorprüfungen, die vor dem 1. 10. 1924 angefangen
worden sind, zweimal, und die später begonnen haben, nur einmal gestattet, falls die erstgenannten
Vorprüfungen innerhalb von zwei Jahren und die letztgemeinten innerhalb von achtzehn Monaten
nach ihrem Beginn vollständig beendet werden, ohne Rücksicht darauf, ob die Vorprüfung nach der
alten oder der neuen Prüfungsordnung abgelegt wird.

holung die begonnene Prüfung unterbrochen und auch nur in einem
Fache versagt oder im Sinne des § 10 der Prüfungsordnung nicht bestanden hat, darf vom Prüfungsausschuß eine Frist zu einer erneuten
Prüfung nicht mehr erhalten und zu einer weiteren Prüfung nicht
zugelassen werden. Die Fortsetzung der Prüfung ist in diesem Falle
nur mit vorheriger ministerieller Genehmigung angängig.

Anders verhält es sich, wenn der Prüfling die begonnene Prüfung
im ersten Termin oder bei der Wiederholung mit genügender Entschuldigung unterbrochen hat, ohne das Urteil „ungenügend" oder
„schlecht" erhalten zu haben, und die Prüfung nicht für nicht bestanden
erklärt wird (§ 10 der Prüfungsordnung). In diesem Falle darf die
Prüfung ohne Einholung der ministeriellen Genehmigung innerhalb
der Gesamtfrist von 18 Monaten fortgesetzt werden.

In der Niederschrift über die Vorprüfung (Prüfungsübersicht)
und in dem Prüfungszeugnis ist bei einer Unterbrechung der begonnenen Vorprüfung künftig, soweit es noch nicht geschieht, stets anzugeben, ob der Prüfling mit genügender Entschuldigung zurückgetreten ist, oder ob eine genügende Entschuldigung nicht vorgelegen
hat. In letzterem Falle ist auch zu vermerken, ob und eventuell in
welchen Fächern die Prüfung vom Prüfungsausschuß gemäß § 10 der
Prüfungsordnung für nicht bestanden erklärt worden ist, und gegebenenfalls das Urteil „ungenügend" oder „schlecht" einzutragen. Der
bloße Vermerk „nicht erschienen" genügt nicht.

In jedem Prüfungstermin hat sich übrigens die Vorprüfung nicht
auf einzelne, sondern auf sämtliche rückständigenFächer zu erstrecken[1].

Obiges Verfahren gilt sinngemäß auch für die ärztlichen Vorprüfungen nach der Prüfungsordnung vom 28. 5. 1901 und für die zahnärztlichen Vorprüfungen. Dabei ist nur zu beachten, daß hier zwei
Wiederholungsprüfungen zulässig sind.

(M V. 5. 10. 1926 — I M III 2854).

Eine bloße schriftliche Mitteilung des Studierenden, die der Vorsitzende des Prüfungsausschusses nach Beginn der Vorprüfung erhält,
darüber, daß ersterer plötzlich erkrankt, somit verhindert sei, an der
weiteren Vorprüfung teilzunehmen, und deshalb von den weiteren
Fächern zurücktrete, kann nicht als genügende Entschuldigung angesehen werden. Eine solche hätte vorgelegen, wenn an demselben Tage
vor dem festgesetzten Beginn der Vorprüfung eine ärztliche Bescheinigung beigebracht worden wäre. Durch das erst später vorgelegte ärztliche Zeugnis hat der Studierende kein Anrecht auf eine
Änderung der an den Prüfungstagen erfolgten Beurteilung erworben (M.V. 31. 10. 1925 — I M Pr. 4226 II).

Nach § 16 Satz 2 n. O. ist bei der Wiederholung der ärztlichen Vorprüfung vom Vorsitzenden der Vertreter der Anatomie oder der
Physiologie hinzuzuziehen, auch wenn diese Fächer nicht Gegenstand

---

[1] Vgl. S. 67 Anm. 1 Abf. 1.

der Wiederholungsprüfung sind. Hierzu wird bestimmt, daß der Vor=
sitzende auch dann, wenn er selbst Fachvertreter der Anatomie oder
der Physiologie ist, noch den Vertreter der Physiologie oder der Ana=
tomie bei der Wiederholungsprüfung zuzuziehen hat, weil diese
Prüfung vor einem Kollegium stattfinden soll[1] (M.V. 21. 1. 1925
— I M III 3178).

Im Sinne der Bestimmungen der §§ 16 und 57 Abf. 3 n. O. (Wieder=
holungsprüfung) liegt es, daß es dem Vorsitzenden und dem außer=
dem noch herangezogenen Mitglied des Prüfungsausschusses un=
benommen bleibt, durch eigene Fragestellung sich ein Urteil über die
Fähigkeiten des Prüflings zu bilden. Die Erteilung des Urteils wird
im übrigen der freien Vereinbarung unter den bei der Prüfung an=
wesenden Mitgliedern des Prüfungsausschusses überlassen. Schwierig=
keiten werden sich hieraus im allgemeinen nicht ergeben. In den=
jenigen Fällen, in denen der eigentliche Prüfer trotz entgegengesetzter
Ansicht der außerdem an der Wiederholungsprüfung beteiligten Mit=
glieder des Prüfungsausschusses auf der Erteilung des Urteils „un=
genügend" oder „schlecht" besteht, ist die betreffende Prüfung als
nicht bestanden anzusehen (M.V. 29. 4. 1925 — I M III 1109).

Über die Handhabung der Bestimmungen des § 14 Abf. 4 der
Prüfungsordnung für Ärzte, betreffend die Festsetzung der Fristen für
die Wiederholung nicht bestandener Prüfungsfächer der ärztlichen
Vorprüfung gilt folgendes:

Die im ersten Satze der erwähnten Bestimmungen vorgesehene, je
nach den Umständen zu bemessende Frist von zwei Monaten bis zu
einem Jahre a. O. (sechs Monaten n. O.) stellt die Mindestfrist dar,
nach deren Ablauf der Studierende die ärztliche Vorprüfung, soweit
sie nicht bestanden ist, frühestens wiederholen darf. Bei der gemäß
des Schlußsatzes des § 14 Abf. 4 gleichzeitig erfolgenden Festsetzung
des Zeitpunktes, bis zu welchem spätestens die Meldung zur Wieder=
holungsprüfung erfolgen muß, wird demnach unter Umständen ein
über ein Jahr (bzw. sechs Monate) hinausreichender Termin zu wählen
sein. Es ist jedoch geboten, hierbei und bei der Handhabung der Be=
stimmungen des § 14 Abf. 4 überhaupt mit Vorsicht zu verfahren, da=
mit dem Studierenden die Möglichkeit einer Wiederholung innerhalb
des für die Erledigung der gesamten Vorprüfung in § 14 Abf. 6 a. a. O.
vorgeschriebenen Zeitraumes von zwei Jahren a. O. (achtzehn Monaten
n. O.) gewahrt bleibt. Es ist dabei zu berücksichtigen, daß nicht die
Meldung zur Wiederholung, sondern allein das Bestehen der Wieder=
holungsprüfung für die Berechnung der Gesamtfrist in Betracht kommt,
und ferner, daß (nach a. O.) einer etwa erforderlich werdenden zweiten
Wiederholung eine mindestens zweimonatliche, innerhalb der zwei=
jährigen Frist liegende Zurückstellung vorangehen muß (K.M. 9. 7. 1907
— U I 1101 M).

---

[1] Dies gilt auch bei der Wiederholung der naturwissenschaftlichen Fächer.

Nach § 12 der Prüfungsordnung für Ärzte sind die Prüflinge bei der ärztlichen Vorprüfung in dem Fach I (Anatomie) in allgemeiner Anatomie, Gewebelehre und Entwicklungsgeschichte, sowie in dem Fach II (Physiologie) in allgemeiner Physiologie und physiologischer Chemie zu prüfen. Jede dieser Prüfungen wird in diesen beiden Fächern in der Regel von einem Prüfer abgehalten. Bei der ärztlichen Vorprüfung in Berlin wird jedoch bereits seit Jahren die Prüfung in Anatomie von zwei Prüfern, den Vertretern für allgemeine Anatomie, sowie für Histologie und Biologie abgehalten. Ebenso wird in Leipzig seit längerer Zeit auch die ärztliche Vorprüfung in Physiologie von zwei Prüfern, den Vertretern für allgemeine Physiologie und für physiologische Chemie, abgenommen. Der preußische Minister für Volkswohlfahrt ist im Einverständnis mit dem Reichsminister des Innern bereit, bei denjenigen medizinischen Fakultäten, in denen je zwei besondere Fachvertreter für diese Gebiete vorhanden sind und diese Fächer bereits im akademischen Unterricht von einander gesondert vorgetragen werden, auf Antrag die Trennung dieser beiden Prüfungs=fächer zu genehmigen. Von einer Trennung dürfte in den Fällen ab=gesehen werden, in denen der Anatom oder Physiologe selbst in erster Linie Histologe oder physiologischer Chemiker ist. Die Feststellung des Prüfungsverfahrens im einzelnen (Erteilung des Urteils, Stellung der Aufgaben für die praktische Prüfung, Verteilung der Prüfungs=gebühren) würde der freiwilligen Vereinbarung der beiden Prüfer überlassen werden[1] (K.M. 20. 1. 1925 — U I 2391).

Nach § 15 der Prüfungsordnung für Ärzte muß ein Studierender, welcher sich der ärztlichen Vorprüfung in allen Teilen unterzogen, in einzelnen Prüfungsfächern aber nicht bestanden hat, die Wiederholungs=prüfung, wenn er das Studium an einer anderen Universität fortsetzt, vor dem Ausschuß dieser Universität ablegen.

Es ist nun die Frage zur Erörterung gelangt, ob ein Wechsel des Prüfungsausschusses außer bei diesen Wiederholungsprüfungen auch dann statthaft sei, wenn der Studierende nach teilweiser Ablegung der Prüfung von deren Fortsetzung zurückgetreten ist.

Diese Frage ist, in Übereinstimmung mit dem Reichskanzler, zu verneinen. Die Vorprüfung muß vielmehr, sofern es sich nicht um eine Wiederholungsprüfung handelt, in allen Prüfungsfächern vor dem Ausschusse abgelegt werden, bei welchem sie begonnen ist. Dem=gemäß ist jeder Studierende, welcher von der Prüfung zurücktritt, um sie in einzelnen Prüfungsfächern später fortzusetzen, auf diese Vorschrift ausdrücklich aufmerksam zu machen[2] (Vgl. § 15 Abs. 1 u. O.).

---

[1] Die Prüfung ist in beiden Teilen zu wiederholen, wenn in einem Teil das Urteil „ungenügend" oder „schlecht" abgegeben worden ist. Bei Ermittelung des Gesamturteils für beide Teile sind die Zahlenwerte der Einzelurteile für Teil 1 zweifach und für Teil 2 einfach zu rechnen und die sich danach für das ganze Fach ergebende Summe der Zahlenwerte durch drei zu teilen. Im übrigen gilt § 14 Abs. 2 letzter Satz der Prüfungsordnung.

[2] Wer die Prüfung in einem Prüfungstermin in einzelnen Fächern unterbrochen, in anderen aber nicht bestanden, die Prüfung deshalb zu wiederholen hat (vgl. allg. Erlaß M.V. 5. 10. 26 — I M III 2854 — S. 67), kann die Wiederholungsprüfung ohne weiteres auch vor einem anderen Prüfungsausschuß ablegen.

Ferner wird in Übereinstimmung mit dem Reichskanzler an=
geordnet, daß bei einem auf Grund des § 15 der Prüfungsordnung
stattfindenden Wechsel des Prüfungsausschusses derjenige Ausschuß,
bei welchem der Studierende sich zur Ablegung der Wiederholungs=
prüfung meldet, von dem Prüfungsausschuß, bei dem der Studierende
die Prüfung begonnen bzw. die erste Wiederholungsprüfung nicht
bestanden hat, die bereits entstandenen Prüfungsakten zu erbitten und
mit seinen Prüfungsverhandlungen dauernd zu vereinigen hat
(K.M. 2. 3. 1906. — U I 142 M). Vgl. § 15 Abf. 2 n. O.

Die Prüfungsordnung für Ärzte steht dem nicht entgegen, daß ein
Studierender, welcher nach nicht bestandener (nach a. O. zweiter)
Wiederholungsprüfung[1] von der weiteren Ablegung der ärztlichen Vor=
prüfung ausgeschlossen ist, das medizinische Studium von neuem be=
ginnt. Zu diesem Zweck ist es erforderlich, daß der betreffende Stu=
dierende Exmatrikel nimmt und sich von neuem immatrikulieren läßt[2]
(K.M. 28. 8. 1907 — U I 1778 —).

Die Teilnahme an den in der Prüfungsordnung für Ärzte vom
5. 7. 1924 vorgeschriebenen praktischen Übungen soll eine möglichst gleich=
mäßige Ausbildung der Studierenden ermöglichen und dazu dienen,
diese zu einem gründlichen Studium zu veranlassen. Die Studierenden
sollen an den Übungen nach den Bestimmungen der §§ 8 und 26 der
Prüfungsordnung „regelmäßig und mit Erfolg" teilnehmen. Als er=
folgreich gilt eine Teilnahme, wenn die Leistungen den Anforderungen
des Leiters der Übungen genügen. Wie sich der Leiter hierüber Ge=
wißheit verschafft, bleibt ihm überlassen. Bei unregelmäßiger Teil=
nahme oder schlechten Leistungen eines Studierenden kann der Leiter
der Übungen selbstverständlich keine Bescheinigung darüber ausstellen,
daß der Studierende an den Übungen regelmäßig und mit Erfolg teil=
genommen hat, und die Ausstellung eines Zeugnisses überhaupt ver=
weigern. Wenn ein Studierender über eine der in der Prüfungs=
ordnung vorgeschriebenen Übungen nicht ein Zeugnis des Leiters, das
der in der Prüfungsordnung vorgesehenen Fassung entspricht, oder
überhaupt kein Zeugnis beibringen kann, wird er zu den Prüfungen
nicht zugelassen (M.V. 3. 5. 1926 — I M III 1099).

Nach der Prüfungsordnung für Ärzte vom 5. 7. 1924 ist in den Prak=
tikantenscheinen der regelmäßige und erfolgreiche Besuch der be=
treffenden Übungen und Kliniken zu bestätigen. Zur Behebung von
Zweifeln, die sich in der Übergangszeit aus dieser Vorschrift etwa er=
geben könnten, wird bestimmt, daß diejenigen Scheine, die vor dem
1. 10. 1924, also in der alten Fassung, ausgestellt worden sind, ausnahms=
weise als vollgültig auch für die Zulassung zu den Prüfungen nach der
neuen Ordnung angesehen werden. Für die Zukunft wird es jedoch

---

[1] Dies gilt auch beim Ablauf der Gesamtfrist (§ 14 letzter Absatz der Prüfungsordnung).
[2] Nach erfolgter Neuimmatrikulation hat der Studierende sich von neuem fünf Studienhalbjahre
(a. O. und n. O. Ä.) bzw. vier Studienhalbjahre (n. O.) dem medizinischen vorklinischen Studium
zu widmen und neue Nachweise über die im § 8 der Prüfungsordnung für Ärzte vorgeschriebenen
Vorlesungen und Übungen zu erwerben. Erst dann kann er sich wieder zur Ablegung der ärztlichen
Vorprüfung in allen Fächern melden.

zweckmäßig sein, sich grundsätzlich der Muster 1 und 4 zu §§ 9 und 26 der Prüfungsordnung vom 5. 7. 1924[1] zu bedienen, da die Studierenden sich manchmal doch erst im weiteren Verlauf ihres Studiums endgültig darüber schlüssig werden, ob sie die Prüfung nach den alten oder nach den neuen Vorschriften ablegen wollen. Sollte bei schlechten Leistungen eines einzelnen Studierenden der Leiter der betreffenden Klinik oder des wissenschaftlichen Instituts Bedenken tragen, den regelmäßigen und erfolgreichen Besuch der vorgeschriebenen Übungen zu bescheinigen, so würden sich hieraus Schwierigkeiten nur dann ergeben, wenn der Kandidat die Prüfung nach der neuen Prüfungsordnung ablegen will. Ob im letzteren Falle von der in den §§ 8 und 26 der Prüfungsordnung vom 5. 7. 1924 vorgesehenen Dispensmöglichkeit ausnahmsweise Gebrauch gemacht werden könnte, wird nach den jeweils vorliegenden Gründen besonders beurteilt werden (M.V. 24. 12. 1924 — I M III 3079, U I 2547).

Von dem Erlaß einer besonderen Bestimmung wegen vorzeitiger Ausstellung der nach §§ 8, 9 der Prüfungsordnung für Ärzte vorgeschriebenen Zeugnisse für Studierende, welche sich am Schluß des fünften Halbjahrs a. O. und n. O.A. (vierten Halbjahres n. O.) zur ärztlichen Vorprüfung melden, ist abgesehen worden. Etwa im Einzelfalle hervortretende Schwierigkeiten werden sich dadurch beheben lassen, daß — wie dies bereits an verschiedenen Universitäten geschieht — die betreffenden Universitätslehrer den Vorsitzenden der ärztlichen Vorprüfungsausschüsse diejenigen Kandidaten rechtzeitig bezeichnen, welche nach Beendigung der bezüglichen Kurse die in Rede stehenden Zeugnisse erhalten werden (K.M. 14. 2. 1906 — U I 2979 —).

Die Nachweise, die bei der Meldung zur ärztlichen und zur zahnärztlichen Vorprüfung beizubringen sind, werden den Studierenden nach der Vorprüfung wieder ausgehändigt und müssen von ihnen aufbewahrt werden, weil sie später der Meldung zur ärztlichen bzw. zahnärztlichen Prüfung wieder beizufügen sind.

Gleichzeitiges Studium der Medizin und der Zahnheilkunde.

Bei einem gleichzeitigen Studium der Medizin und der Zahnheilkunde empfiehlt es sich, wenn die nach den Prüfungsordnungen für Ärzte und Zahnärzte gewährten Vergünstigungen voll ausgenutzt und das Studium zweckmäßig eingeteilt werden soll, zunächst die ärztliche Vorprüfung abzulegen und sich alsdann zur zahnärztlichen Vorprüfung zu melden, da bei letzterer alsdann nach § 13 Abs. 2 der Prüfungsordnung für Zahnärzte nur in Zahnersatzkunde geprüft wird. Nach Ablegung beider Vorprüfungen wird zweckmäßig zunächst das reinmedizinische Studium vollendet (4 Halbjahre a. O., 5 Halbjahre n. O.A., 6 Halbjahre n. O.) und die ärztliche Prüfung abgelegt, alsdann das zahnärztliche Studium und die zahnärztliche Prüfung (beides abgekürzt) im Sinne des § 53 der Prüfungsordnung für Zahnärzte erledigt.

Dieser Bestimmung entsprechend kann auch bei Zurücklegung des reinmedizinischen Studiums ohne gleichzeitige zahnärztliche Ausbildung

---

[1] Muster S. 74 und S. 94.

— 73 —

nach Ablegung der ärztlichen Prüfung oder erlangter Approbation als Arzt die Approbation als Zahnarzt erworben werden, wenn ein verkürztes zahnärztliches Studium (zwei Halbjahre) und Examen ohne besondere Ablegung der zahnärztlichen Vorprüfung nachgewiesen wird.

Wegen der Betätigung während des Praktischen Jahres vgl. S. 187.

Als Muster amtlich empfohlen:

Muster.

Gesuch um Zulassung zur ärztlichen Vorprüfung[1].

.... den ....19...

Name: ....
Staatsangehörigkeit:.............

Auf Grund der in Urschrift beigefügten Nachweise:

1. des Zeugnisses der Reife von de............
....
in ....
vom .... 19...
sowie des Zeugnisses über die für die Versetzung nach der Obersekunda eines Realgymnasiums notwendigen Kenntnisse in der lateinischen Sprache von de..............
in..
vom ....19...[2]

2. des Nachweises eines medizinischen Studiums von .... Halbjahren, nämlich an der Universität in.............................
vom ....19...,
bis .... 19..., an der
Universität in ....
....

3. der Nachweise, daß ich

a) vom .... 19...
bis .... 19...
eine Vorlesung über Anatomie in ....

b) vom .... 19...
bis.......................... 19...
eine Vorlesung über Physiologie in
....

c) vom .... 19...
bis .... 19...
eine Vorlesung über Physik in ....

d) vom .... 19...
bis .... 19...
eien Vorlesung über Chemie in ....

e) vom .... 19...
bis .... 19...
eine Vorlesung über Zoologie in ....

f) vom .... 19...
bis .... 19...
eine Vorlesung über Botanik in ....
gehört,

ausweislich meiner Studiennachweise (vgl. Ziff. 2), dort unterstrichen. (Auszufüllen von den Studierenden, die die ärztliche Vorprüfung nach der Prüfungsordnung vom 5. 7. 1924 ablegen.)

---

[1] Vordrucke können die Prüflinge von der Hirschwaldschen Buchhandlung in Berlin NW 7, Unter den Linden 68, beziehen (vgl. S. 228).

[2] Nur von Studierenden auszufüllen, die im Besitze des Reifezeugnisses einer Lehranstalt mit wahlfreiem oder ohne Lateinunterricht (Oberrealschule usw.) sind und in dem Reifezeugnis einer Anstalt mit wahlfreiem Lateinunterricht nicht ein mindestens genügendes Urteil im Lateinischen nachweisen.

g) ...... Halbjahre an den Präparierübungen in ...
....
h) ...... Halbjahr an den mikroskopisch-anatomischen Übungen in.............................
i) ...... Halbjahr an einem physiologischen Praktikum (unter Berücksichtigung der physiologischen
Chemie) in.....................................
k) .... Halbjahr an einem chemischen Praktikum
in ....

regelmäßig und mit Erfolg teilgenommen habe,
bitte ich, mich zur Ablegung der ärztlichen Vorprüfung
vor dem Prüfungsausschuß in .... im
Frühjahr/Herbst 19... zuzulassen.

Name: ....
Wohnung: ....
Geburtstag: ....
Geburtsort: ....
Provinz — bei preuß. Orten: ....
Land — bei außerpreuß. Orten: ....
Staatsangehörigkeit: ....

An
den Herrn Vorsitzenden des Ausschusses
für die ärztliche Vorprüfung
in ....

Staatliche Verwaltungsgebühr in Preußen für jede Ausnahmebewilligung zwecks Zulassung zur Vorprüfung durch den Minister 3 RM., sonst 2 RM. für Reichsdeutsche, dasselbe für Reichsausländer (vgl. S. 217). Die Zulassung zur Vorprüfung ohne Ausnahmebewilligung ist verwaltungsgebührenfrei.

Muster 1 (zu § 9 der Prüf.-Ord. für Ärzte).

Zeugnis [1]

über die Teilnahme an den .... Übungen
dem .... Praktikum
bei der
Universität in ....

(a. O.) (n. O.)

Dem Studierenden der Medizin Dem Studierenden der Medizin
....
aus .... geboren in ....
wird hiermit bescheinigt, daß er im wird hiermit bescheinigt, daß er im
.... Halbjahr 19... vom .... Halbjahr 19... vom ....
.... 19... bis ...... 19... .... 19... bis ...... 19...
an .... an ....
regelmäßig teilgenommen hat. regelmäßig und mit Erfolg teilgenommen hat.

.... den .... 19...

(Unterschrift des Leiters der Übungen mit Angabe seiner akademischen Stellung.)
(Beglaubigung durch den Direktor des Instituts, sofern derselbe nicht selbst
Leiter der Übungen gewesen ist.)

---

[1] Vgl. hierzu die Erlasse M.W. 3. 5. 1926 — I M III 1099 —, 24. 12. 1924 — I M III 3079 — S. 71.

Muster 2 (zu § 17 a. O., § 18 n. O.).

Zeugnis[1]

des Prüfungsausschusses in ....
über die ärztliche Vorprüfung des Studierenden der Medizin

....

(a. O.)	**(n. O.)**
Dem Studierenden der Medizin	Der Studierende der Medizin

....

aus .... geboren am .... in ....
ist bei der mit ihm am ....[2] hat bei der mit ihm am ....[2]
abgehaltenen Vorprüfung — abgehaltenen Vorprüfung

      1. in der Anatomie das Urteil: ....
      2. „ „ Physiologie „   „ ....
      3. „ „ Physik „   „ ....
      4. „ „ Chemie „   „ ....
      5. „ „ Zoologie „   „ ....
      6. „ „ Botanik „   „ ....

[somit das Gesamturteil ....] [somit das Gesamturteil ....]
erteilt worden. erhalten.

(Falls der Studierende eine Wiederholungsprüfung abzulegen hat, unter
Fortfall von [ ]:

Die Meldung zur Wiederholungs- Die Prüfung in ....
prüfung in .... darf frühestens nach) .... Monaten
hat frühestens nach) .... wiederholt werden, jedoch hat die Mel-
und spätestens bis zum .... dung zur Wiederholungsprüfung spä-
zu erfolgen.) testens bis zum ....
                             zu erfolgen.)

.... den .... 19...
     Der Vorsitzende des Ausschusses für die ärztliche Vorprüfung
   (Siegel des Prüfungsausschusses)   (Name)

     Für Zeugnisse über die Vorprüfung werden in Preußen staatliche Ver-
waltungsgebühren nicht erhoben. Vgl. S. 218.

Muster 3 (zu § 17 a. O.).

Zeugnis[1].

des Prüfungsausschusses in ....

über die $\frac{\text{erste}}{\text{zweite}}$ Wiederholung der ärztlichen Vorprüfung des Studierenden

der Medizin ....

Dem Studierenden der Medizin ....
aus .... ist bei der mit ihm abgehaltenen

	Vorprüfung am ....[3]	ersten Wiederholungs-prüfung am ....[3]	zweiten Wiederholungs-prüfung am ....[3]

ausweislich des beigefügten
Zeugnisses (oder bei zweiter
Wiederholung: der beigefügten
Zeugnisse)[3]

		ersten Wiederholungsprüfung	zweiten Wiederholungsprüfung
1. in der Anatomie die Zensur:	....	....	....
2. „ „ Physiologie „ „	....	....	....
3. „ „ Physik „ „	....	....	....
4. „ „ Chemie „ „	....	....	....
5. „ „ Zoologie „ „	....	....	....
6. „ „ Botanik „ „	....	....	....

[somit die Gesamtzensur ....] erteilt worden.

---

[1] Vordrucke werden den preußischen Prüfungsausschüssen von dem Ausschuß für die ärztliche
Vorprüfung in Berlin C 2, Universität, unentgeltlich abgegeben (vgl. S. 229).
[2] Tag der Beendigung der Prüfung des betr. Studierenden.
[3] Die früheren Prüfungszeugnisse sind anzuheften oder anzukleben.

(Falls der Studierende eine fernere Wiederholungsprüfung abzulegen hat, unter Fortfall von []: Die Meldung zur Wiederholungsprüfung in .... hat frühestens nach) .... und spätestens bis zum .... zu erfolgen.)

.............., den .... 19...

Der Vorsitzende des Ausschusses für die ärztliche Vorprüfung
(Siegel des Prüfungsausschusses)   (Name)

Wegen der staatlichen Verwaltungsgebühren vgl. Vermerk bei dem vorstehenden Muster 2 zu § 17 a. O.

Muster 3 (zu § 18 n. O.).

Zeugnis[1].

des Prüfungsausschusses in ....
über die Wiederholung der ärztlichen Vorprüfung des Studierenden der Medizin ....

Der Studierende der Medizin ....,
geb. am .... 19... in ...., hat bei der mit ihm abgehaltenen

	Vorprüfung	Wiederholungsprüfung
	in .... am ....[2]	in .... am ....[2]
	ausweislich des beigefügten Zeugnisses[3]	
1. in der Anatomie das Urteil:	....	....
2. „ „ Physiologie „ „	....	....
3. „ „ Physik „ „	....	....
4. „ „ Chemie „ „	....	....
5. „ „ Zoologie „ „	....	....
6. „ „ Botanik „ „	....	....

[somit das Gesamturteil ....] erhalten.

(Falls der Studierende nicht in allen Fächern bestanden hat, unter Fortfall von []; Gemäß § 17 der Prüfungsordnung wird der Studierende zu einer weiteren Prüfung nicht zugelassen.)

.............., den .... 19...

Der Vorsitzende des Ausschusses für die ärztliche Vorprüfung
(Siegel des Prüfungsausschusses)   (Name)

Wegen der staatlichen Verwaltungsgebühren vgl. Vermerk bei dem vorstehenden Muster 2 zu § 18 n. O.

B. Anrechnung anderer Studien und Prüfungen.

Allgemeines der Semesteranrechnung. Ob und inwieweit ein dem medizinischen oder zahnärztlichen verwandtes deutsches Universitätsstudium oder gleichwertiges Hochschulstudium[4] (§ 7 Abs. 3 Ziff. 1 a. O., Abs. 2 Ziff. 1 n. O., § 7 Abs. 2 Ziff. 1 der Prüfungsordnung für Zahnärzte) teilweise oder ganz auf die für die Zulassung zur ärztlichen oder zahnärztlichen Vorprüfung nachzuweisende Studienzeit angerechnet werden kann, wird sich nach Lage des einzelnen Falles richten. Voraussetzung ist grundsätzlich, daß der

---

[1] Vordrucke werden den preußischen Prüfungsausschüssen von dem Ausschuß für die ärztliche Vorprüfung in Berlin C 2, Universität, unentgeltlich abgegeben (vgl. S. 229).
[2] Tag der Beendigung der Prüfung des betr. Studierenden.
[3] Die früheren Prüfungszeugnisse sind anzuheften oder anzukleben.
[4] Außer Kriegs-(Heeres-)Dienst bis 31. 3. 1920 (M.B. 16. 4. 1920 — I M V 1375) werden Betätigungen, z. B. Dienst bei der Landespolizei, in Laboratorien usw. nicht auf die für die Zulassung zu den ärztlichen oder zahnärztlichen Prüfungen nachzuweisende Studienzeit angerechnet (M.B. I M Pr. 4594/26, 293/27).
Auch kommt für die Anrechnung nur ein regelrechtes Hochschulstudium, nicht etwa eine besondere Ausbildung, z. B. als Krankenschwester oder dergl. in Betracht.
Ebensowenig wird ein nicht nachgewiesenes Studium angerechnet.

Studierende während dieses Studiums dem medizinischen oder zahnärztlichen Universitätsstudium verwandte Vorlesungen oder Übungen
belegt hat. Nur solche aus dem Gebiete des vorklinischen Studiums
können auf die vorklinische Zeit angerechnet werden, wenn sie nach
Art und Umfang denen, die für Studierende der Medizin bzw. der
Zahnheilkunde vorgesehen sind, entsprechen und das anzurechnende
Studium mit gleichwertiger schulwissenschaftlicher Vorbildung erledigt
ist. Dabei können auf die vorklinische Zeit solche Vorlesungen oder
Übungen ohne Rücksicht darauf, ob sie an inländischen oder auslän-
dischen[1] Universitäten oder Hochschulen zurückgelegt, oder bei welcher
Fakultät sie gehört sind, ausnahmsweise angerechnet werden.

Anders verhält es sich mit der Semesteranrechnung auf die klinische
Studienzeit. Hier kommt nur die Anrechnung eines gleichartigen
(medizinisch- oder zahnärztlich-klinischen) Studiums an ausländischen
Universitäten oder Hochschulen in Betracht (vgl. auch S. 198).

Längere naturwissenschaftliche oder andere Studien, in denen
medizinische oder zahnärztliche Vorlesungen oder Übungen belegt
worden sind, können noch auf die medizinische oder zahnärztliche Gesamtstudienzeit angerechnet werden, wenn die Vorprüfung in der
vorgeschriebenen Zeit und ohne Semesterverlust vollständig bestanden
worden ist (d. h. die ärztliche gemäß a. O. und n. O.A. nach 5, die zahnärztliche nach 3 Halbjahren), so daß bis zur Erreichung der Gesamtstudienzeit von 10 (a. O.), bzw. 11 (n. O.A.) medizinischen oder 7 zahnärztlichen Halbjahren noch 5 (a. O.) bzw. 6 (n. O.A.) medizinische bzw.
4 zahnärztliche Halbjahre verbleiben. Auf diese Zeit kann jenes andere
Studium als je ein Halbjahr angerechnet werden, da nach § 24 Abf. 1
a. O. mindestens nur 4, § 25 Abf. 1 n. O.A. mindestens nur 5 und nach
§ 25 Abf. 1 der Prüfungsordnung für Zahnärzte mindestens nur
3 Halbjahre (klinische Mindeststudienzeit) nach vollständig bestandener
Vorprüfung nachgewiesen zu werden brauchen[2]. Eine solche Anrechnung ist bei der medizinischen Studienzeit nach der n. O. nicht
möglich, da die vorgeschriebene Gesamtstudienzeit 10 Halbjahre
beträgt (§ 24 Abf. 1) und davon 4 Halbjahre (§ 7 Abf. 1) vor und
6 Halbjahre (§ 25 Abf. 1) — klinische Mindeststudienzeit — nach der
Vorprüfung voll nachzuweisen sind.

Bei dieser und den anderen Studienformen können übrigens noch
diejenigen Halbjahre, die durch ein- oder mehrmaliges Versagen bei
der Vorprüfung bis zum vollständigen Bestehen der Vorprüfung zurückgelegt werden müssen, zusammen als ein Halbjahr auf die vor-
erwähnte klinische Mindeststudienzeit angerechnet werden, vorausgesetzt, daß zwischen Beginn und Beendigung der Vorprüfung bereits
klinische Vorlesungen oder Übungen belegt worden sind[3].

---

[1] Vgl. hierzu auch die Ausführungen S. 198.
[2] Diese klinische Mindeststudienzeit ist voll zu erledigen. Hierauf wird also ein nichtmedizinisches
oder nichtzahnärztliches Studium grundsätzlich nicht angerechnet.
[3] Wegen Belegung klinischer Vorlesungen und Übungen als Praktikant oder als Auskultant
vgl. S. 86 Anm. 3.

Bei jeder Semesteranrechnung sind zwar die während des angerechneten Studiums belegten Vorlesungen, soweit deren Nachweis in den Prüfungsordnungen vorgeschrieben ist, mitangerechnet, aber nicht ohne weiteres auch die nach diesen Prüfungsordnungen erforderlichen Übungen, die evtl. während eines anderweitigen Studiums bereits erledigt worden sind. Die Anrechnung solcher Übungen ist mit dem Gesuch um Semesteranrechnung ausdrücklich zu beantragen. Zu diesem Zweck sind Praktikantenscheine hierüber nach dem vorgeschriebenen Muster einzureichen.

Über Semesteranrechnungen pflegt erst dann, wenn sich der Verlauf des medizinischen oder zahnärztlichen Studiums übersehen läßt, und durch Studiennachweise ein geregeltes Studium nachgewiesen werden kann, also erst kurz vor der Meldung zur Prüfung, entschieden zu werden[1].

Solchen Gesuchen[2] sind beizufügen: Schulreifezeugnis nebst Lateinnachweis, Nachweise über die früheren und gegenwärtigen Studien (Universitätsabgangszeugnisse, Anmeldebuch) mit dem Zeugnis über die Umschreibung zur Medizinischen Fakultät[3] und die bisher erworbenen medizinischen oder zahnärztlichen Praktikantenscheine.

Anderweitige an deutschen Universitäten oder Hochschulen bestandene Prüfungen werden auf die ärztliche oder zahnärztliche Vorprüfung ausnahmsweise nur angerechnet[4], wenn die Anforderungen in diesen Fächern denen bei der ärztlichen oder zahnärztlichen Vorprüfung gleichwertig und die anzurechnenden Prüfungen vollständig, d. h. in sämtlichen vorgeschriebenen Fächern, bestanden sind. In Betracht kommen nur naturwissenschaftliche Fächer. Auf die ärztliche Vorprüfung können Anatomie und Physiologie und auf die zahnärztliche Vorprüfung Anatomie, Physiologie und Zahnersatzkunde grundsätzlich nicht angerechnet werden. Diese Fächer sind in allen Fällen abzulegen. Die Anrechnung anderweitiger Prüfungen auf die ärztliche oder zahnärztliche Prüfung kommt nicht in Frage (vgl. auch S. 24 A. 1 und S. 178 A. 1). Wegen der Anrechnung ausländischer Prüfungen vgl. S. 199.

Von den Prüfungsfächern, die den Studierenden auf die Vorprüfung angerechnet werden, brauchen weder Vorlesungen noch Übungen (§ 8 der Prüfungsordnungen) neu belegt zu werden, falls solche aus dem früheren Studium nachgewiesen werden können.

Allgemeines
über die
Anrechnung
l Prüfungen.

---

[1] Es empfiehlt sich, die Semesteranrechnung erst zu Beginn des letzten Studienhalbjahres vor der Meldung zur Prüfung nach Belegung der Vorlesungen und Übungen für dieses Halbjahr zu beantragen.

[2] Die Gesuche sind in Preußen durch die Hand des Prüfungsausschusses an den Minister für Volkswohlfahrt zu richten.

[3] Bei einem Studienwechsel innerhalb der Medizinischen Fakultät (Medizin — Zahnheilkunde oder umgekehrt) ist auch eine Umschreibung zu beantragen und eine entsprechende Bescheinigung beizubringen.

[4] Das Gesamturteil ist bei Vorprüfungen, in denen einzelne Fächer von früheren Prüfungen angerechnet werden, ähnlich wie bei einer vollständigen Vorprüfung (vgl. § 14 Abs. 2 a. O., n. O. § 15 Abs. 2 der Prüfungsordnung für Zahnärzte) zu ermitteln, dabei sind nur diejenigen Fächer zu berücksichtigen, in denen die Vorprüfung tatsächlich abgehalten worden ist. Die Zahl, durch die die Summe der ermittelten Zahlenwerte zu teilen ist, ist also nicht 15 (a. O.) oder 16 (n. O.) oder 12 (Prüfungsordnung für Zahnärzte), sondern entsprechend niedriger.

Mit Gesuchen[1] um Anrechnung bestandener Prüfungen sind einzureichen: Schulreifezeugnis nebst Lateinnachweis, Nachweise über die früheren und gegenwärtigen Studien (Universitätsabgangszeugnisse, Anmeldebuch), bisher erworbene medizinische oder zahnärztliche Praktikantenscheine und Zeugnisse über die anzurechnenden Prüfungen.

Ein anderweitiges Hochschulstudium, in welchem naturwissenschaftliche Vorlesungen oder Übungen belegt worden sind, wird je nach Lage des Falles als ein oder zwei Halbjahre auf die für die Zulassung zur ärztlichen Vorprüfung nachzuweisende Studienzeit angerechnet. Auf die zahnärztlich-vorklinische Studienzeit kann ein solches Studium in der Regel nur als ein Halbjahr angerechnet werden, da die beiden anderen bis zur Ablegung der zahnärztlichen Vorprüfung nachzuweisenden Halbjahre besonders für die in § 8 der Prüfungsordnung für Zahnärzte vorgeschriebenen beiden Kurse in der Zahnersatzkunde bestimmt sind, und diese Kurse in nicht weniger als zwei Halbjahren erledigt werden können. Hierzu bedarf es der ministeriellen Genehmigung.

Wer an einer Universität des Deutschen Reichs auf Grund einer Prüfung in den Naturwissenschaften die Doktorwürde erworben hat, wird in Physik, Chemie, Zoologie und Botanik bei der ärztlichen Vorprüfung, in Physik und Chemie bei der zahnärztlichen Vorprüfung nur dann geprüft, wenn diese Fächer nicht Gegenstand der Promotionsprüfung gewesen sind (§ 12 Abs. 5 a. O., Abs. 6 n. O., § 13 Abs. 1 der Prüfungsordnung für Zahnärzte). Hierüber entscheidet der Vorsitzende des Prüfungsausschusses selbständig, nachdem ihm eine diesbezügliche Bescheinigung der betreffenden Fakultät beigebracht worden ist.

Von einer anderweitigen an Universitäten oder Hochschulen des Deutschen Reichs vollständig bestandenen Prüfung können naturwissenschaftliche Fächer auf die ärztliche oder zahnärztliche Vorprüfung ausnahmweise angerechnet werden (§ 12 Abs. 6 a. O., Abs. 7 n. O., § 13 Abs. 3 der Prüfungsordnung für Zahnärzte). Hierzu bedarf es der ministeriellen Genehmigung.

Wenn ein Studierender der Zahnheilkunde sein Studium aufgibt und sich dem medizinischen Studium widmet, kann die Anrechnung des zahnärztlichen Studiums auf die für die Zulassung zur ärztlichen Vorprüfung nachzuweisende Studienzeit nur im Wege der Ausnahmebewilligung gemäß § 7 Abs. 3 Ziff.. 1 a. O., Abs. 2 Ziff. 1 n. O. erfolgen[2] (K.M. 24. 4. 1911. — U I 642 —.)

---

[1] Vgl S. 78 Anm. 2.

[2] 1. Über die Anrechnung eines von reichsdeutschen Studierenden bei der Medizinischen Fakultät einer deutschen Universität ordnungsmäßig zurückgelegten
    a) medizinischen Studiums auf die für die Zulassung zur zahnärztlichen Vorprüfung nachzuweisende Studienzeit,
    b) zahnärztlichen Studiums auf die für die Zulassung zur ärztlichen Vorprüfung nachzuweisende Studienzeit
    bis zu einem Halbjahr,
2. über die Anerkennung der während dieses Studiums erworbenen, nach § 8 der Prüfungsordnungen für Ärzte und für Zahnärzte erforderlichen Nachweise
entscheiden in Preußen die Vorsitzenden der Ausschüsse für die ärztliche und die zahnärztliche Vorprüfung selbständig (M.V. 23. 7. 1920 I M V 5336).
  Die weitergehenden Ausnahmen nach dieser Richtung bedürfen der ministeriellen Genehmigung.
  Wegen der zweckmäßigen Einteilung des gleichzeitigen Studiums der Medizin und der Zahnheilkunde vgl. S. 72.

Die Anrechnung der zahnärztlichen Vorprüfung in Physik und Chemie auf die ärztliche Vorprüfung wird grundsätzlich nicht genehmigt, da an die Studierenden der Medizin bei Ablegung der ärztlichen Vorprüfung in Physik und Chemie höhere Anforderungen zu stellen sind, als an die Studierenden der Zahnheilkunde bei der zahnärztlichen Vorprüfung (M.V. 6. 9. 1922 — I M V gen. 118).

Wer die ärztliche Vorprüfung vollständig bestanden hat, wird bei Ablegung der zahnärztlichen Vorprüfung nur in der Zahnersatzkunde geprüft (§ 13 Abs. 2 der Prüf.-Ord. für Zahnärzte).

Tierheilkunde. Das Studium der Tierheilkunde kann bis zu zwei Halbjahren auf die für die Zulassung zur ärztlichen Vorprüfung vorgeschriebene Studienzeit angerechnet werden (R.F. 20. 11. 1919. — II 11014). Wieweit vorgeschriebene Vorlesungen und Übungen von dem tierärztlichen Studium auf das medizinische Studium, ferner ob und welche Prüfungsfächer der tierärztlichen Vorprüfung auf die ärztliche Vorprüfung angerechnet werden können, wird von Fall zu Fall bestimmt. Die Anrechnung der Fächer Anatomie und Physiologie der tierärztlichen Vorprüfung auf die ärztliche Vorprüfung kommt nicht in Frage.

Pharmazie. Von der pharmazeutischen Prüfung können die Fächer Chemie und Botanik auf die ärztliche Vorprüfung angerechnet werden, dagegen nicht Physik, da die Ansprüche an physikalische Kenntnisse beim Apotheker und beim Arzt verschieden sind. Von der pharmazeutischen Vorprüfung, der ein Hochschulstudium nicht vorhergeht, und die nicht an Hochschulen abgelegt wird, werden Prüfungsfächer auf die ärztliche Vorprüfung nicht angerechnet.

Landwirtschaft. Von den Prüfungen für Studierende der Landwirtschaft und für Landwirtschaftslehrer können nur Zoologie und Botanik, dagegen nicht Physik und Chemie auf die ärztliche Vorprüfung angerechnet werden.

Bergbau. Von den Prüfungen für die Fachrichtung des Bergbaues kann Physik, dagegen nicht Chemie auf die ärztliche Vorprüfung angerechnet werden.

Technische Hochschulprüfungen. Von den Prüfungen, die an einer Technischen Hochschule abgelegt sind, können in der Regel Physik und Chemie auf die ärztliche Vorprüfung angerechnet werden.

Chemische Verbandsprüfung. Die sogenannte chemische Verbandsprüfung wird grundsätzlich nicht auf die ärztliche Vorprüfung angerechnet.

Österreichische Studien. Zwei medizinische Studienhalbjahre[1], die an einer österreichischen Universität ordnungsmäßig zurückgelegt sind, werden ohne weiteres auf die für die Zulassung zu den ärztlichen Prüfungen[2] nachzuweisende Gesamtstudienzeit angerechnet, ohne daß im einzelnen Falle die jedesmalige ministerielle Genehmigung zu beantragen ist. Weitergehende

---

[1] Je ein Halbjahr oder im ganzen zwei Halbjahre können entweder dem vorklinischen oder dem klinischen Studium an einer österreichischen Universität gewidmet sein.

[2] Die Vorprüfung und Prüfung müssen Kandidaten, die die deutsche Approbation erstreben, in jedem Falle vor reichsdeutschen Prüfungsausschüssen ablegen.

Wünsche bedürfen jedoch der ministeriellen Genehmigung, die aber nur in seltenen, eingehend begründeten Ausnahmefällen in Aussicht gestellt werden kann.

Die während des vorgenannten Studiums ordnungsmäßig erledigten, durch Praktikantenscheine oder Eintragungen in dem Anmeldebuch der österreichischen Universität nachgewiesenen Vorlesungen und Übungen werden ohne weiteres als genügend im Sinne der Prüfungsordnung für Ärzte angesehen.

(M.V. 6. 7. 1922 — I M V gen. 242.)

Wegen der Ausnahmebewilligungen für Ausländer, die für die deutsche Approbation nicht in Frage kommen, vgl. S. 198 und wegen der Anerkennung von ausländischen ärztlichen oder zahnärztlichen Vorprüfungen vgl. § 22 Abs. 3 a. O., § 23 Abs. 3 n. O., § 23 Abs. 3 der Prüfungsordnung für Zahnärzte.

Die Feststellung, daß Apothekerpraktikanten während ihrer praktischen Ausbildung in Apotheken Medizin studiert haben, hat zu folgendem Erlaß M.V. 26. 7. 1927 — I M Pr. 2181 — Veranlassung gegeben:

Die Apothekerpraktikanten müssen in der üblichen und herkömmlichen Weise in den Apotheken tätig sein und an dem regelmäßigen Dienstbetrieb der Apotheken teilnehmen, um die erforderliche praktische Ausbildung zu erwerben. Es wird zwar zu dulden sein, daß die Praktanten nicht nur während der üblichen Freistunden (etwa zweistündige Mittagspause, ein bis zwei freie Nachmittage in der Woche oder in jeder Woche ein freier Tag) und während der üblichen Urlaubszeiten (3 bis 4 Wochen jährlich) von der Apotheke abwesend sind, sondern daß sie auch täglich etwa 1 bis 2 Stunden ihrer wissenschaftlichen Fortbildung widmen, soweit dies für die Ablegung der pharmazeutischen Vorprüfung erforderlich ist. Wenn jedoch ein Praktikant während der vorgeschriebenen Ausbildungszeit von 2 Jahren insgesamt länger als 8 Wochen (vgl. § 6 Ziff. 2 der Prüfnngsordnung für Apotheker vom 18. 5. 1904) überhaupt nicht am Orte der Apotheke, für die er beim Kreisarzte angemeldet ist, anwesend ist, so kann ihm die 8 Wochen übersteigende Zeit seiner Abwesenheit keinesfalls als vorschriftsmäßige Ausbildungszeit gerechnet werden. Eine nur zeitweise Tätigkeit in einer Apotheke kann in der Regel überhaupt nicht auf die Praktikantenzeit angerechnet werden, da eine solche Ausbildung nicht als geregelt angesehen wird.

Vorstehendes gilt sinngemäß auch für die Ausbildung als Apothekerassistent.

C. Anrechnung von Gasthörsemestern oder eines Studiums mit der kleinen Matrikel.

Auf Grund der Bestimmungen im § 29 der Gewerbeordnung für das Deutsche Reich hat der Bundesrat beschlossen, daß den Prüfungsordnungen für Ärzte und Zahnärzte fortan folgende Auslegung gegeben werde:

1. Als Universitätsstudium im Sinne

    des § 3 Abs. 2 b und Abs. 3 der Bekanntmachung, betreffend die ärztliche Vorprüfung, vom 2. 6. 1883 (Zentral-Blatt für das Deutsche Reich S. 198)[1],

    des § 4 Abs. 4 Ziff. 2 und 3 der Bekanntmachung, betreffend die ärztliche Prüfung, vom 2. 6. 1883 (Zentral-Blatt für das Deutsche Reich S. 191)[2],

    des § 4 Abs. 1 Ziff. 3 der Bekanntmachung, betreffend die Prüfung der Zahnärzte, vom 5. 7. 1889 (Zentral-Blatt für das Deutsche Reich S. 417)[3],

gilt auch die Zeit, in welcher die zur Prüfung sich Meldenden gastweise (als Hospitanten oder Hospitantinnen) an einer Universität Vorlesungen besucht haben, sofern sie ungeachtet des Nachweises der für die Zulassung zur Prüfung vorgeschriebenen schulwissenschaftlichen Vorbildung sowie der erforderlichen sittlichen Führung aus Gründen der Universitätsverwaltung von der Immatrikulation ausgeschlossen waren, und die Einhaltung eines ordnungsmäßigen akademischen Studienganges dargetan wird.

2. Als Universitäts-Abgangszeugnis im Sinne

    des § 3 Abs. 4 und des § 9 Abs. 1 der Bekanntmachung, betreffend die ärztliche Vorprüfung[4],

    des § 4 Abs. 4 Ziff. 2 und des § 23 Abs. 2 der Bekanntmachung, betreffend die ärztliche Prüfung[5],

    des § 11 Abs. 2 der Bekanntmachung, betreffend die Prüfung der Zahnärzte[6],

gilt in den unter 1 bezeichneten Fällen jede Bescheinigung der Universitätsbehörde über die vollständige Erledigung des Studiums.

3. Als Anmeldebuch im Sinne des § 3 Abs. 4 der Bekanntmachung, betreffend die ärztliche Vorprüfung[7], gilt in den unter 1 bezeichneten Fällen jede Bescheinigung der Universitätsbehörde über die Annahme von Vorlesungen.

4. Der Immatrikulation im Sinne des § 1 Abs. 1 und des § 8 der Bekanntmachung, betreffend die ärztliche Vorprüfung[8], wird in den unter 1 bezeichneten Fällen die Zulassung zum gastweisen Besuche der Vorlesungen gleichgeachtet.

Berlin, den 24. April 1899.

        Der Reichskanzler.

---

[1] Jetzt § 7 Abs. 1 und letzter Absatz der Prüfungsordnung für Ärzte vom 28. 5. 1901/5. 7. 1924.

[2] Jetzt §§ 23 und 24 Abs. 1 der Prüfungsordnung für Ärzte vom 28. 5. 1901 bzw. §§ 24 und 25 Abs. 1 der Prüfungsordnung für Ärzte vom 5. 7. 1924.

[3] Jetzt § 7 Abs. 1 und § 24 der Prüfungsordnung für Zahnärzte vom 15. 3. 1909.

[4] Jetzt § 9 Abs. 2 und § 17 Abs. 1 der Prüfungsordnung für Ärzte vom 28. 5. 1901 bzw. § 9 Abs. 2 und § 18 Abs. 1 der Prüfungsordnung für Ärzte vom 5. 7. 1924.

[5] Jetzt §§ 23 und 57 Abs. 2 der Prüfungsordnung für Ärzte vom 28. 5 1901 bzw. §§ 24 und 60 Abs. 2 der Prüfungsordnung für Ärzte vom 5. 7. 1924.

[6] Jetzt § 51 Abs. 2 der Prüfungsordnung für Zahnärzte vom 15. 3. 1909.

[7] Jetzt § 9 Abs. 2 der Prüfungsordnung für Ärzte vom 28. 5. 1901/5. 7. 1924.

[8] Jetzt § 3 Abs. 1 und § 15 Abs. 1 der Prüfungsordnung für Ärzte vom 28. 5. 1901 bzw. § 3 Abs. 1 und § 15 Abs. 2 der Prüfungsordnung für Ärzte vom 5. 7. 1924.

Als Studium im Sinne der Prüfungsordnungen für Ärzte und Zahnärzte gilt grundsätzlich die von Studierenden der Medizin und der Zahnheilkunde bei der Medizinischen Fakultät zurückgelegte Studienzeit nach der Vollimmatrikulation. Nur diese Zeit wird ohne weiteres auf das betreffende Studium angerechnet. Ausnahmen sind durch § 7 Abs. 3 Ziff. 1 der Prüfungsordnung für Ärzte vom 28. 5. 1901, § 7 Abs. 2 Ziff. 1 der Prüfungsordnung für Ärzte vom 5. 7. 1924 und § 7 Abs. 2 Ziff. 1 der Prüfungsordnung für Zahnärzte vom 15. 3. 1909 zugelassen. Hiernach darf mit Genehmigung der obersten Landesbehörde im Einvernehmen mit dem Reichsminister des Innern diejenige Studienzeit ganz oder teilweise ausnahmsweise angerechnet werden, die vor Erlangung des Reifezeugnisses einem verwandten Universitätsstudium oder gleichwertigen Hochschulstudium gewidmet ist. Dabei handelt es sich nur um Gasthörsemester oder um ein Studium mit der kleinen Matrikel (auf vier Halbjahre bei der Philosophischen Fakultät).

Nach dem an die Universitätskuratoren usw. gerichteten allg. Erlasse des Ministers der geistlichen, Unterrichts- und Medizinalangelegenheiten vom 30. 5. 1899 — U I 1143 M — (Zentralblatt für die gesamte preußische Unterrichtsverwaltung 99 S. 654) ist auf Grund eines Beschlusses des Bundesrats vom 20. 4. 1899 durch Bekanntmachung des Reichskanzlers vom 24. 4. 1899 (Zentralblatt für das Deutsche Reich 99 S. 124) bestimmt worden, daß als Universitätsstudium im Sinne der Prüfungsordnungen für Ärzte und Zahnärzte „auch die Zeit gilt, in welcher die zur Prüfung sich Meldenden gastweise (als Hospitanten oder Hospitantinnen) an einer Universität Vorlesungen besucht haben, sofern sie — ungeachtet des Nachweises der für die Zulassung zur Prüfung vorgeschriebenen schulwissenschaftlichen Vorbildung sowie der erforderlichen sittlichen Führung — aus Gründen der Universitätsverwaltung von der Immatrikulation ausgeschlossen waren und die Einhaltung eines ordnungsmäßigen akademischen Studienganges dargetan wird“. Hiernach werden Gasthörsemester in der Regel nur in den seltenen Fällen anerkannt, wo der Vollimmatrikulation besondere in den Universitätsstatuten usw. begründete Hindernisse entgegenstehen, z. B. bei einem Staatsbeamten oder der Zugehörigkeit zu einer anderen (Technischen, Tierärztlichen Landwirtschaftlichen usw.) Hochschule. Die Anrechnung wird mithin auf diejenigen Fälle beschränkt, in denen dem Betreffenden nach den Universitätsstatuten usw. die förmliche Vollimmatrikulation — ungeachtet des Nachweises genügender Vorbildung — aus Gründen versagt wird, welche außerhalb seiner freien Willensbestimmung liegen.

Wer demnach, obwohl er die Möglichkeit hatte, sich nach Erlangung des Reifezeugnisses vollimmatrikulieren zu lassen, hiervon keinen Gebrauch macht, kann auf Anrechnung von Gasthörsemestern oder eines Studiums mit der kleinen Matrikel nicht rechnen. Die Voll-

6*

immatrikulation ist auch durch die neue Fassung des § 5 der Vor=
schriften für die Studierenden der Preußischen Landesuniversitäten
vom 1. 10. 1914 insofern erleichtert worden, als Reichs=, Staats=,
Gemeinde= oder Kirchenbeamte sowie Personen, die dem Gewerbe=
stand angehören, zum Studium zugelassen werden können, wenn nach=
gewiesen ist, daß sie durch Beurlaubung vom Dienst oder durch Be=
freiung von ihrer beruflichen Tätigkeit über so viel freie Zeit verfügen,
daß die Durchführung eines gründlichen Studiums gesichert ist. Bei
Beamten gilt der Nachweis als erbracht, wenn sie durch ihre Dienst=
behörde mindestens von der halben Dienstzeit befreit sind.

Ich behalte mir in jedem Falle die Entscheidung vor, ob Gasthör=
semester oder ein Studium mit der kleinen Matrikel auf die nach den
Prüfungsordnungen für Ärzte und Zahnärzte nachzuweisende Studien=
zeit angerechnet werden sollen oder nicht, und ersuche ergebenst, mir
die entsprechend begründeten Gesuche unter Beifügung des Reife=
zeugnisses nebst Lateinnachweis und sämtlicher bisher erworbener
Studiennachweise (Universitätsabgangszeugnis, Anmeldebuch, Prak=
tikantenscheine) zur Entscheidung einzureichen.

Berlin, den 8. April 1927.

Der Preuß. Minister für Volkswohlfahrt.

I M III 298/27.

Grundsätzlich werden Studierende, die aus besonderen Gründen
gastweise oder mit der kleinen Matrikel Medizin oder Zahnheilkunde
studiert haben, zur Vorprüfung erst zugelassen, wenn sie vollimma=
trikuliert und bei der Medizinischen Fakultät eingeschrieben sind (§ 3
der Prüfungsordnungen für Ärzte und Zahnärzte).

IV. Ärztliche Prüfung.

Nach vollständig bestandener Vorprüfung soll der Kandidat weitere
fünf Halbjahre a. O. bzw. sechs Halbjahre n. O. und n. O.A.[1] Medizin
studieren. Darauf kann er sich zur ärztlichen Prüfung melden. Von
dieser handeln die §§ 20—58 a. O., §§ 21—62 n. O. Dem Gesuch um
Zulassung sind eine Geburtsurkunde und die in den §§ 22, 23, 25 und
26 a. O., §§ 23, 24, 26, 27 n. O. vorgeschriebenen Nachweise beizufügen.
Das Zulassungsgesuch ist nicht mehr erst nach Erlangung des Univer=
sitätsabgangszeugnisses, sondern bereits im Laufe des letzten Halbjahrs
nach Belegung der Vorlesungen dem Prüfungsausschuß vorzulegen.
An Stelle des Universitätsabgangszeugnisses ist bei der Meldung zur
ärztlichen Prüfung das letzte Anmeldebuch für die Vorlesungen (Testier=

(Randnote:) raussetzung für die Julassung.

---

[1] Vgl. S. 20 Anm. 4 und 6 Abs. 1 und S. 21 Anm. 3.

buch) beizubringen (vgl. S. 208). Über fehlende Unterlagen und Praktikantenscheine, die erst am Schluß des letzten Halbjahrs erworben werden, ist ein entsprechender Vermerk im Zulassungsgesuch aufzunehmen. In diesem ist am Kopf der ersten Seite Name und Staatsangehörigkeit des Antragstellers anzugeben. (Vgl. Muster S. 90.)

Kriegsteilnehmer haben auch die Ausweise über den Kriegsdienst (Militärpaß, Kriegsstammrollen- oder Kriegsranglisten-Auszug) und, falls sie militärärztlichen Kriegsdienst geleistet haben, Zeugnisse ihrer militärärztlichen Vorgesetzten über die erfolgreiche militärärztliche Tätigkeit beizubringen. Letztere Unterlagen dienen später zur Beurteilung der Frage, ob und inwieweit Kriegsdienst auf das Praktische Jahr anzurechnen ist.

Die Vorsitzenden der Prüfungsausschüsse sind in Preußen in bestimmten Fällen ermächtigt, Kandidaten selbständig zur ärztlichen Prüfung zuzulassen (vgl. S. 207). Wegen der Erfordernisse für die Meldung zur ärztlichen Prüfung vgl. S. 205, wegen rechtzeitiger Einreichung der Zulassungsgesuche an das Ministerium vgl. allg. Erlaß M.V. 28. 3. 1925 — I M III 779 — S. 206, und wegen der Praktikantenscheine vgl. die Erlasse M.V. 3. 5. 1926 — I M III 1099 —, 24. 12. 1924 — I M III 3079 — S. 71.

Ausnahmen von der Prüfungsordnung sind für die ärztliche Prüfung in den Fällen des § 22, Abs. 3 § 23 Abs. 2, § 24 Abs. 3, § 25 Abs. 5, § 54 Abs. 4, § 56 Abs. 4 und § 57 Abs. 1 a. O., § 23 Abs. 3, § 25 Abs. 2, § 26 Abs. 4, § 57 Abs. 4, § 59 Abs. 6, § 60 Abs. 1 n. O. gestattet. Entsprechende Anträge sind an die oberste Landesbehörde (vgl. S. 4 Anm. 3 und S. 5 Anm. 1) zu richten, die in Übereinstimmung mit dem Reichsministerium des Innern entscheidet.

Bei gleichzeitigem Studium der Medizin und der Zahnheilkunde muß mit Rücksicht auf § 53 der Prüfungsordnung für Zahnärzte eine Gesamtstudienzeit von mindestens 12 Halbjahren (a. O., n. O.) bzw. 13 Halbjahren (n. O. A.) nachgewiesen werden. Das Praktische Jahr der Mediziner darf jedoch nicht zum Studium der Zahnheilkunde benutzt werden (vgl. Näheres hierüber und über die zweckmäßige Einteilung des gleichzeitigen medizinischen und zahnärztlichen Studiums S. 72 und S. 186).

Wegen Anrechnung eines an österreichischen Universitäten zurückgelegten medizinischen Studiums auf die medizinische Studienzeit und der erledigten Vorlesungen und Übungen vgl. die Bestimmung S. 80.

Studierende dürfen zum Praktizieren in den Universitäts-Kliniken und Polikliniken von den Direktoren erst dann zugelassen werden, wenn sie die ärztliche Vorprüfung innerhalb des Deutschen Reiches oder eine entsprechende Prüfung im Auslande vollständig[1]

---

[1] D. h. in Anatomie, Physiologie, Physik, Chemie, Zoologie und Botanik. Vgl. hierzu für die ärztliche Vorprüfung S. 20 Anm. 1.

bestanden haben (K.M. 22. 8. 96 — U I 1211 M). Vgl. auch) § 25 a. O., § 26 n. O.[1]

Bei der Bescheinigung des Besuches klinischer und poliklinischer Vorlesungen ist im Anmeldebuche und im Abgangszeugnisse ausdrücklich hervorzuheben, ob die Zulassung des Studierenden zu der Vorlesung als Praktikanten oder nur als Auskultanten[2] erfolgt ist. Da die Zulassung zum Praktizieren in Gemäßheit des vorstehenden Erlasses vom 22. 8. 96 — U I 1211 — nur erfolgen kann, wenn die Studierenden die ärztliche Vorprüfung innerhalb des Deutschen Reiches oder eine entsprechende Prüfung im Auslande vollständig bestanden haben, so wird das Vorhandensein dieser Voraussetzung beim Belegen und Anmelden der Vorlesungen durch Vorlegung des betreffenden Prüfungszeugnisses nachzuweisen sein, sofern nicht bereits vorher eine bezügliche Eintragung in dem Anmeldebuch erfolgt ist.

Für derartige vorherige Eintragungen[3] empfiehlt sich etwa folgendes Verfahren:

1. Bei Studierenden, welche nach bestandener Vorprüfung an der Universität, an welcher sie abgelegt ist, verbleiben, macht der Dekan bzw. der Vorsitzende des Prüfungsausschusses im Anschluß an die Vorprüfung in dem Anmeldebuch auf der Rückseite des ersten Blattes des Umschlages den Vermerk:

„Vorprüfung am................ bestanden.

N., den................

N. N.

Dekan bzw. Vorsitzender

des Ausschusses für die ärztliche Vorprüfung."

2. Bei Studierenden in klinischen Halbjahren, welche von auswärts kommen, läßt sich der Universitäts-Sekretär bei der Anmeldung

---

[1] Wenn die Vorprüfung erst in einem der auf den Beginn folgenden Studienhalbjahre vollendet werden kann, empfiehlt es sich, in den Halbjahren zwischen Beginn und Beendigung der Vorprüfung bereits klinische Übergangsvorlesungen zu belegen und evtl. zu beantragen, daß ein Halbjahr ausnahmsweise auf die nach vollständig bestandener Vorprüfung nachzuweisende Studienzeit (§ 24 Abs. 1 a. O., § 25 Abs. 1 n. O., n. O. A.) angerechnet wird (vgl. S. 21 Anm. 9).

[2] Als Praktikanten werden Studierende zu klinischen Vorlesungen und Übungen zugelassen, die durch einen entsprechenden Vermerk im Anmeldebuch nachweisen können, daß sie die ärztliche Vorprüfung vollständig abgelegt haben. Soweit sie sie zwar begonnen, aber noch nicht vollständig bestanden, also einen Vermerk im Anmeldebuch noch nicht erhalten haben, dürfen sie nur als Auskultanten klinische Vorlesungen und Übungen belegen. Sowohl beim Belegen in der Universitätskasse, als auch bei der Ausstellung entsprechender Zeugnisse seitens der Übungsleiter soll darauf geachtet werden, daß in diesen Nachweisen das Belegen bzw. der Besuch nicht als Praktikant, sondern als Auskultant bescheinigt wird, wenn die Vorprüfung noch nicht vollständig bestanden, ein Vermerk im Anmeldebuch mithin noch nicht eingetragen ist.

Nachweise über die Teilnahme an klinischen Vorlesungen und Übungen als Auskultanten werden nicht als genügend im Sinne des § 25 a. O. § 26 n. O. angesehen. Wegen der Möglichkeit der Anrechnung von Studienhalbjahren, in denen klinische Vorlesungen und Übungen vor vollständig bestandener Vorprüfung belegt worden sind, vgl. S. 77 und obige Anm. 1.

[3] Durch diese Eintragung erübrigt sich die ständige Vorlegung des Prüfungszeugnisses beim Belegen von klinischen Vorlesungen und Übungen in den späteren Halbjahren.

das Vorprüfungszeugnis vorlegen und macht im entsprechenden
Falle den Vermerk vorn in dem Anmeldebuch:

„Vorprüfung in.....................am................... bestanden.

    N. den...................

              N. N.

       Universitäts-Sekretär."

(K.M. 4. 9. 03 — U I 2077/02 M[1].)

Wegen der Regelung bei ausländischen Vorprüfungen vgl. S. 197.

Daß nichtimmatrikulationsfähige Personen zum Praktizieren an
Universitätskliniken und -polikliniken nicht zugelassen werden, weil dadurch der anwachsenden Kurpfuscherei Vorschub geleistet werden würde,
darf als selbstverständlich gelten (K.M. 20. 3. 06. — U I 44 M —).

Es wird daran festgehalten, daß die in der ärztlichen Prüfung sich
befindenden Kandidaten stets nur einem Prüfungsabschnitt gleichzeitig zugewiesen werden dürfen. Ausnahmen hiervon sind nur in
solchen Fällen gemacht worden, welche eine unnötige Verzögerung
in dem Fortgange der Prüfung der Kandidaten herbeiführen würden.
Hierzu würde vor allem eintretender Mangel an dem zur Prüfung
erforderlichen Leichenmaterial zu rechnen sein. Die Überfüllung eines
Prüfungsabschnittes mit Kandidaten wird hingegen als ein derartiger
Grund nicht anzusehen sein, da dieselbe leicht dadurch vermieden werden
kann, daß stets nur eine bestimmte Anzahl von Kandidaten zu den einzelnen Prüfungsabschnitten zugelassen wird (K.M. 1. 3. 01 — M 521 —,
2. 7. 20 — I M V 4846).

Kandidaten, welche die vorgeschriebene Fachprüfung bereits begonnen und die Erlaubnis zur Fortsetzung oder Wiederholung derselben bei einem anderen, als dem ursprünglich damit befaßten Ausschuß nachsuchen wollen, haben sich von dem ersten Prüfungsausschuß
ein Zeugnis des Inhalts, daß ihrer Zulassung bei einem anderen Prüfungsausschuß Bedenken nicht entgegenstehen, zu beschaffen und ihrem
Gesuche um Ausnahmebewilligung beizulegen. Dieses Zeugnis ist
dem Ministerium bei allen derartigen Gesuchen mit den Prüfungsakten einzusenden (K.M. 24. 1. 91 — M 172).

Die Ausstellung von Bescheinungen über die von den Kandidaten
der Medizin in den einzelnen Abschnitten der ärztlichen Prüfung erlangten Urteile wird grundsätzlich abgelehnt. Die ärztliche Prüfung
ist ein geschlossenes Ganze und zerfällt nicht in nach außen in Er-
scheinung tretende Einzelprüfungen. Deshalb ist auch nur das Gesamturteil für die Öffentlichkeit bestimmt, während die Urteile der einzelnen
Abschnitte innere Angelegenheiten des Prüfungsausschusses sind. (M.F.
18. 7. 13 — M 18243 —).

Die Prüfungsperioden beginnen am 15. Oktober und 15. März

---

[1] Diese Bestimmung ist durch die allg. Erlasse K.M. vom 15. 9. 27 — U I 1593 —, M.B.
vom 6. 10. 1927 — I M III 3046 — in Erinnerung gebracht worden.

(a. O.) oder 1. April j. Js. (n. O.) und sollen nicht über den 15. August
j. Js. ausgedehnt werden (§ 21 Abf. 1 a. O., § 22 Abf. 1 n. O.)[1].

Ein vorzeitiger Beginn der Prüfungen ist grundsätzlich nicht gestattet. Die Termine für den Beginn der Prüfungen sind vielmehr
streng innezuhalten. Damit sich der Beginn der Prüfungen zum
wirtschaftlichen Nachteil der Studierenden nicht verzögert, soll der
Stellvertreter prüfen, sofern der ordentliche Prüfer verhindert ist, die
Prüfung rechtzeitig selbst vorzunehmen. Die Prüfungen sollen nicht
nur in den Herbstferien nicht über den 15. August ausgedehnt, sondern
auch während der übrigen Ferien unterbrochen werden, falls die
ordentlichen Prüfer damit einverstanden sind. Nur in besonders gearteten Ausnahmefällen z. B. wenn es sich um eine letzte Teilprüfung
zur Beendigung der Gesamtprüfung handelt, ist dem Kandidaten die
Möglichkeit zu geben, die Prüfung auch in den ersten Tagen der Universitätsferien zu beenden (M.V. 15. 12. 24 — I M III 3087 —,
3. 3. 26 — I M III 493).

Wegen Vertretung der Prüfer vgl. S. 234.

Ieberholungs-
prüfung.

Die Wiederholung eines Abschnittes oder eines Teiles der ärztlichen
Prüfung hat stets bei demjenigen Prüfer stattzufinden, bei welchem
der Kandidat die erste Prüfung abgelegt und nicht bestanden hatte.
Dieses Verfahren kommt auch in denjenigen Fällen zur Anwendung,
in denen der für die betreffenden Prüfung ernannte Prüfer wegen
eingetretener Verhinderung durch einen anderen Prüfer hat vertreten werden müssen. In solchen Fällen hat der Vertreter auch die
Wiederholungsprüfung zu übernehmen (K.M. 21. 7. 04 — M 2658 U I —).

Wegen der Teilnahme des Vorsitzenden und eines Mitgliedes des
Prüfungsausschusses an der Wiederholungsprüfung vgl. M.V. 29. 4. 25
I M III 1109 — S. 69.

rüfung in der
athologischen
Physiologie.

Nach § 34 n. O. soll die Prüfung in der pathologischen Physiologie
von zwei Prüfern, darunter einem Vertreter der inneren Medizin,
abgehalten werden. Durch die Hinzuziehung eines Vertreters der
inneren Medizin zu dieser Prüfung soll eine etwaige Überspannung
der Anforderungen an den Kandidaten, die durch Ausdehnung der
Fragestellung auf rein theoretische Wissensgebiete möglich ist, vermieden oder wenigstens ausgeglichen werden. Die Bestimmung des
zweiten Prüfers ist dagegen im Hinblick auf die verschiedenen Verhältnisse an den einzelnen Hochschulen offengelassen worden und soll
der Regelung durch die zuständige oberste Landesbehörde im
Einvernehmen mit dem Reichsminister des Innern vorbehalten
bleiben.

Nach der Zusammensetzung des Lehrkörpers wird nahezu an allen
Universitäten ein Vertreter der Physiologie die gegebene Persönlichkeit sein, um bei der Prüfung nach § 34 der Prüfungsordnung mit-
zuwirken. Immerhin ist der Fall denkbar, daß an Stelle eines Phy-

---

[1] Das Prüfungsjahr (Geschäftsjahr des Prüfungsausschusses) läuft vom 1. 10. bis 30. 9.

fiologen im Hinblick auf die von ihm etwa eingenommene besondere Stellung gegenüber einem Einzelgebiet seines Faches oder aber auch bei seiner vorübergehenden Behinderung (§ 21 Abf. 3 der Prüfungsordnung) für die Abnahme der Prüfung in der pathologischen Physiologie ein anderer Fachvertreter beispielsweise ein Pathologe herangezogen wird. Dort, wo eine ordentliche Professur für pathologische Physiologie besteht, dürfte es im übrigen nahe liegen, diesen Fachvertreter an Stelle des Physiologen an der Prüfung zu beteiligen. Endlich hat z. B. auch einer der hervorragendsten deutschen Kliniker sich so grundlegend mit dem Wissensgebiet der pathologischen Physiologie befaßt, daß jedenfalls sachlich nichts im Wege stehen würde, ihn als Prüfer in diesem Prüfungsabschnitt mitwirken zu lassen.

Hieraus geht hervor, daß gerade die gegenwärtige Fassung des § 34 der Prüfungsordnung den praktischen Bedürfnissen am ehesten Rechnung trägt, und daß die Regelung im einzelnen angesichts der verschiedenen Verhältnisse an den Universitäten des Deutschen Reiches den zuständigen obersten Landesbehörden nach Anhörung der Medizinischen Fakultäten überlassen bleiben muß. (M.V. 12. 2. 25 — I M III 3212/24, U I 124/25.)

Wenn ein Kandidat der Medizin geisteskrank ist, kann ihm die Zulassung zur ärztlichen Prüfung auch ohne eine ausdrückliche Bestimmung der Prüfungsordnung für die Dauer dieses Zustandes versagt werden; denn es folgt aus dem ganzen Zweck der Prüfung nach allgemeiner Lebensanschauung, daß sie nur von geistig Gesunden abgelegt werden darf. Auch muß es prüfungstechnisch als unzulässig angesehen werden, einen Geisteskranken den Einzelheiten der Prüfung auszusetzen oder die Prüfungsfälle durch einen Geisteskranken untersuchen zu lassen. Der Kandidat und nach Lage der Sache auch sein Vater ist darauf hinzuweisen, daß die Heilung der Krankheit vor Eintritt in die Prüfung im eigenen Interesse des Kandidaten liegt (M.J. 1. 8. 14 — M 18799 —).

Deutschen Reichsangehörigen, die durch die Verhältnisse[1] gezwungen gewesen sind, das Reifezeugnis im Auslande zu erwerben oder auch ihr Studium dort zurückzulegen, kann bei der Zulassung zur ärztlichen Prüfung die nötige Ausnahmebewilligung von den betreffenden Vorschriften der Prüfungsordnung ohne Vorbehalt bezüglich der späteren Erteilung der Approbation erteilt werden (R.J. 6. 12. 20 — II A 8219), falls das Reifezeugnis zu Bedenken keinen Anlaß gibt. Solche Kandidaten haben die ärztlichen Prüfungen aber sämtlich vor reichsdeutschen Prüfungsausschüssen abzulegen (M.V. 17. 2. 27 — I M Pr. 431). Vgl. weiterhin S. 191 ff.

Über die Vertretung von Ärzten durch Kandidaten vgl. S. 244.

Geistes-
krankheit.

Ausländisch
Reifezeugni[s]

Vertretung
von Ärzte[n]

---

[1] Etwa deswegen, weil die Angehörigen im Auslande ansässig sind, oder aus anderen beachtlichen Gründen.

Muster.

Als Muster amtlich empfohlen:
**Gesuch um Zulassung zur ärztlichen
Prüfung** [1]

.... den .... 19..

Name: ....
Staatsangehörigkeit: ....
Auf Grund der in Urschrift beigefügten Nachweise:

(a. O.)

1. des Zeugnisses der Reife von be...
.... in ....
vom .... 19...,
sowie des Zeugnisses über die für
die Versetzung nach der Obersekunda
eines Realgymnasiums notwendigen Kenntnisse in der lateinischen
Sprache von be..............
in...... vom........ 19... [2],

2. des Nachweises eines medizinischen
Studiums von .... Halbjahren,
nämlich an der Universität in.....
....
vom..................... 19...
bis .... 19...,
an der Universität in ....
....

3. der Nachweise, daß ich vor Beginn
der ärztlichen Vorprüfung

(n. O.)

1. des Zeugnisses der Reife von be...
.... in..............
vom .... 19...,
sowie des Zeugnisses über die
für die Versetzung nach der Obersekunda eines Realgymnasiums
notwendigen Kenntnisse in der
lateinischen Sprache von be......
in....... vom........ 19... [2],

2. des Nachweises eines medizinischen
Studiums von .... Halbjahren,
nämlich an der Universität in.....
....
vom..................... 19...
bis ....19...,
an der Universität in ....
....

3. der Nachweise, daß ich vor Beginn
der ärztlichen Vorprüfung

a) vom .... 19...
bis .... 19...
eine Vorlesung über Ana-
tomie in ....,
b) vom .... 19...
bis .... 19...
eine Vorlesung über Phy-
siologie in ....,
c) vom .... 19...
bis .... 19...
eine Vorlesung über Phy-
sik in ....,
d) vom .... 19...
bis ....19...
eine Vorlesung über Chemie
in ....,
e) vom ....19...
bis .... 19...
eine Vorlesung über Zoo-
logie in ....,
f) vom.............. 19...
bis .... 19...
eine Vorlesung über Bota-
nik in ....
gehört,

ausweislich meiner Studiennachweise (vgl. Ziff. 2) dort unterstrichen.

---

[1] Vordrucke können die Prüflinge von der Hirschwaldschen Buchhandlung in Berlin NW 7, Unter den Linden 68, beziehen (vgl. S. 228).

[2] Nur von Kandidaten auszufüllen, die im Besitze des Reifezeugnisses einer Lehranstalt mit wahlfreiem oder ohne Lateinunterricht (Oberrealschule usw.) sind und in dem Reifezeugnis einer Anstalt mit wahlfreiem Lateinunterricht nicht ein mindestens genügendes Urte im Lateinischen nachweisen.

a) ... Halbjahre an den Präparierübungen in ....,
b) ... Halbjahr an den mikroskopisch-anatomischen Übungen in
....
c) ... Halbjahr an einem physiologischen Praktikum in ....
..................,
d) ... Halbjahr an einem chemischen Praktikum in ....
....
regelmäßig teilgenommen habe,
4. des Zeugnisses über die am ......
in .... vollständig bestandene ärztliche Vorprüfung,
5. der Nachweise, daß ich nach vollständig bestandener Vorprüfung
a) ... Halbjahre an be.. medizinischen Klinik ... in ....,
b) ... Halbjahre an be.. chirurgischen Klinik ... in ....,
c) ... Halbjahre an be.. geburtshilflichen Klinik ... in ......
als Praktikant regelmäßig teilgenommen,
d) ...Kreißende in Gegenwart des
Lehrers oder Assistenzarztes selbständig entbunden,
e) ...Halbjahr die Klinik für
Augenkrankheiten in ....,
f) ...Halbjahr die medizinische
Poliklinik in ....
g) ...Halbjahr die Kinder-
klinik / poliklinik in ....,
h) ... Halbjahr die psychiatrische
Klinik in ....,
i) ... Halbjahr die Spezial-
klinik / poliklinik für Hals- und Nasenkrankheiten in ....,
k) ... Halbjahr die Spezial-
klinik / poliklinik für Ohrenkrankheiten
in ....,
l) ... Halbjahr die Spezial-
klinik / poliklinik für Haut- und syphilitische Krankheiten in ....
als Praktikant regelmäßig besucht,

g) ... Halbjahre an den Präparierübungen in ....,
h) ... Halbjahr an den mikroskopisch-anatomischen Übungen in
....
i) ... Halbjahr an einem physiologischen Praktikum (unter Berücksichtigung der physiologischen
Chemie) in ....,
k) ... Halbjahr an einem chemischen Praktikum in ....
regelmäßig und mit Erfolg teilgenommen habe,
4. des Zeugnisses über die am .....
in .... vollständig bestandene ärztliche
Vorprüfung,
5. der Nachweise, daß ich nach vollständig bestandener Vorprüfung
a) ... Halbjahre an be.. medizinischen Klinik ... in ....,
b) ... Halbjahre an be.. chirurgischen Klinik... in ....,
c) ... Halbjahre an be.. geburtshilflichen Klinik... in ....
als Praktikant regelmäßig und
mit Erfolg teilgenommen,
d) ... Kreißende in Gegenwart
des Lehrers oder Assistenzarztes
selbständig entbunden,
e) ... Halbjahr die Klinik für
Augenkrankheiten in ....,
f) ... Halbjahr die medizinische
Poliklinik in ....,
g) ... Halbjahr die chirurgische
Poliklinik in ....,
h) ... Halbjahr die Kinderklinik / poliklinik in ....,
i) ... Halbjahr die psychiatrische
Klinik in ....,
k) ... Halbjahr die Spezial-
klinik / poliklinik für Hals- und Nasenkrankheiten in ....,
l) ... Halbjahr die Spezial-
klinik / poliklinik für Ohrenkrankheiten
in ....,
m) ... Halbjahr die Spezial-
klinik / poliklinik für Haut- und syphilitische Krankheiten in ....
als Praktikant regelmäßig und
mit Erfolg besucht,

m) vom .... 19...
bis .... 19...
in.........................
am praktischen Unterricht in der
Impftechnik teilgenommen und
die zur Ausübung der Impfung
erforderlichen technischen Fähigkeiten und Kenntnisse über Gewinnung und Erhaltung der
Lymphe erworben,

n) vom .... 19...
bis .... 19...
eine Vorlesung über
topographische Anato-
mie in ....,
o) vom .... 19...
bis .... 19...
eine Vorlesung über
Pharmakologie in ....
....

ausdrücklich meiner Studiennachweise (vgl. Ziff. 2), dort unterstrichen.

p) vom .... 19...
bis .... 19...
eine Vorlesung über
gerichtliche Medizin in
....
gehört habe,

ausdrücklich meiner Studien-nachweise (vgl. Ziff. 2), dort unterstrichen.

n) vom.............. 19...
bis.............. 19...
in.........................
am praktischen Unterricht in der
Impftechnik teilgenommen und
die zur Ausübung der Impfung
erforderlichen technischen Fähigkeiten und Kenntnisse über Gewinnung und Erhaltung der
Lymphe erworben,

o) vom.............. 19...
bis.......... 19...
eine Vorlesung über all-
gemeine Pathologie und
pathologische Anatomie in
.....................,
p) vom.............. 19...
bis.............. 19...
eine Vorlesung über spe-
zielle Pathologie in ......,
q) vom.............. 19...
bis.............. 19...
eine Vorlesung über topo-
graphische Anatomie in
.....................,
r) vom.............. 19...
bis.............. 19...
eine Vorlesung über Phar-
makologie der organischen
und anorganischen Heil-
mittel in ....,
s) vom.............. 19...
bis.............. 19...
eine Vorlesung über Hy-
giene in ....,
t) vom.............. 19...
bis.............. 19...
eine Vorlesung über Or-
thopädie in ....,
u) vom.............. 19...
bis.............. 19...
eine Vorlesung über gerichtliche Medizin in ....
gehört,

ausdrücklich meiner Studiennachweise (vgl. Ziff. 2), dort unterstrichen.

v) vom.............. 19...
bis.............19...
an einem pathologisch-anatomischen Demonstrationskursus
in ....,
w) vom.............. 19...
bis.............19...
an einem Sektionskursus in...
....
x) vom.............. 19...
bis.............19...
an einem bakteriologischen Kursus in ....
regelmäßig und mit Erfolg teilgenommen habe,

6. der Geburtsurkunde[1],
7. eines eigenhändig geschriebenen Lebenslaufes, in dem der Gang der Universitätsstudien dargelegt ist,

[Randnote zu 8: falls die Meldung vor der Exmatrikulation erfolgt.]

8. eines Sittenzeugnisses der zuletzt besuchten Universität in..........

[Randnote zu 9: falls die Meldung nicht alsbald nach dem Abschluß des medizinischen Studiums erfolgt.]

9. de.. polizeilichen Zeugnisse.. über die Führung während der Zeit zwischen dem Abschluß der Universitätsstudien und der Meldung zur ärztlichen Prüfung [2]

Rechte Spalte:

6. der Geburtsurkunde[1],
7. eines eigenhändig geschriebenen Lebenslaufes, in dem der Gang der Universitätsstudien dargelegt ist,

[Randnote zu 8: falls die Meldung vor der Exmatrikulation erfolgt.]

8. eines Sittenzeugnisses der zuletzt besuchten Universität in.......... ,

[Randnote zu 9: in Fällen wie nebenstehend.]

9. de.. polizeilichen Zeugnisse.. über die Führung während der Zeit zwischen dem Abschluß der Universitätsstudien und der Meldung zur ärztlichen Prüfung [2]

bitte ich, mich zur Ablegung der ärztlichen Prüfung vor dem Prüfungsausschuß in .... in der im Frühjahr/Herbst d. Js. beginnenden Prüfungsperiode zuzulassen.

[Randnote: falls einzelne der vorstehenden Nachweise noch nicht im Besitz sind.]

Die Nachweise zu .... können erst nach Ablauf des .... Halbjahres 19... beigebracht werden.

An
den Herrn Vorsitzenden des Ausschusses für die ärztliche Prüfung in ....

Name: ....

Wohnung: ....

Geburtstag: ....

Geburtsort: ....

Provinz — bei preuß. Orten: ....

Land — bei außerpreuß. Orten: ....

Staatsangehörigkeit: ....

Die Zeugnisse sind genau in der im Gesuch angegebenen Reihenfolge zu ordnen, zu heften und beizufügen. Mitteilungen über Ausnahmebewilligungen sind den Zeugnissen vorzuheften.

Gesuch und Lebenslauf bleiben lose.

Staatliche Verwaltungsgebühren werden in Preußen für die Zulassung zur Prüfung nicht erhoben.

Die Gesuche sind in Preußen an den Vorsitzenden des Prüfungsausschusses zu richten, der die beigefügten Ausweise und Bescheinigungen zu prüfen und die Ergänzung der fehlenden oder die Abänderung der unvorschriftsmäßigen Stücke zu veranlassen hat, ehe die Gesuche in den vorgeschriebenen Fällen (vgl. S. 208) an das Ministerium weiterzugeben sind (K.M. 24. 3. 11 — B 567 M U I).

Muster für die bei der Meldung zur Prüfung auszufüllende, am Schlusse der Zulassungsgesuche vorgedruckte (vgl. S. 208).

Aufstellung.

Ordentliches Reifezeugnis (Tag): ....

Besonderer Lateinnachweis (Art und Tag): ....

---

[1] Bei Ehefrauen auch Heiratsurkunde und Ausweis über die Staatsangehörigkeit des Ehemannes.

[2] Zusatz für Reichsausländer, die nicht die Bedingungen der Prüfungsordnung erfüllen (vgl. S. 198):

10. der Erklärung über den Verzicht auf die deutsche Approbation.

Studienhalbjahre.

<table>
<tr><td>I.</td><td>II.</td></tr>
<tr><td>

Bis zu der am .... 19...
in ....
vollständig bestandenen Vorprüfung:

</td><td>

Nach der Vorprüfung:
(unter Berücksichtigung des § 24 Abs. 3
der Prüfungsordnung für Ärzte v.
28. 5. 1901, § 25 Abs. 2 der Prüfungs-
ordnung für Ärzte v. 5. 7. 1924 und
§ 25 Abs. 2 der Prüfungsordnung für
Zahnärzte)

</td></tr>
<tr><td>

(Univ.) .... W.H. 19.../...
   „   .... S.H. 19......
   „   .... H.W. 19.../...
   „   .... S.H. 19......
   „   .... W.H. 19.../...
   „   .... S.H. 19......
   „   .... W.H. 19.../...
Zusammen Halbjahre ....

</td><td>

(Univ.) .... W.H. 19.../...
   „   .... S.H. 19......
   „   .... W.H. 19.../...
   „   .... S.H. 19......
   „   .... W.H. 19.../...
   „   .... S.H. 19......
   „   .... W.H. 19.../...
Zusammen Halbjahre ....
      Dazu I ....
Gesamtzahl der Halb-
    jahre ....

</td></tr>
</table>

Muster 4 (zu § 25 a. O., § 26 n. O.).

Praktikantenschein[1].

Dem Kandidaten der .... geb. in .... wird hiermit bescheinigt, daß er nach vollständig bestandener ärztlicher Vorprüfung im ...... Halbjahr 1... vom .... 1.... bis zum .... 1... an der Klinik (Poliklinik) (an dem Kursus für .... in der ...... Abteilung des .... Krankenhauses) als Praktikant regelmäßig [und mit Erfolg] teilgenommen*) hat.

.................., den .... 1...

der .... Klinik (Poliklinik).
Der Direktor des .... Krankenhauses.
Instituts.
(Professor.)

*) Bei den Praktikantenscheinen über den Besuch der geburtshilflichen Klinik ist noch hinzuzufügen: „und ...... Kreißende in Gegenwart des Lehrers oder Assistenzarztes selbständig entbunden".

[] nur bei Kandidaten, die nach n. O. zu behandeln sind.

V. Praktisches Jahr der Mediziner.

A. Allgemeines.

Zweck. Nach vollständig bestandener Prüfung wird die Übersicht über das Prüfungsergebnis von dem Prüfungsausschuß der obersten Landesbehörde überreicht. Von dieser erhält der Kandidat alsdann die schriftliche Zulassung zum Praktischen Jahr, während dessen er den Titel Medizinalpraktikant führt. In bestimmten Fällen sind die Vorsitzenden der ärztlichen Prüfungsausschüsse in Preußen allgemein ermächtigt,

---

[1] Vgl. hierzu die Erlasse M.B. 3. 5. 26 — I M III 1099 —, 24. 12. 24 — I M III 3079 — S. 71.

Kandidaten selbständig die Erlaubnis zur Ableistung des Praktischen Jahres zu erteilen (vgl. S. 211). Dieses ist in der Regel im unmittelbaren Anschluß an die Prüfung in einer der in § 59 a. O., § 63 n. O. bezeichneten Anstalten, deren Wahl dem Kandidaten frei steht, abzuleisten[1] und hat nach § 60 a. O., § 65 n. O. den Zweck, den jungen Mediziner nach bestandener ärztlicher Prüfung für die Bedürfnisse der ärztlichen Praxis vorzubereiten; er soll während dieser Zeit nicht nur seine praktischen Kenntnisse und Fertigkeiten vertiefen und fortbilden, sondern auch ausreichendes Verständnis für die Aufgaben und Pflichten des ärztlichen Berufes erwerben.

Wegen Ableistung des Praktischen Jahres an einem Zahnärztlichen Institut vgl. S. 187.

Die Bestimmungen über das Praktische Jahr sind in den §§ 59—63 a. O., § 63—66 n. O. enthalten[2]. Ausnahmen hiervon sind in § 61, Abf. 3 und § 63 Abf. 1 Satz 2 a. O., § 64 Abf. 2 und § 66 Abf. 1 Satz 3 n. O. vorgesehen. Hierüber entscheidet die oberste Landesbehörde, welche die Zulassung des Kandidaten zum Praktischen Jahr genehmigt hat, im Einverständnis mit dem Reichsministerium des Innern. Entsprechende Gesuche sind an die oberste Landesbehörde zu richten.

Ausnahme.

B. Praktische Ausbildung.

Anweisung über das Praktische Jahr der Mediziner. (§§ 59—63 der Prüfungsordnung für Ärzte vom 28. 5. 01.)

I. Anstalten, in denen das Praktische Jahr abgeleistet wird.

Anstalten.

§ 1. Die Beschäftigung des Kandidaten während des Praktischen Jahres kann an folgenden Anstalten innerhalb des Deutschen Reichs erfolgen:
  a) an einer Universitätsklinik,
  b) an einer Universitätspoliklinik,
  c) an einem dazu besonders ermächtigten Krankenhause[3],
  d) an einem medizinischen nichtklinischen Universitätsinstitute,
  e) an einem dazu besonders ermächtigten selbständigen medizinisch-wissenschaftlichen Institute[3],[4].

Die Ableistung des Praktischen Jahres kann auch an den zu Akademien für praktische Medizin[5] vereinigten Krankenanstalten und wissenschaftlichen Instituten erfolgen, insoweit sie besonders ermächtigt sind.

§ 2. Die Beschäftigung an einer der im § 1d und e erwähnten Anstalten wird in der Regel höchstens bis zur Gesamtdauer von 6 Monaten und nur in besonderen Ausnahmefällen bis zur Gesamtdauer von 8 Monaten auf das Praktische Jahr angerechnet.

---

[1] Späterer Antritt des Praktischen Jahres oder dessen Unterbrechung sind nur mit vorheriger Genehmigung der obersten Landesbehörde gestattet (§§ 7 und 23 Abf. 1 der Anweisung über das Praktische Jahr S. 96 und 99).

[2] Vgl. S. 48 Anm. 4. Danach müssen Kandidaten, die die ärztliche Prüfung nicht vor dem 1. 10. 25 vollständig beendet haben, das Zeugnis über das Probegutachten erwerben.

[3] Verzeichnis S. 120.

[4] Hier handelt es sich um medizinisch-wissenschaftliche Institute, die sich nach ihrer Einrichtung und Organisation als selbständige, unter eigener Leitung befindliche Abteilungen der ermächtigten Krankenhäuser darstellen, die aber bei der Bekanntgabe der Ermächtigung des Krankenhauses gleichzeitig als zur Beschäftigung von Praktikanten mit ermächtigt aufgeführt werden müssen. Vgl. S. 113 und § 3 der Anweisung.

[5] Jetzt: Medizinische Akademie (in Düsseldorf). Sie ist in diesem Sinne ermächtigt.

§ 3. Die Beschäftigung an einem medizinisch=wissenschaftlichen Institute, das zu einem ermächtigten Krankenhause gehört, wird auf das Praktische Jahr nicht angerechnet, es sei denn, daß das Institut in der Ermächtigung des betreffenden Krankenhauses besonders aufgeführt ist. Für solche Fälle finden auf die Beschäftigung an dem Institute die Vorschriften des § 2 Anwendung.

§ 4. Das Verzeichnis der im Reichsgebiete zur Beschäftigung von Kandibaten ermächtigten Krankenhäuser und selbständigen medizinisch=wissenschaftlichen Institute (vgl. § 1c und e) wird alljährlich im Zentralblatt für das Deutsche Reich veröffentlicht[1].

§ 5. Die Beschäftigung an einer außerhalb des Deutschen Reiches gelegenen Anstalt[2] der in § 1 bezeichneten Art wird nur ausnahmsweise, und zwar höchstens bis zur Gesamtdauer von 6 Monaten auf das Praktische Jahr angerechnet. Gesuche sind vor dem Beginne der Beschäftigung bei der Zentralbehörde, in deren Gebiete der Kandidat die ärztliche Prüfung bestanden hat, einzureichen.

Behandlung innerer krankheiten.

II. Behandlung innerer Krankheiten[3].

§ 6. Von dem Praktischen Jahre hat der Kandidat mindestens ein Drittel vorzugsweise der Behandlung von inneren Krankheiten zu widmen. Dieser Vorschrift kann nur genügt werden durch Beschäftigung an allgemeinen Krankenanstalten, denen ein reiches Material an inneren Kranken zur Verfügung steht[4], nicht jedoch durch Beschäftigung an Irrenanstalten[5], Lungenheilstätten[5] und sonstigen Spezialkrankenanstalten[5], deren Aufgabe ausschließlich in der Behandlung einer einzelnen inneren Krankheit oder Krankheitsgruppe besteht. Der Kandidat wird dies bei der Auswahl der Anstalt, in der er beschäftigt zu werden wünscht, zu berücksichtigen haben.

nnahme des kandibaten.

III. Annahme des Kandidaten in der Anstalt.

§ 7. Das Praktische Jahr hat sich möglichst unmittelbar an die bestandene Prüfung anzuschließen. Soll es später als 4 Wochen nach Beendigung der Prüfung begonnen werden, so bedarf es der Erlaubnis der Zentralbehörde (§ 5).

§ 8. Das Gesuch des Kandidaten um Beschäftigung an einer im § 1 bezeichneten Anstalt ist, soweit es sich um Universitätskliniken und =polikliniken und um nichtklinische medizinische Universitätsinstitute (§ 1a, b und d) handelt, an deren Direktor, soweit ermächtigte Anstalten (§ 1c und e) in Frage stehen, an die Anstaltsleitung zu richten.

§ 9. Damit der Kandidat das Praktische Jahr in unmittelbarem Anschluß an die ärztliche Prüfung beginnen kann, ist es zweckmäßig, daß er bereits vor Beendigung der Prüfung wegen künftiger Annahme in einer Anstalt mit dieser in Verbindung tritt. Sofort nach dem Bestehen der Prüfung wird ihm seitens

---

[1] Verzeichnis S. 120.

[2] Über die in Frage kommenden Anstalten ist eine Entscheidung der obersten Landesbehörde einzuholen (vgl. auch; S. 162).

[3] Vgl. § 59 a. O., § 63 u. O.

[4] Von Kinderkrankenanstalten gilt dies nur, wenn in ihnen Kinder aller Altersstufen aufgenommen und alle inne.en Krankheiten einschließlich der übertragbaren Krankheiten behandelt werden.

Hierfür kommen hauptsächlich die Medizinischen Universitätskliniken und =polikliniken sowie Krankenanstalten in Frage, in denen Einrichtungen zur Behandlung ansteckender Krankheiten vorhanden sind. Letztere Anstalten sind in dem Verzeichnis der zur Annahme von Praktikanten ermächtigten Krankenhäuser (S. 120) durch Sternchen besonders kenntlich gemacht.

[5] Auch nicht an entsprechenden Universitätsanstalten. Die Zeit, welche vorwiegend der Behandlung von inneren Krankheiten zu widmen ist, darf selbst dann nicht an Irrenanstalten, Lungenheilstätten und sonstigen Spezialkrankenanstalten, deren Aufgabe ausschließlich in der Behandlung einer einzelnen inneren Krankheit oder Krankheitsgruppe besteht, abgeleistet werden, wenn in diesen Anstalten, wie es bei besonders großen der Fall sein wird, ein eigenes Lazarett für innere Krankheiten eingerichtet ist, weil es selbst dann an genügendem und sachdienlichem Krankenmaterial fehlen wird. Wegen Ableistung des Praktischen Jahres in Tuberkulose=Fürsorgestellen vgl. den Erlaß M.B. 23. 2. 27 — I M III 255 — S. 105 Anm. 2.

des Vorsitzenden des Prüfungsausschusses eine vorläufige Bescheinigung[1] hierüber ausgestellt, auf Grund deren er sogleich die Annahme als Praktikant nachzusuchen hat.

§ 10. Die Anstaltsleitung, an welche sich der Kandidat mit Anfragen oder mit seinem Gesuche wendet, hat alles zu vermeiden, was den Gang der Verhandlungen und den Eintritt des Kandidaten verzögern könnte. Stehen der Annahme Bedenken entgegen, so ist der Kandidat umgehend hiervon zu unterrichten, damit er sich sogleich an eine andere Anstalt wenden kann.

IV. Beschäftigung und Ausbildung des Kandidaten.

§ 11. Für die ordnungsmäßige Ausbildung des Kandidaten ist der Direktor der Universitätsklinik oder =poliklinik oder des Instituts, bei Krankenhäusern der ärztliche Leiter der Anstalt verantwortlich, welcher sich der praktischen Ausbildung des Kandidaten mit Sorgfalt zu widmen hat[2]. Als ärztlicher Leiter gilt in denjenigen Anstalten, in denen mehrere Abteilungen unter selbständiger Leitung besonderer dirigierender Ärzte vorhanden sind, der Leiter derjenigen Krankenhausabteilung, in welcher der Kandidat beschäftigt wird.

§ 12. Voraussetzung für eine ordnungsmäßige Beschäftigung und Ausbildung des Kandidaten in einer Krankenanstalt ist, daß die Krankenbehandlung, der Krankenhausbetrieb und die Unterweisung des Pflegepersonals den Anforderungen der medizinischen Wissenschaft und der öffentlichen Gesundheitspflege in vollem Umfang entsprechen und die Einheitlichkeit der ärztlichen Leitung[3] und Krankenversorgung streng gewahrt ist.

§ 13. Dem Direktor der Universitätsanstalt oder bei ermächtigten Anstalten dem Leiter derselben bleibt vorbehalten, dem Kandidaten eine Anweisung über die Art und Ausdehnung seiner Beschäftigung zu erteilen, wobei die in den §§ 14—19 aufgestellten Gesichtspunkte als Richtschnur zu dienen haben.

§ 14. Zur Erreichung des Zieles des Praktischen Jahres genügt es nicht, daß der Kandidat nur die Morgen= und Abendvisite mitmacht, im übrigen aber von der Anstalt fernbleibt. Vielmehr ist es erforderlich, daß er sich während

---

[1] Muster für die Bescheinigung (K.M. 27. 11. 05 — M 17559 U I) — nur solchen dazu Berechtigten (vgl. Abs. 4) auszuhändigen, die vom Vorsitzenden nicht selbständig zum Praktischen Jahr zugelassen werden:

Ärztlicher Prüfungsausschuß ...., den............ 19....

Dem Kandidaten der Medizin Herrn.........................geb. in .... wird hiermit bescheinigt, daß er die ärztliche Prüfung vor dem hiesigen Prüfungsausschuß bestanden hat und demgemäß dem Herrn Minister behufs Erteilung der Erlaubnis zur Ableistung des Praktischen Jahres in Vorschlag gebracht ist.

Der Vorsitzende
(Unterschrift)

Es empfiehlt sich, durch einen entsprechenden Vermerk auf den Bescheinigungen den Kandidaten nahezulegen, von den Zeugnissen über das Praktische Jahr, die später dem Gesuch um Erteilung der Approbation als Arzt beizufügen sind, Abschriften zum eigenen Gebrauch zurückzubehalten, da die Zeugnisse bei den Akten der obersten Landesbehörde verbleiben (M.J. 5. 12. 11 — M 20180 II).

Die Vorsitzenden der ärztlichen Prüfungsausschüsse sind in bestimmten Fällen allgemein ermächtigt, Kandidaten selbständig die Erlaubnis zur Ableistung des Praktischen Jahres zu erteilen (vgl. S. 211). Muster für die Zulassung in diesen Fällen S. 115. Gegebenenfalls erübrigt sich die Aushändigung einer Bescheinigung nach obigem Muster. Diese Bescheinigung ist nur solchen Kandidaten zu erteilen, die vom Prüfungsausschuß nicht die förmliche Zulassung zum Praktischen Jahr erhalten und tatsächlich zum Praktischen Jahr zugelassen werden dürfen, also von den Ausländern nur denjenigen, die alle Bedingungen der Prüfungsordnung erfüllen (ein reichsdeutsches Reifezeugnis, reichsdeutsche medizinische Studien und Prüfungen nachweisen) und bei deren Zulassung zur Prüfung nicht der ausdrückliche Vorbehalt gemacht worden ist, daß sie die deutsche Approbation nicht erhalten.

Die zur Beschäftigung von Medizinalpraktikanten zugelassenen Anstalten dürfen nur solche geprüften Kandidaten der Medizin als Medizinalpraktikanten aufnehmen, die sich im Besitz der „Bescheinigung über die Zulassung zum Praktischen Jahr" (Muster S.115) befinden. Soweit Kandidaten unmittelbar nach der Prüfung als Medizinalpraktikanten eintreten, haben sie die Bescheinigung nachträglich beizubringen (vgl. auch M.B. 20. 6. 25 — I M III 1361 — K.M. 10. 7. 25 — U I 1382 — S. 100).

[2] Vgl. § 26 der Anweisung S. 100.

[3] Vgl. S. 105 Anm. 4 Abs. 2ff.

Opitz, Prüfungsordnungen. 3. Aufl.

des Tages dauernd in der Anstalt aufhält und sich ganz der Behandlung und Beobachtung der Kranken widmet. Deshalb ist es wünschenswert, daß der Kandidat während seiner praktischen Tätigkeit in einer Krankenanstalt in derselben wohnt und verpflegt wird. Gestatten die Verhältnisse die Unterbringung des Kandidaten in der Krankenanstalt nicht, so sollte ihm wenigstens die Möglichkeit, sich in der Anstalt zu beköstigen, gewährt werden.

§ 15. Die Übertragung einer Hilfsarztstelle in den Krankenanstalten an den Kandidaten ist nicht zulässig[1].

§ 16. Der Ausbildung des Kandidaten in der Krankenanstalt wird am besten dadurch genügt, daß er einer bestimmten Krankenabteilung zugewiesen wird und auf derselben eine bestimmte Anzahl von Kranken, nicht unter 12, zugeteilt erhält, die er unter der Beihilfe und verantwortlichen Leitung des Hilfsarztes der betreffenden Station (Pavillon, Baracke) ärztlich zu versorgen hat. Hierbei ist zu beachten, daß der Kandidat stets unter der Aufsicht des Direktors oder ärztlichen Leiters verbleiben muß.

§ 17. Dem Kandidaten ist die Möglichkeit zu bieten, sich in der Untersuchung und Behandlung der Kranken, im Verschreiben von Rezepten, in der Abfassung von Krankengeschichten, Zeugnissen und Gutachten, in der Führung der Krankenblätter, in der Abhaltung des ärztlichen Wachtdienstes und in der Ausführung von Leichenöffnungen soviel wie möglich zu betätigen. Gegenstände der Unterweisung sollen ferner sein: die Handhabung der Untersuchungsmethoden, die praktische Ausübung der Krankenpflege, insbesondere das Eingehen auf die Wünsche und Bedürfnisse der einzelnen Kranken und das taktvolle Verhalten gegenüber dem Pflegepersonal. Die wissenschaftliche Verwertung bemerkenswerter Krankheitsfälle, die Anwendung der verschiedenen Heilmethoden und der Arzneiverordnung, die Handhabung der Antisepsis und die Einhaltung der Asepsis, die Mithilfe bei Operationen (Narkose, Assistenz, Nachbehandlung), die Vornahme derselben, überhaupt die Übung in möglichst allen Zweigen der praktischen Medizin, besonders auch auf dem Gebiete der Arbeiterschutzgesetzgebung. Ferner erscheint eine Belehrung angezeigt über die Leitung und Verwaltung der Anstalt, über die Durchführung hygienischer Maßnahmen in der Anstalt, über die Erfüllung der dem Arzt obliegenden gesetzlichen Pflichten, namentlich bezüglich der Anzeigepflicht bei übertragbaren Krankheiten und der Desinfektion sowie über das kollegiale Verhalten anderen Ärzten gegenüber, besonders in der Privatpraxis.

§ 18. Alle einer Anstalt oder Anstaltsabteilung überwiesenen Kandidaten haben sich an den täglichen Visiten der dirigierenden Ärzte und der einzelne Kandidat außerdem an den Vormittags- und Nachmittagsbesuchen des Hilfsarztes seiner Station zu beteiligen, wobei am Krankenbette genauere Besprechungen geeigneter Fälle stattzufinden haben. Von großem Nutzen werden auch besondere Referatsstunden sein, welche von den dirigierenden Ärzten in Gegenwart sämtlicher Hilfsärzte und Kandidaten abgehalten werden und in denen die gemachten Beobachtungen ausgetauscht und durch die Erläuterungen der erfahrenen Chefärzte besonders nutzbringend gemacht werden können.

§ 19. Der Kandidat soll durch den Dienst in der Anstalt voll beschäftigt werden. Denn er hat seine ganze Kraft und Aufmerksamkeit darauf zu richten, seine praktischen Kenntnisse und Fähigkeiten zu vertiefen und fortzubilden, sowie das erforderliche Verständnis für die Aufgaben und Pflichten des ärztlichen Berufs zu gewinnen.

§ 20. Die in den §§ 12—19 enthaltenen Bestimmungen finden auf die Beschäftigung und Ausbildung des Kandidaten in Polikliniken und Instituten sinngemäße Anwendung.

Dienstliche Stellung des Kandidaten. § 21. Der Kandidat hat sich der Hausordnung und den Anordnungen des ärztlichen Leiters der Anstalt zu fügen. Zuwiderhandlungen können von diesem mit Verweisen, in Wiederholungs- oder besonders schweren Fällen

---

[1] Vgl. hierzu die Erlasse K.M. 2. 9. 05 — M 19061 U I —, 10. 7. 05 — U I 994 M —, 20. 9. 07 — M 19117 — und 7. 12. 12 — M 20473 — S. 101 und 102.

mit sofortiger Entlassung aus der Anstalt bestraft werden. Im Falle der sofortigen Entlassung hat der ärztliche Leiter binnen zwei Wochen an die der Universitätsanstalt vorgesetzte Behörde, bei ermächtigten Anstalten an die zuständige Aufsichtsbehörde zu berichten[1].

§ 22. Die Direktoren der Universitätskliniken und -polikliniken und der Institute sowie die ärztlichen Leiter der Krankenhäuser sind befugt, dem Kandidaten einen kurzen Urlaub zur Erholung oder zu besonderen Gelegenheiten zu erteilen. Eine Anrechnung der Urlaubszeit auf das Praktische Jahr ist nur bis zu höchstens 14 Tagen und nur unter der Voraussetzung zulässig, daß die Tätigkeit des Kandidaten zu Anständen keine Veranlassung gegeben und sich ordnungsmäßig vollzogen hat. Unter der gleichen Voraussetzung kann auch die Zeit der ärztlich zu bescheinigenden Krankheit bis zur Höchstdauer von 4 Wochen auf das Praktische Jahr angerechnet werden. Eine weitere Anrechnung von Krankheitszeit ist nur in besonders gearteten Fällen mit Genehmigung der Zentralbehörde (§ 5) angängig. In jedem Falle der Beurlaubung oder der Erkrankung muß die Dauer der Unterbrechung unter Bezeichnung des Anfangs- und Endbatums in dem Abgangszeugnisse vermerkt werden. Eine Abkürzung der auf die Behandlung von inneren Krankheiten zu verwendenden Zeit (mindestens ein Drittel des praktischen Jahres) darf durch Urlaub oder Krankheit nur in besonders begründeten Fällen erfolgen.

§ 23. Das Praktische Jahr ist in der Regel ohne Unterbrechung zu erledigen. Eine längere als 14tägige Unterbrechung bedarf der Genehmigung der Zentralbehörde (§ 5).

Es steht dem Kandidaten frei, das an einer Anstalt begonnene Praktische Jahr an einer zweiten und gegebenenfalls noch an einer dritten Anstalt fortzusetzen. Will er noch einen weiteren Wechsel der Anstalt eintreten lassen, so hat er zuvor die Genehmigung der Zentralbehörde (§ 5) einzuholen.

Es ist wünschenswert, daß die Tätigkeit des Kandidaten an einer Anstalt nicht zu kurz bemessen wird. Ein Wechsel der Anstalt darf, vorbehaltlich des § 21, nur nach 14tägiger Kündigung erfolgen, welche sowohl dem Leiter der Anstalt als dem Kandidaten zusteht[2].

§ 24. Hat der Kandidat es an dem erforderlichen Eifer während der Ableistung des Praktischen Jahres fehlen lassen, so daß die Zentralbehörde (§ 5) nicht die Überzeugung gewinnt, daß er den zu stellenden Anforderungen entsprochen hat, so wird die Zentralbehörde die Dauer des Praktischen Jahres noch darüber hinaus für einen von ihr zu bestimmenden Zeitraum ausdehnen.

§ 25. Während der Ableistung des Praktischen Jahres hat der Kandidat mindestens zwei öffentlichen Impfungs- und ebenso vielen Wiederimpfungsterminen, einschließlich der dazu gehörigen Nachschautermine, beizuwohnen. Die Bescheinigung darüber stellt der Impfarzt aus, welcher den Impftermin abgehalten hat. Die erforderlichen Mitteilungen über die Impftermine, welche in der Regel im Mai und Juni stattfinden, sind von dem zuständigen beamteten Arzte einzuholen[3].

Urlaub und
Krankheit.

Unterbrechung
und Anstalt-
wechsel.

Verlängerung
des Prakt.
Jahres.

Impftermine.

---

[1] Vgl. § 27 der Anweisung S. 100, § 60 Abs. 2 a. D. und § 65 Abs. 2 n. D.

[2] Vgl. S. 102.

[3] Der Kandidat hat während des Praktischen Jahres auch über einen Krankheitsfall aus dem Gebiete der Versicherungsmedizin oder des Versorgungswesens ein schriftliches Probegutachten selbständig auszuarbeiten, in dem der von dem Kranken erhobene Rechtsanspruch (Unfallrente, Invalidenrente, Versorgungsrente usw.) gewürdigt wird. Hierbei ist von ihm nachzuweisen, daß er die in Frage kommenden Vorschriften der Gesetzgebung über das Versicherungs- und Versorgungswesen beherrscht und es gelernt hat, besonders die Erwerbsfähigkeit eines Kranken nach den Grundsätzen dieser Gesetzgebung zu beurteilen. Die Aufgabe für das Probegutachten hat der Kandidat von einem Arzte zu erbitten, dem derartige Kranke zur Verfügung stehen (ärztlicher Leiter einer Anstalt, an der das Praktische Jahr abgeleistet werden darf, oder beamteter Arzt). Das angefertigte Probegutachten ist dem Arzt, der die Aufgabe erteilt hat, zur Prüfung vorzulegen und von ihm mit einem entsprechenden Urteil zu versehen. Nur ein hierbei als mindestens genügend erachtetes Probegutachten ist unter Beifügung des Urteils mit dem Approbationsgesuch einzureichen.

Abgangs-
zeugnis.

V. Erteilung des Abgangszeugnisses.

§ 26. Die Abgangszeugnisse über die Ableistung des Praktischen Jahres sind nach dem der Prüfungsordnung beigegebenen Muster 5[1] durch den Direktor der Universitätsklinik oder -poliklinik oder des wissenschaftlichen Instituts oder den ärztlichen Leiter der Anstalt bzw. der selbständigen Anstaltsabteilung, bei welcher der Kandidat tätig gewesen ist, auszustellen[2]. War der Kandidat an mehreren Abteilungen tätig, so ist für die betreffende Zeit von jedem Abteilungsleiter ein besonderes Zeugnis auszustellen. Alle Zeugnisse müssen eine nähere Würdigung der Art der Beschäftigung, sowie eine Angabe darüber enthalten, welchen Teil der bezeichneten Zeit der Kandidat vorzugsweise der Behandlung von inneren Krankheiten gewidmet, inwieweit er seine praktischen Kenntnisse und Fähigkeiten vertieft und fortgebildet, und ob er ausreichendes Verständnis für die Aufgaben und Pflichten des ärztlichen Berufes gezeigt hat[3]

§ 27. Wird dem Kandidaten die Erteilung des Abgangszeugnisses von dem ärztlichen Leiter der Anstalt versagt, so ist dieser verpflichtet, es dem Kandidaten unter kurzer Angabe der Gründe schriftlich zu eröffnen. Gegen diesen Bescheid ist Beschwerde binnen zwei Wochen an die der Universitätsanstalt vorgesetzte Behörde, bei ermächtigten Anstalten an die Zentralbehörde desjenigen Bundesstaats, in dessen Gebiete die Anstalt gelegen ist, zulässig[4].

Berlin, den 7. Juli 1908.

Der Minister
der geistlichen, Unterrichts- und Medizinal-Angelegenheiten.

M 18065 U I.

Annahme.

Personen, die nicht dazu berechtigt sind, haben sich wiederholt zur Annahme als Medizinalpraktikanten oder Famuli usw. bei Anstalten gemeldet und sind dort eingestellt und ausgebildet worden, ohne daß von den Anstaltsleitern die Zeugnisse eingefordert und geprüft worden sind.

Die Leiter der Krankenanstalten usw. werden darauf aufmerksam gemacht, daß in solchen Fällen nicht nur die Anstaltsinsassen, sondern auch die Volksgesundheit gefährdet werden, und es wird ihnen dringend empfohlen, auf die Prüfung der Zeugnisse bei Annahme des medizinischen Personals ihr besonderes Augenmerk zu richten. Die Medizinalpraktikanten können sich durch die amtliche Bescheinigung über die Zulassung zum Praktischen Jahr (vgl. S. 97 Anm. 1 und S. 115) und die Studierenden der Medizin durch die Studiennachweise (Universitätsabgangszeugnisse und Anmeldebuch) ausweisen.

(M.V. 20. 6. 25 — I M III 1361 —, K.M. 10. 7. 25 — U I 1382).

Über die Frage, ob Anstalten die Annahme von Medizinalpraktikanten aus konfessionellen Gründen ablehnen dürfen, liegt folgende Entscheidung des R.K. v. 9. 6. 1911 — III B 1819 — vor:

Bei Erlaß der Prüfungsordnung ist es nicht beabsichtigt gewesen, für die zur Annahme von Medizinalpraktikanten ermächtigten Anstalten die Verpflichtung zu schaffen, der Meldung eines Praktikanten im Einzelfalle zu entsprechen. Zu einem behördlichen Eingriff in die den Kandidaten wie den Anstalten eingeräumte, wechselseitige Freiheit

------

[1] Vgl. S. 116. [2] Vgl. § 11 der Anweisung S. 97.
[3] Zeugnisse, die hierüber nichts Näheres enthalten, werden von der obersten Landesbehörde nicht als genügend angesehen (M.J. 4. 1. 13 — M 20834 II).
[4] Vgl. auch § 21 der Anweisung S. 98, § 60 Abs. 2 a. O. und § 65 Abs. 2 n. O.

von Meldungen und Annahme scheint mir um so weniger Veranlassung vorzuliegen als die Zahl der in Preußen vorhandenen Praktikantenstellen diejenige der geprüften Kandidaten um weit mehr als das doppelte übersteigt und es daher jedem Kandidaten möglich sein dürfte, eine seinen berechtigten Wünschen entsprechende Praktikantenstelle zu finden. Ein behördliches Vorgehen im Sinne der Eingabe würde nur dazu beitragen, auf dem seinem Wesen nach konfessionell neutralen Gebiete der ärztlichen Vorbildung konfessionelle Gegensätze zu schaffen oder zu beleben. Ich möchte daher von einem Vorgehen in dieser Richtung absehen.

Gemäß § 61 Abs. 2 a. O., § 64 Abs. 1 n. O. ist die Zeit, während derer ein Kandidat nach vollständig bestandener ärztlicher Prüfung an einem medizinischen nichtklinischen Universitätsinstitut oder an einem gemäß § 59 Abs. 2 a. O., § 63 Abs. 2 n. O. besonders ermächtigten selbständigen medizinisch-wissenschaftlichen Institut mit Erfolg Assistenz[1] geleistet hat, nach dem Ermessen der obersten Landesbehörde ganz oder teilweise auf das Praktische Jahr anzurechnen. Diese Anrechnung ist in jedem Falle von dem Kandidaten besonders zu beantragen und erfolgt grundsätzlich nur bis zur Dauer von höchstens sechs Monaten. In allen Fällen muß ein Drittel der Praktikantenzeit vorzugsweise der Behandlung von inneren Krankheiten gewidmet werden (M.K. 2. 9. 05 — M 19061 U I).

Soll ein geprüfter Kandidat der Medizin, der das Praktische Jahr noch nicht abgeleistet hat, an den medizinischen Universitätsinstituten als Assistent[1] angenommen werden, so ist dazu die ministerielle Genehmigung erforderlich. Die Erteilung dieser Genehmigung befreit den Kandidaten jedoch nicht von der Ableistung des Praktischen Jahres. Demgemäß kann auch derartigen Assistenten die Approbation als Arzt erst nach Ableistung des Praktischen Jahres erteilt werden. (K.M. 10. 7. 05 — U I 994 M.)

Da der Medizinalpraktikant sich „unter Aufsicht und Anleitung des ärztlichen Leiters" beschäftigen, nicht aber selbständig ärztlich tätig sein soll (§ 59 Abs. 1 a. O., § 63 Abs. 1 n. O.), ist es unzulässig, wenn ein Kandidat während des Praktischen Jahres den Dienst eines Assistenzarztes[1] versieht und dabei zum Teil selbständig ordiniert (K.M. 20. 9.07 — M 19117 —).

Über die Vertretung von Ärzten durch Kandidaten vgl. S. 244.

Der Titel „Medizinalpraktikant" steht nur den Kandidaten der Medizin zu, die nach vollständig bestandener ärztlicher Prüfung regelrecht zur Ableistung des Praktischen Jahres zugelassen worden sind. Die Zulassung (Muster S. 115) wird grundsätzlich nur den Kandidaten erteilt, die Aussicht auf die Erlangung der Approbation als Arzt haben. Diesen Titel führen die Kandidaten bis zum Empfang dieser Approbation, durch die ihnen die Bezeichnung Arzt beigelegt wird.

____

[1] Vgl. hierzu § 15 der Anweisung über das Praktische Jahr S. 98 und wegen der Vorbehalte bei der Annahme als Assistent vgl. S. 202 Anm. 1 Abs. 2.

Kandidaten der Medizin, die noch im Praktischen Jahre nach § 59 ff.
a. O., § 63 ff. n. O. stehen, dürfen sich bei Bewerbungen um Assistenzarztstellen und anderen Gelegenheiten nicht als Assistent, Arzt am
Krankenhaus[1] und dgl. bezeichnen, da nach §§ 29[2] und 147, Ziff. 3[3]
der Reichsgewerbeordnung die Beilegung solcher und ähnlicher Bezeichnungen, durch die der Anschein erweckt wird, als handle es sich um
einen approbierten Arzt, unstatthaft und unter Strafe gestellt ist
(M.J. 7. 12. 12. — M 20473 —).

Ausscheiden.

Wenn ein Medizinalpraktikant fristlos seine Beschäftigung abbricht
oder entlassen wird (vgl. § 60 Abs. 2 a. O., § 65 Abs. 2 n. O. sowie §§ 21
und 27 der Anweisung über das Praktische Jahr S. 98/100), kommt in
zivilrechtlicher Hinsicht, da ein gewöhnliches Dienstverhältnis im Sinne
des § 626 BGB.[4] nicht anzunehmen sein dürfte, weil es sich nicht um
Dienste handelt, die wesentlich gegen Entgelt geleistet werden, die
Anwendung des § 627 BGB. in Frage, welcher lautet:

„Hat der zur Dienstleistung Verpflichtete, ohne in einem dauernden
Dienstverhältnisse mit festen Bezügen zu stehen, Dienste höherer Art
zu leisten, die auf Grund besonderen Vertrauens übertragen zu werden
pflegen, so ist die Kündigung auch ohne die im § 626 bezeichnete Voraussetzung zulässig.

Der Verpflichtete darf nur in der Art kündigen, daß sich der Dienstberechtigte die Dienste anderweit beschaffen kann, es sei denn, daß ein
wichtiger Grund für die unzeitige Kündigung vorliegt. Kündigt er
ohne solchen Grund zur Unzeit, so hat er dem Dienstberechtigten den
daraus entstehenden Schaden zu ersetzen."

Ausbildung
der Sanitäts
offiziere.

Anwärter für das aktive Marine-Sanitätsoffizierkorps können abweichend von der Bestimmung des § 59 a. O., § 63 n. O. wegen ihrer
halbjährigen militärischen Ausbildung, die nach Bestehen der ärztlichen Prüfung erfolgt, das Praktische Jahr entsprechend später beginnen bzw. unterbrechen, ohne daß die in § 7 der Anweisung über das
Praktische Jahr der Mediziner vom 7. Juli 1908 (S. 95) vorgeschriebene
Erlaubnis der für die Erteilung der Approbation zuständigen obersten
Landesbehörde eingeholt wird (R.J. 3. 2. 23, 13. 10. 25 — II 990/23,
7896/25 A).

Den Marinelazaretten in Kiel und Wilhelmshaven ist allgemein
die Ermächtigung zur Annahme solcher Medizinalpraktikanten erteilt
worden, die in das aktive Marine-Sanitätsoffizierkorps übernommen
werden sollen. Die Zahl der Praktikanten, die in jedem der genannten
beiden Marinelazarette gleichzeitig aufgenommen werden darf, ist so
zu bemessen, daß auf jeden Praktikanten bei der durchschnittlichen
Belegungsziffer mindestens 40 Kranke entfallen. Die betreffenden
Praktikanten werden als aktive Unterärzte von der Marineleitung
dorthin kommandiert (R.J. 11. 10. 21 — II A 9582).

---

[1] Vgl. hierzu § 15 der Anweisung über das Praktische Jahr S. 98.
[2] Vgl. S. 164. [3] Vgl. S. 247.
[4] § 626 BGB. lautet: „Das Dienstverhältnis kann von jedem Teile ohne Einhaltung einer
Kündigungsfrist gekündigt werden, wenn ein wichtiger Grund vorliegt".

Medizinalpraktikanten, die in das aktive Sanitätsoffizierkorps des Reichsheeres eintreten wollen, können das Praktische Jahr in den Heereslazaretten ableisten, die hierzu besonders ermächtigt und in dem Verzeichnis der zur Annahme von Praktikanten ermächtigten Krankenhäuser (S. 120) aufgeführt sind. Die militärische Ausbildung der in das Heer einzustellenden Medizinalpraktikanten kommt jedoch erst nach Ableistung des Praktischen Jahres in Frage.

Die Ableistung des Praktischen Jahres in den Heereslazaretten ist jedoch nicht nur auf die Praktikanten, die in das Reichsheer eingestellt werden sollen, beschränkt, sondern auch den übrigen Kandidaten freigestellt (M.V. I M III 599/25).

C. Bedingungen für die Zulassung von Anstalten zur Annahme von Praktikanten.

Im allgemeinen gilt zunächst § 12 der Anweisung über das Praktische Jahr (S. 97). Allgemein

1. Bei Universitätskliniken, einschl. der Spezialkliniken für Augen-, Ohren-, Hals- und Nasen-, Haut- usw. Kranke[1] darf nur dann, wenn die durchschnittliche Krankenzahl wenigstens 40 beträgt, ein und für jede weiteren 40 Kranken ein weiterer Praktikant zugelassen werden. Universitätsanstalten.

2. Bei Universitätspolikliniken, einschließlich der Spezialpolikliniken[1], darf nur dann, wenn die durchschnittliche jährliche Krankenzahl 2000 beträgt, ein und für jede weiteren 2000 Kranke ein weiterer Praktikant zugelassen werden.

3. Bei Universitätskliniken, welche mit einer Poliklinik verbunden sind, findet Doppelrechnung statt in der Weise, daß auf jede 40 klinische und jede 2000 poliklinische Kranke je ein Praktikant zugelassen werden darf[2].

4. Die bei einem sonstigen medizinisch-wissenschaftlichen Universitätsinstitut nach vollständig bestandener ärztlicher Prüfung absolvierte Zeit darf bis zu einem halben Jahre auf das Praktische Jahr angerechnet werden. Jedoch darf jedes dieser Institute gleichzeitig nicht mehr als einen Praktikanten beschäftigen[3]. Zur Annahme eines weiteren Praktikanten ist die Genehmigung des Ministeriums einzuholen.

5. Selbständige medizinisch-wissenschaftliche Institute können in demselben Umfange, wie die unter 4 genannten Universitätsinstitute, zur Annahme von Praktikanten ermächtigt werden[4].

---

[1] Mit Rücksicht darauf, daß die geburtshilflich-gynäkologische Ausbildung der Praktikanten nach Möglichkeit gefördert werden soll, ist auf bindende Vorschriften hinsichtlich der Zahl der an den einzelnen Universitätsfrauenkliniken und -polikliniken zuzulassenden Medizinalpraktikanten verzichtet worden (vgl. K.M. 19. 5. 24 — U I 736 — S. 104).

[2] Bei der Festsetzung der Mindestzahlen zu Ziffer 1 bis 3 ist man davon ausgegangen, einerseits die Zahl der auszubildenden Praktikanten in einem sachdienlichen Verhältnis zu dem vorhandenen Krankenmaterial zu halten, andererseits im Interesse der Kranken die Zahl der zu ihrer Behandlung berufenen Personen auf das richtige Maß zu beschränken.

[3] Diese Bestimmung ist getroffen worden namentlich mit Rücksicht darauf, daß in den Universitätsanstalten auch die Ausbildung von Studierenden zu erfolgen hat.

[4] Für die etwa beantragte Ermächtigung zur gleichzeitigen Beschäftigung von mehreren Praktikanten darf neben dem Umfang und der Bedeutung des Instituts noch in Betracht gezogen werden, daß die gleichzeitige Ausbildung von Studierenden den Leitern dieser Institute nicht obliegt. Vgl. auch S. 113.

6. Eine Einziehung von Honorar von den Praktikanten für die ihnen gewährte Unterweisung während des Praktischen Jahres ist nicht zulässig.

Dem Ermessen der Kliniker ist es überlassen, ob sie Praktikanten in dem vorstehend bezeichneten Umfange zur Ablegung des Praktischen Jahres zulassen wollen. In dieser Beziehung wird namentlich in Betracht kommen, ob die Rücksichtnahme auf die Kranken die Annahme einer so großen Zahl gestattet, zumal da ohnehin neben den Assistenten zahlreiche Volontärassistenten, Famuli und fremde Ärzte, welche sich weiterbilden wollen, in den Kliniken zugelassen zu werden pflegen. Die obigen Höchstzahlen dürfen selbstverständlich nicht überschritten werden.

(K.M. 10. 7. 05. — U I 48 M —.)

Bei einer Prüfung der Frage, ob es geboten sei, die Zahl der an den Medizinischen Kliniken zuzulassenden Medizinalpraktikanten zu erhöhen, ist festgestellt worden, daß zurzeit eine zwingende Veranlassung zur Erhöhung der Praktikantenzahl und zu einer Änderung der durch den Erlaß vom 10. 7. 1905 — U I 48 M — aufgestellten Richtlinien für die Zahl der in den einzelnen Anstalten zuzulassenden Medizinalpraktikanten nicht vorliege. Dagegen ist zur Sprache gebracht worden, daß die Anwendung dieser Richtlinien auf die geburtshülflichen Kliniken und Polikliniken nicht immer vorteilhaft sei und daß für sie eine Abweichung von der Regel häufig deshalb geboten erscheine, weil die praktische Ausbildung des ärztlichen Nachwuchses in der Geburtshilfe mit allen Mitteln gefördert werden muß. Aus dieser Erwägung sind auch die geburtshülflichen Kliniken und Polikliniken bei der Festlegung der Richtlinien in dem Erlaß vom 10. 7. 1905 im Gegensatz zu den Spezialkliniken für Augen-, Ohren-, Hals-, Nasen-, Haut- usw. Kliniken nicht besonders genannt worden. Die von gynäkologischen Krankenanstalten und Polikliniken in letzter Zeit häufiger gestellten Anträge um Erhöhung der Zahl der Medizinalpraktikanten sind deshalb in weitgehendem Maße berücksichtigt worden, wenn die notwendigen Voraussetzungen erfüllt waren.

Es bestehen keine Bedenken dagegen, daß auch die Zahl der zuzulassenden Medizinalpraktikanten für die Universitätsfrauenkliniken und Polikliniken dem jeweiligen Bedürfnis entsprechend über die in den Richtlinien festgesetzten Höchstzahlen hinaus erhöht wird, wenn eine genügende Beschäftigung der Praktikanten unter sachgemäßer Leitung gewährleistet ist. Von dieser Vergünstigung ist jedoch nur in einem Umfange Gebrauch zu machen, der die gründliche Ausbildung des ärztlichen Nachwuchses gewährleistet und die erforderliche Rücksicht auf die Kranken nicht vermissen läßt.

(K.M. 19. 5. 24 — U I 736.)

Wegen der weiteren Richtlinien für die Auswahl geeigneter Anstalten zur praktischen Weiterbildung der Mediziner in Geburtshilfe und Gynäkologie vgl. S. 110.

An Krankenanstalten soll die Ermächtigung zur Aufnahme von Medizinalpraktikanten in der Regel nur erteilt werden, wenn dieselben öffentliche sind und mindestens 50 Krankenbetten haben[1]. Die Zahl von Praktikanten, welche an jeder einzelnen Krankenanstalt gleichzeitig höchstens aufgenommen werden darf, wird dergestalt festgesetzt, daß auf jeden Praktikanten bei der erfahrungsgemäß normalen Belegungsziffer eine Mindestzahl von Kranken, und zwar in städtischen und Kreiskrankenhäusern etwa 40, in Stiftungs- und Vereinskrankenanstalten — Diakonissenhäusern, evangelischen, katholischen und israelitischen Krankenhäusern, Johanniterkrankenhäusern, Krankenanstalten vom Roten Kreuz — etwa 50, in Spezialkrankenanstalten — Augenheilanstalten und dgl. — etwa 60, in Volksheilstätten für Lungenkranke[2] etwa 100, in Provinzial-Irren-Heil- und Pflegeanstalten etwa 120 Kranke entfallen. Idioten- und Privat-Irren- und Nervenheil-Anstalten sind besonders sorgfältig darauf zu prüfen, ob sie sich zur Annahme von Praktikanten eignen. In öffentlichen Entbindungs- sowie in Hebammenlehranstalten wird im allgemeinen nicht mehr als ein Praktikant anzunehmen sein[3]. Bei der Auswahl der Anstalten ist die normalmäßige Belegungsziffer zugrunde zu legen, außerdem aber besonders auf die ganze Einrichtung, die Leitung und den Betrieb der Anstalt Rücksicht zu nehmen.

Was die Leitung betrifft, so sind diejenigen Krankenhäuser zu bevorzugen, deren Leiter nach ihrer wissenschaftlichen Stellung und ihrer Persönlichkeit zu der Erwartung berechtigen, daß sie es sich angelegen sein lassen werden, die Praktikanten nach Möglichkeit zu beschäftigen, zu eigener Tätigkeit anzuregen, zu regelmäßiger Untersuchung der Kranken und ihrer Se- und Exkrete anzuhalten und mit den Aufgaben und Pflichten auch des praktischen Arztes eingehend vertraut zu machen[4].

Kranken-
anstalten.

---

[1] Die versorgungsärztlichen Untersuchungsstellen, die der fachärztlichen Untersuchung und Begutachtung von Kriegsbeschädigten dienen, sind zur Annahme von Medizinalpraktikanten allgemein zugelassen und in dem Verzeichnis der hierzu ermächtigten Anstalten (S. 120) berücksichtigt worden, weil die Praktikanten dort die beste Gelegenheit haben, sich mit den gesetzlichen Vorschriften und den Verwaltungsgrundsätzen des Versorgungs- und zum Teil auch des Versicherungswesens vertraut zu machen (R.J. 10. 11. 25 — II 9868 A).

[2] Den Tuberkulose-Fürsorgestellen kann die allgemeine Ermächtigung zur Annahme von Medizinalpraktikanten nicht erteilt werden, weil die Ableistung des Praktischen Jahres an solchen Beratungsstellen nicht dem Sinne der Einrichtung dieser Ausbildungszeit entspricht. Zur Betätigung des ärztlichen Nachwuchses in der Bekämpfung der Tuberkulose ist während des Praktischen Jahres in einer großen Zahl von Tuberkulose-Heilanstalten, die zur Annahme von Medizinalpraktikanten allgemein ermächtigt sind, Gelegenheit geboten. Die Ausbildung bei den Tuberkulose-Fürsorgestellen muß den Medizinern in der Zeit nach Ableistung des Praktischen Jahres überlassen bleiben (M.B. 23. 2. 27 — I M III 255).

[3] Seit dem allg. Erlaß v. 15. 4. 02 — M 4855 U I — wonach mit ministerieller Genehmigung in öffentlichen Entbindungs- sowie in Hebammenlehranstalten im allgemeinen nicht mehr als ein Praktikant angenommen werden soll, ist inzwischen insofern eine Änderung eingetreten, als in den letzten Jahren besonderer Wert darauf gelegt wird, daß die praktische Ausbildung unseres ärztlichen Nachwuchses in der Geburtshilfe mit allen Mitteln gefördert werden muß. Die Gesuche um Zulassung von Medizinalpraktikanten an geburtshilflich-gynäkologischen Krankenanstalten werden daher seit einiger Zeit in sehr weitgehendem Maße berücksichtigt, sofern nur eine genügende Beschäftigung des Praktikanten unter sachgemäßer Leitung dort gewährleistet erscheint (M.B. 31. 1. 25 — I M III 93). Vgl. auch M.B. 3. 6. 26 — I M III 1574 — S. 110.

[4] Selbstverständlich wird bei der Auswahl der Krankenhäuser nicht bloß die wissenschaftliche Tüchtigkeit des leitenden Arztes, sondern auch seine Stellung und sein Verhältnis zu seinen Berufsgenossen zu berücksichtigen sein, damit die Unterweisung der Praktikanten nicht etwa nach Grundsätzen erfolgt, die den ärztlichen Standespflichten zuwiderlaufen. Fortsetzung S. 106.

Was die Einrichtung der Anstalten betrifft, so verdienen diejenigen den Vorzug, welche nach hygienischen Grundsätzen erbaut und
eingerichtet, mit den zur Durchführung der Asepsis und Antisepsis
erforderlichen Geräten und Instrumenten ausgestattet sind und wo-
möglich ein der Größe der Anstalt entsprechendes Laboratorium zur
Ausführung einfacherer physiologisch-chemischer, mikroskopischer und
bakteriologischer Untersuchungen zur Verfügung haben. Auch wird

---

A. Über die ärztliche Leitung in den preuß. öffentlichen und privaten Krankenanstalten, deren
Besitzer die von den zuständigen Medizinalaufsichtsbehörden erlassenen Vorschriften zu befolgen
haben, sind folgende Bestimmungen ergangen:

I. Erlaß des Ministers der geistlichen, Unterrichts- und Medizianlangelegenheiten vom 22. 11. 06
— M 7341 G I G II — betreffend ärztliche Behandlung in Krankenanstalten:
Seit einer Reihe von Jahren werden Klagen darüber erhoben, daß in einzelnen Krankenanstalten eine einheitliche Leitung in der ärztlichen Krankenversorgung nicht vorhanden ist. Die
wiederholt angeordneten Ermittlungen haben ergeben, daß derartige Krankenanstalten tatsächlich
Mißstände zeigen, welche der Abhilfe dringend bedürftig sind. Dadurch, daß die ärztliche Behandlung und Fürsorge für die Kranken, sowie die ärztliche Überwachung und Anleitung des Pflegepersonals sich nicht auf einen Arzt der Anstalt oder der Abteilung beschränkt, sondern es jedem
Arzte, der seine Kranken in das Krankenhaus legen will, überlassen wird, seine Patienten auch
nach der Aufnahme in die Anstalt weiter zu behandeln, wird der Betrieb des Krankenhauses wesentlich erschwert. Es leiden Reinlichkeit und Asepsis; bei chirurgischen Fällen wird die Wundbehandlung
gefährdet. Vor allen Dingen aber fehlt es an einer Sicherheit dafür, daß die Übertragung ansteckender Krankheiten in der wünschenswerten Weise verhütet wird. Ein großer Mangel zeigt
sich auch darin, daß das Krankenpflegepersonal nicht einheitlich ausgebildet, vielmehr durch die
verschiedenen Behandlungsmethoden und Anordnungen der einzelnen Ärzte leicht verwirrt
und zum selbständigen Handeln dem Kranken gegenüber verleitet wird.
Diese Mißstände werden verhütet, wenn die Behandlung und Versorgung der Kranken in
einem Krankenhause oder bei größeren Krankenanstalten in einer Abteilung derselben in die Hand
eines Arztes gelegt werden, dessen Rechte und Pflichten durch Dienstanweisung oder Vertrag
genau abgegrenzt sind, und dem die Überwachung der Durchführung der hygienischen Maßnahmen
übertragen ist. Es ist daher der Erlaß einer Anordnung in Frage gekommen, wonach in allen
Krankenanstalten über 50 Betten die Krankenbehandlung und der Betrieb, soweit es sich um die
Krankenpflege handelt, einem Arzte oder bei größeren Anstalten den Abteilungsärzten zu unter
stellen sein würde. Auch für die Krankenanstalten, welche weniger als 50 Betten haben, wird
diese Vereinheitlichung der ärztlichen Krankenfürsorge als dringend erwünscht bezeichnet und als
notwendig gefordert, daß der Vorstand wenigstens einem Arzte die Überwachung der Durchführung
der gesundheitlichen Maßnahmen übertragen soll.

II. Erlaß des Ministers der geistlichen, Unterrichts- und Medizinalangelegenheiten vom 12. 10. 08
— M 8048 — betreffend Grundsätze für die ärztliche Leitung der Krankenanstalten:
Über die in dem Erlasse vom 22. 11. 06 — M 7341 G I G II — erörterte Frage der einheit-
lichen ärztlichen Leitung der Krankenanstalten habe ich noch die Anhörung der Ärztekammern
und des Ärztekammerausschusses veranlaßt. Auf Grund der eingegangenen Berichterstattung ersuche ich, nunmehr auf die Durchführung folgender Grundsätze innerhalb des dortigen Geschäfts-
gebiets hinzuwirken.
Grundsätze.
(1.) In jeder Krankenanstalt muß eine verantwortliche ärztliche Leitung für den allgemeinen
Krankendienst und für die gesundheitlichen Maßnahmen vorhanden sein. Dem damit beauftragten
Arzt ist innerhalb der Verwaltung die nötige Selbständigkeit zu gewähren.
(2.) In allen größeren öffentlichen Krankenanstalten muß ein Arzt an leitender Stelle auch
für die Krankenbehandlung stehen, oder je ein Arzt an die Spitze der einzelnen Abteilungen gestellt
werden. Die Zuziehung von Spezialärzten wird hierdurch nicht berührt.
(3.) In kleineren öffentlichen Anstalten, besonders in kleineren Orten, ferner in Privatkliniken
Sanatorien und sonstigen Privatanstalten kann die Zulassung mehrerer oder aller Ärzte zur Behandlung der von ihnen eingelieferten Kranken oder zur gegenseitigen Unterstützung gestattet
werden, vorausgesetzt, daß ein Arzt für die Hygiene des Hauses, Ausbildung und Überwachung
des Pflegepersonals und für die sonstigen den allgemeinen Krankendienst betreffenden Maßnahmen
allein verantwortlich und zuständig ist.
(4.) Unter öffentlichen Krankenanstalten im Sinne dieser Grundsätze sind diejenigen Anstalten
zu verstehen, die ohne Konzession (vgl. § 30 Gewerbeordnung) betrieben werden.
Die Unterscheidung zwischen größeren und kleineren Krankenanstalten wird sich in der Regel
nach der Bettenzahl insofern bestimmen lassen, als alle Krankenanstalten über 30 Betten zu den
größeren im Sinne dieser Vorschriften zu rechnen sind. Indessen sind dabei auch die sonstigen
in Betracht kommenden örtlichen Verhältnisse zu würdigen, so daß es unter Umständen auch zulässig erscheint, einem öffentlichen Krankenhause über 30 Betten die Möglichkeit der Zulassung
mehrerer Ärzte zur Behandlung zuzugestehen, jedoch nicht einem solchen über 50 Betten. Auf der
anderen Seite wird einem öffentlichen Krankenhause mit weniger als 30 Betten ausnahmsweise
die Bestellung einer ärztlichen Leitung auch für die Krankenbehandlung auferlegt werden müssen,
sofern es die Krankenversorgung erfordert. Es wird sich empfehlen, die Pflichten und Rechte

vor anderen diejenige Krankenanstalt den Vorzug verdienen, bei welcher eine wenn auch bescheidene medizinische Bibliothek mit Lesezimmer vorhanden ist.

Hinsichtlich des Betriebes ist zu bemerken, daß Anstalten, welche bei den regelmäßigen und unvermuteten Revisionen einen unordentlichen und unsauberen Eindruck machen oder sonst zu Ausstellungen

des leitenden Arztes in der Form einer Dienstanweisung festzulegen, und zwar nicht nur für die Fälle, in denen ein Arzt die Leitung der gesamten, allgemeinen und speziellen Krankenversorgung übernehmen, sondern auch für die Fälle, in denen nur die hygienische Leitung sowie die Aufsicht über die Ausbildung des Pflegepersonals und über den sonstigen allgemeinen Krankendienst (vgl. Nr. 1 der Grundsätze) einem Arzte übertragen werden soll, während die spezielle Krankenbehandlung dem jedesmal zuständigen behandelnden Arzte zu verbleiben hat.

III. Ausführungsbestimmungen des Ministers der geistlichen, Unterrichts- und Medizinalangelegenheiten vom 2. 6. 10 — M 5784 G I G II:

Der Runderlaß vom 12. 10. 08 — M 8048 G I G II — hat zu Mißverständnissen Veranlassung gegeben. Ich bemerke deshalb folgendes:

(1.) Mit dem Grundsatz, daß in jeder Krankenanstalt eine verantwortliche ärztliche Leitung für den allgemeinen Krankendienst und für die gesundheitlichen Maßnahmen vorhanden sein soll, ist nicht beabsichtigt, in die Haushalts- und Wirtschaftsführung der Anstalt einzugreifen. Deshalb ist nichts dagegen einzuwenden, daß die Haushalts- und Wirtschaftsführung der von dem Vorstand, Besitzer oder Unternehmer der Krankenanstalt dazu bestellten Persönlichkeit (Oberin, Verwaltungsdirektor, Inspektor usw.) verbleibt. Doch erscheint es erforderlich, dieser sowohl wie dem leitenden Arzte eine ausreichende Selbständigkeit in ihrem Tätigkeitsbereich zu gewährleisten.

(2.) Der Erlaß vom 12. 10. 08 hat auch nicht beabsichtigt, auf die klösterliche Ordnung oder die durch Stiftungssatzungen festgelegte Eigenart der Anstalt abändernd einzuwirken. Von einer Einwirkung dahin, daß der leitende Arzt im Verein mit der Oberin die Verteilung des Pflegepersonals und Versetzungen auf andere Abteilungen anordnet, wird daher überall da abzusehen sein, wo die Verfassung der Anstalt dies Recht der Oberin allein vorbehält. Im Interesse der Krankenfürsorge muß jedoch Wert darauf gelegt werden, daß durch den Wechsel des Pflegepersonals die Versorgung der Kranken nicht leidet und daß sich deshalb die Oberin vor der Anordnung des Wechsels mit dem leitenden Arzte ins Benehmen setzt.

(3.) Der Grundsatz, daß in allen größeren öffentlichen Krankenanstalten auch für die Krankenbehandlung ein Arzt an leitender Stelle stehen soll, schließt nicht aus, daß die Kranken der I. und II. Klasse solcher Anstalten mit Genehmigung des Vorstandes sich von einem anderen Arzte ihres Vertrauens behandeln lassen können. Aber auch für diese Fälle wird vorauszusetzen sein, daß der leitende Arzt (Ziffer 1) für die Hygiene des Hauses und für die Ausbildung und Überwachung des Pflegepersonals beim Krankendienst verantwortlich und zuständig ist.

IV. Erlasse des Ministers für Volkswohlfahrt vom 30. 4. 24 — I M V 3552/23 — und 23. 5. 24 — I M II 1229:

Die beteiligten Verbände der Ärzte und Krankenanstalten haben sich auf die nachstehenden Leitsätze über die Stellung der leitenden Krankenhausärzte geeinigt. Ich ersuche, auch behördlicherseits dahin wirken zu wollen, daß die Leitsätze in Geltung treten.

Leitsätze über die Stellung der leitenden Krankenhausärzte.

(1.) Der leitende Arzt wird durch schriftlichen Vertrag auf mindestens fünf Jahre angestellt. Während dieser Zeit darf eine Auflösung und nach Ablauf derselben eine Nichterneuerung des Vertragsverhältnisses nur aus wichtigen Gründen erfolgen. Ob solche Gründe vorliegen, entscheidet bei Meinungsverschiedenheiten ein zu vereinbarendes Schiedsgericht unter Ausschluß des öffentlichen Rechtsweges. Als wichtiger Grund gilt auch die Einstellung des Krankenhausbetriebes oder die wesentliche Einschränkung desselben.

In Krankenanstalten der privaten Wohlfahrtspflege kann mit Rücksicht auf deren besondere Verhältnisse eine vorläufige Anstellung auf ein Jahr vereinbart und gegebenenfalls auf ein weiteres Jahr verlängert werden. Es ist hierbei aber eine vierteljährliche Kündigungsfrist innezuhalten.

(2.) Steht dem leitenden Arzt nicht auch die Oberleitung im wirtschaftlichen Betriebe zu, so ist er wenigstens für den ganzen Betrieb der Anstalt, soweit es sich um die medizinischen und hygienischen Belange handelt, insbesondere für den allgemeinen Krankendienst um die gesundheitlichen Maßnahmen zuständig und verantwortlich. Ihm ist die nötige Selbständigkeit zu gewähren. Im übrigen werden die Anstalten der freien Liebestätigkeit durch deren Organ vertreten.

(3.) Besteht für die Anstalt ein besonderer Krankenhausvorstand (Verwaltung, Ausschuß), so gebührt dem leitenden Arzte bzw. seinem Stellvertreter darin Sitz und Stimme. Den Trägern der Stiftungsanstalten wird empfohlen, die Satzung so einzurichten, daß der leitende Arzt in den Vorstand bzw. Verwaltungsausschuß hinzugewählt werden kann.

(4.) Besteht für die Anstalt kein besonderes Kuratorium, so muß der leitende Arzt in allen medizinischen und hygienischen Belangen vor Erlaß etwaiger Anordnungen gehört werden. Auch in wirtschaftlichen Angelegenheiten soll er auf Wunsch der Anstaltsleitung zur Seite stehen.

(5.) Der leitende Arzt ist der Vorgesetzte des ärztlichen Hilfs- und Krankenpflegepersonals in allen den Krankendienst betreffenden Angelegenheiten. Religiöse Vorschriften bleiben hiervon unberührt. Im übrigen unterstehen die Mitglieder religiöser Genossenschaften nur ihren Oberen.

Veranlassung geben, von der An nahme von Praktikanten je nach Umständen dauernd oder zeitweise auszuschließen sein werden[1].

Was die Bedingungen für die Annahme von Praktikanten betrifft, so wird daran festzuhalten sein, daß von den Praktikanten in der Regel weder eine Zahlung an die Anstalt noch auch ein Honorar an den ärztlichen Leiter gefordert werden soll, um die Kosten des ärztlichen Studiums nicht unnötig zu erhöhen.

Dagegen wird denjenigen Krankenanstalten, ihre sonstige Geeignetheit vorausgesetzt, der Vorzug zu geben sein, welche den Praktikanten

(6.) Ist der Arzt nicht Mitglied des Kuratoriums, so müssen alle vom Vorstand (von der Verwaltung, dem Ausschuß) hinsichtlich des Personals und in bezug auf die Krankenfürsorge (einschließlich Beköstigung) zu erlassenden Anordnungen durch seine Hand gehen und unterliegen seiner Aufsicht. Desgleichen sind ihm alle sonstigen, die Hygiene des Krankenhauses oder die Krankenfürsorge betreffenden Schreiben, Verfügungen und Berichte, welche an den Vorstand (Verwaltung, Ausschuß) ergehen, oder von diesem ausgehen, zur Kenntnisnahme und zur Mitzeichnung vorzulegen.

(7.) Der leitende Arzt hat Anspruch auf ausreichendes Hilfspersonal, insbesondere darauf, daß ihm zu ärztlichen Leistungen (Narkose, Vertretung, fachärztliche Hilfsleistungen usw.) die nötigen Hilfskräfte zur Verfügung gestellt werden. Die Berufung und Anstellung der in dem Krankenhaus tätigen Assistenzärzte erfolgt durch die Verwaltung bzw. den Vorstand des Krankenhauses auf Vorschlag des leitenden Arztes. Selbständige Abteilungsärzte haben für ihre Abteilung zur Anstellung von Assistenzärzten das gleiche Vorschlagsrecht. Die Assistenzärzte unterstehen dem leitenden Arzte oder ihrem Abteilungsarzte ärztlich oder dienstlich.

(8.) Dem leitenden Arzte muß ferner der Wechsel und die Verteilung des ärztlichen Hilfspersonals und des Krankenpflegepersonals auf die einzelnen Abteilungen, wie die Regelung der sonstigen Tätigkeit dieses Personals unterstehen. In Anstalten mit religiös organisiertem Pflegepersonal behalten sich die Oberen grundsätzlich die allgemeine Arbeitsverteilung und die Besetzungsfreiheit vor. Doch ist bei Besetzung von Stellen, welche besondere Verantwortung und Schulung erfordern, ein vorheriges Einvernehmen mit dem Arzte nach bester Möglichkeit herbeizuführen.

(9.) Selbständig entscheidet der Arzt nach Maßgabe der allgemeinen Aufnahmeordnung, welche durch den Vorstand bzw. Verwaltungsausschuß gemeinsam mit dem leitenden Arzte aufgestellt wird bzw. nach den zwischen ihnen und der Genossenschaft vereinbarten Richtlinien, über die Aufnahme und Entlassung der Kranken, über die Verteilung derselben in den zur Verfügung stehenden Räumen, unbeschadet der in seiner Abwesenheit von der zuständigen Stelle des Pflegepersonals zu treffenden vorläufigen Maßnahmen. Bei groben Verstößen der Kranken kann auch der Vorstand bzw. seine Stellvertreter die Entlassung verfügen, falls dieselbe ärztlich zulässig ist.

(10.) Der leitende Arzt erhält für seine Tätigkeit als Leiter, ebenso für die Behandlung der Kranken dritter Pflegeklasse einschließlich der Kassenkranken, falls nicht bei diesen ärztliche Berechnung gestattet ist, ein angemessenes Gehalt. Für die Behandlung der Kranken in der ersten und zweiten Pflegeklasse kann der Arzt in allen Fällen Rechnung ausstellen.

Ruhegehaltsberechtigung liegt dann vor, wenn die Einnahmen des Arztes in der Hauptsache in seinem Krankenhausgehalt bestehen. Als Altersgrenze für den Ruhegehaltsempfang soll die Erreichung des 65. Lebensjahres gelten.

Die Grundsätze gelten für die leitenden Krankenhausärzte, sind aber sinngemäß auch für die leitenden Abteilungsärzte anzuwenden.

B. Über die ärztliche Leitung in Preuß. Privatanstalten für Geisteskranke, Epileptische und Idioten ist in der durch gemeinschaftliche Verfügung des Justizministers, des Ministers der Medizinalangelegenheiten und des Ministers des Innern vom 26. 8. 01 — Just.-Min. I 1853, Min. d. Inn. IIa 2311, Min. d. g. Ang. M 5020 — erlassenen Anweisung über Unterbringung in Privatanstalten für Geisteskranke, Epileptische und Idioten, zu denen im Sinne dieser Anweisung insbesondere auch die von geistlichen und weltlichen Orden, Genossenschaften, Stiftungen usw. begründeten und betriebenen Anstalten, dagegen nicht die vom Staate oder von Kommunalverbänden errichteten und unterhaltenen Anstalten gehören, folgendes bestimmt worden:

§ 19. (1.) Die Anstalten müssen, soweit es sich nicht um wirtschaftliche und Büro-Angelegenheiten handelt, von einem in der Psychiatrie bewanderten Arzte geleitet werden, der durch längere Tätigkeit an einer größeren öffentlichen nicht nur für Unheilbare bestimmten Anstalt oder an einer psychiatrischen Universitätsklinik — wenn auch zum Teil als Volontär — sich die nötigen Kenntnisse verschafft hat.

In der Regel ist für die Leitung einer größeren oder einer heilbare Kranke aufnehmenden Anstalt eine etwa zweijährige Tätigkeit dieser Art erforderlich. Je nach dem Bestande und Wechsel der Kranken und wenn die Anstalt ausschließlich unheilbare Kranke aufnimmt, kann die Dauer der Ausbildung auf etwa ein Jahr herabgesetzt werden. In besonderen Fällen ist nach Anhörung der Besuchs-Kommission an den Minister der Medizinalangelegenheiten zu berichten. Mit dessen Zustimmung kann auch die ärztliche Tätigkeit an einer geeigneten größeren Privatanstalt für Geisteskranke oder Epileptische oder an einer geeigneten großen Abteilung für Geisteskranke bei einem allgemeinen Krankenhause für die Ausbildung angerechnet werden. (Fortf. S. 109.)

---

[1] Die Krankenpflege soll bei den in Betracht gezogenen Anstalten auch den neuesten Anforderungen entsprechend geregelt sein.

als Äquivalent für die Unterstützung, die sie der Anstalt und deren
Ärzten in der Behandlung und Pflege der Kranken und in der Anleitung und Unterweisung des Wärterpersonals leisten, gewisse Erleichterungen in Gestalt von freier Wohnung, freien Bädern, Beköstigung gegen Vorzugspreise usw. gewähren[1].

Daß die Krankenanstalten den Praktikanten auf diese Weise die
Ableistung des Praktischen Jahres erleichtern, erscheint nicht unbillig,
da sie von diesen durch die Besorgung eines ärztlichen Wachdienstes,

---

(2.) Der Unternehmer der Anstalt bedarf für die eigene Übernahme der ärztlichen Leitung
oder für die Anstellung des leitenden Arztes der Genehmigung des Regierungspräsidenten.

Bei Anstellung des leitenden Arztes ist der in Aussicht genommene Vertrag und die Dienstanweisung beizufügen und sind bezüglich der Lage und Wohnung genaue Angaben zu machen,
wenn der Arzt nicht in der Anstalt zu wohnen hat (3.). Auch die Vertretung ist in allen Fällen
zu ordnen.

Die Genehmigung kann zurückgenommen werden, wenn die Unrichtigkeit der Nachweise dargetan wird, auf Grund deren sie erteilt worden ist, oder wenn aus Handlungen oder Unterlassungen
des Arztes sich dessen Unzuverlässigkeit in bezug auf die ihm übertragene Tätigkeit ergibt.

(3.) In Anstalten, in denen heilbare Kranke Aufnahme finden, oder welche für mehr als
50 Geisteskranke oder mehr als 100 Epileptische bestimmt sind, muß mindestens ein nach Vorschrift
der Nr. 1 ausgebildeter Arzt wohnen.

Ausnahmen können, sofern die Wohnung des Arztes in unmittelbarer Nähe gelegen und durch
Telephon verbunden ist, mit Zustimmung des Ministers der Medizinalangelegenheiten gestattet
werden.

(4.) Es soll in der Regel ein zweiter Arzt angestellt werden und in der Anstalt wohnen, wenn
die Zahl der Geisteskranken 100 oder der Epileptiker 200 übersteigt.

Über den Nachweis der psychiatrischen Vorbildung, bei welcher nicht die Bedingungen erfüllt
zu werden brauchen, die an den leitenden Arzt zu stellen sind, entscheidet der Regierungspräsident
evtl. nach Anhörung der Besuchs-Kommission. Die Anstellung, vor welcher der leitende Arzt
gehört werden kann, unterliegt der Zustimmung des Regierungspräsidenten, dem auch die Dienstanweisung vorzulegen ist.

Der Regierungspräsident kann in besonderen Fällen gestatten, daß einer der beiden Ärzte
in unmittelbarer Nähe der Anstalt wohnt, sofern telephonische oder sonst ausreichende Verbindung
gesichert ist.

Falls ein ausnahmsweise geringer Wechsel und die Beschaffenheit der Kranken die Anstellung
eines zweiten Arztes trotz eines Krankenbestandes, wie in Abs. 1 angegeben, nicht erforderlich
erscheinen läßt, ist nach Anhörung der Besuchs-Kommission an den Minister der Medizinalangelegenheiten zu berichten. Ebenso ist zu verfahren, wenn die Besuchs-Kommission in einem bestimmten Falle eine Abweichung von den in 3 angegebenen Verhältnissen wegen der Besonderheit
der Kranken für erforderlich oder für zulässig hält.

(5.) Sind mehr als 300 Geisteskranke oder mehr als 600 Epileptische in Behandlung, so kann
für je 100 Geisteskranke und je 200 Epileptische die Anstellung eines weiteren Arztes angeordnet
werden nach Maßgabe der Bestimmungen in Nr. 4.

§ 20. Der Unternehmer hat dem leitenden Arzt namentlich folgende Obliegenheiten zu
übertragen:

(1.) Die Bestimmung über die gesamte Tätigkeit des Pflegepersonals, soweit es sich um die
Krankenpflege handelt.

Vor Einstellung des zur Pflege der Kranken bestimmten Personals muß der leitende Arzt
über dessen Brauchbarkeit für den Krankendienst sich schriftlich äußern. Auch hat er die nötige
Ausbildung des Personals in der Krankenpflege zu beachten.

Gelangt die von ihm für notwendig erachtete Entfernung eines Pflegers aus dem Kranken-
dienste nicht zur Ausführung, so ist durch den Kreisarzt an den Regierungspräsidenten zu berichten.

(2.) Die Anordnung der einzelnen Kranken zu gewährenden besonderen Kost und Verpflegung.

(3.) Die Anordnung der Isolierung eines Kranken — abgesehen von Notfällen, in denen jedoch die alsbaldige nachträgliche ärztliche Genehmigung erforderlich ist. Grund und Dauer jedes
Falles von Isolierung ist ärztlicherseits in ein besonderes, hierfür bestimmtes Buch einzutragen.

(4.) Die Anordnung einer etwaigen mechanischen Beschränkung eines Kranken (durch sog.
Jacken, Binden oder ähnliche Vorrichtungen). Die Eintragung geschieht wie in Nr. 3 in ein besonders hierzu bestimmtes Buch.

(5.) Die Beantwortung aller schriftlichen und mündlichen Anfragen von Behörden, Anver-
wandten und gesetzlichen Vertretern, soweit die Anfragen sich auf den Zustand der Kranken, ihre
Behandlung, Beschäftigung, Aussichten auf Genesung oder Entlassung usw. beziehen.

(6.) Außerdem darf der Unternehmer Verlegungen von Kranken, die Ordnung der Beschäftigung nach ihrer Art, Dauer, Beaufsichtigung im allgemeinen, wie auch die des einzelnen Kranken,
die allgemeine Regelung der Beköstigung sowie die Verteilung des Pflegepersonals auf die einzelnen
Abteilungen, Räume, Gärten usw., die Festsetzung der Dienstzeit, von Nachtwachen, Transporten,
Erholungsgelegenheiten nur unter Zustimmung des leitenden Arztes vornehmen. Es ist hierauf
bei der Dienstanweisung (§ 19, 2) Rücksicht zu nehmen.

[1] Vgl. Abschnitt D S. 116.

die Führung der Krankenblätter, die Instruktion des Wärterpersonals und ähnliche Dienstleistungen eine wesentliche Erleichterung und Förderung des Dienstbetriebes der Anstalt erfahren.

(K.M. 15. 4. 02 — M 4855 U I.)

Da die praktische Ausbildung des ärztlichen Nachwuchses in Geburtshilfe und Gynäkologie verbessert werden soll, sind im Herbst 1925 Ermittelungen über die vorhandenen Ausbildungsstätten angestellt worden. Daraufhin sind in dem allg. Erlaß M.V. 3. 6. 26 — I M III 1574 — unter Mitteilung des Ergebnisses der Feststellungen folgende Richtlinien für die Auswahl geeigneter Anstalten zur praktischen Weiterbildung der Mediziner in Geburtshilfe und Gynäkologie aufgestellt worden:

„Allgemeine Krankenanstalten. Bei der vorläufigen Beurteilung der Eignung einer Krankenanstalt für diesen speziellen Zweck muß eine ganze Reihe von Faktoren berücksichtigt werden, und eine endgültige Entscheidung darüber ist nur auf Grund genauer Kenntnis der persönlichen und sonstigen Verhältnisse an der betreffenden Anstalt möglich . . .

Bei der Zulassung von Medizinalpraktikanten an Anstalten mit geburtshilflich-gynäkologischen Fällen dürfte die Anwendung einschränkender Richtzahlen hinsichtlich der Bettenzahl usw. nicht in Frage kommen. Inwieweit von der Forderung, daß an der betreffenden Anstalt gleichzeitig mit dem Medizinalpraktikanten ein Assistenzarzt tätig ist[1], abgesehen werden kann, muß von Fall zu Fall entschieden werden. Ob ferner die Ausbildung eines Medizinalpraktikanten in der Geburtshilfe an einer allgemeinen Krankenanstalt, die zwar über ein ausreichendes geburtshilfliches Material, aber nicht über einen Facharzt verfügt, als genügend angesehen werden kann, ist gleichfalls eine schwierige Frage. Sie dürfte sich generell jedenfalls nicht bejahen lassen, wenn auch kein Zweifel darüber besteht, daß in einer ganzen Reihe dieser Anstalten die in Betracht kommenden Ärzte über große praktische Erfahrungen in der Geburtshilfe verfügen.

In vielen Kliniken und Krankenhäusern werden die Entbindungen jeweils von demjenigen Arzt geleitet, der die Kreißende der betreffenden Anstalt überwiesen hat, und zwar dürfte manchmal an einer derartigen Regelung im allgemeinen eine ziemlich große Anzahl von Ärzten des betreffenden Ortes beteiligt sein. Es liegt auf der Hand, daß solche Anstalten von vornherein für die Ausbildung von Medizinalpraktikanten in der Geburtshilfe nicht in Betracht kommen. Andere Anstalten melden wiederum, daß in ihnen alle nicht komplizierten Entbindungen nur von Hebammen geleitet werden In diesen Fällen wird von der Zulassung von Medizinalpraktikanten gleichfalls abzusehen sein . . .

Vgl. K.M 21. 12. 10   M 19101 U I — S. 113.

Häufig wird von den Krankenhausleitern bei der Annahme eines Medizinalpraktikanten weniger an dessen Ausbildung als an die Einsparung eines Assistenzarztes gedacht. So findet sich oft die Angabe, daß dem Praktikanten nach Ablauf des ersten Vierteljahres seiner Beschäftigung an der betreffenden Anstalt besondere Vergünstigungen gewährt werden. Wenn auch kein Zweifel darüber besteht, daß die Tätigkeit des Praktikanten nach dieser Zeit der Anstalt viel wertvoller sein wird, so entspricht eine derartige Verlängerung des Anstellungsverhältnisses über drei Monate hinaus keineswegs den gerade auf eine Verbesserung der Ausbildung in der Geburtshilfe während des Praktischen Jahres hinzielenden Absichten. Es wird vielmehr Wert darauf gelegt, daß bei der beschränkten Zahl der hierfür zur Verfügung stehenden Ausbildungsstätten ein Praktikant nach etwa dreimonatiger Tätigkeit einem anderen seinen Platz einräumt.

Häufig wird die Unmöglichkeit der Annahme eines Medizinalpraktikanten zur Ausbildung in der Geburtshilfe damit begründet, daß die Anstalt nicht in der Lage sei, dem Praktikanten Wohnung zu gewähren. Wie man sich zu dieser Frage, in der ein Zwang ohnehin nicht ausgeübt werden kann, zu stellen haben wird, dürfte sich nur von Fall zu Fall beurteilen lassen. Im allgemeinen sollte sich in einem Krankenhause, in dem jährlich eine beträchtliche Anzahl von Geburten stattfindet, ein kleines Zimmer für einen oder mehrere Praktikanten verfügbar machen lassen, wie auch in geburtshilflichen Kliniken vielleicht mehr als es bisher schon der Fall ist, dafür Sorge zu tragen wäre, daß für Famuli und Praktikanten Aufenthalts- und Schlafräume vorhanden sind, in denen sie sich jederzeit für Geburtsfälle bereithalten können. Soweit die Anstalten auch mit einer geburtshilflich-poliklinischen Tätigkeit verbunden sind, wird es unter Umständen genügen, wenn der Praktikant in ihrer unmittelbaren Nähe wohnt und schnell erreichbar ist.

Was die geburtshilflichen und gynäkologischen Spezialanstalten — mit Ausnahme der Universitätsfrauenkliniken — anlangt, so können die Hebammenlehranstalten entsprechend ihren besonderen Ausbildungszwecken im allgemeinen nur eine verhältnismäßig geringe Zahl von Medizinalpraktikanten annehmen. Bei den privaten geburtshilflich-gynäkologischen Kliniken handelt es sich meistens um ziemlich kleine Unternehmungen mit wenig Entbindungsfällen; trotzdem wurde bei ihrer Ermächtigung zur Annahme eines Medizinalpraktikanten schon bisher großes Entgegenkommen geübt, sofern nur dort die Ausbildung in der Geburtshilfe einigermaßen sichergestellt erschien. Die Schwierigkeit liegt hier aber darin, daß die leitenden Ärzte dieser Privatkliniken sich in der Regel ganz entschieden weigern, einen Medizinalpraktikanten anzunehmen. Wenn auch dieses Verhalten, das mit der Rücksicht auf die Patienten begründet wird, verständlich ist, so ist doch dazu zu bemerken, daß diese Ablehnung gerade aus den Kreisen der Fachärzte kommt, die in erster Linie wegen einer Verbesserung der Ausbildung der Medizinalpraktikanten in der praktischen Geburtshilfe immer wieder vorstellig geworden waren.

Man wird allerdings an der Tatsache nicht vorbeikommen, daß ein Praktikant an einer kleinen Privatklinik mit einer Zahl von beispielsweise jährlich 30 Entbindungen und 20 Aborten während einer Beschäftigung von drei Monaten zwar seine geburtshilflichen Kenntnisse erweitern wird, daß er aber in anderer Hinsicht brach liegt. Die Ermächtigung zur Annahme von Praktikanten wird sich somit im allgemeinen bei solchen Privatkliniken doch auf diejenigen Anstalten beschränken müssen, in denen außer der Beteiligung an den Entbindungen auch sonst eine Gewähr für eine systematische Weiterbildung auf den praktischen Gebieten der Geburtshilfe und der Frauenkrankheiten besteht. Soweit derartige Kliniken sich vorwiegend mit chirurgisch-gynäkologischen Fällen befassen, dürfte anzunehmen sein, daß den Praktikanten dort im Gegensatz zu dem lehrreichen Betrieb von größeren gynäkologischen Polikliniken verhältnismäßig wenig Gelegenheit geboten ist, gerade die für den zukünftigen praktischen Arzt notwendigen Kenntnisse wesentlich zu fördern.

Hinsichtlich der Universitäts-Frauenkliniken und -polikliniken wird bemerkt, daß deren Heranziehung zur Ausbildung von Medizinalpraktikanten bereits in einem möglichst weiten Umfang erfolgt[1]. Daß dabei die besonderen wissenschaftlichen und Forschungszwecke dieser Anstalten nicht beeinträchtigt werden dürfen, zu denen weniger die Hilfe von Medizinalpraktikanten als diejenige von Assistenz- und Volontärärzten herangezogen werden kann, muß ohne weiteres anerkannt werden. (Es folgt eine Berechnung über die nicht genügende Zahl der vorhandenen geeigneten und bereitwilligen Anstalten.)

Nach allem läßt sich zurzeit noch nicht die Aufnahme einer Vorschrift in die Prüfungsordnung für Ärzte ermöglichen, wonach sich der Praktikant ähnlich, wie es für die Beschäftigung mit inneren Krankheiten bestimmt ist, während mehrerer Monate vorzugsweise einer Betätigung in der praktischen Geburtshilfe zu widmen hätte ... Immerhin haben die Erhebungen zu dem erfreulichen Ergebnis geführt, daß die Ausbildungsmöglichkeiten unseres ärztlichen Nachwuchses nicht so gering sind, wie von vielen Seiten angenommen worden war ...

Das Ziel der Herbeiführung einer dreimonatigen obligatorischen Ausbildung des ärztlichen Nachwuchses in der praktischen Geburtshilfe wird auf jeden Fall weiter im Auge behalten werden. Schon jetzt sollen diejenigen Anstalten — einschließlich der in Betracht kommenden allgemeinen Krankenhäuser —, die sich für eine geburtshilfliche Ausbildung eignen, in dem Verzeichnis der zur Annahme von Praktikanten ermächtigten Anstalten durch ein besonderes Zeichen kenntlich gemacht werden, wie es seit einiger Zeit hinsichtlich der

---

[1] Vgl. allg. Erlaß K.M. 19. 5. 24 — U I 736 — S. 104, und die Übersicht S. 163.

für die Beschäftigung mit den inneren Krankheiten vorgesehenen Krankenhäuser bereits geschieht. Dadurch wird einerseits der Überblick über die bestehenden Verhältnisse gewahrt, andererseits aber auch angenommen werden können, daß die Praktikanten bei der Auswahl der von ihnen aufzusuchenden Anstalten ganz von selbst bestrebt sein werden, bei sonst gleichen Bedingungen denjenigen den Vorzug zu geben, an denen sie Gelegenheit haben, ihre Kenntnisse in der praktischen Geburtshilfe zu erweitern . . .

Darüber, jedenfalls herrscht wohl allgemeines Einverständnis, daß einer an sich sehr erstrebenswerten Vorschrift zuliebe keine Anstalt zu Ausbildungszwecken heranzuziehen sein wird, zu denen sie sich nicht eignet."

An selbständige medizinisch-wissenschaftliche Institute (§ 1e der Anweisung über das Praktische Jahr vom 7. 7. 08 — S. 95 — und Ziff. 5 des Erlasses K.M. 10. 7. 05 — U I 48 M — S. 103) kann die Ermächtigung zur Aufnahme von Praktikanten nur erteilt werden, wenn dieselben anerkannten wissenschaftlichen Ruf genießen und über die entsprechenden Räumlichkeiten und Apparate sowie über ein genügendes Arbeitsgebiet verfügen, um die Beschäftigung von Praktikanten für diese erfolgreich gestalten zu können (K.M. 26. 7. 01 — M 2916 U I). Bezüglich der Dauer der Beschäftigung der Praktikanten an diesen Instituten vgl. § 2 der vorgenannten Anweisung S. 95.

Als Bedingung für die Zulassung von Praktikanten an Krankenanstalten (§ 1c der vorgenannten Anweisung) muß gefordert werden, daß die Zahl der Assistenzärzte[1] mindestens derjenigen der Praktikanten gleichkommt (K.M. 24. 12. 10 — M 19101 U I) und diese Assistenzärzte in oder dicht bei der Anstalt wohnen.

Den vorgesetzten Behörden, insbesondere den Kreisärzten, liegt es ob, darauf zu achten, eventuell durch Besichtigungen festzustellen, daß die Anstalten den Voraussetzungen, unter denen die Ermächtigung erteilt ist, dauernd genügen. Verneinendenfalls sind den obersten Landesbehörden entsprechende Vorschläge einzureichen, die bei der alljährlichen Neuaufstellung des Verzeichnisses der ermächtigten Anstalten berücksichtigt werden können[2].

---

[1] Als Assistenzärzte im Sinne dieser Bestimmung gelten sämtliche an der Anstalt hauptberuflich beschäftigte approbierte Ärzte — mit Ausnahme der Leiter —, so daß als solche auch Volontärärzte in Frage kommen (M.V. 29. 1. 25 — I M III 84).

Der hauptberuflich angestellte Assistenzarzt soll die genügende Beaufsichtigung und gründliche Ausbildung des Praktikanten, für die der leitende Arzt und die nicht hauptberuflich beschäftigten Ärzte in der Regel zu wenig Gelegenheit und Zeit haben, übernehmen. Der Praktikant soll andererseits von dem Assistenten die Kleinarbeit der Untersuchungen am Kranken, die Sorgfalt der Vorbereitungen für die Operationen und besonders auch die sachkundige Hilfe des Assistenzarztes bei Operationen erlernen (vgl. auch K.M. 20. 9. 07 — M 19117 — S. 101). Ferner wird diese Bedingung gestellt, weil es nicht der Zweck des Praktikantenjahres und der Ausbildung von Medizinalpraktikanten ist, den Krankenanstalten billige medizinische Hilfskräfte an Stelle von Assistenzärzten zu verschaffen.

[2] In dem allg. Erlaß M.V. 7. 12. 27 — I M III 3741 — heißt es:

Da zurzeit erheblich mehr Praktikantenstellen vorhanden sind, als benötigt werden, können Krankenhäuser, in denen eine zweckmäßige Ausbildung und genügende Beaufsichtigung der Praktikanten nicht erfolgt oder nicht möglich ist, oder die seit längerer Zeit Praktikanten, trotzdem sich solche beworben, nicht mehr angenommen haben, oder bei denen ein Assistenzarzt überhaupt nicht

Medizinisch-
wissenschaftl.
Institute.

Assistenzärzte

Aufsicht.

Diejenigen preußischen Krankenanstalten und wissenschaftlichen Institute (§ 1 c und e der vorerwähnten Anweisung), welche die Ermächtigung zur Annahme von Medizinalpraktikanten zu erlangen wünschen, haben die Anträge mit einer gutachtlichen Äußerung des Kreisarztes an das Ministerium für Volkswohlfahrt durch den zuständigen Regierungspräsidenten (im Polizeibezirk der Stadtgemeinde Berlin: durch den Polizeipräsidenten für Berlin in Berlin-Schöneberg, Gothaer Str. 19) — bei Anstalten der Provinzialverwaltung: durch den zuständigen Oberpräsidenten[1] — zu richten. Letzterer berichtet über die Verhältnisse in der Anstalt (Einrichtung, Betrieb und darüber, ob die Bedingungen für die Ausbildung der Praktikanten in der Behandlung innerer Krankheiten als erfüllt anzusehen sind [vgl. § 6 der Anweisung über das Praktische Jahr vom 7. 7. 08 — S. 96], ob gegebenenfalls für wieviel Kandidaten sich die Anstalt zur Ausbildung in der Geburtshilfe und Gynäkologie oder nur in der Geburtshilfe oder nur in der Gynäkologie eignet [vgl. die Richtlinien des allg. Erlasses M.W. 3. 6. 26 — I M III 1574 — S. 110][2] sowie wieviel Assistenzärzte angestellt sind und in oder dicht bei der Anstalt wohnen) unter Beifügung einer Übersicht nach folgendem Muster (M.Bl.V. 1925 S. 368):

Lfde. Nr.	Ort und Straße	Name der Anstalt	a) Eigentümer (Staat, Gemeinde, Stiftung, religiöse Genossenschaft, Verein, Privatperson usw.) b) Bezeichnung und Anschrift der leitenden Behörde usw.	Name des ärztlichen Leiters
1	2	3	4	5

Fortsetzung der Übersicht nebenan.

angestellt ist, zur Streichung vorgeschlagen werden. Auch sollen, soweit es noch nicht durchgeführt ist, überall die Praktikantenstellen in der Regel soweit herabgesetzt werden, als Ober-, Assistenz- und Volontärärzte dauernd hauptberuflich angestellt sind (vgl. den allg. Erl. v. 24. 12. 10 — M 19101 — S. 113).

Von dieser Stellenverminderung sollen jedoch medizinisch-wissenschaftliche Institute und Anstalten, in denen eine geburtshilflich-gynäkologische Ausbildung der Praktikanten möglich ist, tunlichst unberührt bleiben, die letztgenannten Anstalten vielmehr vorzugsweise bei der Zulassung von Praktikanten berücksichtigt werden, falls eine zweckentsprechende Ausbildung und genügende Beaufsichtigung der Praktikanten gewährleistet ist (vgl. auch allg. Erl. v. 31. 1. 25 — I M III 93 — S. 105 Anm. 3, 3. 6. 26 — I M III 1574 — S. 110).

[1] Verordnung v. 12. 5. 97 — G.S. S. 227.

[2] In dem Verzeichnis der zur Annahme von Medizinalpraktikanten ermächtigten Krankenhäuser usw. werden diese wie folgt besonders kenntlich gemacht:

Mit einem Sternchen werden diejenigen Anstalten bezeichnet, in denen die der Behandlung innerer Krankheiten zu widmende Zeit des Praktischen Jahres abgeleistet werden darf, mit einem Kreis diejenigen Krankenhäuser, in denen eine praktische Weiterbildung in der Geburtshilfe und Gynäkologie, mit einem Kreuz (X), diejenigen Anstalten, in denen eine solche in der Geburtshilfe, und mit einem Dreieck (△) diejenigen Krankenhäuser, in denen eine solche in der Gynäkologie möglich ist.

Muſter für die durch Erlaß MB. 20. 2. 24 — I M V 471 — beſtimmten Fälle (vgl. S. 211). Muſter

Beſcheinigung über die Zulaſſung zum Praktiſchen Jahr[1].

D.... Kandidat .... der Medizin .... geb. am
.... in .... hat am ....
192..[2] die ärztliche Prüfung vor dem Prüfungsausſchuß in ....
mit dem Urteil .... beſtanden.

Im Auftrage des Herrn Preußiſchen Miniſters für Volkswohlfahrt wird
d..... Kandidat ..... hiermit die Genehmigung erteilt, in das vorgeſchriebene
Praktiſche Jahr einzutreten.

...................., den .... 192..

Der Vorſitzende des Ausſchuſſes für die ärztliche Prüfung.

(Für die Ausfertigung werden in Preußen keine ſtaatlichen Verwaltungsgebühren erhoben, wie für die vorhergehende Beſcheinigung. Vgl. S. 218.)

Auf der Rückſeite der Beſcheinigung folgen die Beſtimmungen der neuen
Prüfungsordnung über die Ableiſtung des Praktiſchen Jahres (vgl. auch § 55
Abſ. 2 a. O.; § 62 n. O.).

Fortſetzung der nebenſtehenden Überſicht:

Geſamtzahl der			Vergünſtigungen der Praktikanten	Falls innere Krankheiten in der Anſtalt behandelt werden, Angabe					
Betten	Aſſiſtenzärzte	zugelaſſene Prakti-kanten		ob eine beſondere Abteilung[3] einge-richtet iſt	wieviele Betten hierfür zur Ver-fügung ſtehen	ob und wieviele Fachärzte[3] ange-ſtellt ſind	ob Abſonderungs-räume[3] vorhanden ſind	bei Kinderkranken-anſtalten welche Alters-ſtufen	bei Kinderkranken-anſtalten ob alle inne-ren Krank-heiten ein-ſchließlich d. übertrag-baren behandelt werden
6	7	8	9	10	11	12	13	14	15

Muſter.

Beſcheinigung über die Zulaſſung zum Praktiſchen Jahr.

Nachdem der Kandidat der Medizin .... geboren
am .... in .... am ....
..............[4] die ärztliche Prüfung vor dem Prüfungsausſchuß in
.... mit dem Urteil ....
beſtanden hat, wird ihm hierdurch die Genehmigung erteilt, in das vorgeſchriebene
Praktiſche Jahr einzutreten.

...................., den .... 19..

Der Miniſter uſw.

(Für die Ausfertigung wird in Preußen eine ſtaatliche Verwaltungsgebühr nicht
erhoben; vgl. S. 218.)

---

[1] Vordrucke werden den preußiſchen Prüfungsausſchüſſen von dem Ausſchuß für die ärztliche Prüfung in Berlin W 8, Leipziger Str. 3, unentgeltlich abgegeben (vgl. S. 229).
[2] Tag der Beendigung der Prüfung.
[3] für innere Krankheiten.　　　　[4] Tag der Beendigung der Prüfung.

Muster 5 (zu § 60 a. D., § 65 n. D.).

Zeugnis[1]
über die Ableistung des Praktischen Jahres

für d... Kandidat... der Medizin ....

Dem ... Kandidat... der Medizin ....
geb. am .... in .... wird hiermit bescheinigt,
daß er ... nach vollständig bestandener ärztlicher Prüfung vom ....
19... bis zum .... 19... an der unten
bezeichneten Universitätsklinik — Poliklinik — Krankenanstalt unter meiner
Aufsicht und Anleitung als Praktikant... beschäftigt gewesen ist. Während
dieser Zeit hat er ... sich vom .... 19... bis
zum .... 19... vorzugsweise der Behandlung innerer
Krankheiten gewidmet.

Würdigung der Art der Beschäftigung:

....
....
....

Der ... Kandidat ... hat in dieser Zeit seine ... praktischen Kenntnisse und
Fähigkeiten .... vertieft und fortgebildet und ....
Verständnis für die Aufgaben und Pflichten des ärztlichen Berufs gezeigt.

........................, den .... 19...

(Siegel der Anstalt.   (Bezeichnung der Anstalt) ....
In Ermangelung eines solchen
polizeiliche Beglaubigung der   (Unterschrift des ärztlichen Leiters)...............
Unterschrift).   (Amtsbezeichnung) ....

Da dieses der obersten Landesbehörde vorzulegende Zeugnis von dieser
nicht zurückgegeben wird, auch Abschriften im allgemeinen nicht erteilt werden,
empfiehlt es sich, vor Einreichung des Zeugnisses eine beglaubigte Abschrift
davon für den künftigen Gebrauch zurückzubehalten.

D. Vergünstigungen der Medizinalpraktikanten[2] und Stellenvermittlung.

Vergünstigungen an Gemeinde- usw. Krankenhäusern.

Vergünstigungen an Gemeindew. Krankenhäusern.

Die seit dem Ende des Krieges eingetretene Verschiebung der allgemeinen wirtschaftlichen Verhältnisse hat es mit sich gebracht, daß
die einzelnen Medizinalpraktikantenstellen von den geprüften Kandidaten der Medizin weniger nach den gebotenen Ausbildungsmöglichkeiten als nach dem Gesichtspunkt bewertet werden, ob an den betreffenden Krankenanstalten bei Ableistung des Praktischen Jahres Geld-
zuwendungen oder Vergünstigungen hinsichtlich Unterkunft, Verpflegung und Wäsche gewährt werden. Der hieraus sich ergebende
starke Andrang zu denjenigen Stellen, die wirtschaftliche Vorteile bieten,
hat wiederholt zu der Auffassung geführt, daß die Zahl der zur Annahme
von Medizinalpraktikanten ermächtigten Krankenanstalten im Verhältnis zur Zahl der zum Praktischen Jahre zugelassenen Kandidaten
der Medizin nicht ausreiche. Das ist jedoch, wie sich aus einem Ver-
gleich zwischen den einschlägigen Unterlagen ergibt, nicht zutreffend.
Es wäre allerdings zu bedauern, wenn unter den heutigen Verhält-

---

[1] Vordrucke können die Anstalten und die Kandidaten von der Hirschwaldschen Buchhandlung in Berlin NW 7, Unter den Linden 68, beziehen (vgl. S. 231).

[2] Wegen des Honorars vgl. auch die allg. Erlasse K.M. 10. 7. 05. — U I 48 — Ziffer 6 S. 104 und K.M. 15. 4. 02 — M 4855 — S. 108.

nissen die Besetzung von Stellen, die an sich für Medizinalpraktikanten sehr geeignet wären, lediglich aus dem Grunde auf Schwierigkeiten stoßen würde, weil an den betreffenden Krankenanstalten keinerlei Vergünstigungen gewährt werden. Bei aller Anerkennung der bedrängten Lage, in der sich viele Krankenhäuser befinden, wäre doch darauf hinzuweisen, daß die Bewilligung von Wohnung und Beköstigung an die Praktikanten nicht zuletzt auch der Anstalt zugute kommt, da dann der Medizinalpraktikant länger und schneller zur Verfügung steht und mithin mehr zu leisten vermag.

Bei den zur Annahme von Medizinalpraktikanten ermächtigten Krankenhäusern ist hiernach in geeigneter Weise darauf hinzuwirken, daß den Medizinalpraktikanten entsprechend der im § 14 der Anweisung über das Praktische Jahr der Mediziner vom 7. Juli 1908 — M 18065 I — (Min.Bl. S. 272)[1] enthaltenen Anregung in denjenigen Fällen, in denen dies noch nicht geschieht, Wohnung und Verpflegung bzw. als Ersatz eine ausreichende Geldentschädigung soweit irgend möglich gewährt wird.

Gleichzeitig wird bemerkt, daß einzelne Krankenhäuser in den für Medizinalpraktikanten vorgesehenen Stellen Praktikanten über das Praktische Jahr hinaus und approbierte Ärzte beschäftigen. Dadurch werden den Medizinalpraktikanten sowohl Stellen als auch Vergünstigungen, die evtl. mit diesen verbunden sind, vorenthalten.

In solchen Fällen sind die Anstaltsleitungen auf die Unhaltbarkeit eines solchen Zustandes hinzuweisen.

Ebenso ist darauf zu achten, daß die vorhandenen Praktikantenstellen auch tatsächlich vollzählig besetzt werden.

(M.V. 20. 9. 22 — I M V gen. 401.)

Die an den ermächtigten preußischen Anstalten gewährten Vergünstigungen sind in dem Verzeichnis S. 121ff. letzte Spalte aufgeführt.

Vergünstigungen an Universitätskliniken usw.[2]

Preußen.

Den Medizinalpraktikanten bei den preußischen Universitätsanstalten (dazu gehört nicht die Medizinische Akademie in Düsseldorf) wird im Falle nachgewiesener Bedürftigkeit freie Beköstigung und soweit als möglich freie Unterkunft, ferner in Erkrankungsfällen kostenlose poliklinische Behandlung und bei stationärer Aufnahme in eine Universitätsklinik für die Dauer der durch die Krankheit bedingten stationären Behandlung freie Behandlung und Verpflegung gewährt. Andere Vergünstigungen, insbesondere bare Entschädigungen werden nicht bewilligt.

Die Medizinalpraktikanten an den der Stadtverwaltung unterstehenden Anstalten der Universitäten in Frankfurt a. M. und Köln a. Rh. erhalten freie Beköstigung (keine Wohnung), in Frankfurt a. M. jedoch nur bis zu einer bestimmten Höchstzahl und beim Nachweis der Bedürftigkeit, dort auch bei Erkrankung im Dienste kostenlose Aufnahme in der 2. Verpflegungsklasse der Anstalt.

---

[1] S. 97.
[2] Vgl. die Stellenübersicht S. 163.

Den Medizinalpraktikanten bei den Anstalten der Medizinischen Akademie in Düsseldorf wird eine Bar= oder Naturalvergütung nicht gewährt.

Bayern.

Bedürftige Medizinalpraktikanten erhalten bis zur Höchstzahl von 50 in München, 25 in Würzburg und 15 in Erlangen freien Mittag= und Abendtisch in einer Klinik, allenfalls in der Studentenspeisung; an die Stelle der Klinikverpflegung oder der Studentenspeisung kann ausnahmsweise auch Auszahlung der den Kosten der Studentenspeisung entspechenden Barvergütung treten. Wo es möglich ist, soll auch freie Wohnung gewährt werden.

Sachsen.

Bedürftige Medizinalpraktikanten erhalten eine Barvergütung von 45% der Anfangsbezüge eines ledigen Beamten der Besoldungsgruppe VIII. Auch ist ihnen, soweit angängig, in der Anstalt, in der sie tätig sind, oder in einer in der Nähe gelegenen Anstalt Beköstigung sowie Wohnung mit Heizung und Beleuchtung gegen Entrichtung der vorgeschriebenen Entschädigung zu gewähren. Soweit hierbei die Entschädigung die Barvergütung übersteigt, wird auf den Mehrbetrag verzichtet.

Württemberg.

Den Medizinalpraktikanten, die an den Universitätskliniken oder an den nichtklinischen medizinischen Universitätsinstituten ihr praktisches Jahr ableisten und keine Belohnung als wissenschaftliche Hilfskraft beziehen, kann bis zur Höchstzahl von 20 Praktikanten freie Verköstigung (Ärztekost) oder die Geldvergütung, die von den Assistenzärzten als Pauschvergütung für Verpflegung zu ersetzen ist, sowie ein Taschengeld von monatlich 30 RM. gewährt werden. Freie Verpflegung bildet die Regel; die Geldvergütung hierfür wird nur Medizinalpraktikanten an den nichtklinischen Instituten und mit Zustimmung des Klinikvorstands solchen Medizinalpraktikanten an Kliniken gereicht, die an der Klinikverpflegung aus triftigen Gründen nicht teilnehmen können.

Baden.

Die Medizinalpraktikanten an den Universitäskliniken und an den wissenschaftlichen Universitätsinstituten erhalten einen Unterhaltszuschuß von monatlich 50 RM., und zwar: an der Universität Freiburg mit Wirkung vom 1. 10. 25 und an der Universität Heidelberg mit Wirkung vom 1. 5. 27 ab.

Thüringen.

Die Medizinalpraktikanten im Rahmen der festgesetzten Anzahl (Höchstzahl) erhalten entweder freie Station oder freie Beköstigung und eine entsprechende Barvergütung. Dabei wird der Wert der freien Station mit 90 RM., derjenige der freien Beköstigung mit 70 RM. angenommen. Die Bedürftigkeit der Medizinalpraktikanten spielt bei den Vergünstigungen keine Rolle.

Hessen.

Einer Anzahl von Medizinalpraktikanten (bis zu 18) soll unter der Voraussetzung, daß sie vollen Tagesdienst leisten, vom 1. April 1923 ab freie Beköstigung gewährt werden.

Hamburg.

Die Medizinalpraktikanten erhalten einen Unterhaltszuschuß in Form freier Verpflegung. Sonstige Zuschüsse werden nicht gewährt.

Mecklenburg=Schwerin.

Insgesamt sieben Medizinalpraktikanten erhalten Vergünstigungen, bestehend entweder in freier Station oder in Zahlung des jeweiligen Anrech=

nungswertes dieser für die Assistenten (z. Z. 1080 RM. jährlich). Die freie Station besteht aus Beköstigung, möblierter Wohnung einschließlich Heizung Beleuchtung, Bettwäsche und Bedienung.

Da das im Jahre 1913 zum letzten Male in Buchform herausgegebene ausführliche Verzeichnis der zur Annahme von Medizinalpraktikanten ermächtigten Krankenhäuser und medizinisch-wissenschaftlichen Institute, in dem auch die den Praktikanten gewährten Vergünstigungen aufgeführt waren, zurzeit der großen Kosten wegen nicht mehr veröffentlicht werden kann[1], und die Erlangung freier und für den Einzelnen geeigneter Praktikantenstellen dadurch vielleicht etwas erschwert worden ist, hat sich das Bedürfnis nach einem zentralen Nachweis über verfügbare Praktikantenstellen für das Gebiet des Deutschen Reiches herausgestellt. Eine derartige Vermittlung hat der Verband der Ärzte Deutschlands übernommen, ohne daß dadurch für die Bewerber besondere Kosten oder sonstige Verpflichtungen ihm gegenüber erwachsen.

Es ist deshalb auf die Krankenhäuser und medizinischen Institute einzuwirken, daß sie diejenigen Praktikantenstellen, für deren künftige Besetzung noch keine unmittelbaren Bewerbungen vorliegen, regelmäßig drei Monate, bevor sie voraussichtlich frei werden, bei dem Verbande der Ärzte Deutschlands, Abteilung Stellenvermittlung, in Leipzig Dufourstraße 18, unter näheren Angaben bezüglich der Art der Anstalt, der Bettenzahl, des Anstalts- bzw. Abteilungsarztes sowie auch der den Praktikanten zu gewährenden Vergünstigungen anmelden. Sollte dann die betreffende Stelle doch noch ohne Mitwirkung des Ärzteverbandes besetzt werden, so ist dieser nachträglich gleichfalls hiervon durch die Anstalt zu benachrichtigen. Neu hinzutretende Anstalten sind schon gelegentlich der Erteilung der Ermächtigung zur Annahme von Praktikanten (§ 59 a. O., § 63 n. O.) in diesem Sinne auf die notwendige Fühlungnahme mit der bei dem Verband der Ärzte Deutschlands eingerichteten Stellenvermittlung hinzuweisen[2].

Für die Bekanntgabe der neu hinzutretenden Stellen an den Ärzteverband ist gesorgt.

Da sich ferner Kandidaten der Medizin häufig schon geraume Zeit vor ihrem Eintritt in die ärztliche Prüfung bei Krankenanstalten für Praktikantenstellen vormerken lassen, manchmal sogar bei verschiedenen Anstalten für den gleichen Zeitabschnitt ihre Annahme als Medizinalpraktikant sichern, um dann im letzten Augenblick die ihnen am meisten zusagende Wahl zu treffen, entstehen oft für die übrigen weniger betriebsamen Kandidaten Schwierigkeiten, die bei der ganzen

---

[1] Seit 1926 wird ein ausführliches Verzeichnis der zur Annahme von Medizinalpraktikanten ermächtigten preußischen Krankenhäuser usw. mit Angabe der Vergünstigungen alljährlich einmal wieder veröffentlicht (vgl. S. 120 Anm. 1).

[2] Die Ärztekammer für die Provinz Brandenburg und den Stadtkreis Berlin in Berlin W 62 Nettelbeckstr. 4, Fernruf Nollendorf 2853, hat eine gleiche Nachweisstelle für die in ihrem Kammerbezirk freiwerdenden Praktikantenstellen errichtet. Ferner hat sich auch der Direktor des Kaiserin-Friedrich-Hauses für das ärztliche Fortbildungswesen, Professor Dr. Adam in Berlin NW 8, Luisenplatz 2/4, bereit erklärt, ständig ein Verzeichns zur Einsicht auszulegen, in dem die zur Annahme von Medizinalpraktikanten ermächtigten Krankenanstalten und Universitätsinstitute nachgewiesen sind.

Lage der Dinge nicht gleich in befriedigender Weise gelöst werden
können. Es erscheint deshalb erwünscht, daß die Krankenanstalten,
die Bewerbungen für Praktikantenstellen vormerken, jede Stellen-
bewerbung eines Kandidaten der Medizin vor dessen Eintritt in das
letzte Halbjahr der vorgeschriebenen Studienzeit grundsätzlich ablehnen.
(M.B. 20. 3. 23 — I M V 764.)

Stellen-
besetzung bei
en Universi-
tätstlliniken.

Wenn auch angenommen werden kann, daß die Besetzung der
Praktikantenstellen bei den Universitätskliniken und den sonstigen in
Frage kommenden Universitätsinstituten im allgemeinen durch persönliche Vereinbarungen zwischen den Hochschullehrern und den Kandidaten der Medizin und durch Bekanntmachung am schwarzen Brett
geregelt wird, so erscheint es doch geboten, daß auch die Universitätskliniken usw. sich bei der Besetzung freier Praktikantenstellen der Mitwirkung der oben genannten Vermittlungsstellen bedienen.

Die Direktoren der in Betracht kommenden Kliniken und Anstalten
sind deshalb zu veranlassen, die oben bezeichneten Vermittlungsstellen
bei Vermittlung freiwerdender Medizinalpraktikantenstellen zu benutzen
und ihnen freie Stellen unter Mitteilung der erforderlichen Angaben
rechtzeitig anzumelden.

Anstalten, denen die Ermächtigung zur Annahme von Medizinalpraktikanten später erteilt wird, sind den betreffenden Vermittelungs-
stellen mitzuteilen.
(K.M. 11. 10. 23 — U I 2156.)

VI. Amtliches Verzeichnis

der zur Annahme von Praktikanten ermächtigten Krankenhäuser und
medizinisch-wissenschaftlichen Institute[1].

* Kennzeichen für die Anstalten, an denen gemäß § 63 der Prüfungsordnung für Ärzte vom
5. Juli 1924 die der Behandlung innerer Krankheiten, zu widmende Zeit des Praktischen Jahres
abgeleistet werden kann.

o Kennzeichen für die Anstalten, an denen den Medizinalpraktikanten Gelegenheit geboten
ist, sich in der Geburtshilfe und Gynäkologie praktisch weiterzubilden.

X Kennzeichen für die Anstalten, an denen den Medizinalpraktikanten Gelegenheit geboten
ist, sich in der Geburtshilfe praktisch weiterzubilden.

△ Kennzeichen für die Anstalten, an denen den Medizinalpraktikanten Gelegenheit geboten
ist, sich in der Gynäkologie praktisch weiterzubilden.

---

[1] Das Verzeichnis für das Reich (einschließlich Preußen) wird alljährlich in der kurzen Fassung,
wie S. 155 ff., Anfang April j. Js. im Reichsministerialblatt (Reichs- und Staatsverlag in Berlin W 8,
Taubenstr. 44/45) und für Preußen besonders in der ausführlichen Form mit Angabe der Vergünstigungen Anfang Mai j. Js. im Ministerialblatt „Volkswohlfahrt" (Carl Heymanns Verlag in
Berlin W 8, Mauerstr. 44) veröffentlicht. Sonderabdrucke von diesen beiden Ausgaben sind bei den
genannten Verlagsstellen käuflich zu beziehen. Bei Bestellungen empfiehlt es sich ausdrücklich
anzugeben, ob das ausführliche preußische oder das kurze Reichsverzeichnis gewünscht wird.
Das hier abgedruckte Verzeichnis entspricht dem Stande bei der Drucklegung.
Nach einer Berechnung des Verfassers (veröffentlicht in einem Aufsatz im Prämedicus 1927
Nr. 13) waren nach dem Stande vom Frühjahr 1927 im Gebiete des Deutschen Reiches allgemein
zur Annahme von Medizinalpraktikanten ermächtigt (in Klammern sind durchweg die auf Preußen
entfallenden Zahlenanteile angegeben) 1046 (628) Anstalten mit 2393 (1350) Stellen. Außerdem
waren an rund 320 (191) Universitätsanstalten im ganzen noch etwa 1000 (630) Medizinalpraktikantenstellen vorgesehen. Es ergab sich hiernach im Deutschen Reich eine Gesamtzahl von rund 1350
(819) Anstalten mit etwa 3400 (1980) Stellen. Auf diese kamen seinerzeit jährlich etwa 2200 (1100)
Medizinalpraktikanten. Es war also ein reichlicher Stellenüberschuß vorhanden. Diese Zahlen haben
sich inzwischen nicht wesentlich geändert.
Während die an seinerzeit 568 (361) Anstalten verfügbar gewesenen Stellen zur Ableistung
der Zeit des Praktischen Jahres, die der Behandlung innerer Krankheiten zu widmen ist, ausreichen, besteht ein fühlbarer Mangel an geeigneten und bereitwilligen Anstalten für die praktische

I. Preußen.

Ort und Straße	Besondere Kennzeichnung	Name der Anstalt	Name des ärztlichen Leiters	Gesamtzahl der Krankenbetten	zugelassenen Praktikanten	Vergünstigungen der Praktikanten
Regierungsbezirk Königsberg.						
Allenberg bei Wehlau		Provinzial-Heil- und -Pflegeanstalt	S.-R. Dr. Dubbers	1235	2	Freie Station u. 50 ℛ︁ℳ︁ monatlich.
Bartenstein	*	Kreis-Johanniter-Krankenhaus	Dr. Foethke	85	1	Freie Station u. bei anerkannter Bedürftigkeit 50 ℛ︁ℳ︁ monatl.
Heiligenbeil	*	Kreis-Johanniter-Krankenhaus	Med.-Rat Dr. Riedel	45	1	Freie Station u. 50 ℛ︁ℳ︁ monatlich.
Königsberg i. Pr., Hinterroßgarten 52/53	*0	Städtisches Krankenhaus	Stadtmedizinalrat Dr. Jankowski	612	11	Vier Praktikanten erhalten freie Verpfleg.
Königsberg i. Pr., Hinterroßgarten 32—34	*	Krankenhaus der Barmherzigkeit (Diakonissenanstalt)	Prof. Dr. Sinnhuber	375	3	—
Königsberg i. Pr., Ziegelstr. 4/6a	*	St.-Elisabeth-Krankenhaus	Geheimrat Dr. Falkenheim	250	2	In den meisten Fällen freies Mittag- und Abendessen u. etwa 100 ℛ︁ℳ︁ monatlich.
Königsberg i. Pr., Oberhaberberg 19/20	0	Krankenhaus St. Katharina	Prof. Dr. Henke	78	1	Keine.
Königsberg i. Pr., Yorkstr. 65	*	Standortlazarett	Generaloberarzt Dr. Dietrich)	162	3	Keine.
Königsberg i. Pr., Hintertragheim 8a und b		Chirurg.-orthopäd. Privatklinik b. Prof. Dr. Höftmann	Dr. Matthias	120	2	Freie Station u. 50 ℛ︁ℳ︁ monatlich.
Königsberg i. Pr., Am Stadtgarten 61—63		Hindenburghaus, Krüppel-Heil- und -Lehranstalt	Dr. Kiewe	180	1	50 ℛ︁ℳ︁ monatlich und Wohnung.
Königsberg i. Pr.		Versorgungsärztliche Untersuchungsstelle[1]	Oberreg.-Med-Rat Dr. Herford	40	1	—
Labiau, Wilhelmstraße	*	Kreiskrankenhaus	Dr. Lack	92	1	Freie Wohnung und Verpflegung.
Mohrungen, Ostpr.	*	Kreiskrankenhaus	Dr. Ohse	75	1	Freie Station u. 20 ℛ︁ℳ︁ monatlich.
Pr. Eylau	*	Kreiskrankenhaus	Dr. Wolff	53	1	Freie Station und 50 ℛ︁ℳ︁ monatlich.
Pr. Holland, Rogehner Str.		Johanniter-Krankenhaus	Dr. Emil Mertens	60	1	
Rastenburg	*	Kreiskrankenhaus	Dr. Diehl	150	1	Keine.
Tapiau		Provinzial-Heil- und -Pflegeanstalt	Dr. Holthausen	1450	3	Freie Station u. 50 ℛ︁ℳ︁ monatlich.

Weiterbildung der Mediziner in der Geburtshilfe und Gynäkologie. Hierfür standen trotz größten Entgegenkommens bei der Auswahl der Ausbildungsstätten seinerzeit 224 (152) zur Annahme von Medizinalpraktikanten ermächtigte Anstalten mit etwa 300 (200) Praktikantenstellen, die nur für die besondere Ausbildung in diesen Fächern in Betracht kamen, zur Verfügung. Hinzu traten noch 25 (14) Universitäts- usw. Frauenkliniken mit rund 120 (70) Praktikantenstellen. Demnach waren für diesen Zweck im Reichsgebiet im ganzen 249 (166) Anstalten mit etwa 420 (270) Praktikantenstellen verfügbar.

[1] Nur bis zur Dauer von vier Monaten.

Ort und Straße	Besondere Kennzeichnung	Name der Anstalt	Name des ärztlichen Leiters	Krankenbetten	zugelassenen Praktikanten	Vergünstigungen der Praktikanten

Regierungsbezirk Gumbinnen.

Ort und Straße	Besondere Kennzeichnung	Name der Anstalt	Name des ärztlichen Leiters	Krankenbetten	zugelassenen Praktikanten	Vergünstigungen der Praktikanten
Gumbinnen	*	Kreiskrankenhaus	Dr. Eber	120	1	Freie Wohnung.
Insterburg, Augustastraße	0	Provinzial-Hebammen-lehranstalt, Landes-frauenklinik	Prof. Dr. P. W. Siegel	150	3	Freie Station u. freie Wohnung
Tilsit, Kohlstr. 5	*	Städtisches Krankenhaus.	Dr. Lengnick	185	2	Freie Station u. 25 RM monatlich.

Regierungsbezirk Allenstein.

Ort und Straße	Besondere Kennzeichnung	Name der Anstalt	Name des ärztlichen Leiters	Krankenbetten	zugelassenen Praktikanten	Vergünstigungen der Praktikanten
Allenstein, Wadanger Chaussee		Lungenheilstätte „Frauenwohl"	Dr. Naegelsbach)	140	1	Freie Station u. 50 bis 100 RM monatlich.
Alleinstein, Warschauer Str. 42	*0	St.-Marien-Hospital	Dr. Schneider	200	2	Freie Station u. 50 RM monatlich.
Hohenstein, Im Walde		Lungenheilstätte bei Hohenstein	Dr. Salecker	120	1	Freie Station und 50 RM monatlich.
Johannisburg, Hagelstraße	*	Kreiskrankenhaus	Dr. Oebing	75	1	Freie Station u. 50 RM monatlich.
Kortau b. Allenstein i. Ostpr.		Provinzial-Heil- und -Pflegeanstalt	S.-R. Dr. Lullies	1150	1	Freie Station u. 50 RM monatlich.
Lötzen, Lycker Straße 24—26	*0	Masurisches Diakonissen-Mutterhaus Bethanien	Dr. Wiebwald	120	2	Freie Verpflegung u. 50 RM monatl.
Lyck, Bismarckstraße	*	Kreiskrankenhaus	Dr. Pfeiffer	136	1	Freie Station u. 50 RM monatlich.
Neidenburg, Burgstraße	*	Johanniter-Kreiskrankenhaus	Dr. Gutzeit	102	1	Freie Station u. Vergütung.
Osterode, Hindenburgstr.	*	Kreiskrankenhaus	Dr. Götz	80	1	Freie Station u. 20 RM monatlich.
Sensburg, Königsberger Straße	*0	Kreiskrankenhaus	Dr. Ankermann	84	2	Freie Station u. 30 RM monatlich.

Regierungsbezirk Westpreußen.

Ort und Straße	Besondere Kennzeichnung	Name der Anstalt	Name des ärztlichen Leiters	Krankenbetten	zugelassenen Praktikanten	Vergünstigungen der Praktikanten
Elbing, Pott-Cowlesstr. 8	*0	Städtisches Krankenhaus	S.-R. Dr. Georg Schwarz	250	2	Freie Station, Wäsche und 50 RM monatl.
Marienburg, Ziegelgasse 105 und 106	0	Evangelisches Diakonissenhaus	Dr. Ellermann	180	2	Freie Verpflegung u. 100 RM monatlich.
Marienwerder, Rosptzer Straße 31	0	Städtisches Krankenhaus	Dr. von Tippelskirch)	100	1	Freie Verpflegung und 100 RM monatlich.

Stadtgemeinde Berlin.

Ort und Straße	Besondere Kennzeichnung	Name der Anstalt	Name des ärztlichen Leiters	Krankenbetten	zugelassenen Praktikanten	Vergünstigungen der Praktikanten
Berlin N 4, Invalidenstraße Nr. 103 a.		Kaiser-Wilhelm-Institut für Arbeitsphysiologie	Prof. Dr. Atzler	—	2	Keine.

<table>
<tr><td rowspan="2">Ort und Straße</td><td rowspan="2">Besondere Kennzeichnung</td><td rowspan="2">Name der Anstalt</td><td rowspan="2">Name des ärztlichen Leiters</td><td colspan="2">Gesamtzahl der</td><td rowspan="2">Vergünstigungen der Praktikanten</td></tr>
<tr><td>Krankenbetten</td><td>zugelassenen Praktikanten</td></tr>
<tr><td colspan="7" align="center">Noch Stadtgemeinde Berlin.</td></tr>
<tr><td>Berlin NW 23, Klopstockstr. 18
Berlin NW 40, Scharnhorststraße 35,
Berlin-Dahlem, Unter d. Eichen Nr. 82—84</td><td></td><td>Reichsgesundheitsamt</td><td>Direktor der medizinischen Abteilung: Dr. Frey, Direktor der bakteriologisch. Abteilung: Prof. Dr. Haendel</td><td>—</td><td>3</td><td>Keine.</td></tr>
<tr><td>Berlin N 39, Föhrer Str. 2</td><td></td><td>Institut für Infektionskrankheit „Robert Koch"</td><td>Prof. Dr. Neufeld</td><td>—</td><td>3</td><td>—</td></tr>
<tr><td>Berlin NW 40, Scharnhorststraße 13</td><td>*</td><td>Staatskrankenhaus der Schutzpolizei</td><td>Pol.-Ober-M.-R. Prof. Dr. Boehnke</td><td>350</td><td>3</td><td>Freie Wohnung und Verpflegung.</td></tr>
<tr><td rowspan="3">Berlin NO 18, Landsberger Allee 159</td><td rowspan="3">*0</td><td>a) Städtisches Krankenhaus im Friedrichshain</td><td rowspan="3">Prof. Dr. Braun (I. Auß.), Prof. Dr. Lippmann (I. Inn.)</td><td rowspan="3">1065</td><td>18</td><td rowspan="3">1</td></tr>
<tr><td>b) Bakteriologische Abteilung dieses Krankenhauses</td><td>1</td></tr>
<tr><td>c) Patholog.-anatomische Abt. dieses Krankenhauses</td><td>2</td></tr>
<tr><td rowspan="2">Berlin NW 21, Turmstr. 21</td><td rowspan="2">*0</td><td>a) Städtisches Krankenhaus Moabit</td><td rowspan="2">Geh. Med.-R. Prof. Dr. Moritz Borchardt (Auß.), Geh. Med.-R. Prof. Dr. Georg Klemperer (I. Inn.)</td><td rowspan="2">977</td><td>20</td><td rowspan="2">1</td></tr>
<tr><td>b) Patholog.-anatomische Abteilung dieses Krankenhauses</td><td>1</td></tr>
<tr><td rowspan="2">Berlin S 59, Am Urban 18</td><td rowspan="2">*</td><td>a) Städtisches Krankenhaus am Urban</td><td rowspan="2">Prof. Dr. Schück (I. Auß.), Prof. Dr. Zondek (I. Inn.)</td><td rowspan="2">660</td><td>18</td><td rowspan="2">1</td></tr>
<tr><td>b) Patholog.-anatomische Abteilung dieses Krankenhauses</td><td>1</td></tr>
<tr><td rowspan="4">Berlin N 65, Augustenburger Platz 1</td><td rowspan="4">*0</td><td>a) Städtisches Rudolf-Virchow-Krankenhaus</td><td rowspan="4">Prof. Dr. Mühsam (I. Auß.), Geh. S.-R. Prof. Dr. Kuttner (I. Inn.)</td><td rowspan="4">2585</td><td>30</td><td rowspan="4">1</td></tr>
<tr><td>b) Bakteriolog. Abt. dies. Krankenhauses.</td><td>1</td></tr>
<tr><td>c) Hydrotherapeut. u. medikomechanisches Institut dieses Krankenhauses.</td><td>1</td></tr>
<tr><td>d) Patholog.-anatomische Abteilung dieses Krankenhauses</td><td>1</td></tr>
<tr><td>Berlin SW 61, Gitschiner Straße 104/05</td><td>*</td><td>Städtisches Krankenhaus Gitschiner Straße</td><td>Dr. Bleichröder</td><td>155</td><td>3</td><td>1</td></tr>
<tr><td>Berlin N 65, Reinickendorfer Str. 61</td><td>*</td><td>Städtisches Kaiser- und Kaiserin-Friedrich-Kinderkrankenhaus</td><td>Geh. S.-R. Prof. Dr. Finkelstein</td><td>440</td><td>3</td><td>1</td></tr>
<tr><td>Berlin NO 55, Fröbelstr. 17</td><td></td><td>Städtisches Friedrich-Wilhelm-Hospital Fröbelstraße</td><td>Dr. Winter (I.), Prof. Dr. Schuster (II.) (Nervenabteilung)</td><td>1466</td><td>1</td><td>1</td></tr>
</table>

¹ In den Krankenanstalten der Stadt Berlin werden den zugelassenen Medizinalpraktikanten gleichmäßig folgende Vergünstigungen gewährt: Freie Station und, soweit in der betreffenden Anstalt möglich, freie ärztliche Behandlung und Arznei, ferner ein Barzuschuß von monatlich 30 ℳ.

Noch: Stadtgemeinde Berlin.

Ort und Straße	Besondere Kennzeichnung	Name der Anstalt	Name des ärztlichen Leiters	Gesamtzahl der Krankenbetten	Gesamtzahl der zugelassenen Praktikanten	Vergünstigungen der Praktikanten
Berlin NO 55, Fröbelstr. 15	*	Krankenstation des städtischen Obdachs Fröbelstraße	Dr. Roeßle	314	2	[1]
Berlin SW 68, Alte Jakobstraße 33/35		Krankenabteilung des städtischen Waisenhauses Berlin	Prof. Dr. L. F. Meyer	30	1	[1]
Berlin SO 26, Mariannenplatz 1/3	*	Zentraldiakonissenhaus Bethanien	Geh. S.-R. Dr. Martens und Prof. Dr. Dorendorf	350	5	Freie Station u. 50 ℛℳ monatl. (keine freie Wohnung).
Berlin W 35, Lützowstr. 24 bis 26	*	Elisabeth-Kranken- und Diakonissenhaus	Prof. Dr. Burghart (Inn.), Prof. Dr. Landois (Auß.)	250	2	Freie Station.
Berlin N 31, Bernauer Straße 115 bis 117.	*	Lazarus-Kranken- und Diakonissenhaus	Prof. Dr. Seefisch (Chir.), Prof. Dr. Weber (Med.)	180	2	Freie Verpfleg.
Berlin N 24, Große Hamburger Straße Nr. 5/11	*	a) St.-Hedwigs-Krankenhaus b) Patholog.-anatomische Abtlg. dies. Krankenh.	Dr. Petermann (Chir.), Geh. S.-R. Dr. Wirsing (Inn.)	750	8 / 1	Freie Kost und 50 ℛℳ monatlich.
Berlin N 65, Exerzierstr. 11	*0	a) Krankenhaus der jüdischen Gemeinde b) Patholog.-anatomische Abteilung dieses Krankenhauses	Prof. Dr. Strauß, Prof. Dr. Rosenstein (Chir.), S.-R. Dr. Abel (Frauen)	310	7 / 1	Teils freier Mittagstisch, teils freie Wohnung und Verpflegung.
Berlin NW 40, Scharnhorststraße 3	*	a) Augustahospital b) Patholog.-anatomische Abteilung dies. Hospitals	Prof. Dr. Schlayer (Inn.), Dr. Heymann (Chir.)	200	3 / 1	Keine.
Berlin N 65, Müllerstraße Nr. 56/57 a	*	Paul-Gerhardt-Stift	Prof. Dr. Rumpel (Chir.), Prof. Dr. Munk (Inn.), Dr. Bigelius (Frauen)	168	2	—
Berlin NW 6, Karlstr. 27/30	*	St. Maria-Viktoria-Krankenhaus	S.-Rat. Dr. Eschenbach	250	2	—
Berlin NW 6, Karlstraße 31, und NW 40, Hindersinstr.11		a) Chirurgisch-orthopädische Privatklinik von Geh. S.-R. Dr. Frank und Dr. Herm. Engel b) Orthop. Institut (Ambulatorium) u. Röntgenlaboratorium von Dr. Hermann Engel	Dr. Hermann Engel	22	1	Freie Kost und 60 ℛℳ monatl.
Berlin NW 6, Schumannstraße 18	0	Privat-Frauenklinik und Entbindungsanstalt v. Prof. Dr. Paul Straßmann	Geh. S.-R. Prof. Dr. Paul Straßmann	80	3	—
Berlin O 27, Blumenstr. 97		Dr. Neumanns Kinderhaus	S.-R. Dr. Japha	42	1	—
Berlin O 34, Romintener Straße 35		Dr. Ludwig Meyers Chirurgische Privatklinik	Dr. Ludwig Meyer	46	1	Freie Beköstig.
Berlin N 24, Elsasser Straße 85	0	Israelisches Krankenheim	Dr. Hirsch (Geb. u. Gynäk.), Dr. Peiser (Chir.), Prof. Dr. Richter (Inn.)	50	1	Freie Station u. Wäsche.

[1] Vgl. S. 123 Anm. 1.

Ort und Straße	Besondere Kennzeichnung	Name der Anstalt	Name des ärztlichen Leiters	Gesamtzahl der		Vergünstigungen der Praktikanten
				Krankenbetten	zugelassenen Praktikanten	

Noch: Stadtgemeinde Berlin.

Ort und Straße	Besondere Kennzeichnung	Name der Anstalt	Name des ärztlichen Leiters	Krankenbetten	zugelassenen Praktikanten	Vergünstigungen der Praktikanten
Berlin NW 6, Schiffbauerdamm 31/32	0	Privatklinik für Frauenkrankheiten und Geburtshilfe	Dr. B. Hallauer	40	1	Freie Station (einschl. Wohnung).
Berlin S 59, Müllenhoffstraße 17	0	Wöchnerinnenheim am Urban	Dr. v. Stuckrad	55	2	Keine.

Außerdem in folgenden zur Stadtgemeinde Berlin eingemeindeten Ortschaften:

Ort und Straße	Besondere Kennzeichnung	Name der Anstalt	Name des ärztlichen Leiters	Krankenbetten	zugelassenen Praktikanten	Vergünstigungen der Praktikanten
Berlin-Biesdorf		Städtische Anstalt für Epileptische Wuhlgarten	S.-R. Dr. Heinze	1305	1	[1]
Berlin-Buch		Städtische Heilstätte Berlin-Buch	Dr. Hirz	165	1	[1]
Berlin-Buch		Städtische Irrenanstalt Berlin-Buch	S.-R. Dr. Werner	2264	4	[1]
Berlin-Buch		Städtisches Hospital Berlin-Buch	Dr. Maas	1585	1	[1]
Berlin-Buch		Städtische Kinderheilanstalt Berlin-Buch	Dr. Rosenstern	995	2	[1]
Berlin-Buckow, Rudowerstr. 4	*	a) Städtisches Krankenhaus Berlin-Neukölln b) Patholog.-anatomische Abteilung dieses Krankenhauses	Geh S.-R. Prof. Dr. Sultan (I. Auß.), Prof. Dr. Ehrmann (I. Inn.)	1098	20 2	[1]
Berlin-Britz, Stubenrauchring	*	Städtisches Krankenhaus Berlin-Britz	S.-R. Dr. Frentzel	437	3	[1]
Berlin-Charlottenbg., Spandauer Berg 15/16	*	a) Städtisches Krankenhaus Berlin-Westend b) Patholog.-anatomische Abteilung dieses Krankenhauses	Dr. Neupert (I. Auß.), Professor Dr. Umber (I. Inn.)	1063	14 1	[1]
Berlin-Charlottenbg., Neuer Fürstenbrunner Weg Nr. 13/15		Städtisches Untersuchungsamt für ansteckende Krankheiten Berlin-Westend	Dr. Elkeles	—	1	[1]
Berlin-Charlottenbg., Kirchstr. 19/20		Städtisches Krankenhaus Berlin-Charlottenburg Kirchstraße	Professor Dr. Bruhns	180	2	[1]
Berlin-Charlottenbg., Thüringer Allee 12	*	St.-Hildegard-Krankenhaus am Reichskanzlerplatz	Privatdozent Dr. Pribram	120	1	Unbestimmt.
Berlin-Charlottenbg., Sophie-Charlotten-Str. 116	0	Städtisches Krankenhaus f. Geburtshilfe Berlin-Charlottenburg	Professor Dr. Schäfer	280	4	[1]
Berlin-Charlottenbg., Berliner Straße 137	0	Deutsches Institut für Frauenkunde. Frauenklinik und Entbindungsanst. „Cecilienhaus“	Prof. Dr. Wilhelm Liepmann	101	4	Freie Station, evtl. Vergütg.
Berlin-Charlottenbg., Frankstraße 3	*0	Kaiserin-Auguste-Viktoria-Haus, Reichsanstalt zur Bekämpfung der Säuglings- und Kleinkindersterblichkeit	Professor Dr. Langstein	200	3	Freie Station.
Berlin-Charlottenbg., Eschenallee Nr. 28/30	*0	Verein „Paulinenhaus“ Krankenanstalt E. V.	Dr. Ulrichs	100	2	Freie Verpfleg.

[1] Vgl. S. 123 Anm. 1.

Ort und Straße	Besondere Kennzeichnung	Name der Anstalt	Name des ärztlichen Leiters	Gesamtzahl der		Vergünstigungen der Praktikanten
				Krankenbetten	zugelassenen Praktikanten	

Noch: Außerdem in folgenden zur Stadtgemeinde Berlin eingemeindeten Ortschaften:

Ort und Straße	Besondere Kennzeichnung	Name der Anstalt	Name des ärztlichen Leiters	Krankenbetten	zugelassene Praktikanten	Vergünstigungen der Praktikanten
Berlin-Cöpenick, Achenbachstr.	*	Städtisch. Krankenhaus Berlin-Cöpenick	Dr. Hinz	250	2	[1]
Berlin-Dahlem, Ehrenbergstraße 38/42		Preuß. Landesanstalt für Wasser- Boden- und Lufthygiene	Geh. M.-R. Prof. Dr. Beninde	—	2	—
Berlin-Dahlem, Kronprinzenallee 171/173		Oskar-Helene-Heim	Prof. Dr. Biesalski	300	5	Nach Vereinbarung
Berlin-Hermsdorf, Kurhausstraße 30/33	*	Krankenhaus der Dominikanerinnen (St.-Dominikus-Stift)	Dr. Braunwarth, Dr. Hahward	75	1	Freie Kost und Wohng. sowie 50 *RM* monatl.
Berlin-Lankwitz, Viktoriastr. 59	*0	Krankenhaus Lankwitz	Professor Dr. Silberstein	500	8	1. bis 6. Monat 25 *RM* u. freie Verpfleg. 7. bis 12. Mon. 50 *RM* u. freie Verpflg.
Berlin-Lankwitz Viktoriastr. 60		Privat-Heil- und Pflegeanstalt „Berolinum"	Dr. Fraenkel	75—80	2	Freie Station u. geringe Vergütung.
Berlin-Lichtenberg, Hubertusstraße 4	*0	Städtisches Krankenhaus Berlin-Lichtenberg	Prof. Dr. Boetticher (Auß.), Prof. Dr. von Hoefslin (Inn.)	444	9	[1]
Berlin-Lichtenberg, Hauptstraße 7		Krankenstation des städtischen Waisenhauses Berlin-Lichtenberg	Prof. Dr. Erich Müller	280	2	[1]
Berlin-Lichtenberg, Prinz-Albert-Str. 42		Kaiserin-Auguste-Viktoria-Krankenhaus	Dr. Herz	98	2	Freie Station.
Berlin-Lichtenberg, Herzbergstr. 79/80		Städtische Heil- u. Pflegeanstalt Berlin-Herzberge	S.-R. Dr. Falkenberg	1458	4	[1]
Berlin-Lichterfelde, Unter b. Eichen		Stubenrauch-Kreiskrankenhaus (siehe Reg.-Bez. Potsdam)				
Berlin-Lichterfelde, Carstenstraße 58	0	Gräfin-Rittberg-Krankenhaus	Dr. Gain	137	1	Freie Station u. Wohnung.
Berlin-Lichterfelde Ost, Wilhelmstr. 36a		Vincenz-Krankenhaus	Prof. Dr. Keyser	120	2	Keine.
Berlin-Neukölln, Hasenheide 80 bis 87	*	Städtisches Krankenhaus Berlin-Hasenheide	Dr. Freund	200	2	[1]
Berlin-Neukölln, Mariendorfer Weg 42/46		Städtisches Säuglings- und Mutterheim Berlin-Neukölln	Prof. Dr. Orgler	175	1	[1]
Berlin-Neukölln, Mariendorfer Weg 28/38	0	Brandenburgische Hebammenlehranstalt u. Frauenklinik	Prof. Dr. Hammerschlag	247	3	Freie Wohnung und Verpfleg.
Berlin-Niederschönhausen, Mittelstr. 6/8	*	Privatkrankenhaus Nordend	S.-R. Dr. Dosquet, Privatdozent Dr. Unvericht	100	1	Freie Station u. 30 bis 50 *RM* monatlich.
Berlin-Oberschöneweide, Treskowallee	*	Königin-Elisabeth-Hospital	Prof. Dr. Dobbertin (Auß.), Dr. Wolff (Inn.)	150	2	Freie Station.
Berlin-Pankow, Galenusstr. 1	*0	Städtisches Krankenhaus Berlin-Pankow	Dr. Lutz (Auß.), Dr. Bönniger (Inn.)	272	4	[1]

[1] Vgl. S. 123 Anm. 1.

Ort und Straße	Besondere Kennzeichnung	Name der Anstalt	Name des ärztlichen Leiters	Gesamtzahl der Krankenbetten	Gesamtzahl der zugelassenen Praktikanten	Vergünstigungen der Praktikanten

Noch: Außerdem in folgenden zur Stadtgemeinde Berlin eingemeindeten Ortschaften:

Ort und Straße	Besondere Kennzeichnung	Name der Anstalt	Name des ärztlichen Leiters	Krankenbetten	zugelassenen Praktikanten	Vergünstigungen der Praktikanten
Berlin-Reinickendorf, Teichstraße 65	*	a) Städtisches Krankenhaus Berlin-Reinickendorf	S.-R. Dr. Kleinschmidt (Auß.) Geh. S.-R. Dr.	300	3	1
		b) Patholog.-anatomische Abtlg. dies. Krankenh.	Felix Klemperer (Inn.)		1	
Berlin-Reinickendorf West, Berlinerstr. 128		Städtisches Frauenkrankenhaus Berlin	Prof. Dr. Pinkus	150	1	1
Berlin-Schöneberg, Canovastraße 9	*0	a) Städt. Auguste-Viktoria-Krankenhaus Berlin-Schöneberg	Prof. Dr. Kausch (I. Auß.), Prof Dr. Huber (I. Inn.)	760	6	1
		b) Patholog. Abteil. dieses Krankenhauses			1	
Berlin-Schöneberg, Mühlenstraße 3	*	St.-Norbert-Krankenhaus	Dr. Lammers (Inn.), Dr. Kuhn (Chir. u. Ghn.)	250	1	Freie Wohnung und Verpflegung.
Berlin-Schöneberg, General-Pape-Straße		Versorgungsärztliche Untersuchungsstelle[2]	Prof. Dr. Collin	20	1	—
Berlin-Spandau Lynarstr. 12	*0	Städtisches Krankenhaus Berlin-Spandau	Dr. Gontermann (Auß.), Dr. Zapel (Inn.)	612	6	1
Berlin-Spandau, Friedrichstr. 3	0	Privatklinik von Dr. Buttermann	Dr. Buttermann	28	1	Freie Station u. 50 𝑅𝑀 monatl.
Berl.-Tempelhof, Moltkestr. 23	*	Standortlazarett	Gen.-Oberarzt Dr. Weineck	300	4	Freie Wohnung u. Beköstigung.
Berlin-Weißensee, Schönstr. Nr. 87/90	*	Städtisches Auguste-Viktoria-Krankenhaus Berlin-Weißensee	Dr. Selberg (Chir.), Dr. v. Domarus (Inn.)	247	2	1
Berlin-Weißensee, Gierstr.		Städtisches Säuglingskrankenhaus Berlin-Weißensee	Prof. Dr. Reyher	80	2	1
Berlin-Wilmersdorf, Achenbachstraße 16		Städtisches Krankenhaus Berlin-Wilmersdorf	Dr. v. Rothe	100	2	1
Berlin-Wilmersdorf, Pfalzburgerstr. 35	*0	Krankenhaus der Allgemeinen Ortskrankenkasse	Dr. Pohl (Geburtsh. Ghn.), Dr. v. Velden (Inn.)	97	2	Freie Verpfl. u. 50 𝑅𝑀 monatlich.
Berlin-Wilmersdorf, Kaiserallee 30	0	Privatklinik und Entbindungsanstalt	Dr. Ernst Solms	22	1	Freie Wohng. u. Verpfl. sowie 200 𝑅𝑀 monatl.
Berlin-Wittenau, Oranienburger Straße		Städtische Wittenauer Heilstätten	S.-R. Dr. Bratz	1612	4	1
Berlin-Zehlendorf, Dorotheenstr. 3/5	*	Städtisches Krankenhaus Berlin-Zehlendorf	Dr. Plenz (Auß.), Prof. Dr. Walterhöfer (Inn.)	420	5	1

Regierungsbezirk Potsdam.

Ort und Straße	Besondere Kennzeichnung	Name der Anstalt	Name des ärztlichen Leiters	Krankenbetten	zugelassenen Praktikanten	Vergünstigungen der Praktikanten
Beelitz (Mark)	*	Heilstätten Beelitz	Generalarzt a. D. Dr. Graeßner	1265	6	Freie Station u. 50 𝑅𝑀 monatl.
Beeskow	*0	Vereinskrankenhaus	Dr. Marsch	80	1	Freie Station u. 50 𝑅𝑀 monatl.
Belzig		Vereinsheilstätte Belzig	Generalarzt a. D. Dr. Fricke	174	1	Freie Station u. 40 𝑅𝑀 monatl.

---

[1] Vgl. S. 123 Anm. 1.
[2] Nur bis zur Dauer von vier Monaten.

Ort und Straße	Besondere Kennzeichnung	Name der Anstalt	Name des ärztlichen Leiters	Gesamtzahl der Krankenbetten	zugelassenen Praktikanten	Vergünstigungen der Praktikanten
		Noch: Regierungsbezirk Potsdam.				
Berlin-Lichterfelbe, Unter b. Eichen 45/46	*	a) Stubenrauch-Kreiskrankenhaus b) Patholog. Abteil. dies. Krankenhauses	Geh. Rat Prof. Dr. Riese	502	6 1	Freie Station.
Bernau (Mark), Labeburger Chaussee	0	Kreiskrankenhaus Bernau	Dr. Holzhausen	135	1	Freie Station u. 30 ℛℳ monatl.
Brandenburg (Havel)	*0	Städtisch. Krankenhaus	S.-R. Dr. Appel	225	2	Freie Station u. 30 ℛℳ monatl.
Eberswalde, Kaiser-Friedrich-Straße	*	Kranken- und Mutterhaus vom Roten Kreuz, Auguste-Viktoria-Heim	Prof. Dr. Hilbebrandt	230	1	Freie Station.
Eberswalbe, Oberbergstr. 8		Brandenburgische Landesirrenanstalt	S.-R. Dr. Zinn	1283	2	Freie Wohnung, Verpflegung, u. 50 ℛℳ monatlich.
Görden b. Brandenburg (Hav.) Winterfeldtallee 2		Brandenburg sche Landesanst. (Heil- und Pflegeanstalt für Geisteskranke)	S.-R. Dr. Riebeth	1793	2	Freie Wohnung Verpflegung u. 50 ℛℳ monatlich.
Grabowsee bei Oranienburg		Lungenheilstätte Grabowsee	Generaloberarzt a. D. Dr. Schultes	194	2	Freie Station u. 50 ℛℳ monatlich.
Hermannswerber b. Potsdam		Krankenhaus Hermannswerder	Prof. Dr. Wolff	140	1	Freie Station
Hohenlychen, Cecilienstraße		Heilanstalten vom Roten Kreuz Hohenlychen: Lungenheilst. für Kinder, Heilst. f. knochen- u. gelenktuberkul. Kinder, Nachbehandl. tuberkulös. Kinder, Behandl. tuberkuloseverdächtiger Kinder, Mittelstandssanatorium für lungenkranke Frauen, Allgem.Krankenh., Versuchsabt. für heliotherapeut. Behandlung	S.-R. Dr. Koch	600	2	Freie Station u. 50 bis 60 ℛℳ monatlich.
Jüterbog	*	Johanniter-Krankenhaus	Geh. Med.-R. Dr Strunz	80	1	Freie Station u. 60 ℛℳ monatl.
Kallberge, an der Frankfurt. Kunststr.	0	Kreiskrankenhaus	Dr. P. Wolf	150	2	Freie Station u. 30 ℛℳ monatlich.
Luckenwalde, Schützenstr.	*0	Städtisch. Krankenhaus	S.-R. Dr. Kiesel	208	2	Freie Station u. 30 ℛℳ monatlich.
Nauen, Ketziner Str.20	*	Cecilie-Kreiskrankenhaus	Dr. Kron	95	1	Freie Station u. 75 ℛℳ monatlich.
Neuruppin		Brandenburgische Landesirrenanstalt	S.-R. Dr. Knörr	1957	1	Freie Wohnung, Verpflegung und 50 ℛℳ monatlich.
Nowawes, Lindenstr. 67 u. 68	*	Oberlin-Kreiskrankenhaus	Dr. Rosenthal-Bonin	105	2	Freie Stat. I. Kl. und 50 ℛℳ monatlich.

Ort und Straße	Besondere Kennzeichnung	Name der Anstalt	Name des ärztlichen Leiters	Krankenbetten	zugelassenen Praktikanten	Vergünstigungen der Praktikanten
				Gesamtzahl der		
Noch: Regierungsbezirk Potsdam.						

Noch: Regierungsbezirk Potsdam.

Ort und Straße	Besondere Kennzeichnung	Name der Anstalt	Name des ärztlichen Leiters	Krankenbetten	zugelassenen Praktikanten	Vergünstigungen der Praktikanten
Potsbam, Neue Anlagen		Versorgungskrankenhaus (Lungenkrankenhaus)	Reg.-Meb.-R. Dr. Bassenge	180	1	Freie Station u. 50 *RM* monatlich.
Potsbam, Türkstraße 5/6	*0	Städtisch. Krankenhaus	Dr. Schmib	309	2	Freie Stat. I. Kl. und 50 *RM* monatlich.
Potsbam, Allee nach Sanssouci 7	*	St.-Josephs-Krankenhaus	Dr. Geronne, Prof. Dr. Pochhammer	180	1	Freie Verpfleg.
Prenzlau, Pasewalker Chaussee	*×	Kreiskrankenhaus	Meb.-Rat Dr. Rochs	235	2	Freie Station u. 50 *RM* monatlich.
Rathenow, Elberlingstr.	*0	Städtisch. Krankenhaus	Dr. Schäfer	125	2	Freie Station u. 50 *RM* monatlich.
Sommerfeld, Kreis Ost-havelland		Waldhaus Charlottenburg der Stadt Berlin	Dr. Ulrici	300	1	Vgl. S. 123 Anm. 1.
Teupitz		Brandenburg. Landes-anstalt (Heil- u. Pflege-anstalt für Geistes-kranke)	S.-R. Dr. Woerlein	1560	2	Freie Wohnung, Verpflegung und Barvergütung.
Treuenbrietzen		Brandenburgische Pflege-anstalt	Dr. Niemann	507	1	Freie Wohnung, Verpflegung und 50 *RM* monatlich.
Wittenberge, Perleberger Straße 139	*	Städtisch. Krankenhaus	Dr. Quobbach	74	1	Freie Station.

Regierungsbezirk Frankfurt a./O.

Ort und Straße	Besondere Kennzeichnung	Name der Anstalt	Name des ärztlichen Leiters	Krankenbetten	zugelassenen Praktikanten	Vergünstigungen der Praktikanten
Arnswalde		Kreiskrankenhaus	Dr. Schröber	65	1	Freie Verpfleg. und 50 *RM* monatlich.
Cottbus, Thiemstr. 111	*0	Städtisch. Krankenhaus	Gemeinsame ärztliche Ober-leitung be-stehend aus Dr. Schmidt (Chir.), Dr. Kühne (Inn. u. Nerv.), Dr. Krüger-Franke (Geb. u. Gyn.)	530	4	Freie Station u. monatlich 30 *RM*.
Cüstrin-N., Warnicker Str.	*0	Städtisch. Krankenhaus	S.-Rat Dr. Ziegner	220	2	Freie Station u. Nebenein-nahmen.
Forst i. L., Sebanstr 35	*0	Städtisch. Krankenhaus	Dr. Hinrichsen (Chefarzt, Chir.-gynäko-log.), Dr. Schmoeger (Oberarzt, Inn.)	275	2	Freie Station und monatlich 30 *RM*.
Frankfurt a./O., Göpelstraße	*	Städtisches Krankenhaus	Professor Dr. Nonnenbruch (Inn.), Dr. Ruge (Auß.)	360	2	Freie Station ohne Wohng.
Frankfurt a./O. Luckauer Str.		Diakonissenhaus „Lutherstift“	Geh. San.-Rat Professor Dr. Pernice	150	1	Freie Station.

Opitz, Prüfungsordnungen. 3. Aufl.

Ort und Straße	Besondere Kennzeichnung	Name der Anstalt	Name des ärztlichen Leiters	Gesamtzahl der Krankenbetten	Gesamtzahl der zugelassenen Praktikanten	Vergünstigungen der Praktikanten
Noch: Regierungsbezirk Frankfurt a. O.						
Guben, Spicherer Pl. 4		Städtisches Krankenhaus	Prof. Dr. Adolf Hoffmann	160	1	Freie Station u. Wohnung.
Guben, Friedrichstraße 1—3		Naemi-Wilke-Stift, Krankenhaus und ev.-luth. Diakonissenanstalt	S.-R. Dr. Franz Ahrer	90	1	Freie Station.
Klettwitz N.-L.		Knappschaftskrankenhaus	S.-R. Dr. Kittel (zurzeit vertretungsweise), Oberarzt Dr. Hartig)	280	2	Keine.
Kolkwitz, Cottbuser Stadtheide		Lungenheilstätte Cottbus	Dr. Jenker	120	1	Freie Station u. 30 _R.M_ monatlich nach freier Vereinbarung.
Landsberg a./W., Friedeberger Chaussee 5		Brandenburgische Landesanstalt	San.-Rat Dr. Marthen	1298	2	Freie Wohnung, Verpflegung und 50 _R.M_ monatlich.
Landsberg a./W., Uferstraße		Stadtkrankenhaus	S.-R. Dr. Delkeskamp	250	2	Freie Station, freie Wohnung und 20 _R.M_ monatlich.
Landsberg a./W. Zechower Str.		Hygienisches Institut	Prof. Dr. Hilgermann	—	2	Keine.
Müllrose, Kreis Lebus		Heilstätte f. Lungenkranke der Ortskrankenkasse f. den Gewerbebetrieb d. Kaufleute, Handelsleute u. Apotheker in Berlin	Dr. Zeumin	100	1	Zurzeit keine.
Senftenberg N.-L., Krankenhausstr. 10		Knappschaftskrankenhaus	Dr. Seyberth	230	1	Freie Station u. 50 _R.M_ monatlich.
Sonnenburg (Neumark)		Johanniter-Ordens-Krankenhaus	S.-R. Dr. Horneffer	75	1	Freie Station.
Spremberg i./L., Bautzener Gasse	0	Städtisches Krankenhaus	Dr. Boening	60	1	Freie Station u. Vergüt. nach Vereinbarung
Sternberg (Neumark)		Lungenheilstätte Berlin-Schöneberg	Dr. Schwalm	102	1	Freie Station.
Trebschen, Kr. Züllichau		Lungenheilstätte Vollmarstiftung	Dr. Schelenz	110	1	Freie Station u. 50 _R.M_ mon.
Regierungsbezirk Stettin.						
Frauendorf bei Stettin, Bergstraße 25	*	Kreiskrankenhaus	Dr. Behrend	275	2	Freie Station u. 50 _R.M_ mon.
Stargard i. P., Bergstraße	*	Städtisches Krankenhaus	Dr. Weber	205	1	Freie Station u. Beköstigung.
Stettin, Apfelallee 72	*	a) Städtisch. Krankenhaus in der Apfelallee	Prof. Dr. Neisser	813	8	Freie Station.
		b) Path.-anat. Abteilung dieses Krankenhauses			1	
Stettin, Turmstraße 44		Säuglings- und Mütterheim	Dr. Freund	140	1	Freie Station u. 30 _R.M_ mon.
Stettin, Friedrichstr. 17	*	Standortlazarett	Generaloberarzt Dr. Strecklein	125	3	Keine.
Stettin, Eckerbergstr. 1		Kückenmühler Anstalten z. Erzieh. u. Behandl. Schwachsinniger, Epileptik. u. jug. Psychopath.	San.-Rat Dr. Schnitzer	650	2	Freie Wohnung Verpflegung.

Ort und Straße	Besondere Kennzeichnung	Name der Anstalt	Name des ärztlichen Leiters	Gesamtzahl der Krankenbetten	Gesamtzahl der zugelassenen Praktikanten	Vergünstigungen der Praktikanten
Noch: Regierungsbezirk Stettin.						
Stettin, Mühlenbergstraße 14		Kinderheil- und Diakonissen-Anstalt	S.-R. Dr. Jahn	110	1	Freie Station.
Stettin, Bismarckstr. 12	0	Privat-Frauenklinik	Dr. Schallehn	21	1	Freie Verpfleg.
Stettin, Karlutschstr. 7	0	Provinzial-Hebammen-Lehranst. u. Frauenklinik	Professor Dr. Stephan	115	3	Freie Verpfleg. I. Klasse.
Stettin, Friedrichstr. 17		Versorgungsärztliche Untersuchungsstelle[1]	Reg.-Med.-Rat Dr. Dohrer	18	1	
Stettin-Neutorney, Alleestraße 6		Evang. Diakonissen- und Krankenhaus „Bethanien“	S.-R. Dr. Lichtenauer	220	2	Freie Verpfleg. u. Wohnung.
Treptow a./R., Abbau 7		Provinzial-Heilanstalt	San.-Rat Dr. Deutsch	830	2	Freie Station I. Klasse und 360 R.M jährl.
Uckermünde		Provinzial-Heilanstalt	Leiter ist verstorben; Vertreter Oberarzt Dr. Vollheim	624	2	Freie Station I. Klasse und 360 R.M jährl.
Regierungsbezirk Köslin.						
Dramburg, Lindenstraße	*	Kreiskrankenhaus	Dr. Neumann	100	1	Freie Station u. 30 R.M mon.
Kolberg	*	Neues Städtisches Krankenhaus	Dr. Kalb	66	2	Freie Verpfleg. und Wohnung.
Köslin, Eisenhardt-Rothe-Straße	*0	Kaiser-Wilhelm-Kreiskrankenhaus	Dr. Rohleder	140	1	Freie Station u. 40 R.M mon.
Lauenburg in Pommern		Provinzial-Heilanstalt	S.-R. Dr. Encke	830	1	Freie Station I. Klasse und 360 R.M jährl.
Bad Polzin	*	Johanniter-Krankenhaus	Dr. Duwe	175	1	Freie Station.
Bad Polzin		Privatkrankenanstalt „Kaiserbadsanatorium“	Generalstabsarzt a. D. Dr. Zabel	250	1	Freie Station u. 150 R.M mon.
Stolp i. Pom., An der Plantage 2	*0	Städtisches Krankenhaus	Prof. Dr. Creite	150	2	Freie Station u. 25 R.M mon.
Regierungsbezirk Stralsund.						
Stralsund, Marienstraße	*	Städtisches Krankenhaus	S.-R. Dr. Berndt	224	2	Freie Station u. 36 bzw. 45 R.M monatlich. [1]
Stralsund, Rostocker Chaussee		Provinzial-Heilanstalt	S.-R. Dr. Horstmann	900	2	Freie Station I. Klasse und 360 R.M jährl.
Stralsund, Tribseer Str. 30	0	Frauenklinik und Entbindungsanstalt	Dr. Walter Kahl	25	1	Freie Wohnung und Verpfleg.
Regierungsbezirk Schneidemühl.						
Deutsch Krone	*0	Städtisch. Krankenhaus	S.-R. Dr. Zadow	110	1	Freie Verpfleg.
Obrawalde, Kr. Meseritz		1. Provinzial-Heil- und Pflegeanstalt	zu 1. Landesarzt Dr. Harriehausen	550	} 2	Freie Station II. Klasse.
Obrawalde, Kr. Meseritz	0	2. Provinzial-Entbindungsanstalt und Frauenklinik	zu 2. Dr. Henrard	60		
Schneidemühl, Berlinerstr. 43	*0	Städtisch. Krankenhaus	Geh. S.-R. Dr. Briese	125	1	Freie Station I. Klasse und bis zu 50 R.M monatlich.

[1] Nur bis zur Dauer von vier Monaten.

Ort und Straße	Besondere Kennzeichnung	Name der Anstalt	Name des ärztlichen Leiters	Gesamtzahl der Krankenbetten	zugelassenen Praktikanten	Vergünstigungen der Praktikanten
Regierungsbezirk Breslau.						
Breslau, An der Barbarakirche Nr. 1/5.	*0	a) Städtisch. Krankenhaus zu Allerheiligen	Prof. Dr. Tietze	660	23	Keine.
		b) Pathologisch-anatomische Abt. dieses Krankenhauses			2	
Breslau, Neudorfstraße 118	*	Wenzel-Hanckesches Krankenhaus	Geh. S.-R. Dr. Drewitz	521	9	Ein Teil erhält freie Station.
Breslau, Einbaumstraße 25		Städt. Heilanst. f. Nerven- und Gemütskranke	Oberarzt Dr. Chotzen	200	2	Keine.
Breslau Höschenstr. 112	*	Krankenhaus der Landesversicherungsanstalt Schlesien	S.-R. Dr. Hahn	186	2	Freie Station u. 50 ℛ︁ℳ︁ monatlich.
Breslau, Klosterstr. 118	*	Evangelisch-luth. Diakonissenanstalt Bethanien	S.-R. Dr. Bersch	140	3	Ein Teil erhält freie Station.
Breslau, Gustav-Freytag-Str. 7		Diakonissenkrankenhaus Bethesda	S.-R. Dr. Winckler	104	1	Nur Wohnung.
Breslau, Klosterstraße 57—59	*	Krankenh. d. Barmherz. Brüder	Geh. Med.-R. Dr. Partsch	250	3	Ein Teil erhält freie Station.
Breslau, Uferstraße 1	*	St.-Joseph-Krankenhaus	Primärarzt Dr. Waliczek	240	2	Freie Wohnung, Verpflegung u. 30 ℛ︁ℳ︁ monatl.
Breslau, Lehmgrubenstr. 22	*	Malteser-Kinder-Krankenhaus St. Anna	S.-R. Dr. Heckel	94	1	Keine.
Breslau, Gräbschenerstr. 105 bis 107	*	Krankenhaus der Elisabethinerinnen	S.-R. Dr. May	245	2	Keine.
Breslau, Mehlgasse 22—28	*	St. Georg-Krankenhaus	Prof. Dr. Most	240	3	Freie Verpfleg.
Breslau, Blücherstr. 2—4	*	Augusta-Hospital	Primärarzt Dr. Simon	45	1	Freie Verpfleg.
Breslau, Hohenzollernstr. 96	*	Israel. Krankenverpflegungsanst.	S.-R. Dr. Herz	200	4	Keine.
Breslau, Kronprinzenstr. 23 bis 25	0	Prov.-Hebammenlehranstalt und Frauenklinik	Geh. S.-R. Dr. Baumm	131	3	Freie Wohnung für einen Praktikanten.
Breslau, Schulgasse 13 c	*	Städtisches Säuglingsheim	Primärarzt Dr. Freund	155	8	Keine.
Breslau, Werderstr. 88		Versorgungsärztliche Untersuchungsstelle[1]	Oberreg.-Med.-R. Dr. Haupt	23	1	—
Brieg, Steinstraße 1		Provinzial-Heil- und Pflegeanstalt	S.-R. Dr. Dinter	450	2	—
Freiburg i. Schl., Marienstr. 22		Provinzial-Heil- und Pflegeanstalt	Dr. von Schuckmann	610	3	—
Görbersdorf		Dr. Brehmersche Heilanstalten	Dr. Schlapper	850	2	Freie Station u. 50—75 ℛ︁ℳ︁ monatlich.
Görbersdorf		Dr. Weickers Volkssanatorium „Krankenheim"	Dr. Steinmeyer	500	2	Freie Station u. bis 100 ℛ︁ℳ︁ monatlich.
Herrnprotsch		Städtische Heilstätte	Dr. Hauke	1245	2	Freie Wohnung Verpflegung und voraussichtl. 100 ℛ︁ℳ︁
Leubus, Kr. Wohlau		Provinzial-Heil- und Pflegeanstalt	Dr. Seemann	1200	2	—
Neurode, Sindermannstr. 2	*	Knappschaftslazarett	Dr. Kolbe	126	2	Freie Wohnung u. Verpfleg., im 1. Halbjahr 15 ℛ︁ℳ︁, im 2. Halbj. 25 ℛ︁ℳ︁ monatlich.

[1] Nur bis zur Dauer von vier Monaten.

Ort und Straße	Besondere Kennzeichnung	Name der Anstalt	Name des ärztlichen Leiters	Gesamtzahl der Krankenbetten	Gesamtzahl der zugelassenen Praktikanten	Vergünstigungen der Praktikanten
Noch: Regierungsbezirk Breslau.						
Nimptsch, Strehlener Str. 8	*	Städtisch. Krankenhaus u. Genesungsheim	Dr. Lorenz	100	1	Freie Wohnung, Verpfleg. u. 50 ℛℳ monatl.
Oels	*	Städtisch. Krankenhaus	Dr. Becker	115	1	Freie Station u. 50 ℛℳ monatl.
Scheibe		Barmherziges Krankenstift	Dr. Gretschel	130	1	Freie Station u. 50 ℛℳ monatl.
Schweidnitz, Untere Bolkostraße 1—8	*	Bethania, Evang. Krankenanstalt	Geh. San.-Rat Dr. Meyer	80	1	Freie Station, evtl. später Vergütung.
Trebnitz, Klosterplatz		Malteser-Krankenhaus	Dr. Steininger	120	1	Freie Station.
Walbenburg i. Schl., Waldstraße	*	Knappschaftslazarett	S.-R. Dr. Müller	260	2	Freie Station, im 1. Halbjahr 15 ℛℳ, im 2. Halbj. 25 ℛℳ.
Regierungsbezirk Liegnitz.						
Bertelsdorf		Lungenheilanstalt und Sanatorium	Dr. Breuhaus	105	1	Freie Station u. 50 ℛℳ monatl.
Bunzlau		Provinzial-Heil- und Pflegeanstalt	S.-R. Dr. Neisser	871	2	Freie Beköstig., Wohnung, Reinigen der Wäsche u. 50 ℛℳ monatlich.
Bunzlau, Löwenberg. Chaussee	0	Kreiskrankenhaus	S.-R. Dr. Kalliefe	120	1	Freie Wohnung u. Verpfleg.
Görlitz, Girbigsdorfer Straße Nr. 1—13	*	Stadtkrankenhaus	Dr. Hagedorn	320	2	80 v. H. v. Gruppe X abzüglich 60 v. H. für Wohnung u. Beköst.
Görlitz, Schillerstraße 14		Dr. Kahlbaums Heilanst. f. Nerven- und Geisteskranke	S.-R. Dr. Kahlbaum	120	1	
Greiffenberg i. Schles.		Sanatorium Birkenhof	Dr. Diehl	141	1	Fr. Wohng. Verpfleg., Wäsche, Heizg., Beleuchtg. u. 80 ℛℳ mon
Grünberg (Schl.)		Krankenhaus des Diakonissen-Mutterhauses „Bethesda"	Dr. Bergemann	100	1	Freie Station.
Hirschberg (Schl.) Hospitalstraße	*	Stadtkrankenhaus	Dr. Haeble	92	1	Freie Wohnung und Verpfleg.
Landeshut		Kaiserin-Auguste-Viktoria Volksheilstätte	Dr. Wirth	218	1	Freie Station u. 50 ℛℳ monatl.
Landeshut		Kaiser-Wilhelm-Kinderheilstätte	Dr. Wiese	250	1	Freie Station u. 50 ℛℳ monatl.
Liegnitz, Hahnauer Str.	*	Städtisch. Krankenhaus und Kreißler-Stiftung (beides verbunden)	Dr. Hübener	182	1	Freie Station u. 45 ℛℳ monatl.
Liegnitz, Scheibestraße 31	*	Diakonissenkrankenhaus Bethanien	Dr. Preuße	90	1	Freie Wohnung und Station.
Liegnitz, Viktoriastraße 20/21	0	Privatfrauenklinik des Dr. Schäbel	Dr. Schäbel	36—42	1	Freie Station u. 50 ℛℳ monatl.
Liegnitz, Mauerstraße	*	Krankenhaus der Grauen Schwest. St.-Georgen-Stift	S.-R. Dr. Junghans	110	1	—
Lüben i. Schles.		Provinzial-Heil- und Pflegeanstalt	S.-R. Dr. Schubert	970	2	Freie Beköstig., Wohnung, Reinigen der Wäsche u. 50 ℛℳ monatl.

Ort und Straße	Besondere Kennzeichnung	Name der Anstalt	Name des ärztlichen Leiters	Gesamtzahl der		Vergünstigungen der Praktikanten
				Krankenbetten	zugelassenen Praktikanten	

Noch: Regierungsbezirk Liegnitz.

Ort und Straße	Besondere Kennzeichnung	Name der Anstalt	Name des ärztlichen Leiters	Krankenbetten	zugelassenen Praktikanten	Vergünstigungen der Praktikanten
Nieder-Schreiberhau		Heilstätte Moltkefels der Arbeiter-Pensionskasse der Deutschen Reichsbahngesellschaft	Dr. Boballi	147	1	Freie Station u. 50 ℛℳ monatl.
Plagwitz a. Bob., Kreis Löwenberg i. Schles.		Provinzial-Heil- und Pflegeanstalt	S.-R. Dr. Wilhelm Ziertmann	698	3	Freie Beköstig., Wohnung, Reinigen b. Wäsche und 50 ℛℳ monatlich.
Bad Warmbrunn	*	St. Hedwigs-Krankenhaus	S.-R. Dr. Jedin	100	1	Freie Kost und 50 ℛℳ monatl.

Regierungsbezirk Oppeln.

Ort und Straße	Besondere Kennzeichnung	Name der Anstalt	Name des ärztlichen Leiters	Krankenbetten	zugelassenen Praktikanten	Vergünstigungen der Praktikanten
Beuthen O.-S., Virchowstraße	*	Knappschaftslazarett	Dr. Becker	452	3	Für zwei Praktikanten freie Verpflegung u. 50 ℛℳ monatl.
Beuthen O.-S.		Hygienisches Institut	Prof. Dr. von Lingelsheim	—	1	—
Beuthen O.-S., Breite Straße	*	Städtisch. Krankenhaus	S.-R. Dr. Herrmann	250	1	Freie Station u. 25 ℛℳ monatl.
Beuthen O.-S., Kurfürstenstr.		Krüppelheim z. heil. Geist	Dr. Seiffert sen.	550	1	Wohnung mit Verpfleg. und 40 ℛℳ monatl.
Biskupitz, Annasegenkolonie, Kreis Hindenburg O.-S.	*	Krankenhaus Annasegen	Dr. Borgstede	90	1	Freie Wohnung und Verpfleg., 100 ℛℳ monatlich.
Gleiwitz O.-S., 1. Schröderstraße 3	*	Städtisch. Krankenhaus, 1. Inn. Abt. und Tuberkuloseklinik	Dr. Patrzek (Inn.), Dr. Haeger (Tuberk.)	106	2	Ein Praktikant freie Wohnung u. Verpfleg., ein Praktikant freie Verpfleg. u. 30 bis 50 ℛℳ monatlich.
2. Friedrichstraße 15		2. Äußere Abt.	Dr. Hufschmid	274	2	Ein Praktikant fr. Station u. 30 ℛℳ monatlich, b. zweite nur freie Beköstig.
Hindenburg O.-S., Hilgerstraße	*0	Städt. Auguste-Viktoria-Krankenhaus	Dr. Schwarzer	120	2	Freie Wohnung und Verpfleg., 30 ℛℳ monatl.
Hindenburg O.-S., Dorotheenstraße	*0	Knappschaftslazarett	S.-R. Dr. Altmann	450	4	Freie Wohnung und Verpfleg. und 50 ℛℳ monatlich.
Kreuzburg O.-S.	*	Evang.-luth. Diakonissen-Mutterhaus „Bethanien"	Dr. Peukert	108	1	Freie Station u. 50 ℛℳ monatl.
Kreuzburg O.-S., Schloßplatz 4		Provinzial-Heil- und -Pflegeanstalt	S.-R. Dr. Bresler	500	3	Freie Station.
Leobschütz, Friedrich-Wilhelm-Straße	*	Städtisch. Krankenhaus	S.-R. Dr. Goitschel	80	1	Freie Station, Wohnung und Verpfleg., bis 100 ℛℳ mon.
Neustadt O.-S.	*0	Städtisch. Krankenhaus	S.-R. Dr. Michael (Inn.), Dr. Berkosky (chir.-gyn.)	130 bis 140	1	Freie Wohnung, Kost und 50 ℛℳ monatlich.
Oppeln, Malapanerstr. 20	0	Prov.-Hebammenlehranstalt u. Frauenklinik	Dr. Scheffzek	100	1	—

Ort und Straße	Besondere Kennzeichnung	Name der Anstalt	Name des ärztlichen Leiters	Krankenbetten	zugelassenen Praktikanten	Vergünstigungen der Praktikanten
				Gesamtzahl der		

Noch: Regierungsbezirk Oppeln.

Ort und Straße	Bes.	Name der Anstalt	Name des ärztlichen Leiters	Krankenbetten	zugel. Prakt.	Vergünstigungen der Praktikanten
Oppeln, Tuchmarkt 6 und Porschstraße	*	St.-Adalbert-Hospital	Dr. Dittel	400	2	Freie Wohnung und Station, 30 bis 50 *R.M* monatlich.
Ratibor, Augustastr. 5	*0	Städtisch. Krankenhaus	Dr. Orzechowski	300	3	Für 2 Praktikant. freie Station mit Beheiz., Beleuchtung u. Bedienung sowie 50 *R.M* monatlich.
Slawentzitz, Kreis Cosel	*	Fürst zu Hohenlohesches August-Krankenhaus u. Lungenheilstätte	Dr. Wittkop	120	2	Freie Station, Wohnung, Beleuchtung und Beheizung, 50 *R.M* monatl.
Tost O.-S.		Provinzial-Heil- und -Pflegeanstalt	Dr. Schütze	540	2	—
Ziegenhals		Landesheilstätte für Tuberkulosekranke	Dr. Rickmann	120	1	Freie Unterkunft, Verpfl. und 50 *R.M* monatlich.

Regierungsbezirk Magdeburg.

Ort und Straße	Bes.	Name der Anstalt	Name des ärztlichen Leiters	Krankenbetten	zugel. Prakt.	Vergünstigungen der Praktikanten
Aschersleben	*	Städtisch. Krankenhaus	S.-R. Dr. Heynemann	150	1	Keine.
Burg bei Magdeburg, August-Bebel-Str. 55	*0	Kreiskrankenhaus	Prof. Dr. Lotsch	150	2	Freie Station u. 30 *R.M* monatl.
Halberstadt, Gleimstraße	*0	Salvator-Krankenhaus und städtisch. Wöchnerinnenheim	S.-R. Dr. Springorum	240	2	Freie Station u. 10 v. H. des Assistentengeh.
Jerichow bei Genthin		Landesheilanstalt	S.-R. Dr. Lange	460	1	Freie Station I. Kl. und 50 *R.M* monatlich
Magdeburg, Marstallstraße Nr. 11—14	*	Städtisch. Krankenhaus Altstadt	Prof. Dr. Habs	796	8	—
Magdeburg, Leipzig.Str. 44	*0	a) Städtisch. Krankenhaus Sudenburg	Prof. Dr. Schreiber	810	7	Freie Wohnung u. Beköstigung.
		b) Path.-anat. Abt. des Krankenhauses			1	
Magdeburg, Gr. Diesdorferstr. Nr. 42—45.	*	Kahlenberg-Stiftung, Mutterhaus vom Roten Kreuz	S.-R. Dr. Blick	120	1	Freie Station.
Magdeburg, Kaiser-Friedrichstr. 20	0	Landes-Frauenklinik	Dr. von Alvensleben	96	1	Freie Station.
Magdeburg, Domplatz 10.		Versorgungsärztliche Untersuchungsstelle[1]	Reg.-Med.-Rat Dr. Böllner	21	1	—
Oschersleben, Triftstraße	*	Kreiskrankenhaus	Dr. Esau	150	2	Freie Wohnung und Wäsche, 50 *R.M* monatl.
Quedlinburg	*0	Stadt- und Kreiskrankenhaus	Oberarzt Dr. Heller	175	1	Freie Station u. 25 *R.M* monatl.
Salzwedel, Brunnenstr. 1	*0	Kreiskrankenhaus	Dr. Sudhoff	180	2	Freie Station u. 40 *R.M* monatl.
Schönebeck, Gnabauer Str. 13.	*	Städt. Kaiser-Friedrich-Krankenhaus	Dr. Homuth	110	1	Freie Station u. 50 *R.M* monatl.

[1] Nur bis zur Dauer von vier Monaten.

Ort und Straße	Besondere Kennzeichnung	Name der Anstalt	Name des ärztlichen Leiters	Gesamtzahl der Krankenbetten	Gesamtzahl der zugelassenen Praktikanten	Vergünstigungen der Praktikanten
Noch: Regierungsbezirk Magdeburg.						
Stendal, Schützenstr. 15	*	Johanniter-Ordens-Krankenhaus	Dr. Warstat	200	2	Freie Station u. 40 RM monatl.
Uchtspringe i., Altmark		Landesheilanstalt	S.-R. Dr. Bockhorn	1070	2	Freie Station I. Kl. und 50 RM monatl. für einen Praktikanten.
Wernigerode (Harz), Ilsenburger Straße	*	Kreiskrankenhaus	Dr. Alb. Bernard	170	1	Freie Station u. Wohnung, Vergütung.
Wolmirstedt	*0	Kreiskrankenhaus	Dr. O. Retzlaff	122	1	Freie Wohnung und Verpfleg. u. voraussichtlich Vergütg.
Regierungsbezirk Merseburg.						
Altscherbitz bei Schkeuditz		Landesheilanstalt	S.-R. Dr. Braune	1300	2	Freie Station I. Kl. und 50 RM monatl. f. einen Praktik.
Brehna-Carlsfeld		Knappschaftskrankenhaus Carlsfeld	Dr. Bethge	197	1	Freie Station u. Vergütung.
Eilenburg	*	Städtisch. Krankenhaus	Stabtarzt Dr. Barbey	85	1	Freie Station u. 50 RM monatl.
Eisleben, Kasseler Straße 55/56	*	Knappschaftskrankenhaus	Dr. Harttung	150	1	Freie Station u. 30 RM monatl.
Halle, Barbarastraße 4	0	St.-Barbara-Krankenhaus	Prof. Dr. Lindemann	100	1	Freie Verpflegung.
Halle, Merseburger Str. 59		Krankenhaus Bergmannstrost	S.-R. Dr. Zimmermann	296	6	Freie Wohnung und Verpfleg., 20 RM monatl.
Halle, Mauerstraße 7/10	*	St. Elisabeth-Krankenhaus	S.-R. Dr. Albehoff	210	2	Freie Verpfleg.
Halle, Mühlweg 7	*	Evang. Diakonissenhaus	Dr. Hans Fielitz	220	3	—
Halle, Weidenplan 6	*	Privat-Heilanstalt Weidenplan	Prof. Dr. Frese	90	2	Freie Station u. 50 RM monatl.
Halle, Hedwigstraße 12		Privatklinik f. orthopäd. Chir. u. Krüppel-, Heil- u. Bildungsanstalt f. d. Reg.-Bez. Mersebg.	Prof. Dr. Löffler	85	1	Freie Wohnung u. Verpfleg., Vergütung n. Vereinbarung.
Hettstedt, Tiergartenstraße		Knappschaftskrankenhaus	Dr. Stier	100	1	Freie Station u. 30 RM monatl.
Hohenmölsen	*	Knappschaftskrankenhaus	S.-R. Dr. Hügelmann	140	1	—
Lauchhammer, Kr. Liebenwerda	*	Knappschaftskrankenhaus	Geh. San.-Rat Dr. Mangold	100	1	Freie Station u. 30 RM monatl.
Merseburg, Vor b. Klausentor		Städtisches Krankenhaus	Dr. Kunith	124	1	Keine.
Naumburg	*	Städtisches Krankenhaus	Dr. E. Becker	89	1	Freie Verpfleg.
Nietleben bei Halle a. S.		Landes-Heilanstalt	Prof. Dr. Pfeifer	920	2	Freie Stat. I. Kl. und 50 RM monatlich für einen Praktikanten.
Schkeuditz, Cursdorfer Weg 1		„Bergmannswohl", Un-fall-Nerv.-Heilanstalt d. Knappschaftsberufsgen.	Prof. Dr. Quenzel	200	1	Freie Station u. 50 RM monatl.
Torgau, Dommitzscher Str.	*	Stadt-Krankenhaus	Dr. Kern	113	1	Freie Station u. 50 RM monatl.
Weißenfels	*0	Städtisches Krankenhaus	Dr. Hering und Dr. Wörner	179	2	Freie Station u. 50 RM monatl.

Noch: Regierungsbezirk Merseburg.

Ort und Straße	Besondere Kennzeichnung	Name der Anstalt	Name des ärztlichen Leiters	Krankenbetten	zugelassenen Praktikanten	Vergünstigungen der Praktikanten
Wittenberg, Paul-Gerhardt-Straße	*0	Diakonissen-Krankenhaus „Paul-Gerhardt-Stift"	Dr. Bosse	153	2	Freie Station u. 30 ℛ︁ℳ︁ monatl.
Wolfen	*	Krankenanstalten b. A.-G. f. Anilinfabrikation	Dr. Robenacker	100	1	
Zeitz, Lindenstr.	*	Städtisches Krankenhaus	Dr. Lange	165	3	Freie Station u. 40 bis 55 ℛ︁ℳ︁ monatlich.

Regierungsbezirk Erfurt.

Ort und Straße	Besondere Kennzeichnung	Name der Anstalt	Name des ärztlichen Leiters	Krankenbetten	zugelassenen Praktikanten	Vergünstigungen der Praktikanten
Bleicherode	*	Knappschaftskrankenhaus	Dr. Schulze	150	2	Freie Station u. 30 ℛ︁ℳ︁ monatl.
Erfurt (i. Stadtkrankenhaus)		Staatliche Medizinal-Untersuchungsstelle	Med.-R. Dr. Heck	—	1	—
Erfurt, Nordhäuser Str. 74	*	Städtisches Krankenhaus	Prof. Dr. Machol	390	3	Freie Verpfleg.
Erfurt, Karthäuserstr. 64	*	Kath. Krankenhaus	Dr. Hook	350	8	Freie Station, evtl. Vergütg.
Erfurt, Gartenstraße 2	0	Privatklinik der Diakonissenanstalt Bethesda	Dr. Ohler	30	1	50 ℛ︁ℳ︁ monatl. u. evtl. fr. Station.
Erfurt, Karthäuserring 16/17	0	Privat-Frauenklinik	Dr. Hoffmann	34	1	Freie Station.
Mühlhausen (Thür.)	*	Städtisches Krankenhaus	Dr. Wetzel	96	1	Freie Station, Wohnung und 50 ℛ︁ℳ︁ monatl.
Nordhausen, Taschenberg	*	Städtisches Krankenhaus	S.-R. Dr. Willecke	135	1	Freie Station u. 50 ℛ︁ℳ︁ monatl.
Pfafferode bei Mühlhausen (Thür.)		Landesheilanstalt	Dr. Jach	1100	2	Freie Station I. Klasse und 50 ℛ︁ℳ︁ monatl. für einen Praktikanten.
Sorge bei Benneckenstein		Johanniter-Heilstätte (Lungenheilanstalt)	Dr. Pigger	72	1	Freie Station.

Regierungsbezirk Schleswig.

Ort und Straße	Besondere Kennzeichnung	Name der Anstalt	Name des ärztlichen Leiters	Krankenbetten	zugelassenen Praktikanten	Vergünstigungen der Praktikanten
Altona, Allee 164	*0	a) Städtisch. Krankenh. b) Path.-anat. Abteil. dieses Krankenhauses	Prof. Dr. Jenckel (Chir.), Prof. Dr. Lichtwitz (Inn.)	935	17 / 1	Freie Verpfleg., 7 Praktikanten erhalten auch freie Wohng.
Altona, Bülowstraße	0	Städt. Entbindungsanstalt	Oberarzt S.-R. Dr. Pilsky	100	2	Freie Wohnung u. Verpflegung
Altona, Treskowallee		Altonaer Kinderhospital	S.-R. Dr. Grüneberg	178	1	Freie Wohnung und Verpflegung.
Altona, Steinstraße 48		Krankenhaus u. Kinderhospital der Diakonissenanstalt	San.-Rat Dr. Schwertzel	50	1	1500 ℛ︁ℳ︁, keine Wohnung und Verpflegung.
Flensburg, Knuthstraße 1	*	Evang.-luth. Diakonissenanstalt	Prof. Dr. Baum	195	2	Für einen Praktikanten freie Wohnung und Beköstigung, f. den zweiten Praktikanten Beköstigung.
Flensburg, Dorotheenstr. 36	*	St.-Franziskus-Krankenhaus	Dr. Frank	165	1	Verpflegung und 50 ℛ︁ℳ︁ monatl.
Kiel, Kronshagener Weg Nr. 51—53	*	a) Städt. Krankenanstalt b) Path.-anat. Abteil. dieses Krankenhauses	Geh. Med.-R. Professor Dr. Hoppe-Seyler	600	4 / 1	Freie Wohnung und Verpfleg.
Kiel, Annenstr. 67		Anschar-Krankenhaus	Prof. Dr. Göbell	104	2	Keine.
Kiel, Paul Flemmingstr. 3		Mütter- und Säuglingsheim	Dr. Spiegel	110	1	Frühstück und Kaffee.

Ort und Straße	Besondere Kennzeichnung	Name der Anstalt	Name des ärztlichen Leiters	Gesamtzahl der Krankenbetten	Gesamtzahl der zugelassenen Praktikanten	Vergünstigungen der Praktikanten
		Noch): Regierungsbezirk Schleswig.				
Mölln i. Lauenburg		Bremische Heilstätte „Niedersachsen"	Dr. Sachs	171	1	Kost, Wohnung u. 50 ℛℳ monatl.
Neumünster, Klosterstraße		Städtisches Krankenhaus	Dr. Graf	181	3	Freie Station.
Neumünster, Luisenstraße	0	Privat-Frauenklinik	Dr. Hans Köhler	15	1	Freie Wohnung.
Neustadt i. Holst.		Landes-Heil- und Pflege-anstalt	S.-R. Dr. Hinrichs	1149	2	Freie Station u. 50 ℛℳ monatl.
Rendsburg, Hindenburg-straße	*0	Städtisches Krankenhaus	Dr. Poppe	90	1	Freie Wohnung und Verpfleg., 40 ℛℳ monatl. und Gutachter-honorar.
Schleswig, Stadtfeld 28		Landes-Heil- und Pflege-anstalt	S.-R. Dr. Dabelstein	1170	2	Freie Station u. 50 ℛℳ monatl.
Schleswig, Lutherstraße	*0	Städtisches Krankenhaus	San.-Rat Dr. Wullenweber	95	1	Freie Wohnung und Verpfleg. nebst 50 ℛℳ monatlich.
Wandsbek, Jut-hornstraße	*	Städtisches Krankenhaus	Dr. Deussing	195	2	Freie Station u. voraussichtlich 40 ℛℳ monatl.
		Regierungsbezirk Hannover.				
Hameln	*	Städtisches Krankenhaus	Dr. Brandes	140	1	Freie Station u. Verpflegung.
Hameln, Wilhelmstraße	0	Privat-Frauenklinik	Dr. Klages	12	1	Freie Verpfleg.
Hannover, Haltenhof-straße 67	*	a) Städt. Krankenhaus I b) Pathol. u. bakt. In-stitut dieses Kranken-hauses	Prof. Dr. Rein-hold, Geh. Med.-Rat Professor Dr. Kappis	655	7 1	Freie Station u. Verpflegung.
Hannover, Am Friederikenstift Nr. 12		Krankenhaus Friederiken-stift	Dr. Hoff	65	1	Freie Station.
Hannover, Mis-burgerDamm 7	*	Henriettenstiftung	Prof. Dr. Oehler (Auß.), S.-R. Dr. Studt-mann (Inn.)	200	2	Freie Station u. Verpflegung.
Hannover, Lütze-rober Str. 1	*	Clementinen-Haus	Prof. Dr. Geißler	104	1	Freie Station.
Hannover, Ellernstr. 16	*	Israelitisches Kranken-haus	Dr. Erich Rosen-thal	55	1	Freie Station u. 50 ℛℳ monatl.
Hannover, Ellernstr. 10	*	Kinderheilanstalt	Prof. Dr. Becker	120	1	Nach Prozenten von den ein-gegangenen Pflegegeldern u. freie Stat.
Hannover-Klee-feld, Heinchen-straße 2—4		Krüppel-Heil- und -Pflegeanstalt Anna-stift E. V.	Professor Dr. Valentin	300	4	Freie Wohnung u. Beköstigung.
Hannover, Herrenhäuser, Kirchweg 5	0	Prov.-Hebammenlehr-anstalt	Dr. Rißmann	140	1	Freie Wohnung u. Verpfleg. II. Klasse.
Hannover, Scharnhorst-straße 1	*	St.-Vincenz-Stift	Prof. Dr. Thöle	180	1	Freie Station u. Verpflegung sowie b. Hälfte des Assistenten-gehalts.
Hannover, Rick-linger Str. 1		Städtisches Krankenhaus II für Haut- und Ge-schlechtskr.	Professor Dr. Stümple	300	2	Freie Station u. Verpflegung.

Ort und Straße	Besondere Kennzeichnung	Name der Anstalt	Name des ärztlichen Leiters	Gesamtzahl der Krankenbetten	Gesamtzahl der zugelassenen Praktikanten	Vergünstigungen der Praktikanten
Noch: Regierungsbezirk Hannover.						
Hannover, Petristraße 15	*	Stadtkrankenhaus Siloah	S.-R. Dr. Rosenbusch	300	3	Freie Station u. Verpflegung.
Hannover-Stöcken		Tuberkulose-Krankenhaus Heidehaus der Sadt Hannover	Dr. Ziegler	240	1	Freie Station.
Langenhagen bei Hannover		Provinzial-Heil- und -Pflegeanstalt	S.-R. Dr. Schütte	850	2	Freie Wohnung und Verpfleg. (verbeff. Kost.)
Wunstorf		Provinzialpflegeanstalt	Dr. Gerstenberg	600	1	Freie Wohnung und Verpfleg. (verbeff. Kost).
Regierungsbezirk Hildesheim.						
Goslar	*	Vereinskrankenhaus	Dr. Georg Behrens	85	1	Nach Vereinbarung.
Hildesheim	*	Städtisch. Krankenhaus	Med.-R. Dr. Becker (Auß.), Dr. von Criegern (Inn.)	350	3	Freie Verpfleg. u. Wohnungsbeihilfe.
Hildesheim	*	St.-Bernwards-Krankenhaus	Geh. S.-R. Dr. Reinhard (Inn.), Dr. Hölscher (Auß.)	300	1	Freie Station u. etwa 30 RM monatlich.
Hildesheim, Klosterstraße		Provinzial-Heil- und -Pflegeanstalt	S.-R. Dr. Mönkemöller	884	2	Freie Wohnung und Verpfleg. (verbeff. Kost).
Peine	*	Städtisch. Krankenhaus	Dr. Meyeringh (Chir.), Dr. Reinhold (Inn.)	145	1	Freie Station.
St. Andreasberg		Heilstätte Glückauf	Dr. Pingel	123	1	Nach Übereinkommen.
St. Andreasberg		Heilstätte Oberberg-Gebhardsheim	S.-R. Dr. Villig	130	1	Nach Übereinkommen.
Rasemühe bei Göttingen		Provinzial-Sanatorium für Nervenkranke	Dr. Grimme	115	1	Freie Wohnung und Verpfleg. (verbeff. Kost).
Schwarzenbach bei Clausthal-Zellerfeld		Heilstätte Schwarzenbach	Dr. Guischard	120	1	Freie Station u. 50 RM monatl.
Sülzhayn a. H.		Knappschaftsheilstätte für lungenkranke männliche Personen	Dr. Lotze	130	1	Freie Station.
Regierungsbezirk Lüneburg.						
Celle, Mühlenstraße	0	Provinzial-Hebammenlehranstalt	Prof. Dr. Dietrich	107	2	Freie Wohnung und Verpfleg. II. Klasse.
Harburg a. E., Irrgarten 1	*0	Städtisch. Krankenhaus	Dr. König	425	6	Freie Station u. 30 RM monatl.
Ilten, Kreis Burgdorf		Dr. Ferd. Wahrendorffs Privat-Heil- u. Pflegeanstalten G. m. b. H.	S.-R. Dr. Rud. Wahrendorff, Stellv.: Prof. Dr. Hans Willige	900	2	Freie Station u. 50 RM monatl.
Lüneburg, Vögelstraße	*	Städtisch. Krankenhaus	S.-R. Dr. Hölscher	169	2	Freie Verpfleg. u. Wohnungsgeld.
Lüneburg, Wienebütteler Weg 1		Provinzial-Heil- und -Pflegeanstalt	Dr. Behr	914	2	Freie Wohnung und Verpfleg. (verbeff. Kost).

Ort und Straße	Besondere Kennzeichnung	Name der Anstalt	Name des ärztlichen Leiters	Gesamtzahl der Krankenbetten	Gesamtzahl der zugelassenen Praktikanten	Vergünstigungen der Praktikanten
Regierungsbezirk Stade.						
Aumund, Löhr-straße 5	*	Kreiskrankenhaus Blumenthal	Dr. Vogel	170	1	Freie Station u. 50 RM monatl.
Wesermünde-Geestemünde, Hartwigstr. 8	*	Städtisch. Krankenhaus Geestemünde	S.-R. Dr. Seggel	210	1	Freie Station u. 60 RM monatl.
Wesermünde-Lehe, Wurster-Straße 49	*	Städtisch. Krankenhaus Lehe	Dr. Heß	175	1	Freie Station u. 60 RM monatl.
Regierungsbezirk Osnabrück.						
Osnabrück, Lotterstr. 131	*	Städtisch. Krankenhaus	Prof. Dr. Fründ	400	4	Freie Station.
Osnabrück, Johannisfreiheit Nr. 2/3	*	Marien-Hospital	Dr. Lurz (Chir.), S.-R. Dr. Schiermeyer (Inn.)	320	2	Freie Station.
Osnabrück, Schlagvorder-straße 11	0	Privat-Frauenklinik	Dr. Uthmöller	16	1	Freie Station u. 50 RM monatl.
Osnabrück, Natruper Str. 1	0	Privat-Frauenklinik [1]	Frau Dr. Gilbert	8	1	Freie Station u. 50 RM monatl.
Osnabrück, Knollstraße 3		Provinzial-Heil- und -Pflegeanstalt	Dr. Reinelt	428	2	Freie Wohnung und Verpfleg. (verbess. Kost)
Osnabrück, Ca-privistr. 1	0	Provinzial-Hebammen-lehranstalt	Dr. Ellerbrock	168	1	Freie Wohnung u. Verpflegung II. Klasse.
Regierungsbezirk Aurich.						
Wilhelmshaven, Roonstraße	*	Werftkrankenhaus	Dr. Dürig	120	1	25 v. H. der Gruppe IX A, freie Wohnung u. 45 RM Ver-pflegungsgeld monatlich.
Wilhelmshaven, Roonstraße	*	Städtisches Krankenhaus	Dr. Linkenheld	130	1	Freie Station und 50 RM monatlich.
Regierungsbezirk Münster.						
Bottrop i. W., Glabbecker Str.	*0	St.-Marien-Hospital	Dr. Zumhasch	450	3	Freie Wohnung, Verpflegung u. Vergütung.
Buer i. W., Mühlenstraße	*	St.-Marien-Hospital	Dr. Marx	625	2	Freie Station u. ein Viertel d. Assistenzarzt-gehalts.
Buer-Erle i. W.	*0	St.-Elisabeth-Stift	Dr. Kühling	300	1	Freie Verpfleg.
Buer-Resse i. W., Hedwigstr. 1	*	St.-Hedwigs-Kranken-haus	Dr. Vertlich	170	1	Freie Wohnung u. Verpfleg.
Dorsten i. W., Gahlener Str.	*0	St.-Elisabeth-Hospital	Dr. Timphues	270	1	Freie Wohnung, Verpflegung u. Vergütung.
Glabbeck, Bar-barastr. 1	*0	St.-Barbara-Hospital	Dr. Koepchen	442	2	Freie Wohnung, Verpfleg. und 33 RM monatl.
Herten i. W., Hospitalstraße	*	St.-Elisabeth-Hospital	Dr. Groß-Alben-hausen	200	1	Freie Station u. Vergütung.

---

[1] Nur weibliche Praktikanten werden angenommen.

Ort und Straße	Besondere Kennzeichnung	Name der Anstalt	Name des ärztlichen Leiters	Gesamtzahl der Krankenbetten	zugelassenen Praktikanten	Vergünstigungen der Praktikanten

Noch: Regierungsbezirk Münster.

Ort und Straße	Besondere Kennzeichnung	Name der Anstalt	Name des ärztlichen Leiters	Krankenbetten	zugelassenen Praktikanten	Vergünstigungen der Praktikanten
Horst-Emscher, Rosenstraße	*0	St.-Josefs-Hospital	Dr. Strumbau	356	1	Freie Wohnung, Verpfleg. u. 25—50 *RM* monatlich.
Hövel (Post Radbod)	*	St.-Josephs-Hospital	Dr. Struck	150	1	Keine.
Lengerich i. W.		Provinzial-Heilanstalt	Dr. Schmidt	850	1	Freie Station.
Münster i. W., Clemensstraße Nr. 27—29	*	Städtisch. Clemens-Hospital	Prof. Dr. Arneth (Inn.), Dr. Lentze	386	4	Freie Wohnung und Verpfleg.
Münster i. W., Kirchstraße 87	*	St.-Franziskus-Hospital	S.-R. Dr. Kortmann	260	1	Freie Station.
Münster i. W., Wichernstr. 6	*	Evangelisches Krankenh. Johannisstift	S.-R. Dr. Goepper	88	1	Freie Station.
Münster i W., Neuplatz 5/6	*	Standortlazarett	Generaloberarzt Dr. Eltester	90	2	Freie Wohnung u. Beköstigung.
Münster i. W., Hüfferstr. 27		Orthopädische Heilanstalt „Hüfferstiftung"	Dr. Becher	221	2	Freie Station u. 50 *RM* monatl.
Münster i. W., Kinderhauser Straße		Provinzial-Heilanstalt	S.-R. Dr. Kleffner	740	1	Freie Station.
Münster i. W., Klosterstraße 75	*	Rafaels- und Hedwigs-Klinik	S.-R. Dr. Goerdes	134	1	Frühstück.
Münster i. W., Sentruper, Straße 5		Säuglingsheim und Kinderkrankenhaus	Dr. Schulte	70	1	—
Osterfeld i. W., Klosterstr.	*0	St.-Marien-Hospital	Dr. Hessel	250	1	Freie Wohnung, Verpflegung u. Vergütung.
Recklinghausen	*0	Prosper-Hospital	Dr. Kirschner	320	2	Freie Wohnung, Verpfl. und 50 *RM* monatl.
Recklinghausen, Westenholter Weg	*	Knappschaftskrankenhaus II	Dr. Steiner	300	3	—
Recklinghausen-Süd, Moltkestraße	*	Elisabeth-Stift	Dr. Märcks	200	1	Freie Station.
Rheine i. W., Klosterstr. 22	*	Mathias-Spital	Dr. Meehsen (Inn.), Dr. Dumpert (Chir.)	180	1	Freie Station u. evtl. Vergütg.
Rheine i. W., Sprickmannstraße 30	0	Städt. Frauenklinik	S.-R. Dr. Wolters	36	1	Freie Verpflegung.
Sendenhorst i. W., Westtor	*	Allgemein. Krankenhaus u. Kinderheilstätte St.-Josefs-Stift	Dr. Gelping	180	1	Freie Wohnung und Verpflegung.
Werne a./Lippe	*0	St.-Christophori-Hospital	Dr. Westkinning, gen. Dropmann	250	1	Freie Station.

Regierungsbezirk Minden.

Ort und Straße	Besondere Kennzeichnung	Name der Anstalt	Name des ärztlichen Leiters	Krankenbetten	zugelassenen Praktikanten	Vergünstigungen der Praktikanten
Bielefeld, Ölmühlenstraße	* 0	Städtisches Krankenhaus	Prof. Dr. Momberg	450	4	Freie Station u. 5 v. H. der Gehaltsgruppe X.
Bielefeld, Am Goldbach	*	St.-Franziskus-Hospital	Dr. Hitzler	180	1	Freie Station u. 30 *RM* monatl.

Ort und Straße	Besondere Kennzeichnung	Name der Anstalt	Name des ärztlichen Leiters	Gesamtzahl der Krankenbetten	Gesamtzahl der zugelassenen Praktikanten	Vergünstigungen der Praktikanten
Noch: Regierungsbezirk Minden.						
Gabberbaum (Bethel)		von Bodelschwinghsche Anstalten: a) Heil- u. Pflegeanstalt für Epileptiker Bethel, Irrenanst. Morija, Irrenanstalt Mahanaim, Irrenanst. Jericho, Krankenhaus Nebo, Krankenh. Gute Hoffnung, Lungenheilstätte Tannenwald	S.-R. Dr. Blümcke	2520	4	Freie Station u. 5% b. Gehaltsgruppe X.
	*0	b) Diakonissenanstalt Sarepta (Allgem. Krankenhaus Gilead, Kinderheim und Isolierhaus Rotes Kreuz)	Dr. Wilmanns	400	4	Freie Station u. 5% b. Gehaltsgruppe X.
Gütersloh		Provinzial-Heilanstalt	Dr. Simon	720	1	Freie Station.
Gütersloh, Berliner Str.		Evangel. Krankenhaus Barthsche Stiftung	S.-R. Dr. Kramfuß	100	1	Keine.
Herford	*	Kreis- und Stadtkrankenhaus	Dr. Marchand	120	1	Freie Verpfleg.
Bad Lippspringe, Auguste-Viktoria-Straße		Volksheilstätte Auguste-Viktoria-Stift (Lungenheilstätte)	Dr. Gumprecht	275	1	Freie Wohnung und Verpfleg.
Minden, Friedrichstr. 5	*	Städtisches Krankenhaus	Dr. Breidthardt	165	1	Freie Station.
Paberborn, Kisau		Landeshospital	Dr. Stöcker	120	1	Freie Wohnung u. Verpflegung
Paberborn, Am Bußdorf		St.-Vincenz-Krankenhaus	Dr. Moll	130	1	Freie Verpfleg. ohne Wohnung.
Paberborn, Agathastraße 1	0	Landesfrauenklinik und Säuglingsheim	S.-R. Dr. Mann	118	1	Freie Station.
Paberborn, Husener Str.		Krankenhaus der Barmherzigen Brüder	Dr. Rieping	120	1	Freie Verpfleg. und Ersatz für Wohnung.
Regierungsbezirk Arnsberg.						
Altena i. W.	*	Johanniter-Krankenhaus	Dr. Ebbinghaus	100	1	Freie Station, Wäschereinigung und 30 bis 40 *R.M* monatlich.
Ambrock		Lungenheilstätte	Dr. Meinicke	125	1	
Aplerbeck		Provinzial-Heilanstalt	Dr. Pohlmann	740	1	Freie Station.
Beringhausen		Auguste-Viktoria-Knappschaftsheilstätte	Dr. Buge	169	1	Regelung im Einzelfalle.
Bochum, Castroper Str.	*	Augusta-Krankenanstalt	Prof. Dr. Bohme	500	6	Freie Station u. 30 *R.M* monatl.
Bochum, Bleichstraße	*0	Elisabeth-Krankenanstalt	Prof. Dr. Reich	550	8	Freie Station u. 45 *R.M* monatl.
Bochum, Hattinger Str.	*	Bergmannsheil in Wiemelhausen	Prof. Dr. Reichmann	497	4	Freie Verpfleg.
Bochum, Gudrunstraße	*	St.-Josefs-Hospital	Dr. Lossen	400	2	Freie Station u. ¹/₂ des Assistentengehalts.
Bochum, Alexandrinenstraße 1	0	Landesfrauenklinik und Säuglingsklinik	Dr. Bretz	253	2	Freie Station.
Castrop-Rauxel		Evangelisches Krankenhaus	Dr. Hartwig	120	1	Freie Station.
Castrop-Rauxel	0	Kath. St.-Rochus-Hospital	Dr. Oeken	250	1	Keine.

Noch: Regierungsbezirk Arnsberg.

Ort und Straße	Besondere Kennzeichnung	Name der Anstalt	Name des ärztlichen Leiters	Gesamtzahl der		Vergünstigungen der Praktikanten
				Krankenbetten	zugelassenen Praktikanten	
Dortmund, Beurhausstraße 40	*	a) Städtische Krankenanstalten, Luisen-Hospital	Geh. S.-R. Dr. Hansberg	832	10	Keine.
	0	b) Abteilung Frauenklinik Duden-Stift		216	5	Keine.
		c) Patholog.-anatomische Abteilung		—	1	Keine.
Dortmund		Städtisches hygienisch-bakteriologisches Institut	Dr. Löns	—	1	—
Dortmund-Eving	0	Städtisches Krankenhaus in Eving	Dr. Seemann	70	1	—
Dortmund	*	Krankenhaus der Barmherzigen Brüder	Dr. Weber	700	4	—
Dortmund, Weißenburger Straße 48—50		Säuglingsheim des Vereins f. Säuglingsfürsorge	Prof. Dr. Engel	60	1	—
Dortmund, Johannesstraße 9—13	*0	St.-Johannes-Hospital	Prof. Dr. Vogel (Chir.), Dr. A. Kraemer (Inn.)	670	4	Freie Station u. 50 RM monatl.
Eickelborn		Provinzial-Heilanstalt	Dr. Hermkes	1400	1	Freie Station.
Gelsenkirchen, Kirchstraße	*0	Kathol. Krankenhaus „Marien-Hospital"	Prof. Dr. Bubbe	540	3	Wohng., Verpfl. u. 30 RM mon.
Gelsenkirchen, Weststraße	*0	Evangelisches Krankenhaus	S.-R. Dr. Schütte	499	3	Wohnung, Verpflegung und 50 RM monatl.
Gelsenkirchen	*	Knappschaftskrankenhaus I	Dr. Linde	362	3	Wohnung, Verpflegung und 50 RM monatl.
Gelsenkirchen		Institut für Hygiene und Bakteriologie	Prof. Dr. Bruns	—	2	Keine.
Gelsenkirchen		Städtisches Säuglings- und Kinderkrankenhaus	Stadt-Med.-R. Dr. Wendenburg	85	2	Keine.
Gevelsberg, Hochstraße 22	*0	Städtisches Krankenhaus	Dr. Braun	155	2	Freie Station u. 50 RM monatl.
Hagen, Grünste		Augenklinik des Dr. Mayweg	Dr. Mayweg	70	1	
Hagen, Buscheystraße	*	Allg. Krankenhaus	Prof. Dr. Baumgarten	300	2	Freie Station u. 50 RM monatl.
Hagen, Friedenstraße	*0	St.-Josephs-Hospital	S.-R. Dr. Böttrich	250	2	Freie Wohnung und Station.
Hagen, Bergstraße	*	St.-Marien-Hospital	S.-R. Dr. Martini	345	2	Freie Verpfleg.
Hamm, Werler Str. 110	*	Städtisches Krankenhaus	S.-R. Dr. Lethaus	340	2	Freie Wohnung, Verpfleg. u. 30 RM monatl.
Hamm, Nassauer Straße 13	*	St.-Marien-Hospital	Dr. Senge	370	3	Freie Wohnung u. Beköstigung u. $\frac{1}{4}$ des Gehaltes des 3. Assistenten.
Haspe, Hochstraße	*	Kath. Krankenhaus zum heiligen Geist	Dr. Marquardt	170	1	Freie Station.
Haspe, Friedhofstraße	*	Evangelisches Krankenhaus	S.-R. Dr. Reißmann	120	1	
Hattingen, Sprockhöveler Straße 54	*0	Evangelisches Krankenhaus	Dr. Polentz	190	1	Freie Station u. kleine Vergütung.
Hellersen, Landgemeinde Lüdenscheid		Heilstätte Hellersen	Dr. Walter Becker	104	1	Freie Station, kl. Barentschädig. b. Bewährung.

Ort und Straße	Besondere Kennzeichnung	Name der Anstalt	Name des ärztlichen Leiters	Gesamtzahl der Krankenbetten	Gesamtzahl der zugelassenen Praktikanten	Vergünstigungen der Praktikanten

Noch: Regierungsbezirk Arnsberg

Ort und Straße	Besondere Kennzeichnung	Name der Anstalt	Name des ärztlichen Leiters	Krankenbetten	zugelassene Praktikanten	Vergünstigungen der Praktikanten
Herne, Marienstraße	*0	St.-Marien-Hospital, katholisch. Krankenhaus	S.-R. Dr. May	215	1	Freie Station u. ¹/₂ des Ass.-Gehalts.
Herne, Wischerstraße	*0	Evangelisches Krankenhaus	S.-R. Dr. Arndt	230	1	Freie Station u. 50 ℛℳ monatl.
Hombruch-Barop	*	St. Marien-Hospital	Dr. Eisenbach)	186	1	Freie Wohnung u. Verpfleg.
Hörde, Virchowstr. 4	*0	Evangelisches Krankenhaus Bethanien	Dr. Peitmann	180	2	Freie Verpfleg.
Hörde, Hospitalweg 11	*0	St.-Josephs-Hospital	S.-R. Dr. Mentler	210	2	Freie Station, Wohnung evtl. Barentschädig.
Hörde, Marksbach 20	*0	Hüttenhospital	Dr. Heermann	170	1	Keine.
Iserlohn, Parkstraße	*0	Evangelisches Krankenhaus Bethanien	S.-R. Dr. Becker	175	1	Freie Verpfleg.
Iserlohn, Hochstraße 39	*0	St.-Elisabeth-Hospital	Dr. Eusgruber	120	1	Freie Verpfleg.
Langendreer, v.-d.-Recke Straße	*	Knappschaftskrankenhaus IV	S.-R. Dr. Fröndemann	280	2	Freie Station u. 50 ℛℳ monatl.
Lippstadt, Hospitalstraße	*	Dreifaltigkeits-Hospital	Dr. Deutsch)	200	2	Freie Station u. 25 v. H. d. Anfangsgehalts b. Gr. X.
Lippstadt, Wiedenbrücker Str. 33	*0	Evang. Krankenhaus mit Heilanstalt für chirurgische Tuberkulosen und Krüppel	S.-R. Dr. Staats (für Heilanstalt Dr. Schlaaf)	170	1	Freie Station u. 50 ℛℳ monatl.
Lüdenscheid, Philippstr.	*	Städtisches Krankenhaus	Dr. Struck	240	2	Freie Station.
Lünen	*0	St.-Marien-Hospital	S.-R. Dr. Wortmann	350	1	Freie Station.
Lütgendortmund	0	Evang. Krankenhaus	Dr. Meuwsen	90	1	Freie Station.
Niedermarsberg		Provinzial-Heilanstalt Marsberg	Dr. Schulte	611	1	Freie Station.
Niedermarsberg, Chausseestr.		Provinzialanstalt St.-Johannes-Stift	Dr. Maurer	640	1	Freie Station.
Schwelm, Wilhelmstraße	0	Städtisches Krankenhaus	Dr. Henrich	140	2	Freie Station u. 50 ℛℳ monatl.
Siegen, Am Kohlbett	*	Städtisches Krankenhaus	Prof. Dr. Kehl	120	1	Wohnung u. Beköstigung.
Siegen, Kampenstraße	*	Marien-Hospital	Geh. S.-R. Dr. Hellmann	150	1	Beköstigung.
Soest, Widumgasse	*△	St.-Marien-Hospital	Dr. Huber (Chir.-Gyn.), Dr. Körner (Inn.)	130	1	
Unna	*	Evang. Krankenhaus	S.-R. Dr. Lehmann	200	2	Wohnung, Verpflegung und 50 ℛℳ monatl.
Unna, Bismarckstraße 2	*	St.-Katharinen-Hospital	Dr. Kuse	225	1	Freie Station u. Vergütung.
Volmarstein		Krüppelanstalt Johanna-Helenen-Heim	Dr. Gau	290	1	—
Wanne-Eickel	0	St.-Anna-Hospital	Dr. Konbring	244	1	—
Wanne-Eickel	*	St.-Josefs-Hospital	Dr. Keimer	225	1	Wohnung, Verpflegung und 37 ℛℳ monatl.
Warstein i. W.		Provinzial-Heilanstalt Suttrop	Dr. Hegemann	1423	1	Freie Station.

Ort und Straße	Besondere Kennzeichnung	Name der Anstalt	Name des ärztlichen Leiters	Gesamtzahl der Krankenbetten	Gesamtzahl der zugelassenen Praktikanten	Vergünstigungen der Praktikanten
Noch: Regierungsbezirk Arnsberg.						
Wattenscheid	*0	Kathol. Krankenhaus St. Marien	S.-R. Dr. Bennemann	171	1	Wohnung, freie Station und 50 RM monatl.
Weidenau, Ferndorfer Str. 12	*	Amtskrankenhaus	S.-R. Dr. Köhne	100	1	Freie Wohnung und Verpfleg.
Witten, Pferdebachstraße 27	*0	Krankenhaus des evang. Diakonissenhauses der Grafschaft Mark	S.-R. Dr. Leick (Inn.), S.-R. Dr. Boshamer (Auß.), Dr. Espeut (Gyn.)	332	2	Keine.
Witten, Arbeystraße 3	*	St.-Marien-Hospital	Dr. Bieger (Inn.), Dr. Block (Auß.)	230	2	Freie Station u. Vergütung.
Regierungsbezirk Kassel.						
Fulda, Edelzeller Straße 4	*0	Landkrankenhaus	S.-R. Dr. Gunkel	300	3	Freie Station.
Haina, Bezirk Kassel		Landeshospital	S.-R. Dr. Wickel	830	2	Freie Station.
Hanau, Mühltorweg 2	*0	Landkrankenhaus	S.-R. Dr. Zuschlag	290	2	Freie Station.
Hanau, Bleichstr. 8/12	0	St.-Vincenz-Krankenhaus	Dr. Roeper	215	1	Freie Wohnung u. Verpflegung.
Hersfeld, Friedloser Straße 12	0	Landkrankenhaus	Dr. Lindner	100	1	Freie Station.
Kassel, Mönchebergstraße 41—43	*	Landkrankenhaus	Dr. Mannel	520	4	Freie Station.
Kassel, Kaiserstraße 85	*	Hessisches Diakonissenhaus	Dr. Wegner	130	1	Keine.
Kassel, Hansteinstr. 29	*	Krankenhaus vom Roten Kreuz	Prof. Dr. Bertelsmann	285	1	Freie Station u. 30 RM monatl.
Kassel-R., Marburger Straße 85		Marien-Krankenhaus	Dr. Risch	200	1	Freie Station.
Kassel, Weinbergstr 7		Elisabeth-Krankenhaus	Dr. Dirk	100	1	—
Kassel, Königstor 68	0	Städtische Entbindungsanstalt Sophienhaus	Dr. Baumgart	50	1	Freie Station, falls die Stelle des Pol.-Arzt. nicht besetzt ist.
Kassel		Versorgungsärztliche Untersuchungsstelle[1]	Ob.-Reg.-Med.-Rat Prof. Dr. Krause	10	1	Freie Verpfleg. und 50 RM monatlich).
Kassel, Faustmühlenweg		Heilstätte Lindenberg, orthop. Krankenhaus, Krüppel-Heil- und Lehranstalt	S.-R. Dr. Möhring und S.-R. Dr. Alsberg	150	1	Freie Wohnung und Verpfleg.
Marburg, Breit. Weg 50		Institut für experimentelle Therapie „Emil v. Behring“	Prof. Dr. Dolb	—	2	Keine.
Marburg, Kappeler Str.		Landesheilanstalt	Prof. Dr. Jahrmärker	366	2	Freie Station.
Melsungen		Heilstätte Stadtwald	Professor Dr. O. Roepke	152	1	Freie Wohnung, Heizung, Beleucht., Verpfl., Wäsche u. etwa 60 RM monatl.

[1] Nur bis zur Dauer von vier Monaten.

Ort und Straße	Besondere Kennzeichnung	Name der Anstalt	Name des ärztlichen Leiters	Gesamtzahl der Krankenbetten	Gesamtzahl der zugelassenen Praktikanten	Vergünstigungen der Praktikanten
		**Noch: Regierungsbezirk Kassel.**				
Merxhausen, Bezirk Kassel		Landeshospital	S.-R. Dr. Schebtler	800	2	Freie Station.
Oberkaufungen bei Kassel		Lungenheilstätte Oberkaufungen	Dr. Lagrèze	204	1	Freie Station u. 75 ℛℳ monatl.
Bad Orb am Spessart		Kinderheilanstalt Bad Orb und Spessart-Sanatorium	Dr. Karl Behm	470	1	Freie Station u. Vergütung
Treysa	△	Anstalten Hephata:	Dr. Siebold, Dr. Wittneben		1	Freie Station.
		1. Öffentl. allg. Krankenhaus Bethesda		60		
		2. Krankenhaus Zoar		40		
		3. Schwachsinnigenanst.		380		
		4. Psychopathenheim		25		
		**Regierungsbezirk Wiesbaden.**				
Dernbach, Unterwesterwaldkreis	0	Herz-Jesu-Krankenhaus	Dr. Fiebler	150	1	Freie Station u. 40 bis 50 ℛℳ monatlich.
Dillenburg, Kühlstraße 20		Städtisches Krankenhaus	Dr. Kayser	50	1	Freie Station.
Eichberg (Eisenbahn-Stat. Hattenheim i. Rheingau)		Landesheil- und -Pflegeanstalt	Dr. Wachsmuth	660	1	Freie Station u. 100 ℛℳ mntl.
Eltville, Rheingauer Straße	*	Städtisches Krankenhaus „Müller-Netscher-Stiftung"	Dr. Welty	75	1	Freie Station u. 50 ℛℳ monatl.
Frankfurt a.M.,[1] Lange Str. 4, 19 u. 21	*0	Hospital zum heiligen Geist	S.-R. Dr. Amberger (Chir.), Prof. Dr. Sigwart (Gyn.), Prof. Dr. Katsch (Inn.)	350	6	Drei Praktikant. erhalten freie Beköstigung.
Frankfurt a. M., Nibelungenallee 37	*	Bürgerhospital	Dr. Scholz, Dr. Großmann	153	2	Freie Wohnung und Verpfleg. I. Kl.
Frankfurt a. M., Brahmstr. 4	*	St.-Marien-Krankenhaus	Dr. Floercke	300	4	Keine.
Frankfurt a. M., Gagernstr. 36	*	Krankenhaus der israelit. Gemeinde	Prof. Dr. Isaac	150	3	Keine.
Frankfurt a. M., Schifferstr. 78 bis 82		Privatklinik für Zuckerkranke und diätetische Heilbehandlung von Geh. R. Lampe (†) und Geh. R. Prof. C. von Noorden	Geh. Rat Prof. Dr. C. von Noorden, Dr. K. H. von Noorden	49	1	Nicht festgelegt.
Habamar, Kreis Limburg		Landes-Heil- und Erziehungsanstalt	Dr. Henkel	231	1	Freie Station u. 100 ℛℳ mntl.
Herborn (Dillkreis)		Landes-Heil- und Pflegeanstalt	S.-R. Dr. Snell	860	1	Freie Station u. 100 ℛℳ mntl.
Höchst a. M., Falkensteiner Straße 26	*0	Städtisch. Krankenhaus	Dr. Henrichsen, Dr. Auer	430	4	Freie Station u. 10 v. H. des Gehalts der Gruppe X Stufe 1
Bad Homburg v. d. H., Taunusstraße 3	*0	Allgemeines Krankenhaus	Prof. Dr. Friedrich Bode	130	2	Freie Station u. 20 ℛℳ monatl.

[1] Die zur Universität Frankfurt a. M. gehörenden städtischen und Stiftungs-Krankenanstalten und medizinisch-wissenschaftlichen Institute sind Universitäts-Kliniken und -Institute im Sinne der §§ 59 und 61 Abs. 2 der Prüfungsordnung für Ärzte vom 28. Mai 1901 bzw. §§ 63 und 64 Abs. 1 der Prüfungsordnung für Ärzte vom 5. Juli 1924.

Noch: Regierungsbezirk Wiesbaden

Ort und Straße	Besondere Kennzeichnung	Name der Anstalt	Name des ärztlichen Leiters	Krankenbetten	zugelassenen Praktikanten	Vergünstigungen der Praktikanten
Köppern i. T.		Nervenheilanstalten Hüttenmühle-Neuefeld der Stadt Frankfurt a. M.	Dr. Max Mayer	205	1	Freie Station.
Limburg a. L., Roßmarkt 22		St.-Vinzenz-Hospital	Dr. Tenckhoff, Dr Tenbaum jr.	120	1	Essen u. Wohng.
Ruppertshain im Taunus, Lange Straße		Lungenheilstätte	Dr. Schellenberg	180	1	Freie Station u. Vergütung.
Weilmünster im Taunus		Nassauisches Kindersanatorium	Dr. Schiese	1100	1	Freie Station u. 100 $R.M$ mntl.
Wiesbaden, Schwalbacher Straße 62	*0	a) Städtisch. Krankenhaus	Prof. Dr. Landow (Chir.),	617	9	Sieben erhalten freie Station.
		b) Patholog. Abt. dies. Krankenhauses.	Oberarzt Dr. Geronne (Inn.)		1	
Wiesbaden, Langenbeckplatz 2	0	St.-Josephs-Hospital	S.-R. Dr. P. Wehmer	120	1	Keine.
Wiesbaden, Schiersteiner Straße 43	*	Diakonissen-Mutterhaus Paulinenstiftung	Prof. Dr. Heile	135	1	Freie Wohnung u. Beköstigung.
Wiesbaden, Kapellenstr. 42		Augenheilanstalt für Arme	Dr. Adolf Pagenstecher	90	1	Freie Station.

Regierungsbezirk Koblenz.

Ort und Straße	Besondere Kennzeichnung	Name der Anstalt	Name des ärztlichen Leiters	Krankenbetten	zugelassenen Praktikanten	Vergünstigungen der Praktikanten
Ahrweiler		Dr. v. Ehrenwallsche Kuranstalt für Gemüts- u. Nervenkranke.	Dr. v. Ehrenwall	80	1	Freie Station.
Andernach		Rhein. Provinzial-Heil- und -Pflegeanstalt	S.-R. Dr. Adams	680	1	Freie Station u. 50 $R.M$ monatl.
Dierdorf, Kreis Neuwied	*	Johanniter-Krankenhaus	Dr. Tschoeple	65	1	Freie Station u. 50 $R.M$ monatl.
Ehringhausen, Kreis Wetzlc	0	Kaiserin-Auguste-Viktoria Krankenhaus	Dr. Brunet	80	2	Freie Station u. 50 $R.M$ monatl.
Koblenz a) Kemperhof-Moselweiß, Koblenzer Str. 115/135 b) Altes Bürgerhospital, Kastorstr. 94 c) Wöchnerinn.-Heim, Kais.-Aug.-Ring 9	*0	Städtische Krankenanstalten Koblenz	Prof. Dr. Hohmeier	328	4	Freie Kost und Wohnung.
Koblenz, Kardinal-Krementz-Straße	*	Krankenhaus der Barmh. Brüder	Dr. Hagmann	180	1	Keine.
Koblenz, Kurfürstenstr.	0	Krankenhaus des Evang. Stifts St. Martin	Geh. S.-R. Dr. Timme	120	1	Keine.
Kreuznach, Ringstraße	*0	Zentralkrankenhaus des II. Rheinischen Diakoniss.-Mutterhauses. Allgem. Krankenhaus	Geh. S.-R. Dr. Hessel	180	1	Freie Station u. 50 $R.M$ monatl.
Kreuznach, St. Marienwörth	*	Krankenhaus der Barmherz. Brüder St. Marienwörth	Dr. Kemen	400	1	Freie Station u. 20 $R.M$ monatl.
Kreuznach, Gymnasialstr.	*0	Städtisch. Krankenhaus	S.-R. Dr. Kallfelz	100	1	Freie Station.
Kreuznach, Rheingrafenstr	*0	St.-Franziska-Stift Frauenkrankenhaus	Dr. Brogsitter	110	1	Freie Station u. 50 $R.M$ monatl.

Ort und Straße	Besondere Kennzeichnung	Name der Anstalt	Name des ärztlichen Leiters	Krankenbetten	zugelassenen Praktikanten	Vergünstigungen der Praktikanten

Noch: Regierungsbezirk Koblenz.

Ort und Straße	Besondere Kennzeichnung	Name der Anstalt	Name des ärztlichen Leiters	Krankenbetten	zugelassenen Praktikanten	Vergünstigungen der Praktikanten
Neuwied	*0	Krankenhaus des Frauenvereins zur Krankenpfl.	Dr. Althaus	220	2	Freie Station.
Waldbreitbach		Heilstätte für weibliche Tuberkulöse	S.-R. Dr. Schüler	200	1	Freie Station.
Waldhof Elgershausen bei Katzenfurt, Kr. Wetzlar		Lungenheilanstalt	Dr. Meiners	125	1	Freie Station u. 100 ℛℳ mntl.
Wetzlar, Frankfurter Straße.	*0	Städtisch. Krankenhaus	S.-R. Dr. Heubach	127	1	Freie Station u. 60 ℛℳ monatl.

Regierungsbezirk Düsseldorf.

Ort und Straße	Besondere Kennzeichnung	Name der Anstalt	Name des ärztlichen Leiters	Krankenbetten	zugelassenen Praktikanten	Vergünstigungen der Praktikanten
Aprath, Oberdüssel 92		Kinderheilstätte Aprath	Dr. Simon	220	1	Freie Station u. 50 ℛℳ monatl.
Barmen, Heusenerstr. 29	*	a) Städtsch. Krankenanstalten	Oberarzt Dr. Koll (Inn.), Prof. Dr. Röpke (Chir.), Dr. Hoffa (Kinderabteilung)	650	6	Keine.
		b) Patholog.-anatomische Abt. dieser Krankenanst. und das hiermit vereinigte Bakteriol. Untersuchungsamt der Stadt Barmen			1	
Barmen, Carnaperstr. 48	*	St.-Petrus-Krankenhaus	Oberarzt Dr. Eschbaum	230	2	Keine.
Barmen, Zeughausstraße 40		Säuglingsheim	Dr. Hoffa	84	1	Keine.
Bebburg-Hau b. Cleve		Rhein. Provinzial-Heil- und -Pflegeanstalt	S.-R. Dr. Flügge	2510	2	Freie Station u. 50 ℛℳ monatl. für einen Praktikanten.
Benrath	*	Gemeindekrankenhaus (Josefskrankenh.)	Dr. von Holtum	110	1	Freie Station u. Vergütung.
Cleve, Cararienstraße 20—22	*	St.-Antonius-Hospital	Dr. Zillikens	280	1	Freie Station u. 30 ℛℳ monatl.
Dinslaken, Walsumer Str. 14	*0	Evangelisches Krankenhaus	Dr. Lüttgens	140	1	Freie Station u. 30 ℛℳ monatl.
Dinslaken, Friedhofstr. 31	*	St.-Vinzenz-Hospital (Katholisches Krankenhaus)	Dr. Fraune	180	1	Freie Station.
Duisburg, Obermauerstr. 55	*	Diakonenkrankenhaus, evangelisch	S.-R. Dr. Coßmann, Prof. Dr. Lenzmann	300	1	Freie Station u. Wohnung sowie 30 ℛℳ monatlich.
Duisburg-Hochfeld, Wanheim. Straße 167a	*	St.-Marien-Hospital	Dr. Creutz	400	2	Freie Station u. 120 ℛℳ monatlich.
Duisburg, Josefstraße 6	*	St.-Vinzenz-Krankenhaus	Dr. Bock	475	8	Freie Station u. 25 v. H. vom Bargehalt der Assistenzärzte.
Duisburg, Lotherstr.	×	Städt. Mütter- u. Säuglingsheim	Prof. Dr. Thomas	206	2	30 ℛℳ monatl.
Duisburg-Ruhrort, Hanielstr. 4 u. Karlsplatz 2	*	Städtisches Krankenhaus „Haniels Krankenstiftung"	Prof. Dr. Hildebrand	125	1	Freie Station im Krankenh. und eine geringe Barvergütung.
Duisburg-Beeck, Flottenstr. 55	*	Evangelisches Krankenhaus	S.-R. Dr. Wilmar	135	1	Freie Verpfleg. u. 25 v. H. des Anfangsgeh. eines Assistenzarztes.

Ort und Straße	Besondere Kennzeichnung	Name der Anstalt	Name des ärztlichen Leiters	Gesamtzahl der Krankenbetten	Gesamtzahl der zugelassenen Praktikanten	Vergünstigungen der Praktikanten
			Noch: Regierungsbezirk Düsseldorf			
Duisburg-Hochfeld, Heerstraße 219.	*	Krankenhaus Bethesda	Prof. Dr. Petersen	350	2	Freie Station u. 30 ℛℳ monatl.
Duisburg-Laar, Apostelstr. 16	*	St.-Josephs-Hospital	Dr. Höynck	270	3	Freie Verpfleg. und bare Vergütung.
Duisburg-Meiderich, Viktoriastraße 52—56	*	St.-Elisabeth-Hospital	Dr. Märzheuser	180	1	—
Duisburg-Meiderich, Pfarrstraße 10	*	Evangelisch. Kaiser-Wilhelm-Krankenhaus	Dr. Kaehler	120	1	Freie Station u. etwa 30 ℛℳ monatlich.
Düsseldorf[1], Sternstraße 1	*	Marien-Hospital	Dr. Engelen (Inn.), Dr. Kublek (Ch.)	450	3	Keine.
Düsseldorf, Fürstenwall 91	*	Evangelisches Krankenhaus	Prof. Dr. Göpritz	330	2	Zum Teil freie Beköstigung.
Düsseldorf, Kruppstr. 22	*	St.-Josefs-Krankenhaus	S.-R. Dr. Fischer	130	1	Keine.
Düsseldorf, Stiftplatz 13	*	Maria-Theresien-Hospital (Karmelitessenkloster)	Dr. Arnolds	200	2	Freie Station.
Düsseldorf, Flurstr. 14	0	Wöchnerinnenheim	Dr. Möglich	60	1	Freie Wohnung und Beköstigg.
Düsseldorf		Medizinal-Untersuchungsamt	Med.-R. Dr. Klein	—	1	—
Düsseldorf-Grafenberg		Rhein. Provinzial-Heil- und -Pflegeanstalt	S.-R. Dr. Herting	885	2	Freie Station u. 50 ℛℳ monatl. für einen Praktikanten.
Düsseldorf-Heerdt, Rheinallee 26	*	Krankenhaus der Dominikanerinnen	S.-R. Dr. Weiß	180	1	Keine.
Düsseldorf-Rath, Amalienstr. 1	*	Augusta-Krankenhaus	Dr. Backhaus (Ch.), Dr. Schüller (Inn.)	160	1	Keine.
Elberfeld, Arenberger Str. 20—54	*	a) Städtische Krankenanstalten b) Patholog.-anatomische Abteilung dies. Krankenanst. und das hiermit vereinigte Bakteriologische Untersuchungsamt der Stadt Elberfeld	Geh. S.-R. Dr. Kleinschmidt, (Inn.), Prof. Dr. Nehrkorn, (Chir.), Prof. Dr. Hübner (Haut usw.)	840	8 1	Drei Praktikant. freie Station ohne Wohnung
Elberfeld, Bergstr. 6—12	*	St.-Josephs-Hospital, katholisch	Oberarzt Dr. Vorschütz	350	3	—
Elberfeld, Harbtstraße 55	*	Hospital des Vaterländischen Frauenvereins v. Roten Kreuz	Dr. Gatzky (Chir.) Dr. Engels (Inn.)	100	1	Freie Wohnung u. Verpfleg.
Elberfeld, Schusterstraße 9—19	*	Bethesda-Krankenhaus, evangelisch	Dr. Eunicke	75	1	Freie Station.
Elberfeld, Gartenstr. 5—9	*	St.-Marien-Heim	Dr. Butzengeiger	90	1	Freie Station u. mindest. 50 ℛℳ monatlich.
Elberfeld, Vogelsangstraße 106	0	Rhein. Provinzial-Hebammenlehranst. und Frauenklinik	Prof. Dr. Martin	250	1	Freie Station u. Wäschereinig.

[1] Die zur Medizinischen Akademie in Düsseldorf vereinigten städtischen Krankenanstalten und medizinisch-wissenschaftlichen Institute sind Universitäts-Kliniken und -Institute im Sinne der §§ 59 und 61 Abs. 2 der Prüfungsordnung für Ärzte vom 28. Mai 1901 bzw. §§ 63 und 64 Abs. 1 der Prüfungsordnung für Ärzte vom 5. Juli 1924.

Ort und Straße	Besondere Kennzeichnung	Name der Anstalt	Name des ärztlichen Leiters	Krankenbetten	zugelassenen Praktikanten	Vergünstigungen der Praktikanten
				Gesamtzahl der		

Noch: Regierungbezirk Düsseldorf.

Ort und Straße	Besondere Kennzeichnung	Name der Anstalt	Name des ärztlichen Leiters	Krankenbetten	zugelassenen Praktikanten	Vergünstigungen der Praktikanten
Essen, Hufelandstr. 55	*0	Städt. Krankenanstalten	Prof. Dr. Pfeiffer	1100	18	Freie Wohnung und Verpfleg.
Essen, Huyssenallee 2	*	Evangelisches Krankenhaus, Huyssens-Stiftung	Geh. S.-R. Dr. Morian	260	3	Freie Wohnung, Verpfleg. und 50 RM monatl.
Essen, Steeler Straße 261		Franz-Sales-Haus (Privatheil- u. Pflegeanstalt für schwachsinnige Kinder	Dr. Kleefisch	900	1	Freie Verpfleg. u. 50 RM monatlich.
Essen, Lazarettstr. 13	*	Friedrich Kruppsches Krankenhaus	Dr. Kirchner	548	3	Ein Praktikant 170 RM mon.
Essen, Moltkestr. 61	*	Katholisches Elisabeth-Krankenhaus b. Barmherz. Schwest.	Dr. Croce	400	4	Keine.
Essen-Altenessen Hospitalstraße	*	Marien-Hospital	Dr. Hermann	220	2	Freie Beköstig.
Essen-Vorbeck	*	Evangelisches Krankenhaus	Dr. Remy	176	1	Freie Wohnung, Verpfleg. und 33 RM monatl.
Essen-Vorbeck, Hülsmannstraße 17	*	Philippus-Stift	Dr. Althoff	300	2	Freie Wohnung, Verpfleg. und 31,60 RM monatlich.
Hamborn, Liebrechtstraße	*	Evangelisches Krankenhaus, Eduard-Morian-Stiftung	Dr. Schorn	270	1	Freie Station.
Hamborn, Horststraße	*0	St.-Barbara-Hospital	Dr. Müller	500	1	Freie Station.
Hamborn, Klosterstraße	*	St.-Johannes-Hospital	S.-R. Dr. Schäfer	750	2	Freie Station.
Sehn		Heilstätte der Stadt München-Gladbach (Luise-Gueury-Stift.)	Dr. Schaefers	240	1	100 RM monatl.
Holsterhausen bei Werden (Ruhr)		Heilstätte für männliche Tuberkulöse	Dr. Wehling	250	2	Freie Station.
Homberg (Rhein)	*	St.-Johannes-Stift	Dr. Siebs	250	1	Freie Station u. 70 RM monatl.
Höfel bei Düsseldorf		Genesungsheim der Ortskrankenkasse Düsseldorf	Dr. Loges	160	1	Freie Wohnung u. Beköstigung.
Huckingen, Kirchstraße 3	*	St.-Anna-Krankenhaus	Dr. Börger	140	1	Freie Station.
Johannistal bei Süchteln		Rhein. Provinzial-Heil- und Pflegeanstalt	S.-R. Dr. Orthmann	1100	2	Freie Station u. 50 RM monatl. f. einen Praktikanten.
Kaiserswerth	*0	Diakonissenkrankenhaus, evangelisch)	Dr. Tromp	180	1	Freie Station u. Vergütung.
Krefeld, Fischelner Straße 75	*0	Allgemeines städtisches Krankenhaus	Oberarzt Dr. Sterzing	562	4	—
Krefeld, Tannenstr. 138	*	St.-Josephs-Krankenhaus	Oberarzt Dr. Weghmann	135	1	—
Mörs	*	Krankenhaus Bethanien	Dr. Försterling	180	1	Freie Station u. 25 RM monatl.
Mörs, Asbergerstr.	*△	St. Josefstift	Dr. Lossen	120	1	Freie Station u. 50 RM monatl.
Mülheim (Ruhr), Teiner Straße	*	Evangelisches Krankenhaus	Dr. Burkart (Ch.), Dr. Schürer (Inn.), Dr. Krause (Frauenarzt)	400	2	Keine.

<table>
<tr><th rowspan="2">Ort
und
Straße</th><th rowspan="2">Besondere
Kennzeichnung</th><th rowspan="2">Name
der Anstalt</th><th rowspan="2">Name
des ärztlichen
Leiters</th><th colspan="2">Gesamtzahl
der</th><th rowspan="2">Vergünstigungen
der
Praktikanten</th></tr>
<tr><th>Krankenbetten</th><th>zugelassenen
Praktikanten</th></tr>
<tr><td colspan="7" align="center">Noch: Regierungsbezirk Düsseldorf.</td></tr>
<tr><td>Mülheim (Ruhr), Kaiserstraße 50</td><td>*</td><td>St.-Marien-Hospital</td><td>Dr. Gerhartz (Ch.), Dr. John (Inn.)</td><td>276</td><td>2</td><td>¼ Assistentengehalt, freie Wohn. u. Beköstigung.</td></tr>
<tr><td>Mülheim (Ruhr), Johannesburg</td><td></td><td>Städtische Augenheilanstalt (Loenhard-Stinnes-Stiftung)</td><td>Prof. Dr. Stuelp</td><td>50</td><td>1</td><td>¼ Assistentengehalt, freie Wohnung und Beköstigung.</td></tr>
<tr><td>München-Glabbach, Ringstraße 15</td><td>*</td><td>Evangelisches Krankenhaus Bethesda</td><td>Dr. Schlepkow</td><td>110</td><td>2</td><td>50 ℛℳ monatl. evtl. Frühstück.</td></tr>
<tr><td>München-Glabbach, Viersener Straße</td><td>*</td><td>Kath. Krankenhaus Maria Hilf mit Lungenheilstätte Franziskushaus Windberg</td><td>Dr. Sickmann</td><td>300</td><td>3</td><td>Frühstück.</td></tr>
<tr><td>Neuß, Preußenstraße</td><td>*</td><td>Städtisch. Krankenhaus</td><td>Dr. Mahne</td><td>245</td><td>1</td><td>Freie Wohnung u. Verpfleg.</td></tr>
<tr><td>Oberhausen, Hochstraße 20</td><td>*</td><td>Evangelisches Krankenhaus</td><td>S.-R. Dr. Schulze-Berge</td><td>350</td><td>4</td><td>30 ℛℳ monatl.</td></tr>
<tr><td>Oberhausen, Josefstraße</td><td>*</td><td>St.-Elisabeth-Krankenhaus</td><td>Dr. Schulte</td><td>210</td><td>2</td><td>—</td></tr>
<tr><td>Oberhausen, Beaumontstr.</td><td>*</td><td>St.-Josefs-Hospital</td><td>Dr. Klütsch</td><td>400</td><td>1</td><td>—</td></tr>
<tr><td>Ohligs, Virchowstraße</td><td>*</td><td>Städtisch. Krankenhaus (Wilhelm-Augusta-Stiftung)</td><td>Dr. Regemann</td><td>110</td><td>1</td><td>Freie Station u. 50 ℛℳ monatl.</td></tr>
<tr><td>Remscheid, Bürgerstraße 97</td><td>*</td><td>Städt. Krankenanstalten (Kaiser-Wilhelm-Auguste-Viktoria-Stiftung</td><td>Dr. Schoenborn</td><td>450</td><td>3</td><td>Freie Verpfleg. u. Wohnung.</td></tr>
<tr><td>Rheinberg</td><td>*</td><td>St.-Nikolaus-Hospital</td><td>Dr. Baumeister</td><td>200</td><td>1</td><td>Freie Station.</td></tr>
<tr><td>Rheinhausen (Friemersheim)</td><td>*</td><td>Bertha-Krankenhaus der Friedrich-Alfred-Hütte</td><td>Dr. Kreuzer</td><td>150</td><td>1</td><td>Freie Station u. 30 ℛℳ monatl.</td></tr>
<tr><td>Rheydt</td><td>*</td><td>Städtisch. Krankenhaus</td><td>Prof. Dr. von Tappeiner</td><td>195</td><td>2</td><td>Keine.</td></tr>
<tr><td>Roderbirken bei Leichlingen</td><td></td><td>Heilstätte Roderbirken für Leichtnervöse, Erholungsbedürftige usw.</td><td>S.-R. Dr. Beyer</td><td>300</td><td>1</td><td>Keine</td></tr>
<tr><td>Ronsdorf</td><td></td><td>Heilstätte für männliche Tuberkulöse</td><td>Dr. Fritz Bredow</td><td>145</td><td>1</td><td>Freie Wohn. und Verpfl., keine Barvergütung.</td></tr>
<tr><td>Steele a. Ruhr, Laurentiusweg</td><td>*</td><td>St.-Laurentius-Hospital</td><td>Dr. Klostermann</td><td>180</td><td>1</td><td>Freie Station.</td></tr>
<tr><td>Steele a. Ruhr, Prozessionsweg 36</td><td>*</td><td>Evangel. Krankenhaus Lutherhaus</td><td>S.-R. Dr. Hinderfeld</td><td>117</td><td>1</td><td>Freie Station u. evtl. Wohn. ob. dafür kl. Barentschädigung.</td></tr>
<tr><td>Steele a. Ruhr, Am Deimelsberg</td><td>*△</td><td>Knappschaftskrankenhaus</td><td>Prof. Dr. Gudzent</td><td>350</td><td>3</td><td>Freie Station u. 50 ℛℳ monatl.</td></tr>
<tr><td>Sterkrade,</td><td>△</td><td>St.-Josefs-Hospital</td><td>Dr. Clemens</td><td>300</td><td>1</td><td>60 ℛℳ monatl.</td></tr>
<tr><td>Stoppenberg, Essener Straße</td><td>*</td><td>St.-Vincenz-Hospital</td><td>Dr. Kondring</td><td>210</td><td>1</td><td>Freie Station.</td></tr>
<tr><td>Süchteln</td><td></td><td>Orthopädische Provinzial-Kinderheilanstalt</td><td>Dr. Ludwig Roeren</td><td>370</td><td>1</td><td>Freie Station u. 50 ℛℳ monatl.</td></tr>
<tr><td>Urdingen, Bismarckstr. 60</td><td>*</td><td>St.-Josefs-Hospital</td><td>Dr. Rath</td><td>220</td><td>1</td><td>Keine.</td></tr>
<tr><td>Viersen, Hoserstraße</td><td>*</td><td>Allgemeines Krankenhaus</td><td>Dr. Elter</td><td>150</td><td>1</td><td>Freie Wohnung, Verpflegung u. 50 ℛℳ monatl.</td></tr>
<tr><td>Wald (Rhld.), Frankenstraße</td><td>*</td><td>Gemeinsames Krankenhaus der Städte Solingen, Wald, Gräfrath und Höhscheid</td><td>S.-R. Dr. Hülsmann</td><td>350</td><td>4</td><td>Freie Station.</td></tr>
</table>

Ort und Straße	Besondere Kennzeichnung	Name der Anstalt	Name des ärztlichen Leiters	Gesamtzahl der Krankenbetten	Gesamtzahl der zugelassenen Praktikanten	Vergünstigungen der Praktikanten
Noch: Regierungsbezirk Düsseldorf.						
Wesel, Mogermannstraße	*	Städtisch. Krankenhaus	Dr. Morsjé	160	1	Wohnung u. Beköstigung.
Wesel, Feldstraße	*	St.-Marien-Hospital	S.-R. Dr. Grunnenberg	190	1	—
Regierungsbezirk Köln.						
Beuel, Klosterstraße 7	*	St.-Josephs-Hospital	Prof. Dr. Gerhartz	210	2	Freie Verpfleg.
Bonn a. Rh., Johanniterstr.	*	Johanniter-Krankenhaus (Friedrich-Wilhelm-Stiftung)	Prof. Dr. Boland	100	2	—
Bonn a. Rh., Kölnstraße 54	*	St.-Johannis-Hospital	Geh. R. Dr. Barbenhever, Geh. R. Dr. Garré	250	3	
Bonn a. Rh., Bonner Talweg 4	*	Krankenhaus der Barmherzigen Brüder	Prof. Dr. Finkelnburg	160	1	Freie Kost und Wohnung.
Bonn a. Rh., Leneestraße 44	*	Herz-Jesu-Hospital	S.-R. Dr. Obenthal	66	1	—
Bonn a. Rh.		Rhein. Provinzial-Heil- und Pflegeanstalt	Geh. Med.-R. Prof. Dr. Westphal	920	2	Freie Station u. 50 RM monatl. f. ein. Praktik.
Bonn a. Rh., Kaiser-Karl-Ring 22		Provinzial-Kinderanstalt für seelisch Abnorme	Prof. Dr. Löwenstein	60	1	Freie Station u. 50 RM monatl.
Bonn a. Rh., Kreuzbergweg 4		Dr. Hertzsche Kuranstalt	S.-R. Dr. Wilhelmy u. Prof. Dr. König	90	1	Freie Station.
Bonn a. Rh., Hindenburgstraße 352	0	Magdalenen-Stift und Säuglingsheim	Dr. Bogen	170	1	—
Bonn a. Rh., Theaterstr. 20		Universitätsinstitut f. gerichtliche und soziale Medizin, Gefängnislazarett	Prof. Dr. Müller-Heß	40	1	Freie Station.
Bonn a. Rh., Venusberg	*	St.-Marien-Hospital	Prof. Dr. Jansen	280	3	Freie Wohnung und Verpfleg.
Denklingen, Kreis Walbbröl		Heilstätte für männliche Tuberkulöse und Erholungsbedürftige	Dr. Kauert	153	1	Freie Station.
Honnef (Rh.)		Heilstätte Rheinland f. männl. Tuberkulöse	Dr. Schulte-Tigges	192	1	Freie Station.
Köln a. Rh.[1], Kunibertskloster 13	*	St.-Marien-Hospital	Dr. Hesse	350	2	Freie Station
Köln a. Rh., Eintrachtstraße 129—147	*	St.-Vincenz-Haus	Prof. Dr. Dreesmann	250	3	Zweites Frühstück u. Mittagessen frei, für einen Praktik. evtl. fr. Stat.
Köln a. Rh., Siegburger Straße 91		Versorgungsärztliche Untersuchungsstelle[2]	Oberreg.-Med.-R. Dr. Ehrlich	—	1	—
Köln a. Rh., Schillerstr. 23	*	St.-Antonius-Krankenhaus in Köln-Bayenthal	Dr. Breuer I	240	1	Freie Station.

[1] Die zur Universität Köln gehörenden städtischen und Stiftungs-Krankenanstalten und medizinisch-wissenschaftlichen Institute sind Universitäts-Kliniken und -Institute im Sinne der §§ 59 und 61 Abs. 2 der Prüfungsordnung für Arte vom 28. Mai 1901 bzw. §§ 63 und 64 Abs. 1 der Prüfungsordnung für Ärzte vom 5. Juli 1924.

[2] Nur bis zur Dauer von vier Monaten.

Ort und Straße	Besondere Kennzeichnung	Name der Anstalt	Name des ärztlichen Leiters	Gesamtzahl der		Vergünstigungen der Praktikanten
				Krankenbetten	zugelassenen Praktikanten	

Noch: Regierungsbezirk Köln.

Ort und Straße	Besondere Kennzeichnung	Name der Anstalt	Name des ärztlichen Leiters	Krankenbetten	zugelassenen Praktikanten	Vergünstigungen der Praktikanten
Köln a. Rh. Aachener Str. 445 bis 447	*	Dreifaltigkeitskrankenhaus der Dominikanerinnen in Köln-Braunsfeld	Dr. Krautwig	110	1	Freie Station u. Vergütung.
Köln a. Rh. Neuhöffer Straße 13	*	Hospital in Köln-Deutz	Dr. Barbenheuer	169	2	Mittagessen und Nachmittagskaffee.
Köln a. Rh.		Eduardushaus, chir.-orthop. Heilanstalt, in Köln-Deutz	Dr. A. Wiemers	150	1	Freie Verpfleg.
Köln-Ehrenfeld a. Rh., Schönsteiner Str. 63	*	St.-Franziskus-Hospital in Köln-Ehrenfeld	Dr. Wirtz	230	1	Freie Station.
Köln-Ehrenfeld a. Rh., Ottostraße	*	Israelitisches Asyl (Krankenabteilung) in Köln-Ehrenfeld	Geh. S.-R. Dr. Auerbach	236	2	Freie Beköstig.
Köln-Ehrenfeld a. Rh., Vogelsanger Str. 98		Vincenzheim, chir.-orth. Heilanstalt, in Köln-Ehrenfeld	Dr. A. Wiemers	100	1	Freie Wohnung und Verpfleg. sowie 50 *R.M* monatlich.
Köln-Kalk a. Rh., Hollweghstr. 26	*0	St.-Josefs-Hospital in Köln-Kalk	Dr. Therstappen (Chir.), Dr. Marré (Jnn.)	280	2	Wohnung und Beköstigung,
Köln-Kalk a. Rh. Joh.-Classen-Straße 50	*0	Evangel. Krankenhaus in Köln-Kalk	Dr. Hofmann	220	3	Für 2 Praktikanten freie Wohnung und Verpflegung.
Köln-Lindenthal a. Rh., Bachemer Str. 33	*	Alexianer-Kloster in Köln-Lindenthal	Dr. Strohe I	200	1	Freie Station u. Vergütung.
Köln-Lindenthal a. Rh., Weyertal 76	*	Evangelisches Krankenhaus in Köln-Lindenthal	Prof. Dr. Martin	215	2	Freie Station u. Vergütung.
Köln-Mülheim a. Rh., Berg.-Gladbacher Straße 43	*	Städtisch. Krankenhaus in Köln-Mülheim	Dr. Gocke (Gyn.) Dr. Meerbeck (Jnn.)	310	3	Zwei Praktikant. freies Mittagessen u. Nachmittagskaffee.
Köln-Mühlheim a. Rh. Keupstr.	*	Dreikönigenhospital in Köln-Mülheim	S.-R. Dr. Hölscher	210	2	Freie Beköstig.
Köln-Riehl a. Rh., Feldgärtenstr. 97	*	St.-Agatha-Hospital in Köln-Riehl	Dr. Sonnenschein	110	1	Freie Station u. Wohnung.
Köln-Nippes a. Rh., Merheimerstr. 217	*	St.-Vincenz-Hospital n Köln-Nippes	Prof. Dr. Thelen	200	1	Volle Verpfleg.
Rosbach) (Sieg)		Stadtkölnische Auguste-Viktoria-Stiftung (Volksheilstätte)	Dr. Krause	165	1	Freie Station.

Regierungsbezirk Trier.

Ort und Straße	Besondere Kennzeichnung	Name der Anstalt	Name des ärztlichen Leiters	Krankenbetten	zugelassenen Praktikanten	Vergünstigungen der Praktikanten
Trier, Friedrich-Wilhelm-Straße	*0	Herz-Jesu-Krankenhaus	S.-R. Dr. Rech	220	1	Freie Station u. 50 *R.M* monatl.
Trier, Jrminenfreihof 2	*0	Krankenhaus der vereinigten Hospitien mit Wöchnerinnenheim	Dr. Hoestermann	193	1	—
Trier, Nordallee 6	*	Krankenhaus der Barmherzigen Brüder	Dr. Dreesen	320	2	Freie Station u. 50 *R.M* monatl.

Ort und Straße	Besondere Kennzeichnung	Name der Anstalt	Name des ärztlichen Leiters	Gesamtzahl der Krankenbetten	Gesamtzahl der zugelassenen Praktikanten	Vergünstigungen der Praktikanten
Regierungsbezirk Aachen.						

Regierungsbezirk Aachen.

Ort und Straße	Besondere Kennzeichnung	Name der Anstalt	Name des ärztlichen Leiters	Krankenbetten	zugelassenen Praktikanten	Vergünstigungen der Praktikanten
Aachen, Goethestraße		Städt. Krankenanstalten: 1. Mariahilf-Krankenhaus	Prof. Dr. Füth (Chir.), Prof. Dr. Belz	700	4	Kost u. Wohnung
	*	2. a) Elisabeth-Krankenhaus	(Med.), Dr. Paulus (Haut usw.), Dr. von Meurer (Hals, Nasen, Ohren), Prosektor Dr. Wehrsig (anatomische u. bakteriolog. Abt.)		4	
		b) Pathologisch-anatomische Abteilung dieses Krankenh.			1	
Aachen, Boxgraben 99	*	Luisenhospital	Zurzeit Prof. Dr. Zurhelle (wechselnd)	220	2	Kost, Wohnung u. 62,50 ℛℳ monatlich.
Aachen, Alte Straße 3	*	Forster Krankenhaus	Geh. S.R. Dr. Beaucamp	170	2	Kost, Wohnung u. Vergütung.
Aachen, Jakobstraße 18 und Annunziatenbach 19	0 / 0	1. Marianneninstitut / 2. Zuflucht	Dr. Tutschek (zu 1 und 2)	32 und 22	1	Freie Verpfleg.
Aachen, Burtscheider Markt 24		Landesbad f. Rheumatiker, Zuckerkranke usw.	Dr. Krebs	360	2	Kost und Wohnung.
Aachen, Abteistraße 1	*	Marienhospital	Dr. Gatersleben, Dr. Schilb	290	2	Kost, Wohnung u. Vergütung.
Barbenberg bei Achen	*	Knappschaftskrankenhaus	Dr. Schmitz	183	2	Freie Station u. 41,75 ℛℳ monatlich)
Düren		Rhein. Provinzial-Heil- und -Pflegeanstalt	S.-R. Dr. Neu	700	1	Freie Station u. 50 ℛℳ monatl.
Düren, Roonstraße 30	*0	Städt. Krankenanstalten	S.-R. Dr. von Meer	236	3	Freie Station u. 50 ℛℳ monatl.
Linnich, Roerdorfer Str. 49	0	St.-Josef-Krankenhaus	Dr. Weiß	100	1	Freie Station u. 50 ℛℳ monatl.

Regierungsbezirk Sigmaringen.

Ort und Straße	Besondere Kennzeichnung	Name der Anstalt	Name des ärztlichen Leiters	Krankenbetten	zugelassenen Praktikanten	Vergünstigungen der Praktikanten
Sigmaringen	*	Landeskrankenhaus	Dr. Enb	400	1	Freie Station.

Ort	Besondere Kennzeichnung	Name der Anstalt	Praktikantenzahl	Ort	Besondere Kennzeichnung	Name der Anstalt	Praktikantenzahl
		II. Bayern.		Bamberg	*	Allgemeines Krankenhaus	4/5
Achdorf	*	Distriktskrankenhaus	1	"	0	Hebammenschule und Entbindungsanstalt	1
Amberg	*	Marienspital	2	"		Heil- und Pflegeanstalt St. Getreu	1
Ansbach		Kreis-Irrenanstalt Ansbach	2/3	Bayreuth	*	Städtisches Krankenhaus	8
		Städtisches Krankenhaus	1	"		Dr. Würzburgers Kuranstalten:	
Aschaffenburg	*0	Städtisches Krankenhaus	2			1. Sanatorium „Herzogshöhe" für Gemütskranke	}1
Augsburg	*	Städtische Kinderheilanstalt mit Säuglingsheim Augsburg	1			2. Kurhaus „Mainschloß" für Nervenkranke und Erholungsbedürftige	
"	*	Städtisches Krankenhaus	7				
"		Dr. Mayrs Augenheilanst.	1				

Ort	Besondere Kennzeichnung	Name der Anstalt	Praktikantenzahl
Bayreuth		Oberfränkische Heil- und Pflegeanstalt	1
Benedikt-beuern		Versorgungskrankenhaus	1
Bischofsgrün		Lungenheilstätte Bischofsgrün	1
Coburg	*0	Landkrankenhaus	2
„	0	Privatklinik für Frauenkrankheiten und Entbindungsanstalt des Dr. Dreyer	1
Deggendorf	*	Städtisches Krankenhaus	1
Donaustauf		Lungenheilstätte	1
Ebenhausen		Sanatorium und Kurheim Ebenhausen	1
Eglfing (bei München)		Oberbayerische Heil- und Pflegeanstalt Eglfing bei München	2
Engelthal		Heilstätte bei Engelthal für männliche Lungenkranke	1
Erlangen		Bakteriologische Untersuchungsanstalt	1
„		I. Kreis-Irrenanstalt von Mittelfranken	2
Forchheim	*	Städtisches Krankenhaus	1
Frankenthal	*	Sankt Elisabethen-Hospital	2
„		Kreis-Kranken- und Pflegeanstalt	3/4
Freising	*	Bezirkskrankenhaus	1
„	*	Städtisches Krankenhaus	1
Fürth (Fürther Stadtwald)		Heilstätte Fürth	1
Gabersee		Oberbayerische Heil- und Pflegeanstalt Gabersee	1
Georgensgmünd		Sanatorium für chirurgische und Lungen-Tuberkulose in einem Haushalt betrieben mit dem Gemeindekrankenhause Georgensgmünd	1
Günzburg		Schwäbische Kreis-Heil- und Pflegeanstalt Günzburg	1
Gunzenhausen		Bezirkskrankenhaus	1
Haar		Oberbayerische Heil- und Pflegeanstalt Haar	2
Hausham	*	Knappschaftskrankenhaus Hausham	1
Haußstein, Gemeinde Rabling, B.-A. Deggendorf		Sanatorium auf dem Haußstein	1
Hof	*	Städtisches Krankenhaus	1
Hohren	*	Verbandskrankenhaus Lindau	1
Immenstadt	*	Distriktskrankenhaus Immenstadt	1
Ingolstadt	*	Städtisches Krankenhaus	1
Kaisers-lautern	*0	Städtisches Krankenhaus	2
Kaufbeuren	*	Distriktskrankenhaus	1
„		Heil- und Pflegeanstalt	2
Kempten	*	Altstädtisch. Krankenhaus	1
	*	Distriktsspital	2
Bad Kissing.		Sanatorium Dr. Apolant	1
Kitzingen	*	Städtisches Krankenhaus	1
Klingen-münster		Heil- und Pflegeanstalt	4/5
Kohlbrück b. Passau		Sanatorium Kohlbrück	1
Krailling		Volksheilstätte bei Planegg	1
Kulmbach	*	Städtisches Krankenhaus	1
Landau (Pfalz)	*	Städtisches Krankenhaus	2
Landsberg	*	Städtisches und Distrikts-krankenhaus	1
Landshut	*	Städtisches Krankenhaus	2
Lauingen	*	Bezirkskrankenhaus	1
Lohr		Heil- und Pflegeanstalt Lohr a. M.	1
Ludwigs-haf. a. Rh.	*0	Städtisches Krankenhaus	6
Ludwigs-haf. a. Rh.	0	Privatklinik des Dr. Völker	1
Marienruhe bei Hammelburg		Karitas-Kinderheim „Marienruhe“	1
Memmingen	*	Städtisches Krankenhaus	1
München	*	a) Städtisches allgemein. Krankenhaus, München l. J.	32
		b) Physikalisch-therapeutische u. Röntgen-Abt. dieses Krankenhauses	2
„	*	a) Städtisches allgem. Krankenhaus, München r. J.	10
		b) Pathologisches Institut dies. Krankenhauses	2
„		Städtisches Krankenhaus, München-Schwabing	
		a) Chirurgische Abteilung	5
	*	b) I. medizinische Abtlg.	6
	*	c) II. medizinische Abtlg.	6
		d) Abteilung für Haut- und Geschlechtskranke (III. medizinische Abteilung)	6
		e) Kinderabteilung	2
		f) Prosektur	2
	*	g) Physikalisch-medizin. Institut[1]	2
„		Städtisches Sanatorium Harlaching (Abteilung für Lungentuberkulose)	1
„		Bakteriologische Untersuchungsanstalt	1
München, Mandlstr. 2	0	Privatklinik für Chirurgie und Frauenkrankheiten, Carolinum	1
München, Hubertus-straße 30		Chirurgische Heilanstalt v. Dr. Krecke	1

[1] Nur bis zur Dauer von zwei Monaten.

Ort	Beſondere Kennzeichnung	Name der Anſtalt	Praktikantenzahl
München,		Deutſche Forſchungsanſt. für Pſychiatrie (Kaiſer-Wilhelm-Inſtitut)[1]	1
„	0	Hebammenſchule	1
„		Hedſche Nerven-Heil- u. Pflegeanſtalt[1]	1
München, Nymphenburg, Menzingerſtr. Nr. 26a	0	Krankenanſtalt des III. Ordens	3
München, Nymphenburgſtr.163	0	Krankenpflegerinnen- und Heilanſtalt des Bayeriſchen Frauenvereins vom Roten Kreuz	2
München	*	Kuranſtalt Bad Thalkirchen	1
München, Romanſtraße 11	*	Kuranſtalt Neuwittelsbach)	1
München, Winthirſtraße 24		Maria Ludwig Ferdinand-Anſtalt	
München, Taxisſtr. 3	0	„Mütterheim" des Vereins Mutterſchutz	1
München, Fürſtenriederſtr.		Nervenheilanſtalt Neufriedenheim	1
München, Harlachinger Str. 12		Orthopädiſche Klinik bei der Landesanſtalt für krüppelhafte Kinder in München	2
München, Werneckſtr. 16	0	Privatklinik für Frauenleiden und Entbindungen	1
München		Säuglingsheim Prinzeſſin-Arnulf-Haus	1
„		Säuglingsheim München	1
„	*	Standortlazarett	3
„		Schlöſſerſche Augenheilanſtalt	1
Herzog Wilhelm-Str. 19			
München		Verſorgungsärztliche Unterſuchungsſtelle[2]	1
Neuſtadta.H.	*0	Städtiſches Krankenhaus Hetzelſtift	1
Nürnberg	*0	a) Städtiſches Krankenh.	18
		b) Bakteriologiſche Abteil. dieſes Krankenhauſes	1
		c) Pathologiſch. Inſtitut dieſes Krankenhauſes	1
	0	Städtiſches Wöchnerinnenheim	3
Weilhofſtraße 36			
Nürnberg	*	Cnopfſches Kinderſpital, E. V.	2
„		Maximilians-Augenheilanſtalt	1
„		Verſorgungsärztliche Unterſuchungsſtelle[2]	1
Paſing	*	Diſtriktskrankenhaus f. den Diſtrikt München I. J.	1

[1] Nur bis zur Dauer von ſechs Monaten.
[2] Nur bis zur Dauer von vier Monaten.

Ort	Beſondere Kennzeichnung	Name der Anſtalt	Praktikantenzahl
Paſſau	*0	Städtiſches Krankenhaus	1
„		Chirurgiſch-frauenärztliche Heilanſtalt Dr. Deides-heimer	1
„	0	Säuglings- und Entbindungsheim des Vereins für Säuglings-, Kleinkinder- und Tuberkuloſenfürſorge	1
Perlach	*	Bezirkskrankenhaus	1
Pirmaſens	*0	Städtiſches Krankenhaus	2
Regensburg	*	Evangeliſches Krankenh.	1
„	*0	Katholiſches Krankenhaus	4
„		Oberpfälziſche Heil- und Pflegeanſtalt	1
Roſenheim	*	Städtiſches Krankenhaus	1
Rothenburg o. d. T.		Städtiſches Spital	1
Scheidegg		Prinz Luitpold-Kinderheilſtätten	1
Schongau	*	Bezirkskrankenhaus	1
Schweinfurt	*0	Städtiſches Krankenhaus	1
Speyer	*	Krankenhaus der Diakoniſſenanſtalt	1
„	*0	Stiftungskrankenhaus	1
Stadtamhof	*	Diſtriktskrankenhaus Stadtamhof	1
Straubing	*	Krankenhaus der barmherzigen Brüder und Eliſabethinerinnen	1/2
Tegernſee	*	Diſtriktskrankenhaus	1
Bad Tölz	*0	Städtiſches Krankenhaus	1
Traunſtein	*	Städtiſches Krankenhaus	1
Uffenheim		Bezirkskrankenhaus	1
Waſach		Heilſtätte Waſach	1
Weiden i. O.	*	Städtiſches Krankenhaus	1
Weilheim	*	Städtiſches Krankenhaus	1
Weißenburg i. B.		Städtiſches Krankenhaus	1
Werneck		Kreis-Irrenanſtalt	2
Wöllershof b. Neuſtadt W.N.		Kindererholungsſtätte	1
Wörth a. D.	*	Bezirkskrankenhaus	1
Würzburg		Juliusſpital:	
„	*	a) Mediziniſche Abtlg.	8/9
„	*	b) Mediziniſche Kinderabteilung und Univerſitäts-Poliklinik für Kinderkrankheiten	1
„		c) Chirurgiſche Abtlg.	7
„		d) Abteilung für Haut- und Geſchlechtskrankh.	3
„	*	Luitpoldhoſpital	4
„		Bakteriologiſche Unterſuchungsanſtalt	1
„		Unterfränkiſches Krüppelheim in Verbindung mit dem König Ludwig-Hauſe	2
„		Verſorgungsärztliche Unterſuchungsſtelle[1]	1

[1] Nur bis zur Dauer von vier Monaten.

III. Sachsen.

Ort	Besondere Kennzeichnung	Name der Anstalt	Praktikantenzahl
Arnsdorf		Landes-Heil- und Pflegeanstalt Arnsdorf	4
Albertsberg		Volksheilstätte für Lungenkranke (Männ.)	1
Bautzen	*△	Allgemeine öffentliche Krankenanstalten	2
Carolagrün		Volksheilstätte f. Lungenkranke (Frauen)	1
Chemnitz	*	Stadtkrankenhaus im Küchwald	4
"	△	Stadtkrankenhaus an der Zschopauer Straße	4
"		Städtische Nervenheilanstalt	2
"		Pathologisch-hygienisches Institut	6
"		Landes-Erziehungsanstalt für Blinde und für schwachsinnige Kinder	1
"	0	Staatliche Frauenklinik mit Mütter- und Säuglingsheim	5
" Borna		Heilstätte	1
Coswig		Heilstätte Lindenhof	2
Dohna-Heidenau	*	Johanniter-Krankenhaus	1
Dresden	0	Frauenklinik und Hebammen-Lehranstalt	6
"	*0	a) Stadtkrankenhaus Friedrichstadt	15
"		b) Pathologisch-anatom. Abteilung dies. Krankenhauses	3
"	*	a) Stadtkrankenhaus Johannstadt	11
"		b) Pathologisch-anatom. Abteilung dieses Krankenhauses	2
"		Städtische Heil- u. Pflegeanstalt (Irrenabteilg.)	2
"	*0	Carolahaus	3
"	*	Standortlazarett	3
"	*	Kinderheilanstalt, Chemnitzer Str. 14	1
"	*△	Krankenhaus der evang.-luth. Diakonissenanstalt	1
"		Maria Anna-Kinderhospital Dresden-Trachenberge	1
"		Landesstelle für öffentl. Gesundheitspflege	2
"		Städtisches Säuglingsheim	1/2
"		Staatsanstalt f. Krankengymnastik und Massage	1
"		Versorgungsärztliche Untersuchungsstelle[1]	1
"		Sanitätsrat Dr. Schanz orthopäd. Heilanstalt	1

Ort	Besondere Kennzeichnung	Name der Anstalt	Praktikantenzahl
Dresden		Beratungsstelle, Poliklinik und Heilanstalt des eingetragenen Vereins Krüppelhilfe — Dresden-A., Sächs. Krüppelheim (Carolastiftung) — Dresden-Trachenberge	2
"	*	Waldpark-Krankenanstalt Dresden-Blasewitz	2
Ebersbach)	△	Privatklinik und Poliklinik des Dr. Wanke	1
Bad Elster		Sanatorium des Sanitätsrats Dr. Köhler	1
" "		Sonnenlicht-Heilstätte „Heimball"	1
Freiberg	*	Stadtkrankenhaus	1
Freital		Stadtkrankenhaus	1
Glauchau	*	Stadtkrankenhaus	2
Gottleuba		Heilstätte der Landes-Versicherungsanstalt	2
Groß-schweidnitz		Landes-Heil- und Pflegeanstalt für Geisteskranke	2
Hoch-weitzschen		Landes-Heil- und Pflegeanstalt für Epileptische zu Hochweitzschen	2
Hohwald b. Neustadt		Heilstätte Hohwald	2
Hubertusburg bei Wermsdorf (Sa.)		Landes-Heil- und Pflegeanstalt	2
Kreischa		Kuranstalt der Reichsversicherungsanstalt f. Angestellte	1
Leipzig		Pfleghaus der Stadt Leipzig	1/2
"	*	Diakonissenhaus und Poliklinik	3
"	*	Kinderkrankenhaus und Poliklinik[1]	10
"	*	a) Städtisches Krankenhaus St. Georg	13
"		b) Pathologisches Instit. dieses Krankenhauses	1
"	△	Privatfrauenklinik und Poliklinik des Prof. Dr. Skutsch	1
" -Dösen		Landes-Heil- und Pflegeanstalt	2
Leisnig	*	Kreiskrankenhaus	2
Lichtenstein-Callnberg		Knappschaftskrankenhaus	1
Meißen	*△	Stadtkrankenhaus	1
Meißen	*△	Ländl. Bezirkskrankenh.	2
Pirna	*	Stadtkrankenhaus	1
"		Landes-Heil- und Pflegeanstalt für Geisteskranke Sonnenstein	2

[1] Nur bis zur Dauer von vier Monaten.

[1] Das „Kinderkrankenhaus und Poliklinik" in Leipzig ist Universitätsklinik im Sinne der §§ 59 und 61 Abf. 2 der Prüfungsordnung für Ärzte vom 28. Mai 1901 bzw. §§ 63 und 64 Abf. 1 der Prüfungsordnung für Ärzte vom 5. Juli 1924.

Ort	Besondere Kennzeichnung	Name der Anstalt	Praktikantenzahl
Plauen	*	Stadtkrankenhaus	5
Rabenstein	*△	Bezirkskrankenhaus der Amtshauptmannschaft Chemnitz	2
Bad Reiboldsgrün		Lungenheilanstalt	1/2
Riesa	*	Stadtkrankenhaus	1
Untergölzsch		Landes-Heil- und Pflegeanstalt für Geisteskranke zu Untergölzsch	2
Wurzen	*	Stadtkrankenhaus	1
Zittau	*△	Stadtkrankenhaus	3
Zschabraß		Landes-Heil- und Pflegeanstalt Zschabraß	2
Zwickau	*	a) Krankenstift Zwickau	8
		b) Pathologisch-bakteriologisches Institut dies. Krankenstifts	2
"		Dr. Gaugeles Anstalt für Orthopädie, Heilgymnastik und Massage	1
"		Krüppelheim Zwickau-Marienthal	1

IV. Württemberg.

Ort	Besondere Kennzeichnung	Name der Anstalt	Praktikantenzahl
Biberach	*	Bezirkskrankenhaus	1
Bietigheim	*	Städtisches Krankenhaus	1
Böblingen	*	Bezirkskrankenhaus	1
Bolsternang (Gemeinde Großholzleute im Allgäu)		Lungenheilstätte Überruh	2
Eßlingen	*	Neues Krankenhaus	1
Freudenstadt	*	Bezirkskrankenhaus Freudenstadt	2
Friedrichshafen	*	Städtisches Krankenhaus	1
Geislingen	*	Bezirkskrankenhaus	1
Gmünd	*	Städtisches Hospital zum heiligen Geist	1
Göppingen	*	Bezirkskrankenhaus Göppingen	2
"		Heil- und Pflegeanstalt Christofsbad	1
Hall	*	Diakonissenanstalt mit Johanniter-Kinderkrank.-haus und Pflegeanstalt f. weibliche erwachsene Schwachsinnige	2
Heidenheim	*	Bezirkskrankenhaus	1
Heilbronn	*	Städtisches Krankenhaus	3
Hirsau	*	Sanatorium Hirsau für innere und Nervenkranke	1
Kennenburg (Gemeinde Eßlingen)		Heilanstalt	1
Leonberg	*	Bezirkskrankenhaus	1
Ludwigsburg	*	Bezirkskrankenhaus	2
Neuenbürg	*	Bezirkskrankenhaus	1
Plochingen a. Neckar	*	Johanniterkrankenhaus Plochingen	2
Ravensburg		Elisabethen-Krankenhaus	1
Reichenberg	*	Heilstätte für männliche Lungenkranke Wilhelmsheim	2
Reutlingen	*	Bezirkskrankenhaus	1
Riedlingen	*	Bezirkskrankenhaus	1
Rottenmünster		Heil- und Pflegeanstalt, Privat-Irrenanstalt	1
Rottweil	0	Bezirkskrankenhaus	1
Schloß Hornegg (Gemeinde Gundelsheim)	*	Sanatorium Schloß Hornegg	1
Schömberg		Neue Heilanstalt für Lungenkr., G. m. b. H.	1
"		Sanatorium Schömberg, G. b. H. m.	1
"		Sanatorium Schwarzwaldheim	1
", Eisenbahnstat. Calmbach		Volksheilstätte Charlottenhöhe	1
Schussenried		Heilanstalt Schussenried	2
Stetten i. R.		Heil- und Pflegeanstalt f. Schwachsinnige und Epileptische	1
Stuttgart	*	a) Katharinenhospital	9
		b) Prosektur dies. Hospit.	1
		c) Bakteriologisch-serologische Abteilung der Prosektur dieses Hospit.	1
"	*	Bürgerhospital Stuttgart	2
"	*	Marienhospital	3
"	*	Karl Olga-Krankenhaus	2
"	0	Charlottenhaus für Wöchnerinnen und unterleibskranke Frauen	1
"	*	Ludwigsspital „Charlottenhilfe"	2
"	*	Olgaheilanstalt (f. Kinder, Lehrlinge und jugendliche Arbeiter)	2
"	*	Standortlazarett	1
"		Versorgungsärztliche Untersuchungsstelle[1]	1
"		Augenheilanstalt für Unbemittelte resp. Privataugenheilanstalt des Hofrats Dr. Distler	1
"		Privataugenheilanstalt Charlottenverein für arme Augenkranke	1
"		Charlottenheilanstalt für Augenkranke	1
"	0	Landeshebammenschule	1
"		Medizinisches Landesuntersuchungsamt	1
"		Stuttgarter Säuglingsheim (Säuglingsheilstätte) Eingetragener Verein	1
"	*	Krankenanstalten der Evangelischen Diakonissenanstalt	3
Stuttgart-Cannstatt	*	Städtisches Krankenhaus Stuttgart-Cannstatt (bisher Bezirkskrankenhaus Cannstatt)	7

[1] Nur bis zur Dauer von vier Monaten.

Ort	Besondere Kennzeichnung	Name der Anstalt	Praktikantenzahl
Stuttgart-Degerloch)		Städtisches Kinderheim Stuttgart-Degerloch)	1
Tübingen	*	Tropengenesungsheim	1
Tuttlingen	*	Bezirkskrankenhaus	1
Ulm	*	Städtisches Krankenhaus	4
"		Klinik Elisabethenhaus (Besitzer Dr. Ehring)	1
Waiblingen	*	Bezirkskrankenhaus	1
Weinsberg		Heilanstalt Weinsberg	3
Weissenau		Heilanstalt Weissenau	4
Winnental		Heilanstalt Winnental	3
Zwiefalten		Heilanstalt Zwiefalten	4

V. Baden.

Ort	Besondere Kennzeichnung	Name der Anstalt	Praktikantenzahl
Achern	*	Städtisches Krankenhaus	1
Baden	*	Städtisches Krankenhaus	2
St. Blasien		Bezirksspital	1
"		Sanatorium Luisenheim	1
"		Erholungsheim Friedrichshaus	1
"		Kurhaus St. Blasien	1
"		Sanatorium St. Blasien, G. m. b. H.	1
Bad Dürrheim		Kinderheilstätte-Kindersolbad	1/2
Emmendingen		Heil- und Pflegeanstalt	4
"		Städtisches Krankenhaus	1
Freiburg	*	Freiburger Diakonissenhaus	2
Freiburg	*	Krankenhaus St. Josef	2
Heidelberg		Orthopädisch-chirurgische Heilanstalt mit Sanatorium Solbad Rappenau	3
"	0	Klinik für Geburtshilfe und Frauenkrankheiten (Professor Neu)	1
"		Versorgungsärztliche Untersuchungsstelle[1]	1
Illenau		Heil- und Pflegeanstalt Illenau	4
Karlsruhe	*0	Neues St. Vinzentius-Krankenhaus	2
"	0	Badische Landes-hebammenlehranstalt u. Staatl. Frauenklinik (bisher Ludwig Wilhelm-Krankenhaus)	3
"	*0	a) Städtisches Krankenh.	6
		b) Prosektur (pathologisch-bakteriologisches Inst.) dieses Krankenhauses	1
"	*	Evang. Diakonissenhaus	2
"		Kinderkrankenhaus (Bad. Landesanstalt für Säuglings- und Kleinkinderfürsorge)	2
Konstanz	*	Stadtspital	4
"	0	Städt. Wöcherinnenheim	1
"	*	Dr. Büdingens Sanat. (Konstanzerhof)	1
Lahr	*	Bezirkskrankenhaus	1
Lörrach		Städtisches Krankenhaus	1
Mannheim	*0	Städt. Krankenanstalten	12
		Diakonissenhaus	1
Marzell		Vereinigte Heilstätten Friedrichs- und Luisenheim	4
Nordrach-Fabrik		Heilstätte Nordrach-Colonie	1
Oberweiler (Amt Müllheim)		Friedrich-Hilda-Genesungsheim	1
Offenburg	*0	Städtisches Krankenhaus	2
Pforzheim	*0	Städtisches Krankenhaus	5
"	*0	Kinderspital Siloah und Evangelisches Diakonissenhaus	2
Rastatt	*	Bürgerspital	1
Reichenau		Heil- und Pflegeanstalt Konstanz	2
Rohrbach		Krankenhaus Rohrbach der badischen Hauptfürsorgestelle der Kriegsbeschädigten- u. Kriegshinterbliebenen-Fürsorge	1
Schopfheim		Städtisches Krankenhaus	2
Schriesheim		Lungenheilstätte Stammberg	1
Sinsheim		Kreispflegeanstalt	1
Stetten am kalten Markt		Kinderheim (Kinderheilstätte und Kinder-erholungsh.) Heuberg	1/2
Todtmoos		Sanatorium Wehrawald	1
Überlingen		Städtisches Krankenhaus	1
Villingen	*0	Friedrich-Krankenhaus	1
Waldshut		Städtisches Krankenhaus	1
Weinheim		Städtisches Krankenhaus	1
Wiesloch		Heil- und Pflegeanstalt	4

VI. Thüringen.

Ort	Besondere Kennzeichnung	Name der Anstalt	Praktikantenzahl
Altenburg	*	Thüringisches Landeskrankenhaus und Altersheim	3
Arnstadt	*	Städtisches Krankenhaus	1
Bad Blankenburg (Thüring. Wald)		Dr. Wiedeburgs Thüringer Wald-Sanatorium Schwarzeck	1
Blankenhain		Thüringische Landesheilanstalt	2
Emskopf bei Berka a.J.	*	Sophienheilstätte auf dem Emskopf	1
Gera	*0	Städtisches Krankenhaus	2
Gotha	*	Thüringisches Landeskrankenhaus mit Säuglingsheim	6
"		Staatliche bakteriologische Untersuchungsanstalt	1
Greiz	*0	Thüringisches Landeskrankenhaus	3
Hildburghausen		Thüringische Landesheil- und Pflegeanstalt	3
Ilmenau	*	Städtisches Krankenhaus	1
Bad Liebenstein	*	Sanatorium Liebenstein	1
Meiningen	*	Thüringisches Landeskrankenhaus	2
Milbitz bei Gera	*	Heilanstalten Milbitz, Reuß, Stiftung der Familie Louis Schlutter	2

[1] Nur bis zur Dauer von vier Monaten.

Ort	Besondere Kennzeichnung	Name der Anstalt	Praktikantenzahl
Pößneck	*	Städtisches Krankenhaus	1
Römhild		Lungenheilstätte	1
Rudolstadt	*	Thüringes Landes-krankenhaus	1
Saalfeld	*	Städtisches Krankenhaus	1
Sonders-hausen	*	Thüringisches Landes-kranken- und Landes-siechenhaus	1
Sonneberg	*	Kreiskrankenhaus	1
Stadtroda	*	Thüringische Landesheil-anstalten	2
Weimar	*0	Städtisches Krankenhaus	1

VII. Hessen.

Ort	Besondere Kennzeichnung	Name der Anstalt	Praktikantenzahl
Alzey	*	Kreiskrankenhaus	1
"		Landes-Heil- und Pflege-anstalt	2
Bingen	*	Heilig Geist-Hospital	2
Darmstadt	*0	a) Stadtkrankenhaus	5
"		b) Pathologisch-anatomisches Institut dieses Krankenhauses	1
"	*	Diakonissenhaus „Elisabethenstift"	2
"		Privatklinik Dr. med. Rosenthal	1
Eberstadt bei Darmstadt		Provinzial-Pflegeanstalt der Provinz Starkenburg	1
Friedberg	*	Bürgerhospital	1
Gießen		Landes-Heil- und Pflege-anstalt	2
Gobbelau		Hessische Landes-Heil- u. Pflegeanstalt „Philippshospital"	4
Heppenheim a. d. B.		Landes-Heil- und Pflege-anstalt	2
Mainz	*0	St. Hildegardis-Krankenhaus	2
"	*	a) Städtisches Krankenhaus	5
"		b) Pathologisches Institut dieses Krankenhauses	1
"	*	St. Vincenz- und Elisabeth-Hospital	1/2
"	0	Hebammen-Lehranstalt	2
Bad Nauheim	*	Städtisches Krankenhaus	1
"		Konitzky-Stift	1
Offenbach a. M.	*	Stadtkrankenhaus	6
Reichelsheim i. O.		Lungenheilstätte von Frau Wwe. Göttmann und Sohn	1
Sandbach im Odenwald		Ernst Ludwig-Heilstätte (für Lungenkranke)	1
Winterkasten		Eleonoren-Heilstätte	1
Worms	*	Städtisches Krankenhaus	4

VIII. Hamburg.

Ort	Besondere Kennzeichnung	Name der Anstalt	Praktikantenzahl
Cuxhaven	*	Staatskrankenhaus Cuxhaven	1
Hamburg	*0	a) Allgemeines Krankenhaus Eppendorf[1]	38
"		b) Pathologisches Institut dies. Krankenhauses	5
"		c) Institut für experimentelle Therapie dieses Krankenhauses	2
"		d) Abteilung für Physiologie dieses Krankenh.	1
"	*0	a) Allgemeines Krankenhaus St. Georg[1] (einschl. des früheren Kinderhospitals)	26
"		b) Pathologisches Institut dieses Krankenhauses	5
"	*0	a) Allgemeines Krankenhaus Barmbeck	36
"		b) Pathologisches Institut dieses Krankenhauses	4
"		Staatskrankenanstalt Friedrichsberg[1]	6
"	*	Staatskrankenanstalt Langenhorn	2
"		Institut für Schiffs- und Tropenkrankheiten[1]	3
"		a) Hafenkrankenhaus	3
"		b) Anatomie und Leichenschauhaus dieses Krankenhauses	2
"		Hygienisches Institut	2
"	*	Krankenabteilung des Waisenhauses und Kleinkinderhaus des Jugendamts Hamburg	1
"	0	Institut für Geburtshilfe	4
"	*	Vereinshospital	1
"	*	Bethesda	1
"	*	Diakonissenh. Bethlehem	1
"	*	Krankenhaus der deutsch-israelitischen Gemeinde	2
"	*	Freimaurer-Krankenhaus	18
"	*	Marienkrankenhaus	8
"	*	Staatskrankenhaus Bergedorf	1
"	*	Kinderkrankenhaus Rothenburgsort	1
Hamburg-Geesthacht	*	Hamburgische Heilstätte Edmundsthal-Siemerswalde	2
Hamburg-Sahlenburg	*	Hamburgisches Seehospital Nordheimstiftung	1

IX. Mecklenburg-Schwerin.

Ort	Besondere Kennzeichnung	Name der Anstalt	Praktikantenzahl
Ludwigslust	*	Stiftskrankenhaus Bethlehem	2

[1] Das Institut für Schiffs- und Tropenkrankheiten sowie einzelne Abteilungen der Allgemeinen Krankenhäuser Eppendorf, St. Georg und der Staatskrankenanstalt Friedrichsberg sind Universitätskliniken und -Institute im Sinne der §§ 59 und 61 Abs. 2 der Prüfungsordnung für Ärzte vom 28. Mai 1901 bzw. §§ 63 und 64 Abs. 1 der Prüfungsordnung für Ärzte vom 5. Juli 1924.

Ort	Besondere Kennzeichnung	Name der Anstalt	Praktikantenzahl
Rostock	0	Privat-Frauenklinik des Prof. Dr. Büttner	1
Schwerin		Landesgesundheitsamt	1
"	*0	Stadtkrankenhaus	2
"	*	Annahospital	1
"		Kinderheim Lewenberg für geistesschwache Kinder	1
"		Heil- und Pflegeanstalt Sachsenberg bei Schwerin	5
Waren		Genesungsheim Amsee	1
Wismar	*	Stadtkrankenhaus	1

X. Braunschweig.

Ort	Besondere Kennzeichnung	Name der Anstalt	Praktikantenzahl
Braunschweig	*0	a) Landkrankenhaus	8
		b) Pathologisches Institut dieses Krankenhauses	1
"		Landessäuglingsheim Victoria Luise-Haus	1
"	*	Städtisches Krankenhaus	1
"	*0	Evangelisch-lutherische Diakonissenanstalt Marienstift	1/2
"	*0	Schwesternhaus vom Roten Kreuz	1
Helmstedt	*	Krankenhaus St. Marienberg (Stiftungs-Krankenanstalt)	1/2
Königslutter		Landesheil- und Pflegeanstalt	2
Wolfenbüttel	*	Städtisches Krankenhaus	1/2

XI. Oldenburg.

Ort	Besondere Kennzeichnung	Name der Anstalt	Praktikantenzahl
Löningen		St. Annenstift	1
Malente-Gremsmühlen		Heilstätte für Nervenkranke „Haus Schönow"	1
Nordenham		Amtsverbands-Krankenhaus	1
Oldenburg	0	Hebammenlehranstalt	1
"	*	Peter Friedrich Ludwig-Hospital	2
"		Pius-Hospital	1
Wehnen		Heil- und Pflegeanstalt	2
Wildeshausen		Großherzogin Elisabeth-Heilstätte	1

XII. Anhalt.

Ort	Besondere Kennzeichnung	Name der Anstalt	Praktikantenzahl
Ballenstedt	*	Kreiskrankenhaus	1
Bernburg		Landes-Heil- und Pflegeanstalt für Geisteskranke	2
"	*0	Kreiskrankenhaus	1
Cöthen	*	Kreiskrankenhaus	1
Dessau	*	Kreiskrankenhaus	2
Schielo		Heilstätte für lungenkranke Männer	1
Zerbst	*	Kreiskrankenhaus	1

XIII. Bremen.

Ort	Besondere Kennzeichnung	Name der Anstalt	Praktikantenzahl
Bremen	*0	a) Städtische Krankenanstalt	15
		b) Pathologisches Institut dieser Krankenanstalt	2
"		Hygienisches Institut	2
"	*	St. Joseph-Stift	1
"	*0	Evangelisches Diakonissenhaus	1
"	*0	Vereinskrankenhaus vom Roten Kreuz	1
"	0	Wöchnerinnenheim	1
Bremerhaven	*0	Städtisches Krankenhaus	1
"	*	St. Joseph-Hospital	1
Ellen bei Bremen		St. Jürgen-Asyl	2

XIV. Lippe.

Ort	Besondere Kennzeichnung	Name der Anstalt	Praktikantenzahl
Brake		Heil- und Pflegeanstalt Lindenhaus	2
Detmold		Landkrankenhaus	2
Lemgo		Krankenhaus Wolffsche Stiftung	2
Bad Salzuflen	0	Hoffmanns-Stift	2

XV. Lübeck.

Ort	Besondere Kennzeichnung	Name der Anstalt	Praktikantenzahl
Lübeck		Staats-Irrenanstalt	1/2
"	*	Allgemeines Krankenhaus	6
"		Kinderhospital	1

XVI. Mecklenburg-Strelitz.

Ort	Besondere Kennzeichnung	Name der Anstalt	Praktikantenzahl
Neustrelitz	*0	Landkrankenhaus Karolinenstift	2
Strelitz (Alt)		Landes-Heil- und Pflegeanstalt bei Strelitz (Alt)	1

XVII. Waldeck.

Ort	Besondere Kennzeichnung	Name der Anstalt	Praktikantenzahl
Arolsen	*	Landkrankenhaus (Paulinen-Hospital)	1
Bad Wildungen	*	Krankenhaus Helenenheim	1

XVIII. Saargebiet.

Ort	Besondere Kennzeichnung	Name der Anstalt	Praktikantenzahl
Homburg	*	Landeskrankenhaus	6
Merzig		Heil- und Pflegeanstalt des Saargebiets	1
Neunkirchen	*	Knappschaftskrankenhaus	1
Quierschied	*	Knappschaftskrankenhaus	2
Saarbrücken		Heilstätte Sonnenberg	1
"		Krankenhaus des Verbandes der Krankenkassen	1
"	*	Bürgerhospital	2
"		Krankenhaus des Knappschaftsvereins der Burbacher Hütte	1
Sulzbach	*	Knappschaftskrankenhaus	2
Völklingen		Krankenhaus der Betriebskrankenkasse bei Röchlingschen Eisen- u. Stahlwerke	1
"	*	Knappschaftskrankenhaus	2
St. Wendel (Saar)	*	Marienkrankenhaus	1

Folgende ausländische Anstalten haben die allgemeine Ermächtigung zur Annahme von Medizinalpraktikanten erhalten:

1. Deutsche Heilstätte in Davos (Schweiz) — 2 Praktikanten (R.K. 18. 10. 05 — III B 6186),

2. Deutsches Haus in Agra, Kanton Tessin (Schweiz) — 1 Praktikant (R.K. 13. 8. 18 — II 5549),

3. Waldsanatorium in Davos-Platz (Schweiz) — 1 Praktikant (R.F. 27. 8. 19 — II 7711),

4. Deutsches Krieger-Kurhaus in Davos-Dorf (Schweiz) — 1 Praktikant (R.F. 23. 8. 24 — II 6412 A) und

5. Deutsches Diakonissen-Hospital in Jerusalem (Palästina)[1] — 1 Praktikant (R.F. 2. 11. 27 — II 9117 A).

Die an diesen Anstalten zurückgelegte Praktikantentätigkeit kann bis zur Dauer von sechs Monaten auf das Praktische Jahr angerechnet werden, gilt aber nicht als Ableistung der vorzugsweise der Behandlung von inneren Krankheiten zu widmenden Zeit des Praktischen Jahres.

Kandidaten der Medizin, die nach Ablegung der ärztlichen Prüfung als Medizinalpraktikanten in diese Anstalten eintreten wollen, haben zuvor die Zustimmung der für die Erteilung der Approbation als Arzt zuständigen obersten Landesbehörde einzuholen.

Außer an diesen Krankenhäusern können Kandidaten auf besonderen Wunsch mit vorheriger Genehmigung der obersten Landesbehörde (vgl. S. 4 Anm. 3, S. 5 Anm. 1) und des Reichsministeriums des Innern, die bei ersterer von Fall zu Fall rechtzeitig nachzusuchen ist und eine Prüfung der vorliegenden Verhältnisse erfordert, einen Teil des Praktischen Jahres mit der Aussicht auf Anrechnung einer Zeit bis zu sechs Monaten (ohne den der Behandlung von inneren Krankheiten zu widmenden Teil) ausnahmsweise auch an anderen geeigneten ausländischen Universitäts- und anderen Anstalten ableisten. Auf diese Weise haben Kandidaten in den letzten Jahren die Genehmigung zur Erledigung eines Teils des Praktischen Jahres u. a. an folgenden Anstalten erbeten und erhalten: an einigen früher zur Annahme von Praktikanten allgemein ermächtigt gewesenen Krankenhäusern in den abgetretenen ehemals preußischen Gebieten, an Universitätsanstalten in Wien, Innsbruck, Graz, Basel, Zürich und Dorpat, am Franklin Hospital (ehemals Deutschen Hospital) in San Franzisko, Kalifornien, am Evangelischen Krankenhaus (Ospedale evangelico) in Neapel (Italien), am Lankenau Hospital in Philadelphia, Pennsylvania und am Reading Hospital in Reading, Pennsylvania (Nordamerika).

---

[1] Das Hospital gehört zusammen mit der Diakonissenanstalt in Kaiserswerth a. Rh. dem Rheinisch-Westfällschen Diakonissenverein.

VII. Übersicht über die Medizinalpraktikantenstellen an den deutschen Universitäts=Kliniken und =Instituten.[1]

Name der Anstalt	Universität (Berlin)	Charité (Berlin)	Bonn	Breslau	Düsseldorf	Frankfurt a. M.	Göttingen	Greifswald	Halle	Kiel	Köln	Königsberg	Marburg	Münster	München	Würzburg	Erlangen	Leipzig	Tübingen	Freiburg i. B.	Heidelberg	Gießen	Rostock	Jena	Hamburg	Summe
1. Medizinische Klinik und Poliklinik	7	I 12 / II 12	10	8	5	11	8	6	14	12	17	10	4	5	13	} 16	} 5	8	12	14	17	7	5	5	—	} 252
2. Medizinisch-klinisches Institut	—	—	—	—	—	—	—	—	—	—	—	—	—	—	—			—	—	—	—	—	—	—	—	
3. Medizinisches Ambulatorium	—	—	—	—	—	—	—	—	—	—	—	—	—	—	8		1	—	—	—	—	—	—	—	—	
4. Chirurgische Klinik und Poliklinik	13	13	8	4	3	5	8	6	8	9	13	9	4	3	5	} 4	} 5	3	8	10	11	3	6	3	—	} 164
5. Chirurgisch-klinisches Institut	—	—	—	—	—	—	—	—	—	—	—	—	—	—	—			—	—	—	—	—	—	—	—	
6. Frauen-Klinik und -Poliklinik	8	9	5	4	4	4	6	4	6	5	5	5	3	2	I 9 / II 3	5	3	6	4	6	6	—	2	2	—	116
7. Augen-Klinik und -Poliklinik	8	8	2	2	1	2	1	3	3	6	1	5	2	2	4	1	2	2	3	4	7	1	2	3	—	74
8. Kinder-Klinik und -Poliklinik	—	9	2	5	3	2	2	2	3	3	5	3	2	2	9	4	1	—	2	6	5	1	2	2	—	74
9. Orthopädische Klinik und Poliklinik	5	—	—	—	—	—	—	—	—	—	—	1	—	—	4	2	—	—	—	—	4	—	—	—	—	17
10. Haut-Klinik und -Poliklinik	—	12	4	2	1	3	3	1	3	2	1	5	3	2	5	3	2	2	2	2	4	2	2	—	—	77
11. Hals-, Nasen- u. Ohren-Klinik u. -Poliklinik	—	7	1	2	1	5	1	1	3	3	2	3	1	2	3	3	1	—	2	2	5	1	2	1	—	51
12. Psychiatrische Klinik	—	12	2	4	—	2	3	2	4	3	2	1	2	1	4	3	2	5	4	3	3	2	7	5	—	76
13. Hydrotherapeutische Anstalt u. Poliklinik	3	—	—	—	—	—	—	—	—	—	—	1	—	—	—	—	—	—	—	—	—	—	—	—	—	4
14. Zahnärztliches Institut	3	—	—	—	1	—	1	—	1	—	3	—	—	—	—	—	—	1	—	1	—	—	—	—	—	11
15. Institut f. Experimentelle Krebsforschung	2	—	—	—	—	—	—	—	—	—	—	—	—	—	—	—	—	—	—	—	1	—	—	—	—	3
16. Pathologisches Institut	—	8	2	2	1	3	1	2	3	1	1	1	2	1	4	3	2	4	—	1	1	2	3	2	5	55
17. Anatomisches Institut	1	—	1	2	—	1	2	1	1	1	1	1	1	1	2	1	1	1	1	1	1	—	—	—	—	22
18. Physiologisches Institut	1	—	2	—	1	1	1	1	1	1	—	1	1	1	3	1	1	1	1	1	1	1	1	1	1	25
19. Chemisch-physiologisches Institut	—	—	—	—	1	—	—	—	—	—	—	—	—	—	—	—	—	—	2	—	—	—	—	—	—	3
20. Pharmakologisches Institut	3	—	1	1	—	1	2	2	1	1	1	1	1	—	3	3	1	1	1	1	1	—	—	—	—	26
21. Hygienisches Institut	2	—	3	1	1	1	1	1	1	1	1	1	1	1	3	3	1	1	1	1	1	1	1	2	—	31
22. Gerichtsärztliches Institut	1	—	1	1	—	1	1	1	1	—	1	—	—	—	2	2	—	—	1	—	—	—	—	—	—	15
23. Neurologisches Institut	1	—	—	1	—	1	—	—	—	—	—	—	—	—	—	—	—	—	—	—	—	—	—	—	—	2
24. Institut für Experimentelle Therapie	—	—	—	—	—	1	—	—	—	—	—	—	—	—	—	—	—	—	—	—	—	—	—	2	—	3
25. Bakteriologisches Institut	—	—	—	—	—	—	—	—	—	—	—	—	—	—	—	1	1	—	—	—	—	—	—	—	—	2
26. Krankenhaus Hamburg-Eppendorf	—	—	—	—	—	—	—	—	—	—	—	—	—	—	—	—	—	—	—	—	—	—	—	—	38[2]	38
Summe:	58	102	44	39	20	44	41	33	53	54	55	44	27	26	78	57	29	39	37	61	68	23	37	26	46	1141

[1] Wegen der Vergünstigungen der Praktikanten vgl. S. 117.

[2] Dies ist die Gesamtzahl der zugelassenen Praktikanten an dieser Anstalt (vgl. S. 160), von der nur einzelne Abteilungen Universitätskliniken sind. Die auf letztere entfallende Praktikantenzahl ist unbestimmt.

11*

VIII. Approbation als Arzt.

A. Approbation auf Grund der Prüfungsordnung.

Voraussetzung für die Approbation.

Nach Ablauf des Praktischen Jahres hat der Kandidat bei derjenigen obersten Landesbehörde, in deren Bezirk er die ärztliche Prüfung bestanden hat, die Erteilung der Approbation als Arzt zu beantragen. Dabei sind einzureichen: eine Geburtsurkunde, die Ausweise über den Kriegsdienst (falls diese Zeugnisse nicht bereits bei der Meldung zur Prüfung vorgelegt sind) und die im § 63 a. O., § 66 n. O. vorgeschriebenen Nachweise, nämlich das oder die Zeugnisse über die Ableistung des Praktischen Jahres, ein selbstgeschriebener Bericht über die Beschäftigung während desselben, polizeiliche Führungszeugnisse für die Zeit nach Ablegung der ärztlichen Prüfung bis zur Antragstellung und ein Nachweis darüber, daß der Kandidat nach bestandener ärztlicher Prüfung mindestens je zwei öffentlichen Impf- und Wiederimpfterminen beigewohnt hat. Kandidaten, die die ärztliche Prüfung nicht vor dem 1. 10. 25 vollständig beendet haben, haben während des Praktischen Jahres auch ein Zeugnis über den mindestens genügenden Befund eines gemäß § 66 Abs. 1 n. O. angefertigten Probegutachtens zu erwerben (§ 73 n. O., vgl. auch S. 48 Anm. 4 und S. 99, Anm. 3). Dieses Zeugnis und die Urschrift des Probegutachtens sind mit dem Approbationsgesuch vorzulegen. Da die Nachweise, insbesondere auch die Zeugnisse über das Praktische Jahr, bei den Akten der Zentralbehörde verbleiben, empfiehlt es sich, daß der Kandidat vor der Einreichung Abschriften zum eigenen Gebrauch zurückbehält.

Für die Erteilung der Approbation sind die Vorschriften der §§ 63 und 64 a. O., 66 und 67 n. O. maßgebend.

§ 29 GewO.

§ 29 der Gewerbeordnung für das Deutsche Reich vom 21. 6. 69 (RGBl. 1900 S. 871):

„Einer Approbation, welche auf Grund eines Nachweises der Befähigung erteilt wird, bedürfen Apotheker und diejenigen Personen, welche sich als Ärzte (Wundärzte, Augenärzte, Geburtshelfer, Zahnärzte und Tierärzte) oder mit gleichbedeutenden Titeln bezeichnen oder seitens des Staates oder einer Gemeinde als solche anerkannt oder mit amtlichen Funktionen betraut werden sollen[1]. Es darf die Approbation jedoch von der vorherigen akademischen Doktorpromotion nicht abhängig gemacht werden.

Der Bundesrat[2] bezeichnet mit Rücksicht auf das vorhandene Bedürfnis in verschiedenen Teilen des Reichs die Behörden, welche für das ganze Reich gültige Approbationen zu erteilen befugt sind, und

---

[1] D. h. zur selbständigen Ausübung der Heilkunde (Zahnheilkunde), z. B. auch als ordentlicher Assistent, in einer dem Staate oder einer Gemeinde gehörigen Anstalt bedarf es der Approbation. Dies gilt nicht für medizinisches Hilfspersonal ohne Verantwortung in diesen Anstalten und für sämtliches Personal in anderen (z. B. privaten) Anstalten (vgl. S. 202 Anm. 1).

[2] Nach Artikel 179 Abs. 2 der Reichsverfassung in Verbindung mit dem Reichsübergangsgesetz vom 4. 3. 19 — RGBl. S. 385 — ist an Stelle des Bundesrats die Reichsregierung mit Zustimmung des Reichsrats getreten.

erläßt die Vorschriften über den Nachweis der Befähigung[1]. (Die Namen der Approbierten werden von der Behörde, welche die Approbation erteilt, in den vom Bundesrate zu bestimmenden amtlichen Blättern veröffentlicht[2].)

Personen, welche eine solche Approbation erlangt haben, sind innerhalb des Reiches in der Wahl des Ortes, wo sie ihr Gewerbe betreiben wollen, vorbehaltlich der Bestimmungen über die Errichtung und Verlegung von Apotheken nicht beschränkt.

Dem Bundesrate[3] bleibt vorbehalten, zu bestimmen, unter welchen Voraussetzungen Personen wegen wissenschaftlich erprobter Leistungen von der vorgeschriebenen Prüfung ausnahmsweise zu entbinden sind[4].

Personen, welche vor Verkündigung dieses Gesetzes in einem Bundesstaate die Berechtigung zum Gewerbebetriebe als Ärzte, Wundärzte, Zahnärzte, Geburtshelfer, Apotheker oder Tierärzte bereits erlangt haben, gelten als für das ganze Reich approbiert."

Die Approbation wird mit Wirkung von demjenigen Tage ab ausgestellt, an dem der Kandidat den Vorschriften über das Praktische Jahr vollständig genügt hat.

Die Notwendigkeit einer Vordatierung von Approbationen wird als begründet nicht anerkannt, da auf dem Gebiete des ärztlichen Stellenwesens dem Zeitpunkte der Approbationserteilung eine ausschlaggebende Bedeutung nicht beigelegt wird (R.J. 15. 11. 19. — II 11123).

Die Approbationsurkunden sind sorgfältig aufzubewahren. Beglaubigte Abschriften können vom Ministerium grundsätzlich nur erteilt werden, wenn die erste Ausfertigung verlorengegangen ist und in glaubhafter Form die näheren Umstände, unter denen es geschehen ist, bezeichnet werden. Dies ist um so notwendiger, als nach den Erfahrungen größte Zurückhaltung in der Aushändigung mehrfacher, im Ministerium ausgestellter Urkunden über eine Approbation geboten ist (M.J. 22. 6. 18 — M 17504).

Den im Auslande approbierten Heilkundigen deutscher Reichsangehörigkeit kann die Erteilung der Approbation für das Gebiet des Deutschen Reiches nur in Aussicht gestellt werden, wenn sie den Bestimmungen der Prüfungsordnung entsprechen, d. h. ein deutsches Reifezeugnis, deutsche Studiennachweise, deutsche ärztliche Prüfungen usw. nachweisen. Darüber, ob und inwieweit ein ausländisches Schulzeugnis anerkannt, sowie die im Auslande zurückgelegten Studien und bestandenen Prüfungen angerechnet werden können, wird von Fall zu Fall entschieden. Vgl. hierzu S. 201.

Wegen Bedeutung usw. der Approbation vgl. S. 242.

Inkrafttret
Vordatieru
Approbatio
abschrifter
Ausländisc
Zeugnisse

[1] Prüfungsordnungen für Ärzte und Zahnärzte S. 4 und S. 171.
[2] § 29 Abs. 2 Satz 2 der RGO. (Veröffentlichung der Namen der Approbierten) ist bis auf weiteres außer Kraft gesetzt (R.J. 10. 4. 24 — RGBl. 1924 Teil I S. 405).
[3] Vgl. S. 164 Anm. 2.
[4] Bekanntmachung des Bundeskanzlers v. 9. 12. 69 (BGBl. S. 687) S. 167.

Muster amtlich empfohlen:

**Gesuch um Erteilung
der Approbation als Arzt**[1] .... den .... 19...

Auf Grund der in Urschrift beigefügten Nachweise:

1. de... Zeugnisse... über die Ableistung des Praktischen Jahres[2] im ....
in der Zeit vom .... 19...
bis .... 19..., im ....
.... in der Zeit
vom .... 19... bis ....
.... 19..., ...
....
.... ,

2. eines selbstgeschriebenen Berichts über meine Beschäftigung während des Praktischen Jahres,

3. de... polizeilichen Führungszeugnisse ... für die Zeit seit Ablegung der ärztlichen Prüfung,

4. des Nachweises, daß ich zwei öffentlichen Impf- und zwei öffentlichen Wiederimpfterminen am

.... beigewohnt habe,

5. des Zeugnisses des ....
.... in...................
vom................ 19..., daß er das von mir während des Praktischen Jahres ausgearbeitete schriftliche Probegutachten über einen Krankheitsfall aus dem Gebiete der Versicherungsmedizin oder des Versorgungswesens als genügend befunden hat,

6. der Urschrift dieses Probegutachtens,

7. der Geburtsurkunde[3],

8. der Ausweise über den Kriegsdienst

bitte ich, mir die Approbation als Arzt zu erteilen.

Name: ....
Wohnung: ....
Geburtstag ....
Geburtsort: ....
Provinz — bei preuß. Orten: ....
Land — bei außerpreuß. Orten:..............
Staatsangehörigkeit:..............

An

b...

....

---

[1] Vordrucke können die Kandidaten von der Hirschwaldschen Buchhandlung in Berlin NW 7, Unter den Linden 68, beziehen (vgl. S. 229).

[2] Muster S. 116. Wegen Einbehaltung der Praktikantenzeugnisse und der übrigen Anlagen des Approbationsgesuchs vgl. S. 47 Anm. 7.

[3] Bei Ehefrauen auch Heiratsurkunde und Ausweis über die Staatsangehörigkeit des Ehemannes

Muster 6 (zu § 63 a. O., § 66 n. O.).

Nachdem der Kandidat der Medizin .... geb. am ....
in .... am .... 19... die ärztliche Prüfung vor
dem Prüfungsausschuß in .... mit dem Urteil „..........."
bestanden und den Bestimmungen über das Praktische Jahr mit dem ....
19... entsprochen hat, wird ihm hierdurch die Approbation als Arzt[1] mit der
Geltung vom letztbezeichneten Tage ab für das Gebiet des Deutschen Reichs
gemäß § 29 der Reichs=Gewerbeordnung erteilt.
.... , den .... 19...
(Siegel und Unterschrift der approbierenden Behörde.)
Approbation
für
....
als Arzt.
Staatliche Verwaltungsgebühr in Preußen für die Approbation a) nach Ab=
legung der vorgeschriebenen Prüfungen 10 RM.; b) unter Befreiung von den
vorgeschriebenen Prüfungen 30 bis 150 RM. Bei Reichsausländern wird das
Fünffache der Sätze erhoben (vgl. S. 222).

B. Approbation auf Grund wissenschaftlich erprobter Leistungen.

Die Vorschrift des § 29 Abs. 4 RGO. (S. 165) hat dem Bundesrat **Voraus=**
vorbehalten, zu bestimmen, unter welchen Voraussetzungen Per= **setzungen**
sonen wegen wissenschaftlich erprobter Leistungen von den für Ärzte
und Zahnärzte vorgeschriebenen Prüfungen ausnahmsweise zu be=
freien sind[2]. Zur Ausführung dieser Vorschrift hat der Bundeskanzler
mit Zustimmung des Bundesrats die nachstehende Bekanntmachung
vom 9. 12. 69 (BGBl. S. 687) erlassen:

1. Die Entbindung von den im § 29 der Gewerbeordnung vor=
geschriebenen ärztlichen Prüfungen auf Grund wissenschaftlich erprobter
Leistungen[3] ist nur dann zulässig, wenn der Nachsuchende nachweist[4],
daß ihm von seiten eines Staates oder einer Gemeinde[5] amtliche
Funktionen[6] übertragen werden sollen.

---

[1] Auch Frauen wird die Approbation als „Arzt" nicht als „Ärztin" ausgestellt.

[2] In Betracht kommen hauptsächlich nur solche Personen, die keine der für Ärzte und Zahn=
ärzte vorgeschriebenen deutschen Prüfungen abgelegt haben, die bereits im Auslande ein Arzt=
diplom erworben haben, wissenschaftlich erprobte Leistungen nachweisen können und die deutsche
Approbation für eine dauernde (nicht nur vorübergehende) amtliche medizinische Betätigung im
inländischen Staats= oder Gemeindedienst benötigen.

[3] Als wissenschaftlich erprobte Leistungen ist nach der bisherigen Übung nicht die auf Grund
einer ausländischen Approbation ausgeübte mehrjährige medizinische Tätigkeit anzusehen, sondern
es sind darunter Leistungen zu verstehen, die sich nach dem Urteil der Wissenschaft über den Durch=
schnitt der gewöhnlichen medizinischen Tätigkeit herausheben (M.J.M. 18665/18).

[4] Der Nachweis erfolgt durch behördliche Bescheinigungen.

[5] D. h. bei einer staatlichen oder städtischen Anstalt. In diesem Sinne ist nicht eine Ortskranken=
kasse zu verstehen (R.K. 26. 1. 99 — I 10951, II 3812).

[6] Gemeint sind amtliche Verrichtungen nur auf medizinischem Gebiete, wenn es z. B. die Absicht
der staatlichen oder Gemeindebehörde ist, dem Bewerber ein bestimmtes Arbeitsfeld auf dem
Gebiete ärztlicher Berufstätigkeit mit amtlicher Eigenschaft zuzuweisen, sei es, daß er als Direktor,
Abteilungs= oder Hilfsarzt einer Krankenanstalt, Klinik usw., in größeren Städten auch als Leiter
des städtischen Gesundheitswesens usw., angestellt oder in anderer Weise, als Gemeindearzt, Für=
sorge=, Armenarzt o. dgl., zu ärztlichen Dienstleistungen verpflichtet wird (M.B. I M V 1055/20).
Die Dienstverpflichtung gegenüber dem Staate oder der Gemeinde soll nicht nur vorübergehend
für kurze Zeit eingegangen sein.
Die Frage, ob in der venia legendi eines Privatdozenten die Übertragung einer amtlichen
Funktion im Sinne dieser Vorschrift zu erblicken ist, ist nach Landesrecht zu beurteilen, für Preußen
aber gegenstandslos, da hier für die Habilitation in den medizinischen Fakultäten im allgemeinen
die vorher erfolgte Approbation gefordert wird (M.J.M. 19446/12 II). Ob die Erteilung eines
Lehrauftrags an einer Hochschule als Übertragung von amtlichen Verrichtungen im Sinne dieser
Vorschrift anzusehen ist, dürfte nur von Fall zu Fall zu entscheiden sein (M.B. I M III 3075/27).

2. Über Gesuche um Entbindung von der vorgeschriebenen Prüfung entscheiden die in der Bekanntmachung vom 25. 9. 69 betr. die Prüfung der Ärzte usw. (BGBl. S. 635)[1] unter Nr. 1 und 2 genannten Zentralbehörden[2].

3. Diese Entscheidung erfolgt ohne vorgängiges Gutachten der in der Bekanntmachung vom 25. 9. 69 angeordneten Prüfungsbehörde[3], wenn es sich um die Dispensation eines als Lehrer an eine Universität zu berufenden Gelehrten handelt. In allen anderen Fällen wird zuvor ein Gutachten der gedachten Prüfungsbehörden[3] eingeholt[4]. Den letzteren bleibt es überlassen, ihre Information für das Gutachten durch ein mit dem Nachsuchenden abzuhaltendes Kolloquium zu ergänzen.

4. Die Zentralbehörde[2] stellt über die Erteilung der Dispensation eine Bescheinigung aus und zeigt den Namen des Dispensierten dem Bundesrate zum Zweck der Veröffentlichung an.

Begründung. In der Begründung zu dem Entwurf dieser Bekanntmachung wird folgendes ausgeführt:

„Diese Bestimmungen dürften sich an die Vorschriften anzuschließen haben, welche hinsichtlich der Prüfung der Ärzte usw. bereits ergangen sind. Demgemäß wird die Erteilung der Dispensation von der Prüfung, die ja ihrem Wesen nach nichts anderes ist, als eine Erteilung der Approbation in anderer Form, von denselben Zentralbehörden auszugehen haben, welche die Approbation für Ärzte usw. zu erteilen befugt sind. Ebenso wird die Begutachtung der wissenschaftlich erprobten Leistungen des zu Dispensierenden von denselben Behörden zu erfolgen haben, denen die für die Erteilung der Approbation vorgeschriebene Prüfung übertragen ist. Ein Unterschied des Verfahrens dürfte sich nur insofern geltend machen, als für die Begutachtung wissenschaftlicher Leistungen bestimmte Vorschriften, wie für die eigentlichen Prüfungen, überhaupt nicht erlassen werden können, da diese Leistungen in jedem einzelnen Fall verschieden sein werden, eine Beurteilung derselben daher dem wissenschaftlichen Ermessen der Prüfungsbehörde überlassen bleiben muß[4].

Nur über einen weiteren Punkt wird noch eine nähere Vorschrift zu treffen sein, nämlich darüber, ob die Dispensation von der vorgeschriebenen Prüfung auch in solchen Fällen stattfinden soll, in welchen sie lediglich zur Ausübung der ärztlichen usw. Praxis, also nur im Privatinteresse des Beteiligten nachgesucht wird. Diese Frage dürfte zu verneinen und die Erteilung einer Dispensation von der vorgeschriebenen Prüfung nur in solchen Fällen nachzulassen sein, in welchen zugleich ein öffentliches Interesse vorliegt, in solchen Fällen also, in welchen die Dispensation zu dem Zwecke nachgesucht wird, um die Übertragung amtlicher Funktionen von seiten des Staates oder einer Gemeinde an den Beteiligten zu ermöglichen[5]."

---

[1] Es handelt sich um die Prüfungsordnungen für Ärzte und Zahnärzte.

[2] Das sind die obersten Landesbehörden, die zur Erteilung der Approbation befugt sind (vgl. S. 4 Anm 3 und S. 5. Anm. 1). Diese entscheiden selbständig ohne Mitwirkung des Reichsministeriums des Innern.   [3] D. h. Ausschuß für die ärztliche Prüfung.

[4] Über die Bewertung der von dem Bewerber geltend gemachten wissenschaftlich erprobten Leistungen wird in jedem Falle das Gutachten des in Betracht kommenden ärztlichen Prüfungsausschusses eingeholt, deren einzelnen Mitgliedern vom Vorsitzenden Gelegenheit zur Äußerung gegeben wird. Das Gutachten ist erst auf ministerielle Anforderung zu erstatten und hat sich nur auf die Frage zu erstrecken, ob wissenschaftlich erprobte Leistungen vorliegen. Besondere Richtlinien für die Abgabe des Gutachtens bestehen nicht, es wird vielmehr dem freien Ermessen der Mitglieder des Prüfungsausschusses überlassen (M.B. I M V 1055/20).

[5] Dabei ist man davon ausgegangen, daß „jeder fremde Arzt, der hier nur Praxis treiben will, dies ohne weiteres auf Grund des Gesetzes kann, ohne dazu einer Approbation oder einer Dispensation von der Prüfnng zu bedürfen" (vgl. S. 202).

Wegen der einem solchen Antrage beizufügenden Unterlagen vgl. die Ausführungen S. 201,

Eine Befreiung von den vorgeschriebenen ärztlichen Prüfungen auf Grund des § 29 Abf. 4 der RGO. in Verbindung mit der Bundesratsbekanntmachung vom 9. 12. 69 schließt zugleich die Befreiung von der Ableistung des Praktischen Jahres in sich (K.M. 1. 10. 08 — M 19299).

IX. Zahnärztliche Berufsausbildung und Approbation.

A. Historisches.

Im Mittelalter und bis zum Ende des 18. Jahrhunderts wurde die Zahnheilkunst vorwiegend von Marktschreiern und nur vereinzelt von Chirurgen ausgeübt. Nachher gingen die Zahnärzte aus promovierten Ärzten (Vollärzten), aus Wundärzten erster Klasse, hauptsächlich aber aus Wundärzten zweiter Klasse (über deren Vorbildung usw. vgl. die Ausführungen S. 2) hervor. Die Ausbildung der Zahnärzte war nicht einheitlich geordnet. In Preußen war sie damals bereits getrennt von der ärztlichen besonders geregelt. Auch gab es schon zu jener Zeit besondere Approbationen für Zahnärzte. (Prüfungsreglement vom 1. Dezember 1825.) § 51 Ziff. 5 dieses Reglements bestimmte: „Zur Prüfung als Zahnarzt darf niemand zugelassen werden, der nicht entweder schon Arzt oder Wundarzt ist, und zugleich den nötigen Nachweis über die erlangten, einem Zahnarzt insbesondere nötigen technischen und mechanischen Fertigkeiten beizubringen vermag, oder der, wenn er nicht Arzt oder Wundarzt ist, außer diesem Nachweise nicht wenigstens noch Zeugnisse über den fleißigen Besuch der Vorlesungen über Anatomie, allgemeine und spezielle Chirurgie, Operationslehre, Arzneimittellehre und chirurgische Klinik beibringen kann." Der Kursus für Nichtmediziner sollte zwei Jahre dauern und sich möglichst auch auf Zahnarzneikunde erstrecken. Als Vorbildung mußte die Reife für Tertia und bei der zahnärztlichen Prüfung sollten einige wissenschaftliche Kenntnisse und technische Fertigkeiten vor einem Prüfungsausschuß nachgewiesen werden. Für Ärzte und Wundärzte waren gewisse Erleichterungen vorgesehen. Approbierte Chirurgen, später auch Wundärzte, konnten, wenn sie nicht zugleich als Zahnärzte approbiert waren, zwar alle Zahnoperationen verrichten, durften aber nicht den Titel Zahnarzt führen. Praktische spezialzahnärztliche Übungen im Zahnersatz usw. wurden damals in der Regel nicht an den Universitäten, sondern von praktischen Ärzten und Zahnärzten abgehalten. Die Leistungen und Instrumente der Zahnärzte waren seinerzeit im allgemeinen aber auch noch verhältnismäßig einfach und haben sich erst später allmählich entwickelt. Z. B. steckte das Füllen der Zähne noch in den Kinderschuhen und zum Zahnausziehen benutzte man den Schlüssel.

Die Ausübung der Zahnheilkunde war bis zum Jahre 1869 nur den Approbierten erlaubt. Die Nichtapprobierten sollten ihre Tätigkeit auf das Anfertigen künstlicher Zähne beschränken und sich Zahnkünstler nennen, das Einsetzen der von ihnen angefertigten Zähne war ihnen untersagt. Durch die Gewerbeordnung vom 21. Juni 1869 ist auch in der Zahnheilkunde allgemeine Kurierfreiheit eingeführt worden, wobei aber nur denen, die eine entsprechende Prüfung bestanden haben, erlaubt worden ist, den Titel Arzt oder Zahnarzt zu führen (vgl. auch S. 243).

Die Prüfungsordnung für Zahnärzte vom 25. September 1869 hat deren Ausbildung für den Norddeutschen Bund und von 1871 ab für alle deutschen Länder gleichförmig geregelt. Hierdurch wurde die Reife für Prima eines Gymnasiums oder einer Realschule erster Ordnung, zweijähriges zahnärzt-

liches Universitätsstudium und Nachweis praktischer Übungen in den technisch=
zahnärztlichen Arbeiten vorgeschrieben. Die Anforderungen bei der zahn=
ärztlichen Prüfung waren jedoch wesentlich unverändert geblieben. Nur das
Füllen der Zähne war dazu gekommen. Die Zahnheilkunde wurde Spezial=
fach der Heilkunde, das noch heute ohne vorhergehendes Studium der Ge=
samtmedizin betrieben wird.

In der Prüfungsordnung für Zahnärzte vom 5. Juli 1889 wurde von den
Kandidaten verlangt, daß sie eine einjährige praktische Tätigkeit bei einem
zahnärztlichen Universitätsinstitut oder einem Zahnarzt und ein vierhalb=
jähriges zahnärztliches Universitätsstudium nachweisen mußten. Als Schul=
bildung war die Reife für die Prima eines Gymnasiums oder Realgymnasiums
vorgeschrieben. Die Reife für die Prima einer Oberrealschule genügte nicht für
die Zulassung zur zahnärztlichen Prüfung, und es hatten die mit einem solchen
Bildungsnachweis ausgestatteten Schüler, wenn sie auf die Zulassung zu dieser
Prüfung rechnen wollten, die Reife im Lateinischen für die Prima eines Gym=
nasiums oder Realgymnasiums durch eine besondere Prüfung an einer der=
artigen Anstalt und zwar in der Regel vor Eintritt in die berufliche Vorbildung
darzulegen. Die zahnärztliche Prüfung umfaßte Chirurgie der Zahn= und Mund=
krankheiten, Anatomie, Physiologie, allgemeine Pathologie, Therapie und
Heilmittellehre, einschließlich der Toxikologie, spezielle chirurgisch=zahnärztliche
Pathologie und Therapie sowie praktische zahnärztliche Arbeiten. Approbierte
Ärzte brauchten die zahnärztliche Prüfung nur in einzelnen Abschnitten ab=
zulegen, um die Approbation als Zahnarzt zu erhalten.

Wenn auch schon im Jahre 1855 von Albrecht in Berlin die erste und im
Jahre 1862 von Bruck in Breslau die zweite deutsche zahnärztliche Klinik ge=
gründet worden ist, so hat sich die Einrichtung einer größeren Zahl solcher
Kliniken besonders an den Universitäten doch sehr verzögert (Eröffnung des
Zahnärztlichen Universitätsinstituts in Berlin am 20. Oktober 1884). Nachdem
die Universitäten vorwiegend mit derartigen Kliniken bzw. entsprechenden
Einrichtungen ausgestattet waren, findet nach der noch jetzt gültigen Prüfungs=
ordnung vom 15. März 1909 die Ausbildung des zahnärztlichen Nachwuchses
nur noch auf den Universitäten statt. In dieser Prüfungsordnung ist für den
Beginn des zahnärztlichen Studiums das Reifezeugnis eines Gymnasiums,
Realgymnasiums oder einer Oberrealschule vorgeschrieben, das zahnärztliche
Studium auf sieben Halbjahre verlängert, die Beibringung einer Anzahl von
Praktikantenscheinen verlangt, eine zahnärztliche Vorprüfung eingeführt und
die zahnärztliche Prüfung in ihren Anforderungen verschärft worden. Die
zahnärztliche Vorprüfung wird nach drei Halbjahren abgelegt und erstreckt
sich auf die Fächer Anatomie, Physiologie, Physik, Chemie und Zahnersatz=
kunde. Nach vier weiteren Halbjahren kann die zahnärztliche Prüfung
abgelegt werden. Sie umfaßt folgende Gebiete: Allgemeine Pathologie
und pathologische Anatomie, Zahn= und Mundkrankheiten, konservierende
Behandlung der Zähne, Chirurgie der Zahn= und Mundkrankheiten, Zahnersatz=
kunde und Hygiene. Wer im Reifezeugnis einer Oberrealschule usw. mit wahl=
freiem Lateinunterricht nicht ein mindestens genügendes Prädikat im Latei=
nischen nachweisen kann, hat ein Zeugnis des Leiters eines Gymnasiums oder
Realgymnasiums über eine bestandene Prüfung über Kenntnisse in der latei=
nischen Sprache, die für die Versetzung nach der Obersekunda eines Real=
gymnasiums erforderlich sind, bei der Meldung zur zahnärztlichen Vorprüfung
beizubringen.

Wer die deutsche ärztliche Prüfung bestanden hat oder die deutsche Appro=
bation als Arzt besitzt, kann nach § 53 dieser Prüfungsordnung auch jetzt noch
bereits nach einem zweihalbjährigen Fachstudium die zahnärztliche Prüfung
ablegen und die Approbation als Zahnarzt erwerben.

Im Jahre 1919 haben die Zahnärzte das Recht erhalten, an den Medizinischen
Fakultäten der Universitäten den Doktortitel (Dr. med. dent.) zu erwerben.

Neben den Zahnärzten gibt es im Reichsgebiet noch nicht approbierte Zahn=
behandler (Zahntechniker), die auf Grund des § 123 RVO. (S. 244 A. 3)

unter gewissen Einschränkungen zur Behandlung Versicherter zugelassen sind und dadurch den Betätigungsbereich der Zahnärzte bei den Krankenkassen erheblich beschränken.

Es gab in den Jahren 1850 etwa 250, 1883 etwa 450, 1894 rund 1000, 1904 rund 2000, 1909 etwa 3000, 1914 rund 4000, 1924 rund 7500 und 1927 rund 9000 Zahnärzte.

B. Prüfungsordnung für Zahnärzte
vom 15. März 1909[1]).

A. Zentralbehörden, welche Approbationen erteilen.

§ 1. Zur Erteilung der Approbation als Zahnarzt für das Reichsgebiet sind befugt:

1. die Zentralbehörden derjenigen Bundesstaaten, welche eine oder mehrere Landesuniversitäten haben[2], mithin zurzeit die zuständigen Ministerien des Königreichs Preußen[3], des Königreichs Bayern, des Königreichs Sachsen, des Königreichs Württemberg, des Großherzogtums Baden, des Großherzogtums Hessen[4], des Großherzogtums Mecklenburg-Schwerin und in Gemeinschaft die Ministerien des Großherzogtums Sachsen und der sächsischen Herzogtümer[5];
2. das Ministerium für Elsaß-Lothringen[6].

B. Vorschriften über den Nachweis der Befähigung als Zahnarzt.

§ 2. Die Approbation wird demjenigen erteilt, welcher die zahnärztliche Prüfung vollständig bestanden hat[7].

Der zahnärztlichen Prüfung hat die Ablegung der zahnärztlichen Vorprüfung vorherzugehen.

Die Zulassung zu den Prüfungen sowie die Erteilung der Approbation sind zu versagen, wenn schwere strafrechtliche oder sittliche Verfehlungen vorliegen. Die Entscheidung erfolgt endgültig durch die zuständige Zentralbehörde[8] (§ 3 Abs. 2, § 21 Abs. 2, § 49 Abs. 2), ist bindend für alle anderen Zentralbehörden (§ 1) und diesen durch Vermittlung des Reichskanzlers[9] mitzuteilen[10].

I. Zahnärztliche Vorprüfung[11].

§ 3. Die zahnärztliche Vorprüfung kann nur vor der Prüfungskommission derjenigen Universität[12] des Deutschen Reichs abgelegt werden, an welcher der Studierende dem zahnärztlichen Studium obliegt[13]. Ausnahmen können nur aus besonderen Gründen gestattet werden (§ 56).

Die Prüfungskommission wird für jedes Prüfungsjahr, das vom 1. Oktober bis 30. September dauert, von der vorgesetzten Zentralbehörde (§ 1) nach Anhörung der Medizinischen Fakultät[14] berufen. In der Regel sind der Vorsitzende und dessen Stellvertreter den ordentlichen Professoren der Medizinischen Fakultät[14], die Mitglieder den Universitätslehrern der Fächer, die Gegenstand der Prüfung sind (§ 11), zu entnehmen.

§ 4. Der Vorsitzende leitet die Prüfung, achtet darauf, daß die Bestimmungen der Prüfungsordnung genau befolgt werden, ordnet bei vorübergehender

---

[1] Die für das Gebiet des Deutschen Reiches geltende Prüfungsordnung hat der Reichskanzler durch Bekanntmachung vom 15. 3. 1909 veröffentlicht, nachdem sie der Bundesrat auf Grund des § 29 der Reichsgewerbeordnung beschlossen hatte. In der vorliegenden Fassung und die nachträglichen Änderungen berücksichtigt.
[2] Vgl. S. 4 Anm. 2.　　[3] Vgl. S. 4 Anm. 3.
[4] In Hessen (Universität Gießen) werden zahnärztliche Approbationen jetzt nicht mehr erteilt, da zahnärztliche Studien und Prüfungen dort nicht erledigt werden können (vgl. S. 54).
[5] Vgl. S. 5 Anm. 1.　　[6] Vgl. S. 5 Anm. 2.
[7] Vgl. S. 5 Anm. 3.　　[8] Vgl. S. 5 Anm. 4.
[9] Vgl. S. 19 Anm. 2.　　[10] Vgl. S. 6 Anm. 2.
[11] Vgl. hierzu S. 185　　[12] Vgl. S. 6 Anm. 4.
[13] Vgl. S. 6 Anm. 5.　　[14] Vgl. S. 6 Anm. 6.

Behinderung eines Mitglieds dessen Stellvertretung an[1], berichtet unmittelbar nach dem Schlusse jedes Prüfungsjahrs der vorgesetzten Behörde über die Tätigkeit der Kommission und legt Rechnung über die Gebühren.

Es finden in jedem Studienhalbjahre so viele Prüfungen statt, wie notwendig sind, um sämtliche eingegangenen Gesuche[2] zu erledigen. Gesuche, die nach dem 15. Februar oder 15. Juni eingehen, haben keinen Anspruch auf Berücksichtigung in dem laufenden Halbjahre. Der Vorsitzende setzt die Prüfungstermine fest[3] und ladet die Mitglieder.

Zu einem Prüfungstermin dürfen nicht mehr als vier Kandidaten zugelassen werden[4], mit Ausnahme der praktischen Prüfung in der Zahnersatzkunde, bei der die doppelte Zahl zulässig ist.

§ 5. Die Gesuche[5] um Zulassung zur Prüfung sind an den Vorsitzenden zu richten.

§ 6. Der Meldung ist beizufügen das Zeugnis der Reife von einem deutschen Gymnasium, einem deutschen Realgymnasium oder einer deutschen Oberrealschule[6].

Das Zeugnis der Reife von einem Gymnasium, einem Realgymnasium oder einer Oberrealschule außerhalb des Deutschen Reichs darf nur ausnahmsweise als genügend erachtet werden (§ 56)[7].

Inhaber des Reifezeugnisses einer Oberrealschule haben nachzuweisen, daß sie in der lateinischen Sprache die Kenntnisse besitzen, die für die Versetzung nach Obersekunda eines Realgymnasiums erforderlich sind[8].

Als Nachweis hierfür dient entweder ein mindestens genügendes Prädikat im Lateinischen im Reifezeugnis einer Oberrealschule mit wahlfreiem Lateinunterricht, oder ein auf Grund einer Prüfung[9] ausgestelltes Zeugnis des Leiters eines deutschen Gymnasiums oder Realgymnasiums. Andere Nachweise über Kenntnisse in der lateinischen Sprache dürfen ausnahmsweise als genügend erachtet werden (§ 56)[10].

§ 7. Der Meldung ist der Nachweis[11] beizufügen, daß der Studierende nach Erlangung des Reifezeugnisses (§ 6 Abs. 1, 2) mindestens drei Halbjahre[12] dem zahnärztlichen Studium[13] an Universitäten des Deutschen Reichs obgelegen hat.

Ausnahmsweise darf die Studienzeit, die

1. vor oder nach der Erlangung des Reifezeugnisses (§ 6 Abs. 1, 2) einem dem zahnärztlichen verwandten Universitätsstudium oder gleichwertigen Hochschulstudium gewidmet[14],[15],

2. an einer ausländischen Universität zurückgelegt ist[15],[16],

teilweise oder ganz angerechnet werden (§ 56).

---

[1] Vgl. S. 6 Anm. 8.   [2] Muster S. 187.

[3] Vgl. S. 7 Anm. 3 und § 25 Abs. 2 der Prüf.-Ord.

[4] Vgl. S. 7 Anm. 4.   [5] Muster S. 187.

[6] Vgl. S. 7 Anm. 6.   [7] Vgl. S. 8 Anm. 1.

[8] Von den Studierenden der Zahnheilkunde, die sich im Besitze des Reifezeugnisses einer Oberrealschule befinden, ist der Nachweis über die erforderlichen Kenntnisse in der lateinischen Sprache erst bei der Zulassung zur zahnärztlichen Vorprüfung zu erbringen; dieser Nachweis ist also nicht Voraussetzung für den Beginn des Studiums (K. M. 18. 5. 10 — M 17262 U I).

[9] Vgl. S. 8 Anm. 3.   [10] Vgl. S. 8 Anm. 4.

[11] Vgl. S. 8 Anm. 5.   [12] Vgl. S. 177 Anm. 3.

[13] Als zahnärztliches Studium gilt formell nur das nach Einschreibung bei der Medizinischen Fakultät zurückgelegte Fachstudium als Studierender der Zahnheilkunde (nicht etwa auch der Medizin); vgl. im übrigen § 7 Abs. 2 Ziff. 1.

Die Studierenden der Zahnheilkunde werden bei der Medizinischen Fakultät geführt (K.M. 17. 8. 09 — U I 1620/09). Die Unterscheidung zwischen medizinischem und zahnärztlichem Studium wird in den Matrikeln, Anmeldebüchern usw. stets zum Ausdruck gebracht.

Wegen der Anrechnung von Gasthörsemestern oder eines Studiums mit der kleinen Matrikel auf die zahnärztliche Studienzeit vgl. S. 81.

[14] Vgl. S. 9 Anm. 6.   Der vor angegebene Grundsatz wird sinngemäß auch hier angewendet.

[15] Wegen Anrechnung nichtzahnärztlicher und ausländischer Studien auf die zahnärztliche Studienzeit vgl. S. 76 und 198.

[16] Vgl. S. 10 Anm. 2.

§ 8. Der Meldung ist der Nachweis[1] beizufügen, daß der Studierende mindestens ein Halbjahr an den Präparierübungen, mindestens je drei Monate an einem mikroskopisch-anatomischen und an einem chemischen Praktikum, sowie mindestens zwei Halbjahre an einem Kursus in der Zahnersatzkunde[2] regelmäßig teilgenommen hat.

Ausnahmen dürfen nur aus besonderen Gründen gestattet werden (§ 56).

§ 9. Die in den §§ 6 bis 8 bezeichneten Nachweise sind in Urschrift vorzulegen[3].

Der Nachweis zu § 7 wird durch das Anmeldebuch und, soweit das Studium an einer anderen Universität zurückgelegt ist, durch das Abgangszeugnis, der Nachweis zu § 8 Abs. 1 durch besondere, nach dem beigefügten Muster 1[4] auszustellende Zeugnisse geführt.

§ 10. Ist der Studierende zugelassen, so wird er durch den Vorsitzenden nach Entrichtung der Gebühren zur Prüfung mindestens zwei Tage vor ihrem Beginne schriftlich unter Angabe der für die einzelnen Fächer festgesetzten Prüfungstermine geladen[5].

Wer in einem Prüfungstermin nicht rechtzeitig oder gar nicht erscheint,[6] geht der Hälfte der auf das betreffende Prüfungsfach entfallenden Gebühr verlustig[7].

Wer von der begonnenen Prüfung zurücktritt[6], erhält, sofern genügende Entschuldigungsgründe vorliegen, die Gebühren für die noch nicht begonnenen Fächer zurück. Die Gebühren für sächliche und Verwaltungskosten sind dagegen verfallen[7].

Liegt im Falle des Abs. 3 keine genügende Entschuldigung vor[6], so wird nur die Hälfte des Gebührenbetrags für die noch nicht begonnenen Fächer zurückerstattet. Auch kann je nach Umständen durch einen mit Zustimmung des Vorsitzenden gefaßten Beschluß der Prüfungskommission der ganze Gebührenbetrag für verfallen[7] und die Prüfung in allen oder in einzelnen Fächern für nicht bestanden erklärt werden[8]. Gegen den Beschluß ist binnen zwei Wochen Beschwerde bei der Zentralbehörde (§ 3 Abs. 2) zulässig.

§ 11. Die Prüfung[9] umfaßt folgende Fächer:

I. Anatomie, III. Physik,
II. Physiologie, IV. Chemie,
V. Zahnersatzkunde.

§ 12. Die Prüfung findet, soweit sie vorwiegend mündlich ist, öffentlich unter dauernder Anwesenheit des Vorsitzenden statt und ist in der Regel in neun aufeinanderfolgenden Wochentagen[10] zu erledigen, und zwar so, daß auf die anatomische Prüfung ein Tag, auf die übrigen theoretischen Prüfungsgegenstände zusammen ein Tag, auf die Prüfung in der Zahnersatzkunde sieben Tage entfallen.

I. In der anatomischen Prüfung hat der Studierende:

1. die in einer der Haupthöhlen des Körpers befindlichen Teile nach Form, Lage und Verbindung (Situs) zu erläutern,

---

[1] Die Nachweise sind durch besondere Praktikantenscheine (Muster 1 S. 190) zu erbringen und müssen während des zahnärztlichen Studiums erworben sein. Falls sie zu anderer Zeit, z. B. während eines naturwissenschaftlichen Studiums, erlangt sind, müssen sie zur ministeriellen Entscheidung vorgelegt werden. Vgl. S. 77 und 78.

[2] Vgl. S. 79. Die zwei Kurse in der Zahnersatzkunde dürfen nicht etwa hintereinander in einem Halbjahre, sondern müssen in zwei Halbjahren erledigt werden.

[3] Vgl. S. 10 Anm. 6 (§ 23 Abs. 1 der Prüf.-Ord.).

[4] Vgl. S. 190.

[5] § 10 Abs. 1 Satz 2 („der Ladung ist ein Abdruck der Prüfungsordnung beizufügen") ist fortgefallen. Die Prüfungsordnung wird bei jedem Prüfungsausschuß in einem geeigneten Raum in genügender Zahl zur Einsicht ausgelegt oder ausgehängt (M.B. 30. 7. 21 — I M V gen. 301).

[6] Vgl. § 15 Abs. 5. Wegen Berücksichtigung eines solchen Rücktritts vgl. S. 67.

[7] Vgl. § 19 letzter Abs.

[8] Vgl. S. 11 Anm. 4. Der dort angegebene Grundsatz wird sinngemäß auch hier angewendet. Wegen Mitteilung des Ergebnisses an die Universitätsbehörde und Eintragung eines Vermerks in dem Abgangszeugnis vgl. § 18 Abs. 1 der Prüf.-Ord.

[9] Wegen Anrechnung von Teilprüfungen vgl. S. 78.

[10] Vgl. S. 12 Anm. 2.

2. ein ihm vorgelegtes anatomisches Nervengefäßpräparat an dem Kopfe oder Halse zu erläutern und im Anschlusse daran in einer mündlichen Prüfung die für den Zahnarzt erforderlichen Kenntnisse in der beschreibenden Anatomie nachzuweisen,

3. ein ihm vorgelegtes mikroskopisch-anatomisches Präparat aus dem Gebiete der Zähne und der Mundhöhle zu erklären und im Anschlusse daran in einer mündlichen Prüfung die für den Zahnarzt erforderlichen Kenntnisse in der Gewebelehre darzutun sowie zu zeigen, daß ihm die Grundzüge der Entwicklungsgeschichte, besonders derjenigen der Zähne und der Mundhöhle, bekannt sind.

II. In der physiologischen Prüfung hat der Studierende den Nachweis zu führen, daß er die für den Zahnarzt erforderlichen Kenntnisse in der Physiologie besitzt.

III. und IV. Die Prüfungen in der Physik und in der Chemie haben besonders die Bedürfnisse des Zahnarztes zu berücksichtigen.

V. In der Prüfung in der Zahnersatzkunde hat der Studierende

1. drei Phantomarbeiten, unter denen sich mindestens eine Kautschuk- und eine Metallarbeit befinden müssen, auszuführen;

2. in einer mündlichen Prüfung gründliche Kenntnisse über die Materialien und Herstellungsmethoden des künstlichen Zahnersatzes darzutun.

Das zu den in Nr. 1 erwähnten Prüfungsarbeiten erforderliche Material hat der Studierende auf seine Kosten zu stellen.

§ 13. Wer an einer Universität[1] des Deutschen Reichs auf Grund einer Prüfung in den Naturwissenschaften die Doktorwürde erworben hat, wird in Physik und Chemie nur dann geprüft, wenn diese Fächer nicht Gegenstand der Promotionsprüfung gewesen sind[2].

Wer die ärztliche Vorprüfung bestanden hat[3], ist nur in der Zahnersatzkunde zu prüfen.

Die Anrechnung einer anderweiten Prüfung an deutschen Universitäten oder Hochschulen in naturwissenschaftlichen Fächern der Prüfung auf diese kann ausnahmsweise gestattet werden (§ 56)[4].

§ 14. Die Gegenstände, die Tage und das allgemeine Ergebnis der Prüfung in jedem Fache sowie die für das Fach erteilte Zensur werden von dem Examinator für jeden Geprüften in ein besonderes Protokoll[5] eingetragen, das von dem Vorsitzenden und sämtlichen Mitgliedern der Kommission zu unterzeichnen und bei den Akten[6] aufzubewahren ist.

§ 15. Für jedes Fach wird von dem Examinator nach Benehmen mit dem Vorsitzenden eine Zensur erteilt, für die ausschließlich die Bezeichnungen „sehr gut" (1), „gut" (2), „genügend" (3), „ungenügend" (4), „schlecht" (5) zulässig sind[7].

Für diejenigen, welche in allen fünf Fächern mindestens „genügend" erhalten haben, wird nach Beendigung der Prüfung von dem Vorsitzenden die Gesamtzensur[8] ermittelt, indem die Zensur für die Prüfung in der Zahnersatzkunde mit 6, diejenige für die anatomische mit 3 multipliziert, die Zensuren für die physiologische, physikalische und die chemische Prüfung je einfach gerechnet werden und die Summe durch 12 geteilt wird[9]. Ergeben sich bei der Teilung Brüche, so werden sie, wenn sie über 0,50 betragen, als ein Ganzes gerechnet, andernfalls bleiben sie unberücksichtigt.

Ist in einem Prüfungsfache die Zensur „ungenügend" oder „schlecht" erteilt, so gilt es als nicht bestanden und muß wiederholt werden[10].

---

[1] Vgl. S. 13 Anm. 2. [2] Vgl. S. 13 Anm. 3.
[3] D. h. vollständig in allen vorgeschriebenen Fächern.
[4] Vgl. S. 13 Anm. 4. [5] Vgl. S. 36 Anm. 3.
[6] Vgl. S. 6 Anm. 6.
[7] Wegen Mitteilung des Ergebnisses an die Universitätsbehörde und Eintragung eines Vermerks in dem Abgangszeugnis vgl. § 18 Abs. 1 und folgende Anm.
[8] Vgl. S. 14 Anm. 2.
[9] Wegen der Berechnung des Gesamturteils bei Vorprüfungen, in denen einzelne Fächer von früheren Prüfungen angerechnet werden, vgl. S. 78 Anm. 4. [10] Vgl. S. 14 Anm. 4.

Die Frist, nach der die Wiederholungsprüfung erfolgen kann, beträgt je nach den Zensuren und der Zahl der nicht bestandenen Prüfungsfächer zwei bis sechs Monate. Sie wird von dem Vorsitzenden für alle zu wiederholenden Fächer nach Benehmen mit den betreffenden Examinatoren einheitlich bestimmt[1]. In gleicher Weise wird, unter Beachtung der Vorschrift im Abs. 6, der Zeitpunkt festgesetzt, bis zu dem spätestens die Meldung zur Wiederholung der Prüfung in allen nicht bestandenen Fächern erfolgen muß[2].

Wer sich ohne genügende Entschuldigung nicht vor Ablauf der Endfrist[3] zur Wiederholung der Prüfung meldet, hat nach Ermessen der Prüfungskommission die Prüfung von Anfang an zu wiederholen[4], wobei auch die bereits erledigten Fächer als nicht bestanden gelten. Gegen den Beschluß ist binnen zwei Wochen Beschwerde bei der Zentralbehörde (§ 3 Abs. 2) zulässig.

Wird die Vorprüfung in einem Zeitraume von einem und einem halben Jahre nach ihrem Beginne nicht vollständig beendet[5], so gilt sie in allen Fächern als nicht bestanden[6]. Ausnahmen können nur aus besonderen Gründen gestattet werden (§ 56)[7].

§ 16. Hat ein Studierender die Vorprüfung vor ihrer Beendigung unterbrochen, so darf er sie bei derjenigen Kommission fortsetzen, bei welcher er sie begonnen hat[8]. Ausnahmen können nur aus besonderen Gründen gestattet werden (§ 56).

Die Wiederholungsprüfung muß, sofern der Studierende seine Studien an einer anderen Universität fortsetzt[9], vor der Kommission dieser Universität abgelegt werden[10]. Diese hat die bei der bisherigen Prüfungskommission entstandenen Prüfungsakten einzufordern.

Die auf Grund des § 10 Abs. 4 Satz 2 und des § 15 Abs. 4, 5 getroffenen Entscheidungen haben bindende Kraft für alle Prüfungskommissionen.

§ 17. Wer auch bei der zweiten Wiederholung nicht besteht, wird zu einer weiteren Prüfung nicht zugelassen[11]. Ausnahmen dürfen nur aus besonderen Gründen gestattet werden (§ 56)[12].

§ 18. Nach Abschluß jeder Prüfung und Wiederholungsprüfung hat der Vorsitzende binnen drei Tagen das Ergebnis der Prüfung und die gemäß § 10 Abs. 4 Satz 2, § 15 Abs. 4, 5 getroffenen Entscheidungen der Universitätsbehörde mitzuteilen. Diese hat, falls der Studierende vor vollständig bestandener Vorprüfung die Universität verläßt, einen entsprechenden Vermerk in das Abgangszeugnis einzutragen.

Über den Erfolg der Prüfung ist dem Studierenden ein Zeugnis nach dem beigefügten Muster 2[13] auszustellen. Hat er eine Wiederholungsprüfung abzulegen, so werden statt der Gesamtzensur die Fristen nach § 15 Abs. 4 vermerkt. Über die Wiederholung der Prüfung erhält der Studierende ein Zeugnis nach Muster 3[14]. Zugleich werden ihm die mit dem Zulassungsgesuch eingereichten Zeugnisse (§§ 6 und 8) wieder ausgehändigt[15].

§ 19 Abs. 1 bis 3 handelt von den Prüfungsgebühren[16].

Die Entschädigungen für den Vorsitzenden und dessen Stellvertreter werden nach Maßgabe ihrer Mühewaltung von der Zentralbehörde (§ 3 Abs. 2) am

---

[1] Vgl. S. 14 Anm. 5.

[2] Vgl. S. 14 Anm. 6. Wegen Mitteilung des Ergebnisses an die Universitätsbehörde und Eintragung eines Vermerks in dem Abgangszeugnis vgl. § 18 Abs. 1.

[3] Vgl. S. 15 Anm. 1. [4] Vgl. S. 15 Anm. 2. Wegen Mitteilung des Ergebnisses an die Universitätsbehörde und Eintragung eines Vermerks in dem Abgangszeugnis vgl. § 18 Abs. 1. Vgl. auch § 19 letzter Abs.

[5] Vgl. S. 15 Anm. 5. [6] Vgl. S. 15 Anm. 6. und § 19 letzter Abs.

[7] Vgl. S. 15 Anm. 7. [8] Vgl. S. 15 Anm. 8.

[9] Vgl. S. 15 Anm. 9. [10] Vgl. S. 16 Anm. 2.

[11] Vgl. S. 16 Anm. 6. [12] Vgl. S. 16 Anm. 7 Satz 2.

[13] Vgl. S. 190. [14] Vgl. S. 190.

[15] Die Zeugnisse sind bei der Meldung zur zahnärztlichen Prüfung wieder einzureichen (§ 23 Abs. 1) und deshalb bis dahin aufzubewahren.

[16] Die Gebühren für die Prüfung werden vom Reichsminister des Innern im Einvernehmen mit den obersten Landesbehörden (§ 1) festgesetzt und bekanntgegeben (Beschluß des Reichsrats v. 1. 2. 23, M.B. I M V 394/23).

(Fortsetzung S. 176.)

Ende jedes Prüfungsjahrs festgesetzt und aus dem Betrage für sächliche und Verwaltungskosten bestritten.

Über die Verwendung der bei den sächlichen und Verwaltungskosten erwachsenden Ersparnisse sowie der verfallenen Gebühren (§ 10 Abf. 2 bis 4, § 15 Abf. 5, 6)[1] befindet die Zentralbehörde (§ 3 Abf. 2).

§ 20. Dem Reichskanzler[2] werden von der Zentralbehörde (§ 3 Abf. 2) Verzeichnisse der Kandidaten, welche die Vorprüfung in dem abgelaufenen Prüfungsjahre bestanden haben, mit den auf die Prüfung bezüglichen Akten[3] eingereicht; diese werden der Zentralbehörde zurückgesendet.

II. Zahnärztliche Prüfung[4].

§ 21. Die zahnärztliche Prüfung kann vor jeder zahnärztlichen Prüfungskommission bei einer Universität[5] des Deutschen Reichs abgelegt werden.

Die Kommission, einschließlich des Vorsitzenden und seiner Stellvertreter, wird von der vorgesetzten Zentralbehörde (§ 1) für jedes Prüfungsjahr, das vom 1. Oktober bis 30. September dauert, nach Anhörung der Medizinischen Fakultät[6] der betreffenden Universität aus geeigneten Fachmännern ernannt.

Der Vorsitzende leitet die Prüfung, ist berechtigt, ihr in allen Abschnitten beizuwohnen, achtet darauf, daß die Bestimmungen der Prüfungsordnung genau befolgt werden, ordnet bei vorübergehender Behinderung eines Mitglieds dessen Stellvertretung[7] an, berichtet unmittelbar nach dem Schlusse jedes Prüfungsjahrs der vorgesetzten Behörde über die Tätigkeit der Kommission und legt Rechnung über die Gebühren.

§ 22. In jedem Jahre finden zweimal (im Sommer- und Winterhalbjahre) Prüfungen statt. Die Prüfungsperioden beginnen Mitte Oktober und Mitte März und sollen nicht über Mitte August ausgedehnt werden[8].

Die Gesuche[9] um Zulassung zur Prüfung sind bei der zuständigen Zentralbehörde (§ 21 Abf. 2) oder bei einer von dieser bezeichneten anderen Dienststelle[10] unter Angabe der Prüfungskommission, vor welcher der Kandidat die Prüfung abzulegen wünscht, bis zum 1. Oktober bzw. 1. März jedes Jahres einzureichen. Verspätete Gesuche können nur aus besonderen Gründen berücksichtigt werden.

§ 23. Der Meldung sind die nach §§ 6 bis 8 für die Zulassung zur zahnärztlichen Vorprüfung erforderlichen Nachweise sowie das Zeugnis über die vollständig bestandene zahnärztliche Vorprüfung (§ 18 Abf. 2) beizufügen[11].

Die gemäß §§ 6 bis 8 erteilten Dispensationen gelten auch für die zahnärztliche Prüfung[12].

Eine außerhalb des Deutschen Reichs bestandene Prüfung darf nur ausnahmsweise an Stelle der zahnärztlichen Vorprüfung als genügend erachtet werden (§ 56)[13].

Zurzeit gilt seit dem 1. 3. 27 folgende Gebührenordnung (vgl. S. 215ff.):

Zahnärztliche Vorprüfung.

Anatomische Prüfung	15	*R.M*
Physiologische Prüfung	5	,,
Physikalische Prüfung	5	,,
Chemische Prüfung	5	,,
Prüfung in der Zahnersatzkunde	30	,,
Sächliche und Verwaltungskosten	20	,,
zusammen	80	*R.M.*

In den Fällen des § 13 der Prüfungsordnung werden neben 20 *R.M* für sächliche und Verwaltungskosten nur die Gebührenanteile für die Fächer erhoben, in denen geprüft wird.

Vor der Wiederholungsprüfung (§ 19 Abf. 3 der Prüfungsordnung) sind außer dem Betrage von 10 *R.M* für sächliche und Verwaltungskosten die Gebührenanteile für die Fächer, in denen die Prüfung noch nicht bestanden ist, aufs neue zu entrichten. Diese Bestimmung findet für den Fall der Fortsetzung einer unterbrochenen Vorprüfung sinngemäß Anwendung.

[1] Vgl. S. 18 Anm. 1.   [2] Vgl. S. 49 Anm. 2.
[3] Vgl. S. 18 Anm. 3.   [4] Vgl. hierzu S. 186.
[5] Vgl. S. 18 Anm. 5.   [6] Vgl. S. 6 Anm. 6.
[7] Vgl. S. 6 Anm. 8.
[8] Vgl. S. 19 Anm. 2.   Muster S. 188.   [10] Vgl. S. 19 Anm. 4.
[11] Wegen Rückgabe der Nachweise vgl. § 51 Abf. 2.   [12] Vgl. S. 19 Anm. 6.
[13] Vgl. S. 20 Anm. 1. Der dort angegebene Grundsatz findet hier sinngemäß Anwendung.

§ 24. Der Meldung ist der durch Universitätsabgangszeugnisse[1] zu erbringende Nachweis beizufügen[2], daß der Kandidat nach Erlangung des Reifezeugnisses (§ 6 Abs. 1, 2) einschließlich der für die zahnärztliche Vorprüfung nachgewiesenen zahnärztlichen Studienzeit mindestens sieben Halbjahre[3] dem zahnärztlichen Studium[4] an Universitäten des Deutschen Reichs obgelegen hat.

Die Bestimmungen des § 7 Abs. 2 finden entsprechende Anwendung[5].

§ 25. Von der nachzuweisenden Studienzeit müssen mindestens drei Halbjahre[6] nach vollständig bestandener zahnärztlicher Vorprüfung zurückgelegt sein.

Das Halbjahr, in dem die zahnärztliche Vorprüfung bestanden ist, wird nur angerechnet, wenn die Vorprüfung innerhalb der ersten drei Wochen[7] nach dem vorgeschriebenen Semesteranfange[8] vollständig bestanden ist[9],[10].

§ 26. Der Meldung ist der Nachweis beizufügen[11], daß der Kandidat nach vollständig bestandener zahnärztlicher Vorprüfung[12] mindestens

1. je zwei Halbjahre hindurch an einem Kursus der konservierenden Behandlung der Zähne am Kranken und an einem Kursus in der Zahnersatzkunde regelmäßig teilgenommen sowie eine Poliklinik für Zahn- und Mundkrankheiten regelmäßig besucht[13],

2. je drei Monate die Klinik oder Poliklinik[14] für Haut- und syphilitische Krankheiten regelmäßig besucht und an einem Kursus der klinischen Untersuchungsmethoden regelmäßig teilgenommen hat[13].

Soweit am Universitätsort eine besondere Klinik oder Poliklinik für Haut- und syphilitische Krankheiten nicht besteht, genügt die Teilnahme an einem Kursus für diese Fächer in der entsprechenden Abteilung eines von der Zentralbehörde ermächtigten größeren Krankenhauses.

Der Nachweis wird durch besondere nach dem beigefügten Muster 4[15] auszustellende Zeugnisse der Kursusleiter und der klinischen oder poliklinischen Dirigenten erbracht.

Ausnahmen dürfen nur aus besonderen Gründen gestattet werden (§ 56).

§ 27. Außerdem sind der Meldung noch beizufügen[16]:

1. ein eigenhändig geschriebener Lebenslauf, in welchem der Gang der Universitätsstudien darzulegen ist,
   sowie,

2. falls der Kandidat sich nicht alsbald nach dem Abgange von der Universität meldet, ein amtliches Zeugnis über seine Führung in der Zwischenzeit[17].

Sämtliche in den §§ 23, 24, 26 aufgeführten Nachweise nebst dem vorstehend zu 2 bezeichneten Zeugnisse sind in Urschrift vorzulegen.

§ 28[18]. Der Kandidat hat sich binnen einer Woche[19] nach Empfang der Zulassungsverfügung[20] unter Vorzeigung derselben sowie der Quittung über die

---

[1] Vgl. S. 20 Anm. 2.

[2] Wegen Rückgabe der Nachweise vgl. § 51 Abs. 2.

[3] Diese Studienzeit kann mit drei Halbjahren vor und mit vier nach der Vorprüfung oder mit vier Halbjahren vor und mit drei nach der Vorprüfung zurückgelegt werden (vgl. § 25 Abs. 1).

[4] Vgl. S. 172 Anm. 13.

[5] S. 21 Anm. 1 findet hier sinngemäß Anwendung.

[6] Vgl. S. 177 Anm. 3.

[7] D. h. in Preußen bis 6. Mai bzw. 5. November j. Js.

[8] Vgl. S. 54.   [9] Vgl. S. 172 Anm. 3.

[10] Ausnahmen können mit ministerieller Genehmigung ohne Mitwirkung des Reichsrats zugelassen werden. (Beschluß des Reichsrats v. 10. 11. 21, M.B. 16. 12. 21 — I M V gen. 501.) Vgl. auch S. 21 Anm. 9.   [11] Vgl. S. 21 Anm. 10.   [12] Vgl. S. 85. (Erl. 22. 8. 96.)

[13] Die Teilnahme ist durch besondere Praktikantenscheine nachzuweisen. Muster 4 S. 190. Wegen Rückgabe der Nachweise vgl. § 51 Abs. 2.   [14] Vgl. S. 22 Anm. 2.   [15] S. 190.

[16] Wegen Rückgabe der Nachweise vgl. § 51 Abs. 2.

[17] Außerdem die Geburtsurkunde (M.B. 24. 12. 21 — I M V gen. 508).

[18] § 28 Abs. 1 („der Zulassungsverfügung ist ein Abdruck der Prüfungsordnung beizulegen") ist fortgefallen. Die Prüfungsordnung wird bei jedem Prüfungsausschuß in einem geeigneten Raum in genügender Zahl zur Einsicht ausgelegt oder ausgehängt (M.B. 30. 7. 21 — I M V gen 301).

[19] Vgl. S. 23 Anm. 5.   [20] Vgl. S. 23 Anm. 6.

eingezahlten Gebühren, bei dem Vorsitzenden der Prüfungskommission ohne besondere Aufforderung persönlich zu melden.

§ 29. Die Prüfung umfaßt folgende Abschnitte[1]:
I. die Prüfung in der allgemeinen Pathologie und in der pathologischen Anatomie;
II. die Prüfung in den Zahn- und Mundkrankheiten;
III. die Prüfung in der konservierenden Behandlung der Zähne;
IV. die Prüfung in der Chirurgie der Zahn- und Mundkrankheiten;
V. die Prüfung in der Zahnersatzkunde;
VI. die Prüfung in der Hygiene.

Die Examinatoren in den einzelnen Prüfungsabschnitten sind verpflichtet, soweit der Gegenstand dazu Gelegenheit bietet, festzustellen, daß der Kandidat in den mit dem betreffenden Abschnitt in Zusammenhang stehenden Gebieten der Anatomie und Physiologie die in der Vorprüfung nachzuweisenden Kenntnisse festgehalten und während der klinischen Zeit zu verwerten gelernt hat. Die Art und der Erfolg der Prüfung in der Anatomie und Physiologie sind in dem Protokoll (§ 44) der betreffenden Prüfungsabschnitte im einzelnen anzugeben[2].

§ 30. In keinem Prüfungsabschnitte dürfen gleichzeitig mehr als vier Kandidaten geprüft werden[3], mit Ausnahme der praktischen Prüfung in der konservierenden Behandlung der Zähne und in der Zahnersatzkunde (§§ 35, 39), bei der die doppelte Zahl zulässig ist.

§ 31. I. Die Prüfung in der allgemeinen Pathologie und in der pathologischen Anatomie wird von einem Examinator abgehalten und ist in einem Tage zu erledigen. In der Prüfung muß der Kandidat zwei ihm vorgelegte pathologisch-anatomische Präparate aus dem Gebiete der Zahn- und Mundkrankheiten, darunter ein mikroskopisches, erläutern und demnächst in einer eingehenden mündlichen Prüfung die für den Zahnarzt erforderlichen Kenntnisse in der allgemeinen Pathologie und in der pathologischen Anatomie dartun.

§ 32. II. Die Prüfung in den Zahn- und Mundkrankheiten umfaßt zwei Teile und ist in der Regel in drei aufeinanderfolgenden Wochentagen zu erledigen.

§ 33. In dem ersten Teile der Prüfung, der in der Regel von zwei Examinatoren[4],[5] in einem Universitätsinstitut abgehalten wird, hat der Kandidat an zwei aufeinanderfolgenden Tagen je einen Kranken in Gegenwart des Examinators zu untersuchen, die Anamnese, Diagnose und Prognose des Falles sowie den Heilplan festzustellen, den Befund sofort in ein von dem Examinator gegenzuzeichnendes Protokoll aufzunehmen und noch an demselben Tage zu Hause über den Krankheitsfall einen kritischen Bericht anzufertigen, der, mit Datum und Namensunterschrift versehen, am nächsten Morgen dem Examinator zu übergeben ist.

Gelegentlich der Krankenuntersuchungen hat der Kandidat noch an sonstigen Kranken seine Fähigkeit in der Diagnose und Prognose von Zahn- und Mundkrankheiten nachzuweisen sowie auch die für den Zahnarzt erforderlichen Kenntnisse in der Erkennung der Haut- und syphilitischen Krankheiten darzutun.

Auch ist die Prüfung auf die für den Zahnarzt erforderlichen Kenntnisse in den klinischen Untersuchungsmethoden auszudehnen.

§ 34. In dem zweiten Teile der Prüfung hat der Kandidat in einem besonderen Termin in Gegenwart des Examinators einige Aufgaben zu Arzneiverordnungen schriftlich zu lösen und mündlich darzutun, daß er in der allgemeinen Therapie und in der Pharmakologie und Toxikologie die für den Zahnarzt erforderlichen Kenntnisse besitzt.

Der Prüfungsteil kann einem besonderen Examinator übertragen werden.

---

[1] Vgl. S. 24 Anm. 1. [2] Vgl. S. 24 Anm. 9.
[3] S. 7 Anm. 4 findet sinngemäß Anwendung [4] Vgl. § 46 Abs. 2.
[5] Wegen Auswahl der Prüfer vgl. allg. Erlaß M.J. 17. 3. 16 — M 16028 — S. 186.

§ 35. III. Die Prüfung in der konservierenden Behandlung der Zähne wird in einem zahnärztlichen Universitätsinstitut von einem Examinator abgehalten und ist in der Regel in fünf aufeinanderfolgenden Wochentagen zu erledigen. In der Prüfung hat der Kandidat seine Vertrautheit mit den verschiedenen Methoden der konservierenden Zahnheilkunde am Lebenden praktisch nachzuweisen und dabei mindestens drei verschiedenartige Füllungen sowie eine Wurzelbehandlung und eine Reinigung der Zähne auszuführen.

§ 36. IV. Die Prüfung in der Chirurgie der Zahn- und Mundkrankheiten umfaßt zwei Teile und ist in der Regel in vier aufeinanderfolgenden Wochentagen zu erledigen.

§ 37. In dem ersten Teile der Prüfung, der in der Regel von zwei Examinatoren[1,2] in einem Universitätsinstitut abgehalten wird, hat der Kandidat

a) an zwei aufeinanderfolgenden Tagen je einen Kranken in Gegenwart des betreffenden Examinators zu untersuchen, die Anamnese, Diagnose und Prognose des Falles sowie den Heilplan festzustellen, den Befund sofort in ein von dem Examinator gegenzuzeichnendes Protokoll aufzunehmen und noch an demselben Tage zu Hause über den Krankheitsfall einen kritischen Bericht anzufertigen, der, mit Datum und Namensunterschrift versehen, am nächsten Morgen dem Examinator zu übergeben ist;

b) die beiden ihm überwiesenen Kranken im Laufe des nächsten Tages noch einmal in Gegenwart des betreffenden Examinators zu untersuchen, und im Anschluß an den ihm vom Examinator zurückgegebenen Bericht den Verlauf der Krankheit mit Angabe der Behandlung zu beschreiben. Steht einer der beiden Kranken am zweiten Tage nicht zur Verfügung, so bestimmt der Examinator, ob der Kandidat einen anderen Kranken zu übernehmen hat.

Gelegentlich der Krankenuntersuchungen (zu a und b) hat der Kandidat noch an sonstigen Kranken seine Fähigkeit in der Diagnose und Prognose der für den Zahnarzt wichtigen chirurgischen Krankheiten, seine Vertrautheit mit den verschiedenen Methoden ihrer Behandlung, unter besonderer Berücksichtigung der Antisepsis und Asepsis, sowie seine Fertigkeit in der Ausführung kleiner chirurgischer Operationen nachzuweisen.

§ 38. In dem zweiten Teile der Prüfung, der von einem Examinator abgehalten wird, hat der Kandidat in der zahnärztlichen Operationslehre und in der Würdigung der Operationsmethoden sich einer mündlichen Prüfung zu unterziehen und die für den Zahnarzt erforderlichen Kenntnisse in der zahnärztlichen Instrumentenlehre darzulegen.

§ 39. V. Die Prüfung in der Zahnersatzkunde ist in der Regel in acht aufeinanderfolgenden Wochentagen zu erledigen. Sie wird von einem Examinator abgehalten.

Der Kandidat hat seine praktischen Kenntnisse in der Ausführung von Zahnersatzstücken oder Regulierungsapparaten nachzuweisen und dabei Arbeiten aus den Gebieten des Plattenersatzes, der Kronen- und Brückenarbeit, der chirurgischen Prothese oder der Orthodontie für den Mund eines Lebenden zu liefern.

§ 40. VI. Die Prüfung in der Hygiene ist mündlich, sie wird von einem Examinator abgehalten[3] und ist in einem Tage zu erledigen.

Der Kandidat hat nachzuweisen, daß er sich die für den Zahnarzt erforderlichen Kenntnisse in der Hygiene einschließlich der Bakteriologie erworben hat.

§ 41. Bei den einzelnen Prüfungsfächern sind ihre Geschichte und, soweit solche vorhanden, ihre Beziehungen zur gerichtlichen Medizin nicht unberücksichtigt zu lassen. Auch ist darauf zu achten, daß der Kandidat sprachliches Verständnis für die zahnärztlichen Kunstausdrücke besitzt.

§ 42. Zu dem ersten und sechsten Prüfungsabschnitt ist den Studierenden der Zahnheilkunde, zu den übrigen Abschnitten mit Ausnahme der praktischen

---

[1] Vgl. S. 178, Anm. 4. [2] Vgl. S. 178, Anm 5.
[3] Vgl. S. 35 Anm. 1.

Prüfungen (§§ 35, 39) nur denjenigen Studierenden der Zutritt gestattet, welche als Praktikanten an den Kursen der betreffenden Abteilung des zahnärztlichen Universitätsinstituts teilnehmen.

Außerdem steht jedem Lehrer der Medizin und der Zahnheilkunde an einer Universität des Deutschen Reichs der Zutritt frei.

§ 43. Die zu den klinischen Prüfungen erforderlichen Kranken (§§ 33, 35, 37, 39) sind von dem Examinator dem Kandidaten für jeden Abschnitt erst bei dessen Beginne zu überweisen. Die Überweisung desselben Kranken für mehrere Kandidaten im Laufe der Prüfungsperiode ist nur ausnahmsweise gestattet.

§ 44. Für jeden Kandidaten wird über jeden Prüfungsabschnitt ein besonderes Protokoll[1] unter Anführung der Prüfungsgegenstände und der erteilten Zensuren, bei der Zensur „ungenügend" oder „schlecht" unter kurzer Angabe der Gründe aufgenommen.

§ 45. Nach Beendigung eines jeden Prüfungsabschnitts sind die Examinatoren verpflichtet, dem Vorsitzenden die Prüfungsakten unverweilt zuzusenden. Der Kandidat hat sich nach Beendigung des Abschnitts behufs Entgegennahme der Mitteilung des Ergebnisses ohne besondere Aufforderung binnen drei Tagen bei dem Vorsitzenden der Prüfungskommission oder gemäß dessen Bestimmung im Bureau der letzteren und, sofern er bestanden hat, binnen weiteren 24 Stunden bei dem Examinator (oder den Examinatoren) für den nächstfolgenden Prüfungsabschnitt behufs Anberaumung ferneren Termins persönlich zu melden. Bei der Anberaumung des Termins ist darauf zu achten, daß in der Regel zwischen den einzelnen Prüfungsabschnitten nur ein Zeitraum von acht Tagen liegt.

Die Reihenfolge, in der die einzelnen Abschnitte zurückzulegen sind, bestimmt der Vorsitzende.

Ist ein Abschnitt nicht vollständig bestanden, so entscheidet der Vorsitzende nach Anhörung des Kandidaten, ob dieser sich der Prüfung in einem anderen Abschnitt oder dem späteren Teile desselben Abschnitts sogleich oder erst nach Wiederholung des nicht bestandenen zu unterziehen hat. Ist die Prüfung fortzusetzen, so gilt wegen der Meldung zur Anberaumung ferneren Termins das im Abs. 1 Gesagte.

§ 46. Über den Ausfall der Prüfung in den Abschnitten I, III, V und VI sowie in jedem Teile der übrigen Abschnitte wird eine besondere Zensur unter ausschließlicher Anwendung der Bezeichnungen „sehr gut" (1), „gut" (2), „genügend" (3), „ungenügend" (4) und „schlecht" (5) erteilt[2].

Erteilt von zwei an einer Prüfung beteiligten Examinatoren einer die Zensur „ungenügend" oder „schlecht", so entscheidet seine Stimme. Andernfalls wird die Summe der Zahlenwerte der beiden Einzelzensuren durch 2 geteilt. Ergeben sich bei der Teilung Brüche, so werden sie, wenn sie über 0,50 betragen, als ein Ganzes gerechnet, andernfalls bleiben sie unberücksichtigt.

§ 47. Ist ein Prüfungsabschnitt vollständig bestanden, so wird für den ganzen Abschnitt von dem Vorsitzenden die Gesamtzensur ermittelt. Hierbei werden die Zahlenwerte der Einzelzensuren (§ 46 Abs. 1)

    a) für Abschnitt II Teil 1 zweifach, Teil 2 einfach,

    b) für Abschnitt IV Teil 1 zweifach, Teil 2 einfach

gerechnet und die für die beiden Abschnitte sich ergebenden Summen der Zahlenwerte je durch 3 geteilt.

Ergeben sich Brüche, so findet die Bestimmung des § 46 Abs. 2 Satz 3 entsprechende Anwendung.

§ 48. Ist in einem Prüfungsabschnitt oder in einem Teile eines Prüfungsabschnitts die Zensur „ungenügend" oder „schlecht" erteilt, so gilt er als nicht bestanden und muß wiederholt werden[3].

---

[1] Die besonderen Protokolle für jeden Prüfungsabschnitt sind fortgefallen und in einer Prüfungsübersicht vereinigt (vgl. S. 229).

[2] Wegen Eintragung eines Vermerks in dem Abgangszeugnis usw. vgl. § 51 Abs. 2 und wegen Mitteilung des Ergebnisses der Prüfung an die Kandidaten vgl. S. 14 Anm. 2.

[3] Vgl. S. 14 Anm. 4.

Die Frist, nach der die Wiederholungsprüfung erfolgen kann, beträgt je nach den Zensuren zwei bis sechs Monate[1]. Sie wird von dem Vorsitzenden nach Benehmen mit den betreffenden Examinatoren für jeden Abschnitt einheitlich bestimmt[2]. In gleicher Weise wird, unter Beachtung der Vorschrift im § 50 Abf. 6, der Zeitpunkt festgesetzt, bis zu dem spätestens die Meldung zur Wiederholungsprüfung in dem Abschnitte, soweit er nicht bestanden ist, erfolgen muß. Wiederholungsfristen verschiedener Abschnitte laufen gleichzeitig nebeneinander.

Die zweite Wiederholung eines Prüfungsabschnitts oder eines Teiles derselben findet, soweit sie mündlich ist, in Anwesenheit des Vorsitzenden, im übrigen unter dessen besonderer Aufsicht statt[3].

Wer auch bei der zweiten Wiederholung nicht besteht, wird zu einer weiteren Prüfung nicht zugelassen[4]. Ausnahmen dürfen nur aus besonderen Gründen gestattet werden (§ 56)[5].

§ 49. Hat der Kandidat sämtliche Prüfungsabschnitte bestanden, so wird aus den für die Prüfungsabschnitte erteilten Zensuren die Gesamtzensur ermittelt, indem die Zensuren für die Abschnitte I und VI einfach gerechnet, für die übrigen Abschnitte je mit 2 mulipliziert werden und die sich ergebende Summe durch 10 geteilt wird. Mit den sich hierbei ergebenden Brüchen wird in der im § 46 Abf. 2 Satz 3 angegebenen Weise verfahren.

Der Vorsitzende überreicht binnen einer Woche die Prüfungsakten[6] der Zentralbehörde (§ 21 Abf. 2) zur Erteilung der Approbation[7].

§ 50. Wer sich nicht rechtzeitig gemäß der Vorschriften im § 28 Abf. 2, § 45 Abf. 1, 3 persönlich meldet, kann auf Antrag des Vorsitzenden von der Zentralbehörde (§ 21 Abf. 2) bis zur folgenden Prüfungsperiode zurückgestellt werden. In diesem Falle wird die Hälfte des Gebührenbetrags für die noch nicht begonnenen Prüfungsabschnitte zurückerstattet, die Gebühren für sächliche und Verwaltungskosten sind ganz verfallen[8].

Wer in einem Prüfungstermin nicht rechtzeitig oder gar nicht erscheint, geht der Hälfte der auf den betreffenden Prüfungsabschnitt entfallenden Gebühr verlustig[8].

Wer von der begonnenen Prüfung zurücktritt, erhält, sofern genügende Entschuldigungsgründe vorliegen, die Gebühr für die noch nicht begonnenen Prüfungsabschnitte zurück; die Gebühr für sächliche und Verwaltungskosten ist dagegen verfallen[8].

Liegt im Falle des Abf. 3 keine genügende Entschuldigung vor, so finden die Vorschriften im Abf. 1 Satz 2 Anwendung[9]; auch kann je nach Umständen durch einen mit Zustimmung des Vorsitzenden gefaßten Beschluß der Prüfungskommission der ganze eingezahlte Betrag für verfallen[8] und in besonderen Fällen die Prüfung in allen oder in einzelnen Abschnitten für nicht bestanden erklärt werden[10]. Gegen den Beschluß ist binnen zwei Wochen Beschwerde bei der Zentralbehörde (§ 21 Abf. 2) zulässig.

Wer sich ohne genügende Entschuldigung nicht vor Ablauf der Endfrist (§ 48 Abf. 2) zur Wiederholungsprüfung meldet, hat die Prüfung nach Ermessen der Prüfungskommission von Anfang an zu wiederholen[11], wobei auch die bereits erledigten Abschnitte oder Teile als nicht bestanden gelten[12]. Gegen den Beschluß ist binnen zwei Wochen Beschwerde bei der Zentralbehörde (§ 21 Abf. 2) zulässig.

---

[1] Vgl. S. 38 Anm. 2. [2] Vgl. S. 38 Anm. 3. [3] Vgl. S. 39 Anm. 1.
[4] Die Fortsetzung der Prüfung ist auch ausgeschlossen im Falle des § 50 Abf. 6. Wegen der Berichterstattung und des Verfahrens vgl § 51
[5] Vgl. S. 39 Anm. 4. [6] Vgl. S. 40 Anm. 2.
[7] Ausländern wird nach vollständig bestandener Prüfung in der Regel vom Ministerium eine Prüfungsbescheinigung (vgl. S. 198) ausgehändigt.
[8] Wegen der Gebührenanteile für sächliche und Verwaltungskosten vgl. § 52 letzter Absatz.
[9] Wegen der Berichterstattung und des Verfahrens vgl. § 51.
[10] Vgl. S. 41 Anm. 2.
[11] Eine Wiederhoung kommt nur innerhalb der Gesamtfrist (§ 50 Ab. 6) in Frage.
[12] Die folgende Wiederholung gilt nicht als neubegonnene Prüfung, sondern als Fortsetzung der Prüfung, muß also innerhalb der Gesamtfrist (§ 50 Abf. 6) beendet sein.

Wird die Prüfung in einem Zeitraume von zwei Jahren nach ihrem Beginne nicht vollständig beendet[1], so gilt sie in allen Abschnitten als nicht bestanden[2]. Ausnahmen können nur aus besonderen Gründen gestattet werden (§ 56)[3].

§ 51. Die Prüfung darf nur bei der Kommission fortgesetzt oder wiederholt werden, bei der sie begonnen ist[4]. Ausnahmen können nur aus besonderen Gründen gestattet werden (§ 56). Mit dem Dispensationsgesuch ist zugleich eine Erklärung der bisherigen Prüfungskommission wegen etwaiger dem Wechsel der Kommission entgegenstehender Bedenken vorzulegen[5].

Die mit dem Zulassungsgesuch eingereichten Zeugnisse (§§ 23, 24, 26, § 27 Nr. 2) sind dem Kandidaten erst nach vollständig bestandener Prüfung zurückzugeben[6]. Verlangt er sie früher zurück, so sind sämtliche Zentralbehörden (§ 1) durch Vermittlung des Reichskanzlers[7] zu benachrichtigen, daß der Kandidat die Prüfung begonnen, aber nicht beendigt hat, und daß ihm auf seinen Antrag die Zeugnisse zurückgegeben worden sind; in die Urschrift des letzten Universitäts-Abgangszeugnisses ist ein Vermerk über den Ausfall der bisherigen Prüfung einzutragen[8].

In den Fällen des § 48 Abs. 4 und des § 50 Abs. 4 Satz 1 kann die Zentralbehörden (§ 21 Abs. 2) die Rückgabe der Zeugnisse anordnen[9]. In diesem Falle finden die Vorschriften im Abs. 2 Satz 2 entsprechende Anwendung.

§ 52 Abs. 1 bis 3 handelt von den Prüfungsgebühren[10].

Die Entschädigungen für den Vorsitzenden und dessen Stellvertreter werden nach Maßgabe ihrer Mühewaltung von der Zentralbehörde (§ 21 Abs. 2) am Ende jedes Prüfungsjahrs festgesetzt und aus dem Betrage für sächliche und Verwaltungskosten bestritten.

Über die Verwendung der bei diesem Betrag erwachsenen Ersparnisse sowie der verfallenen Gebühren (§ 50)[11] entscheidet die Zentralbehörde (§ 21 Abs. 2).

§ 53[12]. Wer die ärztliche Prüfung im Deutschen Reiche vollständig bestanden hat oder die Approbation als Arzt für das Gebiet des Deutschen Reichs be-

---

[1] Vgl. S. 41 Anm. 6.

[2] In solchen Fällen hat der Vorsitzende des Prüfungsausschusses dem Ministerium mit der Bitte um Entscheidung zu berichten. Ein Vermerk in den Zeugnissen, wie in den Fällen des § 48 Abs. 4 und des § 50 Abs. 4 Satz 1 durch § 51 Abs. 3 vorgeschrieben ist, wird nicht eingetragen. Die Fortsetzung der Prüfung ist auch ausgeschlossen im Falle des § 48 Abs. 4.

[3] Vgl. S. 41 Anm. 9.   [4] Vgl. S. 41 Anm. 10.   [5] Vgl. S. 42 Anm. 1.

[6] Über das Verfahren in Preußen vgl. S. 187.

[7] Vgl. S. 49 Anm. 2.   [8] Vgl. S. 42 Anm. 4.   [9] Vgl. S. 42 Anm. 5.

[10] Die Gebühren für die Prüfung werden vom Reichsminister des Innern im Einvernehmen mit den obersten Landesbehörden (§1) festgesetzt und bekanntgegeben (Beschluß des Reichsrats vom 1. 2. 23, M.B. I M V 394.23).

Zurzeit gilt seit dem 1. 3. 27 folgende Gebührenordnung (vgl. S. 215ff.):

Zahnärztliche Prüfung.

Prüfungsabschnitt I	10	ℛ︁ℳ︁
Teil 1 des Prüfungsabschnitts II	20	,,
„ 2 „ „ II	10	,,
Prüfungsabschnitt III	20	,,
Teil 1 des Prüfungsabschnitts IV	20	,,
„ 2 „ „ IV	10	,,
Prüfungsabschnitt V	25	,,
„ VI	10	,,
Sächliche und Verwaltungskosten	30	,,
zusammen	155	ℛ︁ℳ︁

Bei Wiederholungen (§ 52 Abs. 3 der Prüfungsordnung) kommen für den betreffenden Abschnitt oder Teil eines Abschnitts außer den anzusetzenden Gebühren jedesmal 4 ℛ︁ℳ︁ für sächliche und Verwaltungskosten zur nochmaligen Erhebung. Diese Bestimmung findet für den Fall der Fortsetzung einer unterbrochenen Prüfung sinngemäße Anwendung. Ist bei einer zweiten Wiederholungsprüfung gemäß § 48 Abs. 3 der Prüfungsordnung die Anwesenheit des Vorsitzenden vorgeschrieben, so ist außerdem für dessen Teilnahme eine besondere Gebühr von je 3 ℛ︁ℳ︁ für jeden zu wiederholenden Abschnitt oder Teil eines Abschnitts zu entrichten. Vgl. S. 183 Anm. 4.

Falls bei einer zweiten Wiederholungsprüfung der Vorsitzende selbst als Prüfer bestellt ist und zu prüfen hat, so ist der stellvertretende Vorsitzende zu dieser Prüfung heranzuziehen und ihm obige Gebühr des Vorsitzenden zu gewähren (M.B. 16. 7. 24 — I M III 1495).

[11] Vgl. S. 43 Anm. 3.

[12] Vgl. auch S. 186. Diese Bestimmung findet nicht auf Kandidaten Anwendung, die im Auslande die ärztliche Prüfung bestanden oder dort ein medizinisches Abschlußdiplom erworben haben. Diese Kandidaten haben vielmehr das regelrechte zahnärztliche Studium zu erledigen (vorklinisches Studium, Vorprüfung, klinisches Studium usw.). Ob und inwieweit solchen Kandidaten Ver-

sitzt [1], hat dem Gesuch um Zulassung zur zahnärztlichen Prüfung die Bescheinigung über die bestandene ärztliche Prüfung oder die Approbation als Arzt beizufügen, im übrigen aber nur den Nachweis zu führen, daß er mindestens je zwei Halbjahre an einem Kursus in der Zahnersatzkunde und an einem Kursus in der konservierenden Behandlung der Zähne am Kranken regelmäßig teilgenommen und eine Poliklinik für Zahn- und Mundkrankheiten regelmäßig besucht hat [2].

Er hat die zahnärztliche Prüfung nur im Abschnitte II Teil 1, ausschließlich der Prüfung in der Erkennung der Haut- und syphilitischen Krankheiten und in den klinischen Untersuchungsmethoden, sowie in den Abschnitten III bis V, außerdem aber noch die für die zahnärztliche Vorprüfung vorgeschriebene Prüfung in der Zahnersatzkunde abzulegen [3].

Die Ermittlung der Gesamtzensur erfolgt in der Weise, daß die Zensuren für die Abschnitte II bis V und für die Prüfung in der Zahnersatzkunde zusammengezählt werden und die sich ergebende Summe durch 5 geteilt wird. Mit den sich etwa ergebenden Brüchen wird gemäß § 46 Abs. 2 Satz 3 verfahren [4].

C. Erteilung der Approbation [5].

§ 54. Die Approbation wird nach dem beigefügten Muster 5 [6] ausgestellt.

§ 55. Dem Reichskanzler [7] werden von der Zentralbehörde (§ 49 Abs. 2) Verzeichnisse der in dem abgelaufenen Prüfungsjahr Approbierten mit den auf die zahnärztliche Prüfung bezüglichen Akten eingereicht; diese werden der Zentralbehörde zurückgesendet.

---

günstigungen für die Studienzeit und die zahnärztliche Vorprüfung bewilligt werden können, wird von der obersten Landesbehörde im Einvernehmen mit dem Reichsministerium des Innern von Fall zu Fall entschieden. Die zahnärztliche Prüfung muß, falls der Kandidat diese abzulegen wünscht und die Voraussetzungen für die Zulassung nach der Prüfungsordnung für Zahnärzte erfüllt, in allen Fächern (nicht nach obigem § 53) erledigt werden. Hierbei werden Vergünstigungen nicht gewährt. Wegen des Verzichts auf die Approbation vor der Zulassung von Ausländern zur zahnärztlichen Prüfung vgl. S. 198.

[4] Die ärztliche Prüfung und die Approbation als Arzt einerseits sowie die zahnärztliche Ausbildung im Sinne dieser Vorschrift andererseits brauchen nicht etwa zeitlich unmittelbar aufeinander zu folgen; auch für diese Ausbildung ist die Vollimmatrikulation notwendig (vgl. M.V. 8. 4. 27 — I M III 298/27 — S. 83).

[2] Eine bestimmte Anzahl von Studienhalbjahren ist nicht vorgeschrieben. Es können daher der Kursus in der Zahnersatzkunde und derjenige in der konservierenden Behandlung der Zähne am Kranken sowie die Poliklinik für Zahn- und Mundkrankheiten in demselben Studienhalbjahr abgeleistet werden, so daß bei dieser Erledigung im ganzen zwei Studienhalbjahre genügen (M.J. 19. 10. 11 — M 19958).

[3] Wer die zahnärztliche Prüfung auf Grund des § 53 der Prüfungsordnung für Zahnärzte vom 15. 3. 09 ablegen will, ist zwar in dem für die zahnärztliche Vorprüfung vorgeschriebenen Prüfungsfach „Zahnersatzkunde" zu prüfen; es erscheint jedoch nicht angezeigt, den Prüfling zur Ablegung dieses Faches dem Ausschuß für die zahnärztliche Vorprüfung zu überweisen. Zweckmäßig ist es vielmehr, in solchen Fällen die Prüfung in diesem Fach beim Ausschuß für die zahnärztliche Prüfung vor dem bei der zahnärztlichen Vorprüfung bestellten Prüfer zu veranlassen, zumal dies ohne weiteres durchführbar ist und die Prüfungszeiten bei der zahnärztlichen Vorprüfung und Prüfung nicht immer zusammenfallen. Die Prüfungsgebühren kommen in diesen Fällen ungeteilt dem Ausschuß für die zahnärztliche Prüfung zu. Gegebenenfalls ist das für die zahnärztliche Vorprüfung vorgeschriebene Fach Zahnersatzkunde in der Übersicht über die zahnärztliche Prüfung an Stelle eines nichtabzulegenden Prüfungsabschnitts handschriftlich einzutragen (M.V. 10. 6. 26 — I M III 1471).

[4] In den Fällen des § 53 der Prüfungsordnung betragen die Gebührenanteile für sächliche und Verwaltungskosten 30 *R.M.* Außerdem werden die Gebührenanteile für diejenigen Fächer erhoben, in denen geprüft wird. Bei der Wiederholung oder Fortsetzung von Prüfungen finden die für die Fälle des § 19, § 48 Abs. 3 und § 52 der Prüfungsordnung festgesetzten Gebühren Anwendung (M.V. 28. 1. 27 — I M III 251 — S. 216). Vgl. auch S. 124 Anm. 5. Die Gebühren für Prüfungen gemäß § 53 der Prüfungsordnung für Zahnärzte betragen mithin für die

zahnärztliche Vorprüfung in der Zahnersatzkunde			30	*R.M*
„ Prüfung Abschnitt II Teil 1			10	„
„ „ „ III			20	„
„ „ „ IV Teil 1			20	„
„ „ „ IV „ 2			10	„
„ „ „ V			25	„
Sächliche und Verwaltungskosten			30	„

zusammen 145 *R.M.*

D. Ausnahmen.

§ 56[1]. Über die Zulassung der im § 3 Abf. 1, § 6 Abf. 2, § 6 Abf. 3, § 7 Abf. 2, § 8 Abf. 2, § 13 Abf. 3, § 15 Abf. 6, § 16 Abf. 1, § 17, § 23 Abf. 3, § 24 Abf. 2, § 26 Abf. 4, § 48 Abf. 4, § 50 Abf. 6, § 51 Abf. 1 und 59 Abf. 2 vorgesehenen Ausnahmen entscheidet der Reichskanzler[2] in Übereinstimmung mit der zuständigen Zentralbehörde (§ 3 Abf. 2, § 21 Abf. 2[3]).

E. Schluß= und Übergangsbestimmungen.

§ 57. Auf die vorgeschriebene Studienzeit ist die Militärdienstzeit[4] nicht anzurechnen.

§ 58. Vorstehende Bestimmungen treten am 1. Oktober 1909 in Kraft.

§ 59[5]. Die Studierenden, die vor dem 1. Dezember 1909 ihre zahnärztliche Ausbildung begonnen haben, dürfen, sofern sie sich spätestens am 1. Oktober 1913 zur Ablegung der zahnärztlichen Prüfung melden, auf Antrag diese Prüfung (einschließlich etwaiger Wiederholungsprüfungen) unbeschadet der Bestimmung des § 60 nach den bisherigen Vorschriften ablegen.

Andernfalls sind sie zwar von der Erbringung des Vorbildungsnachweises nach § 6 befreit, haben sich aber der zahnärztlichen Vorprüfung sowie der zahnärztlichen Prüfung nach den vorstehenden Bestimmungen zu unterziehen. Ausnahmen können nur aus besonderen Gründen und nicht über den 1. Oktober 1914 gestattet werden (§ 56).

§ 60. Die Bestimmungen des § 2 Abf. 3, § 22, § 48 Abf. 4, § 50 Abf. 6 gelten für alle seit dem 1. Oktober 1909 begonnenen Prüfungen.

Für Änderungen der Prüfungsordnung ist der Reichsrat[6] zuständig.

C. Studienplan für Studierende der Zahnheilkunde[7].

Beginn Ostern	Beginn Michaelis
I. Halbjahr (Sommer)	**I. Halbjahr (Winter)**
Zahnärztliche Materialkunde. Herstellungsmethoden des Zahnersatzes. Anorganische Chemie. Zahntechnisch-propädeutischer Kursus. Praktikum der zahnärztlichen Materialkunde.	Zahnärztliche Materialkunde. Anatomie. Physik (Ausgewählte Kapitel). Praktikum der zahnärztlichen Materialkunde. Anatomische Präparierübungen.
II. Halbjahr (Winter)	**II. Halbjahr (Sommer)**
Zahnärztliche Materialkunde. Anatomie. Physik (Ausgewählte Kapitel.) Organische Chemie. Chemisches Praktikum. Anatomische Präparierübungen.	Zahnärztliche Materialkunde. Herstellungsmethoden des Zahnersatzes. Anorganische Chemie. Physiologie. Allgemeine Histologie und Entwickelungsgeschichte. Zahntechnisch-propädeutischer Kursus. Mikroskopisch-anatomischer Kursus.

---

[1] Vgl. S. 49 Anm. 1.   [2] Vgl. S. 49 Anm. 2.
[3] Vgl. S. 49 Anm. 3.   [4] Vgl S. 9 Anm. 5.
[5] Diese Bestimmung ist inzwischen außer Kraft getreten.
[6] Vgl. S. 52 Anm. 4.
[7] Die für die Zulassung zu den zahnärztlichen Prüfungen nachzuweisenden Übungen (Praktikantenscheine) sind in §§ 8 und 26 der Prüfungsordnung für Zahnärzte aufgeführt.

<table>
<tr><td>III. Halbjahr (Sommer)</td><td>III. Halbjahr (Winter)</td></tr>
<tr><td>

Allgemeine Histologie und Entwickelungs-
   geschichte.
Physiologie.
Zahntechnisch-propädeutischer Kursus.
Konservierende Zahnheilkunde am Phantom.
Mikroskopisch-anatomischer Kursus.

</td><td>

Organische Chemie.
Chemisches Praktikum.
Zahntechnisch-propädeutischer Kursus.
Konservierende Zahnheilkunde am Phantom.

</td></tr>
<tr><td>IV. Halbjahr</td><td>V. Halbjahr</td></tr>
<tr><td>

Allgemeine Chirurgie für Zahnärzte.
Zahn- und Mundkrankheiten. 1. Teil.
Allgemeine pathologische Anatomie.
Arzneimittel- und Giftlehre.
Pathologie und konservierende Therapie der
   Zähne (allg. Teil).
Allgemeine Bakteriologie.
Röntgenphotographie und Diagnostik.
Pathologisch-anatomischer Kursus.
Kursus der klinischen Untersuchungsmethoden.
Konservierende Zahnheilkunde am Kranken.

</td><td>

Zahn- und Mundkrankheiten (2. Teil).
Spezielle zahnärztlich-chirurgische Operations-
   und Instrumentenlehre.
Pathologie und konservierende Therapie der
   Zähne (spezieller Teil).
Klinische Zahnersatzkunde (1. Teil).
Zahnärztlich-chirurgische Propädeutik.
Konservierende Zahnheilkunde am Kranken
   (Fortsetzung).
Poliklinik für Zahn- und Mundkrankheiten.
Klinisches Praktikum der Zahnersatzkunde
   (1. Halbjahr).

</td></tr>
<tr><td>VI. Halbjahr</td><td>VII. Halbjahr</td></tr>
<tr><td>

Spezielle Entwicklung und Histologie der Zähne.
Klinische Zahnersatzkunde (2. Teil).
Konservierende Zahnheilkunde am Kranken
   (Fortsetzung).
Klinisches Praktikum der Zahnersatzkunde
   (2. Halbjahr).
Poliklinik für Zahn- und Mundkrankheiten.
Klinik für Hals- Nasen- und Ohrenkrankheiten.

</td><td>

Klinische Zahnersatzkunde 3. Teil.
Gerichtliche und soziale Zahnheilkunde.
Parasitäre Erkrankungen und Hygiene der
   Mundhöhle.
Konservierende Zahnheilkunde am Kranken
   (Fortsetzung).
Klinisches Praktikum der Zahnersatzkunde
   (3. Halbjahr).
Kursus der Orthodontie.
Poliklinik für Zahn- und Mundkrankheiten.
Klinik der Haut- und syphilitischen Krankheiten.
Röntgenverfahren in der Zahnheilkunde mit
   Demonstrationen.

</td></tr>
</table>

D. Zahnärztliche Vorprüfung.

Der Studierende der Zahnheilkunde wird nach Zurücklegung von drei Halbjahren[1] zahnärztlichen Studiums und Beibringung der in den §§ 6—9 der Prüfungsordnung vorgeschriebenen Nachweise zur zahnärztlichen Vorprüfung (§§ 11—12) vom Vorsitzenden des Ausschusses für diese Prüfung zugelassen. Die S. 65 ff. angegebenen Grundsätze gelten sinngemäß auch für die zahnärztliche Vorprüfung. Wegen Anrechnung eines dem zahnärztlichen verwandten Universitätsstudiums oder gleichwertigen Hochschulstudiums (§ 7 Abs. 2) auf die zahnärztliche Studienzeit und wegen Anrechnung anderweitiger Prüfungen vgl. S. 76. Bezüglich des Verfahrens bei einer Unterbrechung der Vorprüfung vgl. S. 67. Wegen der Ausländer und Anrechnung ausländischer Vorbildung wird auf S. 191 verwiesen.

Bei einem gleichzeitigen Studium der Medizin und der Zahnheilkunde ist die ministerielle Entscheidung darüber einzuholen, in welchem Umfange ein solches Studium auf die für die Ablegung der ärztlichen oder zahnärztlichen Vorprüfung vorgeschriebene Studienzeit ange-

Voraussetzu[ng]
für die Zu[-]
lassung.

Medizin- u[nd]
Zahnheilkun[de]

---

[1] Vgl. S. 177 Anm. 3.

rechnet werden kann (vgl. hierzu auch den Erlaß M.B. 23. 7. 20 —
I M V 5336 — S. 79 Anm. 2 und wegen der zweckmäßigen Einteilung des
gleichzeitigen Studiums der Medizin und der Zahnheilkunde S. 72).

E. Zahnärztliche Prüfung.

Voraussetzung für die Zulassung.

Nach Erwerbung der in § 26 genannten Zeugnisse und Zurücklegung
weiterer vier Halbjahre[1] ist die Meldung zur zahnärztlichen Prüfung
(§§ 29—41) unter Beifügung einer Geburtsurkunde, der Ausweise über
den Kriegsdienst und der in den §§ 23—27 vorgeschriebenen Nachweise
beim Vorsitzenden des zahnärztlichen Prüfungsausschusses zulässig.

Das Zulassungsgesuch ist bereits im Laufe des letzten Halbjahrs dem
Prüfungsausschuß vorzulegen. An Stelle des Universitätsabgangszeugnisses ist das Anmeldebuch beizubringen, da die Exmatrikulation
nicht erforderlich ist (vgl. S. 208). Über fehlende Unterlagen und
Praktikanten scheine, die erst am Schlusse des letzten Studienhalbjahrs erworben werden, ist ein entsprechender Vermerk im Zulassungsgesuch aufzunehmen (vgl. Muster S. 189).

Wegen der übrigen Formalitäten finden die S. 84 ff. angegebenen
Vorschriften sinngemäß Anwendung. Vgl. im übrigen Teil X, S. 191
betr. Ausländer und Anrechnung ausländischer Vorbildung.

Der Vorsitzende des Prüfungsausschusses ist in Preußen in bestimmten Fällen ermächtigt, Kandidaten selbständig zur zahnärztlichen
Prüfung zuzulassen (vgl. S. 208).

Prüfungs-Ausschuß.

Bei der Zusammensetzung des zahnärztlichen Prüfungsausschusses
soll als Prüfer für den ersten Teil des Abschnittes II (Prüfung in den
Zahn- und Mundkrankheiten) ein Zahnarzt und der Fachvertreter für
Haut- und syphilitische Krankheiten, dieser im Wechsel mit dem Ver-
treter für innere Medizin und für den ersten Teil des Abschnittes IV
(Prüfung in der Chirurgie der Zahn- und Mundkrankheiten) ein Zahn-
arzt und ein Chirurg ernannt werden (K.M. 11. 2. 16 — U I 94 —,
M.F. 17. 3. 16 — M 16028 —). Vgl. im übrigen S. 233.

Medizin- und Zahnheilkunde.

Die Bestimmungen des § 53 der Prüfungsordnung für Zahnärzte
ermöglichen es solchen Kandidaten, die die ärztliche Prüfung im Deutschen Reiche vollständig bestanden haben, im Anschluß daran nach Zurücklegung eines weiteren zahnärztlichen Studiums von mindestens
zwei Halbjahren sich zur zahnärztlichen Prüfung zu melden. Zur Ablegung der ärztlichen und zahnärztlichen Prüfung ist demnach ein
Studium von insgesamt 12 Halbjahren[2] nachzuweisen.

Von dieser Mindestforderung wird grundsätzlich auch in denjenigen
Fällen nicht abzuweichen sein, in denen umgekehrt ein Kandidat zunächst die zahnärztliche und dann die ärztliche Prüfung abzulegen beabsichtigt. Von dem nachzuweisenden zahnärztlichen und medizinischen
Gesamtstudien von mindestens 12 Halbjahren[2] müssen 4 Halbjahre[3]

---

[1] Vgl. S. 177 Anm. 3.　　　　[2] 13 Halbjahre nach n. O. A.
[3] Vier Halbjahre nach § 24 Abs. 1 a. O., sechs Halbjahre nach § 25 Abs. 1 n. O., fünf
Halbjahre nach § 25 Abs. 1 n. O. A.

medizinischen Studiums nach vollständig bestandener Vorprüfung zurückgelegt sein.

(R.F. 8. 3. 21 — II A 2287 —).

Das Praktische Jahr der Mediziner darf zum zahnärztlichen Studium nicht benutzt werden. Dem Medizinalpraktikanten kann jedoch auf Antrag vom Ministerium gestattet werden, höchstens acht Monate des Praktischen Jahres an einem zahnärztlichen Institut abzuleisten.

Über die zweckmäßige Einteilung des gleichzeitigen medizinischen und zahnärztlichen Studiums vgl. S. 72 und 85.

F. Approbation als Zahnarzt.

Nach Beendigung der zahnärztlichen Prüfung reicht der Vorsitzende des Prüfungsausschusses die Prüfungsübersicht und in den Fällen, in denen er den Kandidaten nach den geltenden Vorschriften selbständig zur zahnärztlichen Prüfung zugelassen hat (vgl. S. 208), das Zulassungsgesuch mit den vorgeschriebenen Zeugnissen der obersten Landesbehörde ein. Diese befindet darauf über die Erteilung der Approbation als Zahnarzt.

Die Approbation als Zahnarzt unter Befreiung von den zahnärztlichen Prüfungen kann auch auf Grund wissenschaftlich erprobter Leistungen erteilt werden. Über die Bedingungen vgl. S. 167.

Wegen Bedeutung usw. der Approbation vgl. S. 242.

G. Muster.

Als Muster amtlich empfohlen:

Gesuch um Zulassung zur zahnärztlichen Vorprüfung[1]. ...., den .... 19..

Name:...............

Staatsangehörigkeit:........

Auf Grund der in Urschrift beigefügten Nachweise:

1. des Zeugnisses der Reife von de ....
.... in ....
vom .... 19...
sowie des Zeugnisses über die für die Versetzung nach der Obersekunda eines Realgymnasiums notwendigen Kenntnisse in der lateinischen Sprache von de ....
in ....
vom .... 19...[2],

2. des Nachweises eines zahnärztlichen Studiums von .... Halbjahren, nämlich an der Universität in .... vom .... 19...
bis .... 19..., an der Universität in ....,

3. der Nachweise, daß ich
a) .... Halbjahr an den Präparierübungen in ....,
b) ... Monate an einem mikroskopisch-anatomischen Praktikum in ....,

---

[1] Vordrucke können die Prüflinge von der Hirschwaldschen Buchhandlung in Berlin NW 7, Unter den Linden 68, beziehen (vgl. S. 228).

[2] Nur von Studierenden auszufüllen, die im Besitze des Reifezeugnisses einer Lehranstalt mit wahlfreiem oder ohne Lateinunterricht (Oberrealschule usw.) sind und in dem Reifezeugnis einer Anstalt mit wahlfreiem Lateinunterricht nicht ein mindestens genügendes Urteil im Lateinischen nachweisen.

   c) ... Monate an einem chemischen Praktikum
in ....,
   d) ... Halbjahre an einem Kursus in der Zahnersatzkunde in ....
regelmäßig teilgenommen habe,
bitte ich, mich zur Ablegung der zahnärztlichen Vorprüfung vor dem Prüfungsausschuß in ....
im Frühjahr/Herbst 19.. zuzulassen.
     Name: ....
     Wohnung: ....
     Geburtstag: ....
     Geburtsort: ....
     Provinz — bei preuß. Orten: ....
     Land — bei außerpreußischen Orten: ......
     Staatsangehörigkeit: ....

An
den Herrn Vorsitzenden des Ausschusses
  für die zahnärztliche Vorprüfung
    in ....

Staatliche Verwaltungsgebühr in Preußen für jede Ausnahmebewilligung
zwecks Zulassung zur Vorprüfung durch den Minister 3 RM., sonst 2 RM.
für Reichsdeutsche, dasselbe für Reichsausländer (vgl. S. 217). Die Zulassung
zur Vorprüfung ohne Ausnahmebewilligung ist verwaltungsgebührenfrei.

**Gesuch um Zulassung zur
  zahnärztlichen Prüfung**[1]. ...., den .... 19...
Name: ....
Staatsangehörigkeit: ....
     Auf Grund der in Urschrift beigefügten Nachweise:
     1. des Zeugnisses der Reife von be ....
     .... in ....
     vom .... 19...
     sowie des Zeugnisses über die für die Versetzung
     nach der Obersekunda eines Realgymnasiums
     notwendigen Kenntnisse in der lateinischen
     Sprache von be ....
     .... in ....
     vom .... 19...[2],
     2. des Nachweises eines zahnärztlichen Studiums
     von .... Halbjahren, nämlich an der Universität
     in .... vom .... 19...
     bis .... 19.., an der Universität
     in ....
     ....
     3. der Nachweise, daß ich vor Beginn der zahn-
     ärztlichen Vorprüfung
     a) ... Halbjahr an den Präparierübungen
     in ....,
     b) ... Monate an einem mikroskopisch-ana-
     tomischen Praktikum in ....,

---

[1] Vordrucke können die Prüflinge von der Hirschwaldschen Buchhandlung in Berlin NW 7,
Unter den Linden 68, beziehen (vgl. S. 229).
[2] Nur von Kandidaten auszufüllen, die im Besitze des Reifezeugnisses einer Lehranstalt
mit wahlfreiem oder ohne Lateinunterricht (Oberrealschule usw.) sind und in dem Reifezeugnis
einer Anstalt mit wahlfreiem Lateinunterricht nicht ein mindestens genügendes Urteil im Lateinischen
nachweisen.

c) ... Monate an einem chemischen Praktikum
in ....,
d) ... Halbjahre an einem Kursus in der Zahnersatzkunde in ....
regelmäßig teilgenommen habe,
4. des Zeugnisses über die am .... in ......
vollständig bestandene zahnärztliche Vorprüfung,
5. der Nachweise, daß ich nach vollständig bestandener Vorprüfung
a) ... Halbjahre an einem Kursus der konservierenden Behandlung der Zähne am
Kranken,
b) ... Halbjahre an einem Kursus in der Zahnersatzkunde,
c) ... Monate an einem Kursus der klinischen
Untersuchungsmethoden
regelmäßig teilgenommen,
d) ... Halbjahre die Poliklinik für Zahn- und
Mundkrankheiten in ....
e) ... Monate die $\frac{\text{Klinik}}{\text{Poliklinik}}$ für Haut- und
syphilitische Krankheiten in ....
regelmäßig besucht habe,
6. der Geburtsurkunde[1],
7. eines eigenhändig geschriebenen Lebenslaufes,
in dem der Gang der Universitätsstudien dargelegt ist,

<table>
<tr><td>falls die Meldung vor der Exmatrikulation erfolgt. {</td><td>8. eines Sittenzeugnisses der zuletzt besuchten Universität in ....,</td></tr>
<tr><td>falls die Meldung nicht alsbald nach dem Abschluß des zahnärztlichen Studiums erfolgt. {</td><td>9. de.. polizeilichen Zeugnisse.. über die Führung während der Zeit zwischen dem Abschluß der Universitätsstudien und der Meldung zur zahnärztlichen Prüfung,</td></tr>
</table>

[2]

bitte ich, mich zur Ablegung der zahnärztlichen Prüfung
vor dem Prüfungsausschuß in .... in der
im Frühjahr/Herbst d. Js. beginnenden Prüfungsperiode zuzulassen.

<table>
<tr><td>falls einzelne der vorstehenden Nachweise noch nicht im Besitz sind. {</td><td>Die Nachweise zu .... können erst nach Ablauf des .... Halbjahres 19... beigebracht werden.</td></tr>
</table>

Name: ....
Wohnung: ....
Geburtstag: ....
{ Geburtsort: ....
{ Provinz — bei preuß. Orten: ....
{ Land — bei außerpreuß. Orten: ....
Staatsangehörigkeit: ....

An
den Herrn Vorsitzenden des Ausschusses
für die zahnärztliche Prüfung
in ....

---

[1] Bei Ehefrauen auch Heiratsurkunde und Ausweis über die Staatsangehörigkeit des Ehemannes.

[2] Zusatz für Reichsausländer, die nicht die Bedingungen der Prüfungsordnung erfüllen
(vgl. S. 108):
10. der Erklärung über den Verzicht auf die deutsche Approbation.

Bei der Meldung zur zahnärztlichen Prüfung ist dieselbe Studienaufstellung auszufüllen, wie sie für die Meldung zur ärztlichen Prüfung vorgeschrieben ist — (vgl. S. 93).

Staatliche Verwaltungsgebühren werden in Preußen für die Zulassung zur Prüfung nicht erhoben (vgl. S. 218).

Wegen der Formalitäten und der Prüfung der Zeugnisse durch den Prüfungsausschuß vgl. S. 93.

Muster 1 (zu § 9 der Prüf.-Ordn. für Zahnärzte) betr. das Zeugnis über die Teilnahme an den Übungen usw. entspricht dem Muster 1 zu § 9 a. O. S. 74.

Muster 2 (zu § 18 der Prüf.-Ordn. für Zahnärzte).

Zeugnis[1]

des

Prüfungsausschusses in . . . .

über die

zahnärztliche Vorprüfung des Studierenden der Zahnheilkunde

Dem Studierenden der Zahnheilkunde . . . . geb. am . . . . in . . . . ist bei der mit ihm am . . . .[2] abgehaltenen Vorprüfung

    1. in der Anatomie . . . . das Urteil: . . . .
    2. „ „ Physiologie . . . . . . „ „ . . . .
    3. „ „ Physik . . . . „ „ . . . .
    4. „ „ Chemie . . . . „ „ . . . .
    5. „ „ Zahnersatzkunde . . . . „ „ . . . .

[somit das Gesamturteil . . . .] erteilt worden.

(Falls der Studierende eine Wiederholungsprüfung abzulegen hat, unter Fortfall von []: Die Prüfung in . . . . darf frühestens nach . . . . Monaten wiederholt werden, jedoch hat die Meldung zur Wiederholungsprüfung spätestens bis zum . . . . zu erfolgen.)

    . . . . , den . . . . 19. . .

        Der Vorsitzende des Ausschusses für die zahnärztliche Vorprüfung
(Siegel des Prüfungsausschusses.)   (Name.)

Für Zeugnisse werden in Preußen staatliche Verwaltungsgebühren nicht erhoben. Vgl. S. 218.

Muster 3 (zu § 18 der Prüf.-Ordn. für Zahnärzte) betr. das Zeugnis über die Wiederholungsprüfung ist ähnlich einzurichten wie Muster 3 zu § 17 a. O. S. 75[1]; wegen der staatlichen Verwaltungsgebühren wie vor.

Muster 4 (zu § 26 der Prüf.-Ordn. für Zahnärzte) betr. den Praktikantenschein entspricht dem Muster 4 zu § 25 a. O., S. 94.

Muster 5 (zu § 54 der Prüf.-Ordn. für Zahnärzte) in der amtlichen Neufassung.

Nachdem der Kandidat der Zahnheilkunde . . . . geb. am . . . in . . . . am . . . . 19. . . . die zahnärztliche Prüfung vor dem Prüfungsausschuß in . . . . mit dem Urteil „ . . . ." bestanden hat, wird ihm hierdurch die Approbation als Zahnarzt mit der Geltung vom letztbezeichneten Tage ab für das Gebiet des Deutschen Reichs gemäß § 29 der Reichsgewerbeordnung erteilt.

    . . . . , den . . . . 19. . .

        (Siegel und Unterschrift der approbierenden Behörde.)
    Approbation
    für

. . . .

    als Zahnarzt.

---

   [1] Vordrucke werden den preußischen Prüfungsausschüssen von dem Ausschuß für die zahnärztliche Vorprüfung in Berlin C 2, Universität, unentgeltlich abgegeben (vgl. S. 229).

   [2] Tag der Beendigung der Prüfung.

Staatliche Verwaltungsgebühr in Preußen für die Approbation a) nach Ablegung der vorgeschriebenen Prüfungen 10 RM.; b) unter Befreiung von den vorgeschriebenen Prüfungen 30 bis 150 RM. Bei Reichsausländern wird das Fünffache der Sätze erhoben (vgl. S. 222).

X. Ausländer und ausländische Studien.

A. Behandlung von ausländischen Studierenden und Studiennachweisen.

Gesuche von Ausländern um Zulassung zu den preußischen Hoch-schulen sollen unmittelbar bei den Hochschulen eingereicht werden[1]. Die Paßstellen sind angewiesen, die Einreiseerlaubnis erst nach Ge-nehmigung des Gesuchs zu erteilen.

Zum Zwecke einer beschleunigten Erledigung der Gesuche habe ich in meinem Ministerium in Verbindung mit der bereits bestehenden Auskunftsstelle in Immatrikulationsangelegenheiten von Ausländern eine „Zentralstelle für das Studium der Ausländer in Preußen"[2] eingerichtet und dieser die Entscheidung über die Zu-lassung übertragen.

An die „Zentralstelle für das Studium der Ausländer" sind alle bei den Hochschulen eingehenden Gesuche von Ausländern nicht ge-sammelt, sondern in der Regel eine Woche nach ihrem Eingange weiter-zuleiten. Gesuche, die nach dem 1. Mai für das Sommerhalbjahr, nach dem 1. November für das Winterhalbjahr bei der Hochschule ein-gehen, sind den Absendern unter Hinweis auf den Ablauf der Be-werbungsfrist wieder zuzustellen und nur in besonderen Ausnahme-fällen der Zentralstelle zur Entscheidung vorzulegen.

Eine bestimmte Stellungnahme der Immatrikulationskommission zu den einzelnen Anträgen ist erwünscht; sie ist im Falle der Ablehnung näher zu begründen.

Zulassung zu
Studium.

---

[1] Den Gesuchen sind folgende Zeugnisse beizufügen:

1. Ein Zeugnis, das im Heimatstaate des Ausländers zum Hochschulstudium berechtigt und außerdem dem Reifezeugnis einer deutschen neunstufigen höheren Lehranstalt (Gymna-sium, Realgymnasium, Oberrealschule) gleichwertig ist. Es ist in Urschrift und in amtlich beglaubigter deutscher Übersetzung vorzulegen; kann die Urschrift ausnahmsweise nicht vorgelegt werden, ist eine eingehende Begründung erforderlich.
2. Der Nachweis über den Besitz ausreichender Kenntnisse in der deutschen Sprache. Dieser Nachweis kann auch durch Ablegung einer besonderen Prüfung erbracht werden.
3. Die Abgangszeugnisse der etwa schon besuchten anderen Universitäten und Hochschulen sowie die Zeugnisse über etwa erlangte akademische Grade.
4. Ein selbstgeschriebener Lebenslauf, in dem der Bildungsgang eingehend dargelegt ist.
5. Der Nachweis, daß die zum Studium erforderlichen Mittel vorhanden sind.
6. Unaufgezogenes Lichtbild für die Studentenkarte in Paßgröße.
   Auf Verlangen
7. von der Polizeibehörde des letzten Aufenthaltsortes ausgestellte Führungszeugnisse.

In dem Gesuch ist die Staatsangehörigkeit und das Studienfach anzugeben.

[2] Die Stelle ist mit der Auskunftsstelle in Immatrikulationsangelegenheiten von Ausländern, die als Zentralstelle für Deutschland tätig ist, vereinigt. Die Entscheidungen dieser unter der Leitung des Direktors Professors Dr. Remme stehenden Stelle erfolgen unter der Benennung „Zentral-stelle für das Studium der Ausländer in Preußen im Ministerium für Wissenschaft, Kunst und Volks-bildung". Von dem Genannten wird auch das „Akademische Auskunftsamt in Berlin" und das „Deutsche Institut für Ausländer an der Universität in Berlin" geleitet. Ein von ihm heraus-gegebenes reich illustriertes Werk: „Die Hochschulen Deutschlands", Ausgabe für Ausländer (Verlag des Akademischen Auskunftsamts in Berlin), 290 Seiten, bildet einen besonders Ausländern emp-fohlenen vortrefflichen Führer durch die verschiedenen Bildungsmöglichkeiten und akademischen Einrichtungen Deutschlands.

Einer Anregung folgend, bestimme ich ferner, daß Ausländer auch bei einem Wechsel der Hochschule die Genehmigung der Zentralstelle einzuholen haben. Dahingehende Anträge sind durch die Immatrikulationskommission der Hochschule, an der das Studium fortgesetzt werden soll, einzureichen.

Berlin, den 21. Februar 1922.

Der Preußische Minister für Wissenschaft, Kunst und Volksbildung.
U I 20193.

Mit Rücksicht darauf, daß ausländische Studierende nicht besser gestellt werden dürfen, als Inländer, und diese bei der Dauer des Lehrganges der deutschen höheren Schulen frühestens mit 18, nach Durchführung des Grundschulgesetzes erst mit 19 Jahren die Universität beziehen können, werden in Preußen, wie in anderen Staaten, z. B. in der Schweiz, Ausländer auch erst frühestens mit diesem Lebensalter zum Studium zugelassen. Eine vor Vollendung dieses Alters liegende Studienzeit wird auch für die Zulassung zu Prüfungen nicht angerechnet (M.V. I M Pr. 1086/25 —).

Ausländer, deren schulwissenschaftliche Vorbildung nicht für die Zulassung als ordentliche Studierende (zur Vollimmatrikulation) genügt, können mit Genehmigung der Zentralstelle für das Studium der Ausländer in Preußen im Ministerium für Wissenschaft, Kunst und Volksbildung in Berlin entweder auf vier Halbjahre (mit der kleinen Matrikel) bei der Philosophischen Fakultät oder als Gasthörer zugelassen werden und medizinische oder zahnärztliche Vorlesungen und Übungen belegen. Zu den ärztlichen oder zahnärztlichen Prüfungen können solche Ausländer aber nur zugelassen werden, wenn sie (evtl. nach) Ablegung einer Ergänzungsprüfung) vollimmatrikuliert sind. Über die Anrechnung eines Studiums mit der kleinen Matrikel oder von Hörsemestern auf die für die Zulassung zu den Prüfungen nachzuweisende Studienzeit vgl. S. 81 und über die Zulassung zum klinischen Studium vgl. S. 85.

Anerkennung
von Reisezeug-
nissen.Reisezeugnisse aus den vom Deutschen Reich abgetrennten Gebieten werden auf besonderen Antrag der Inhaber vom Ministerium für Wissenschaft, Kunst und Volksbildung für die Zulassung zum Studium durch einen unter das Zeugnis gesetzten Vermerk „als vollgültiges Reisezeugnis anerkannt"[1]. Diese Anerkennung gilt nur für die Zulassung zur Immatrikulation. Dadurch wird aber kein Anrecht auf die Zulassung zu den ärztlichen oder zahnärztlichen Prüfungen oder auf die Erteilung der deutschen Approbation erworben. Zur Anerkennung eines derartigen Reisezeugnisses als genügend im Sinne des § 6 Abs. 2 der Prüfungsordnungen für Ärzte und Zahnärzte bedarf es vielmehr der Genehmigung der nach diesen Prüfungsordnungen zuständigen obersten Landesbehörden (in Preußen Ministerium für Volkswohl-

---

An Stelle der Urschrift wird auf Wunsch eine in deutscher Sprache ausgefertigte amtlich beglaubigte Übersetzung mit dem Anerkennungsvermerk versehen.

fahrt) und der Zustimmung des Reichsministeriums des Innern. Bei Erteilung der letzteren Genehmigung wird auch die Frage, ob der Betreffende auf die deutsche Approbation rechnen kann, geregelt. Es empfiehlt sich deshalb, bei Einholung dieser Genehmigung entsprechende Anträge zu stellen.

Im Auslande bestehen folgende zur Hochschulreife führende deutsche höhere Lehranstalten (Zentralblatt für das Deutsche Reich 1927 S. 502):

1. Oberrealschule des Deutschen Schulvereins in Barcelona,
2. Reichsdeutsche Schule (Oberrealschule) in Budapest,
3. Belgranoschule (Oberrealschule) in Buenos Aires,
4. Fridericianum (Gymnasium und Oberrealschule) in Davos,
5. Deutsches Realgymnasium und Oberrealschule im Haag,
6. Deutsche Schule (Oberrealschule) in Madrid,
7. Deutsche Oberrealschule in Mexiko (Stadt),
8. Deutsche Oberrealschule in Rotterdam und
9. Studienanstalt (Gymnasium) in St. Ludwig-Plobrop.

Zwischen dem österreichischen Bundesministerium für Inneres und Unterricht und den Unterrichtsverwaltungen der deutschen Länder sind folgende Erklärungen ausgetauscht worden:

Österreichische
Vorbildungs-
und Studien-
nachweise.

„In der Österreichischen Republik gewähren hinsichtlich der Zulassung zu den Hochschulstudien als ordentliche Studierende die Reifezeugnisse der deutschen Gymnasien und Realgymnasien dieselben Berechtigungen, wie die der gleichartigen österreichischen Anstalten (Gymnasien und Realgymnasien) und die Reifezeugnisse der deutschen Oberrealschulen dieselben Berechtigungen wie die der österreichischen Realschulen. Wer das Reifezeugnis einer deutschen Oberrealschule mit dem Nachweis über eine Prüfung aus Latein oder einen sonstigen Ausweis über gleichartige Kenntnisse aus Latein erbringt, erhält die Berechtigungen, die mit dem Reifezeugnis eines österreichischen Realgymnasiums verbunden sind. Wer das Reifezeugnis einer deutschen Oberrealschule ohne einen Nachweis über Kenntnisse aus Latein besitzt, erhält die Berechtigungen, die mit dem Reifezeugnis eines österreichischen Realgymnasiums verbunden sind, zwar hinsichtlich der Zulassung als ordentlicher Hörer, kann aber zu den Prüfungen erst zugelassen werden, wenn er den entsprechenden Nachweis über Kenntnisse aus Latein erbringt.

Als Gymnasien, Realgymnasien und Oberrealschulen im Sinne dieser Bestimmungen gelten auch die gleichartigen deutschen Lehranstalten für die weibliche Jugend.“

„In Deutschland werden hinsichtlich der Zulassung zu den Hochschulstudien als vollberechtigte Studierende die Reifezeugnisse der staatlichen und der mit den Öffentlichkeitsrechte beliehenen nichtstaatlichen österreichischen Gymnasien und Realgymnasien (Reformrealgymnasien) für Knaben und Mädchen ebenso bewertet, wie der deutschen Gymnasien und Realgymnasien. Reifezeugnisse der österreichischen Realschulen gewähren in Deutschland dieselben Berechtigungen wie in der österreichischen Republik. Soweit in Deutschland besondere Prüfungen eingerichtet sind, durch deren Bestehen die Inhaber des Reifezeugnisses eines Realgymnasiums oder einer Oberrealschule die mit dem Reifezeugnis eines Gymnasiums oder Realgymnasiums verbundenen Rechte erwerben, hat der Inhaber eines Reifezeugnisses eines österreichischen Realgymnasiums oder einer österreichischen Realschule sich gegebenenfalls einer solchen Prüfung zu unterziehen.

Die Bestimmung im Absatz 5 der Vereinbarung der Bundesregierungen über die gegenseitige Anerkennung der Reifezeugnisse vom Jahre 1909[1] findet entsprechende Anwendung."

Diese Vereinbarung bezieht sich nur auf die Zulassung zu den Hochschulstudien, nicht auf die Zulassung zu den Prüfungen. Für ihre Durchführung ist folgendes zu beachten:

1. Die Zulassung zur Immatrikulation von österreichischen Studierenden an den Universitäten erfolgt wie bei den Deutschen von nun an unmittelbar durch die Hochschulen. Die Genehmigung des Ministeriums im einzelnen Falle ist nicht mehr erforderlich.

2. Als Österreicher im Sinne der Vereinbarung gelten alle, die das Reifezeugnis einer staatlichen oder mit dem Öffentlichkeitsrecht beliehenen privaten Mittelschule (Gymnasium, Realgymnasium, Reformrealgymnasium, Realschule) des gegenwärtigen österreichischen Bundesgebietes besitzen und sich über den Besitz des österreichischen Bürgerrechts ausweisen können. Die einseitige Staatsbürgerschaftserklärung genügt nicht, ebensowenig die Option, solange sie nicht ausdrücklich von seiten des Staates angenommen ist.

3. Das Reifezeugnis eines Gymnasiums berechtigt in Österreich zum Besuche der Universität in allen Fakultäten als ordentlicher Hörer (vollimmatrikulierter Studierender). Die Reifezeugnisse der Realgymnasien und Reformrealgymnasien berechtigen zum Studium in den weltlichen Fakultäten der Universitäten und zum Besuch der anderen Hochschulen. Die Reifezeugnisse der Realschulen gewähren nicht vorstehende Berechtigung; durch eine Ergänzungsprüfung in Latein, Griechisch und philosophischer Propädeutik können Realschulabiturienten aber die Berechtigung eines Gymnasialreifezeugnisses, durch eine Ergänzungsprüfung in Latein und philosophischer Propädeutik die Berechtigungen eines Realgymnasialreifezeugnisses erlangen; diese im Umfange der gymnasialen Anforderungen abzuhaltenden Ergänzungsprüfungen können nicht vor Ablauf eines Jahres nach Erlangung des Reifezeugnisses der siebenklassigen Realschule abgelegt werden; die etwa früher als außerordentlicher Hörer zurückgelegten Halbjahre sind für das Studium nicht anrechenbar.

In Preußen können Inhaber des Reifezeugnisses der siebenklassigen Realschule den Zutritt zur Universität erst dann erhalten, wenn sie die in ihrer Heimat geltenden Bedingungen erfüllt haben. Wird die Er-

---

[1] Jetzt gilt die Vereinbarung der Landesregierungen vom 19. 12. 22/31. 3. 25 (Reichsministerialblatt 1923 S. 18, 1925 S. 263).

gänzungsprüfung in Preußen abgelegt, so kann von der Prüfung in philosophischer Propädeutik abgesehen werden. Bis zur Ablegung der Ergänzungsprüfung sind Realschulabiturienten wie in Österreich (außerordentliche Hörer) nur auf vier Halbjahre (kleine Matrikel) in der philosophischen, naturwissenschaftlichen, wirtschafts= und sozialwissenschaftlichen Fakultät zuzulassen.

4. Für die Immatrikulation von Absolventen anderer österreichischer Lehranstalten wie der Handelsakademien, der Gewerbeakademien usw. ist wie bisher meine Genehmigung einzuholen.

Berlin, den 8. April 1922.

Der Preußische Minister für Wissenschaft, Kunst und Volksbildung.
U I 21713.

Für die Zulassung zu den ärztlichen und zahnärztlichen Vorprüfungen und Prüfungen in Preußen können Reifezeugnisse der österreichischen höheren Lehranstalten, die nach den geltenden Bestimmungen zum Vollstudium an reichsdeutschen Universitäten berechtigen, künftig von mir von Fall zu Fall als genügend im Sinne der Bestimmungen der Prüfungsordnungen für Ärzte und Zahnärzte angesehen werden, ohne daß jedesmal die Mitentschließung des Reichsministeriums des Innern herbeigeführt wird.

Bei der Durchführung dieser Maßnahme werde ich

1. Ausländer mit österreichischen Reifezeugnissen darauf hinweisen, daß sie durch die Ablegung der Prüfungen ein Anrecht auf spätere Erteilung der Approbation für das Gebiet des Deutschen Reiches nicht erwerben[1] und

2. die Zulassung Reichsdeutscher mit österreichischen Reifezeugnissen zu Prüfungen von der Beibringung eines Nachweises darüber abhängig machen, daß sie durch zwingende äußere Gründe veranlaßt waren, ihre schulwissenschaftliche Vorbildung in Österreich zu erwerben.

Hiernach ersuche ich, mir, wie bisher, die entsprechenden Anträge zur Genehmigung einzureichen.

Berlin, den 4. November 1922.

Der Preußische Minister für Volkswohlfahrt.
I M V gen. 370 II.

Das österreichische erste medizinische Rigorosum kann bei der Zulassung zur ärztlichen Prüfung mit ministerieller Genehmigung in Übereinstimmung mit dem Reichsministerium des Innern bis auf weiteres ausnahmsweise an Stelle der ärztlichen Vorprüfung anerkannt werden, wobei gegebenenfalls vor Eintritt in die ärztliche Prüfung eine Nachholung der Vorprüfung in den Fächern Zoologie und Botanik in Betracht kommt. Die Entscheidung über derartige Gesuche kann jedoch

---

[1] Verzichterklärung erforderlich (vgl. S. 198).

13*

nur von Fall zu Fall getroffen werden, und zwar würde bei Aus=
ländern die genannte Ausnahme nur unter der Voraussetzung zu=
gelassen werden, daß sie dadurch einen Anspruch auf die spätere
Erteilung der Approbation nicht erlangen. (R.E. 15. 5. 22 —
II 2963 A).

Wegen Anrechnung medizinischer Studien an österreichischen Uni=
versitäten und der während dieser Studien erledigten Vorlesungen und
Übungen vgl. S. 80 und 198.

Zulassung zum klinischen Studium. Unter Bezugnahme auf den Erlaß vom 22. 8. 96 — U I 1211 M[1]
bestimme ich im Einvernehmen mit dem Herrn Minister für Volks=
wohlfahrt hinsichtlich der Zulassung von medizinstudierenden Aus=
ländern zu klinischen Vorlesungen und Übungen auf Grund einer im
Auslande abgelegten Vorprüfung das Folgende:

Die Bestimmung, wonach Studierende zum Praktizieren in den
Universitätskliniken und Polikliniken erst dann zugelassen werden dürfen,
wenn sie die ärztliche Vorprüfung innerhalb des Deutschen Reiches
oder eine entsprechende Prüfung im Auslande vollständig, d. h. in
Anatomie, Physiologie, Physik, Chemie, Zoologie und Botanik be=
standen haben, bleibt bestehen. Alle Anträge auf Zulassung zum kli=
nischen Studium seitens der Studierenden, die die ärztliche Vor=
prüfung nicht in Deutschland abgelegt haben, sind mir unter Beifügung
des Reifezeugnisses und der Studiennachweise, insbesondere der Uni=
versitätsabgangszeugnisse, des Anmeldebuchs und des Nachweises über
die im Auslande bestandene Vorprüfung, vorzulegen. Die Entscheidung
wird von mir im Einvernehmen mit dem Herrn Minister für Volkswohl=
fahrt getroffen. Ausgenommen von dieser Vorschrift sind die Anträge
der Ausländer, die das erste medizinische Rigorosum in Österreich voll=
ständig, d. h. in Anatonie, Histologie, Physiologie, Physik, Chemie
und Biologie, bestanden haben. Über diese Anträge entscheidet die
Immatrikulationskommission selbständig. Gegen die Zulassung dieser
Studierenden bestehen keine Bedenken, wenn sie das klinische Studium
an ausländischen Universitäten bereits begonnen haben und durch Be=
scheinungen der Laboratoriumsvorstände bzw. Übungsleiter nach=
weisen, daß sie sich auch praktisch ausreichend mit Chemie, Physio=
logie, Mikroskopie, Zoologie und Botanik beschäftigt haben. Die Zu=
lassung zum klinischen Studium hat jedoch jedesmal unter der Voraus=
setzung zu erfolgen, daß hierdurch ein Anrecht auf spätere Zulassung
zur ärztlichen Prüfung und zum Praktischen Jahr sowie auf Erteilung
der Approbation als Arzt für das Gebiet des Deutschen Reiches nicht
erworben wird. Bei den Entscheidungen ist dem Vorsitzenden des
ärztlichen Vorprüfungsausschusses Gelegenheit zur vorherigen Stellung=
nahme zu geben. Falls einzelne Fächer des österreichischen ersten
medizinischen Rigorosums nicht bestanden sind, ist vor Zulassung des
Studierenden zum klinischen Studium unter Einreichung des Reife=

---

[1] Vgl. S. 86.

zeugnisses sowie der vorerwähnten Studiennachweise (Universitätsabgangszeugnisse usw.) und Bescheinigungen der Laboratoriumsvorstände usw. meine Entscheidung herbeizuführen.

Berlin, den 22. Juni 1923.

Der Preußische Minister für Wissenschaft, Kunst und Volksbildung
U I 1564.

Ausländer, welche zum Praktizieren in den Universitätskliniken und
-polikliniken zugelassen werden sollen, haben — ebenso wie die Inländer (vgl. S. 86) — durch einen Vermerk im Anmeldebuch den
Nachweis zu führen, daß sie die ärztliche Vorprüfung bestanden haben.
Ist diese an einer deutschen Universität abgelegt, so regelt sich die Eintragung des Vermerks im Anmeldebuch nach den Bestimmungen des
Erlasses K.M. v. 4. 9. 03 — U I 2077/02 M — (S. 86). Handelt es
sich dagegen um ein ausländisches Examen, so hat der Dekan zu prüfen,
ob dessen Gleichwertigkeit mit der Vorprüfung nachgewiesen ist, und den
Vermerk im Anmeldebuch einzutragen (K.M. 13. 9. 13 — U I 1291).

Alle Ausländer, welche für die Meldung zur Vorprüfung oder
Prüfung die Anerkennung eines ausländischen Reifezeugnisses oder
die Genehmigung anderer Ausnahmen von den Prüfungsordnungen
für Ärzte und Zahnärzte wünschen, oder, wenn sämtliche Bedingungen
der Prüfungsordnungen erfüllt sind, zur Vorprüfung oder Prüfung
zugelassen werden möchten, müssen rechtzeitig — möglichst zwei Monate
vor der betr. Prüfung — die ministerielle Genehmigung nachsuchen.

Dieser Genehmigung bedürfen sämtliche Zulassungsgesuche von Ausländern ohne Rücksicht darauf, ob sie die Bedingungen der Prüfungsordnungen für Ärzte und Zahnärzte erfüllen oder nicht (M.W. 12. 1. 24 —
I M V 73 I).

Solchen Anträgen, die in Preußen an den Minister für Volkswohlfahrt zu richten sind, sind beizufügen (und zwar in Urschrift sowie —
bei fremdsprachigen Zeugnissen — in beglaubigter deutscher Übersetzung):

1. das Schulreifezeugnis nebst Lateinnachweis (vgl. die besondere
   Bestimmung S. 199),
2. sämtliche Studiennachweise (Universitätsabgangszeugnisse, Anmeldebuch und die bisher erworbenen Praktikantenscheine),
3. Lebenslauf,
4. — bei der Meldung zur ärztlichen oder zahnärztlichen Prüfung —
   die sonstigen vorgeschriebenen Unterlagen (vgl. die Vordrucke
   S. 90 und 188).

Bei der Zulassung zu den Prüfungen werden die Reifezeugnisse,
soweit sie für die Zulassung zum Studium als genügend befunden
worden sind, in der Regel auch für die Zulassung zu den Prüfungen
als hinreichend anerkannt[1] und Ausnahmen von den Bestimmungen
der Prüfungsordnungen nach Möglichkeit bewilligt.

---

[1] Die Anerkennung eines ausländischen Reifezeugnisses als genügend für die Zulassung zu
einer Prüfung gilt nur für diese selbst, nicht etwa auch für die Erlangung der deutschen Approbation.

Reichsausländer, die nicht sämtliche Bedingungen der Prüfungsordnungen für Ärzte und Zahnärzte erfüllen (reichsdeutsches Reifezeugnis, reichsdeutsches Studium), werden zur ärztlichen und zahnärztlichen Vorprüfung und zum klinischen Studium[1] unter ausnahmsweiser Anerkennung der ausländischen Vorbildungsnachweise mit dem Vorbehalt zugelassen, daß ein Anrecht auf spätere Zulassung zur ärztlichen und zahnärztlichen Prüfung und zum Praktischen Jahr der Mediziner sowie auf Erteilung der deutschen Approbation nicht erworben wird. Dadurch soll jedoch die Zulassung von Reichsausländern zur ärztlichen und zahnärztlichen Prüfung nicht grundsätzlich abgelehnt, vielmehr von Fall zu Fall entschieden werden.

Die Ablegung der ärztlichen oder zahnärztlichen Prüfung wird Reichsausländern, die nicht die Zulassungsbedingungen der Prüfungsordnungen erfüllen (reichsdeutsches Reifezeugnis, reichsdeutsches Studium, reichsdeutsche ärztliche oder zahnärztliche Vorprüfung usw.) nur ausnahmsweise und grundsätzlich nur mit dem Vorbehalt gestattet, daß daraus kein Anrecht auf Erteilung der deutschen Approbation auch für den Fall der Erlangung der deutschen Reichsangehörigkeit hergeleitet, vielmehr nur eine Bescheinigung über das Prüfungsergebnis ausgestellt wird[2]. Diese Ausländer haben auch bei der Meldung zur ärztlichen oder zahnärztlichen Prüfung eine unterschriftlich vollzogene Erklärung beizubringen, wonach sie auf die deutsche Approbation auch für den Fall der etwaigen späteren Erlangung der deutschen Reichsangehörigkeit verzichten[3]. Vgl. auch M.V. 12. 1. 24 — I M V 73 I S. 207. Nach vollständig bestandener Prüfung wird den Ausländern eine Bescheinigung hierüber erteilt[4].

Anrechnung ausl. Studien u. Prüfungen. Für die Anrechnung von ausländischen Studien und Prüfungen bei Ablegung der deutschen ärztlichen und zahnärztlichen Prüfungen gilt in der Regel folgendes:

Kandidaten, die auf die deutsche Approbation rechnen, haben ihre vollständigen Studien und Prüfungen in der Regel an reichsdeutschen Universitäten zu erledigen[5]. Kandidaten, die ein Anrecht auf die deutsche

---

[1] Voraussetzung für die Zulassung zum klinischen Studium ist die Beibringung des vorgeschriebenen Lateinnachweises (§ 6 der Prüfungsordnungen für Ärzte und Zahnärzte sowie die besondere Bestimmung S. 199) und des Zeugnisses über die vollständig bestandene Vorprüfung in den vorgeschriebenen Fächern (Anatomie, Physiologie, Physik, Chemie, Zoologie und Botanik nach der Prüfungsordnung für Ärzte bzw. Anatomie, Physiologie, Physik, Chemie und Zahnersatzkunde nach der Prüfungsordnung für Zahnärzte).

[2] Dieser Vorbehalt verliert durch eine etwaige nachträgliche Einbürgerung nicht seine Wirksamkeit (R.J. II 457/24, M.B. I M Pr. 496/24).

[3] Wortlaut: Verzichterklärung. Ich verzichte hiermit auf die Erteilung der deutschen Approbation als Arzt — Zahnarzt —, auch für den Fall, daß ich die deutsche Reichsangehörigkeit erlangen sollte (Datum, Unterschrift).
Vordrucke werden den preußischen Prüfungsausschüssen von den Ausschüssen für die ärztliche und die zahnärztliche Prüfung in Berlin W 8, Leipziger Str. 3, unentgeltlich abgegeben (vgl. S. 230

[4] An Stelle der Bescheinigung über die bestandene Prüfung wird Ausländern auf besonderen Antrag ein Prüfungszeugnis unter Aufführung der in den einzelnen Prüfungsabschnitten erzielten Urteile vom Ministerium ausgestellt.

[5] Im allgemeinen ist es bedenklich, ein an einer Universität mit fremder Unterrichtssprache zurückgelegtes Studium Deutschen, die diese Sprache nicht vollkommen beherrschen, anzurechnen, weil sie mindestens zu Anfang mit Sprachschwierigkeiten zu kämpfen haben und deshalb die Studienzeit nicht in der gewünschten Weise ausnutzen können. Gegen die Zurücklegung von ein oder zwei Studienhalbjahren an ausländischen Universitäten mit deutscher Unterrichtssprache bestehen keine Bedenken.

Approbation nicht besitzen, wird von einem ausländischen Studium an einer der deutschen gleichwertigen Hochschule die vorklinische Studienzeit (einschließlich der Praktikantenscheine) und die klinische Studienzeit auf das inländische Studium soweit als möglich angerechnet[1]. Die in den Prüfungsordnungen für die Meldung zur ärztlichen oder zahnärztlichen Prüfung vorgeschriebenen klinischen Praktikantenscheine sind von solchen Kandidaten bei einer Meldung zur ärztlichen oder zahnärztlichen Prüfung aber möglichst von reichsdeutschen Universitäten beizubringen. Wegen Anrechnung einer ausländischen ärztlichen oder zahnärztlichen Vorprüfung vgl. § 22 Abs. 3 a. O., § 23 Abs. 3 n. O., § 23 Abs. 3 der Prüf.-Ord. für Zahnärzte und S. 20 Anm. 1 und S. 176 Anm. 13. Auf die ärztliche und zahnärztliche Prüfung werden anderweitige oder ausländische Prüfungen ganz oder teilweise nicht angerechnet. (Vgl. im übrigen den besonderen Abschnitt S. 76.)

Nach § 6 der Prüfungsordnungen für Ärzte und Zahnärzte ist der Meldung zur ärztlichen oder zahnärztlichen Vorprüfung das Zeugnis der Reife von einem deutschen Gymnasium, einem deutschen Realgymnasium oder einer deutschen Oberrealschule beizufügen. Inhaber des Reifezeugnisses einer Oberrealschule haben nachzuweisen, daß sie in der lateinischen Sprache die Kenntnisse besitzen, die für die Versetzung nach Obersekunda eines Realgymnasiums erforderlich sind. Als Nachweis hierfür dient entweder ein mindestens genügendes Prädikat im Lateinischen im Reifezeugnis einer Oberrealschule mit wahlfreiem lateinischen Unterricht oder ein auf Grund einer Prüfung ausgestelltes Zeugnis des Leiters eines deutschen Gymnasiums oder Realgymnasiums.

Lateinnachwei

Studierende der Medizin und der Zahnheilkunde, die auf Grund von ausländischen Schulreifezeugnissen immatrikuliert worden sind, welche einen Lateinnachweis nicht enthalten, sind ebenso zu behandeln, wie Inhaber von Reifezeugnissen deutscher Oberrealschulen. Diese Studierenden müssen den Lateinnachweis vor der Meldung zur ärztlichen oder zahnärztlichen Vorprüfung durch eine Lateinprüfung an einem Gymnasium oder Realgymnasium innerhalb des Deutschen Reiches (bei Reichsausländern evtl. auch an einer gleichwertigen Lehranstalt in ihrer Heimat) erwerben[2].

Zeugnisse über die Teilnahme an Lateinkursen an den Universitäten gelten nicht als ausreichende Lateinnachweise im Sinne des § 6 der Prüfungsordnungen für Ärzte und Zahnärzte. Ausnahmen hiervon sind nur Kriegsteilnehmern gestattet worden[3].

Ausländische Kandidaten der Medizin und der Zahnheilkunde, die bereits außerhalb des Deutschen Reiches eine ärztliche oder zahnärzt-

---

[1] Die Entscheidung über die Anrechnung erfolgt in der Regel erst, wenn sich der Studienverlauf bis zur Prüfung übersehen läßt, lso in der Regel erst kurz vor der Meldung zur Prüfung.

[2] Der Lateinnachweis wird in Preußen nicht gestundet. Als genügender Lateinnachweis gilt in der Regel auch ein Zeugnis des deutschen Instituts für Ausländer an der Universität in Berlin über eine bestandene Prüfung über Kenntnisse in Latein, die für die Versetzung nach Obersekunda eines reichsdeutschen Realgymnasiums erforderlich sind.

[3] Vgl. S. 8 Anm. 4.

liche Vorprüfung bestanden haben und zu klinischen Vorlesungen an preußischen Universitäten zugelassen werden möchten, haben den Lateinnachweis ihrem Immatrikulationsgesuche beizufügen.

(K.M. 4. 8. 23 — U I 1451, M.B. 28. 8. 23 — I M V 2448.)

Approbation. Ausländern, welche sämtlichen Bedingungen der Prüfungsordnungen entsprechen (reichsdeutsches Reifezeugnis[1], anschließend Studium an reichsdeutschen Universitäten, reichsdeutsche ärztliche oder zahnärztliche Vorprüfung usw.), wird die Zulassung zu den Prüfungen ohne Vorbehalt genehmigt und die Approbation nach bestandener ärztlicher oder zahnärztlicher Prüfung und Ableistung des Praktischen Jahres erteilt; denn nach dem in § 1 der Reichsgewerbeordnung aufgestellten Grundsatz der Gewerbefreiheit, welcher auch in § 29 dieser Gewerbeordnung[2] bezüglich der Ärzte und Zahnärzte nicht nach der Richtung der Staatsangehörigkeit eingeschränkt wurde, ist eine unterschiedliche Behandlung solcher Ausländer gegenüber den Reichsdeutschen nicht begründet. Diese Ausländer brauchen auch nicht auf die spätere Erlangung der deutschen Approbation vor der Zulassung zu den Prüfungen zu verzichten[3].

Wird aber für die eine oder andere Zulassungsbedingung Dispens in Anspruch genommen, so kann zwar die Zulassung zu den Prüfungen genehmigt, danach aber nicht die Genehmigung zum Eintritt in das Praktische Jahr und die Approbation als Arzt oder als Zahnarzt, sondern nur ein Ausweis über das Prüfungsergebnis erteilt werden[4].

Promotion. Ausländern, denen für ihre spätere Tätigkeit im Ausland der Nachweis einer in Deutschland erworbenen medizinischen usw. Ausbildung bzw. der Besitz des in Deutschland erworbenen Doktortitels von Wert ist, die aber die Zulassung zur ärztlichen oder zahnärztlichen Prüfung nicht anstreben, ist an einzelnen deutschen Universitäten die Möglichkeit einer Ausländerpromotion gegeben (vgl. Teil XII, S. 234).

Eine derartige Promotionsprüfung auf Grund der Promotionsordnung der Medizinischen Fakultät, die für die Meldung zuständig ist, ist jedoch von einer ärztlichen oder zahnärztlichen Prüfung auf Grund der Prüfungsordnungen für Ärzte und Zahnärzte vor dem ärztlichen oder zahnärztlichen Prüfungsausschuß grundsätzlich verschieden und kann daher auch niemals zu entsprechenden Folgerungen führen.

(R.J. 6. 12. 20 — II A 8219).

---

[1] Als deutsches Reifezeugnis im Sinne dieser Berechtigungen gilt nicht ein Zeugnis über eine in Deutschland (z. B. an einer höheren Lehranstalt, dem deutschen Institut für Ausländer an der Universität Berlin usw.) bestandene Ergänzungsprüfung zu einem ausländischen Reifezeugnis.

[2] Wortlaut S. 164.

[3] Dieses Verfahren wird seit Einführung der Gewerbeordnung (1869) durchgeführt. (Vorher war nach der Preuß. Allgemeinen Gewerbeordnung v. 17. 1. 45 (§ 18) die Erteilung der Approbation an die preuß. Staatsangehörigkeit geknüpft.)

Grundsätzlich erwirbt aber ein Ausländer nach der RGO. einen Anspruch auf Erteilung der Approbation als Arzt oder als Zahnarzt auch dann nicht, wenn er im übrigen die Voraussetzungen hierfür erfüllt hat (R.J. 20. 12. 18 — II 8719 — M 19038/18).

[4] Vgl. § 2 Abs. 1 der Prüfungsordnungen.

B. Behandlung von im Auslande erworbenen medizinischen Diplomen.

Die Anerkennung eines im Auslande erworbenen Arzt=(Zahnarzt=) Diploms als Ersatz der deutschen Approbation ist nicht angängig[1].

In der Regel wird die deutsche Approbation als Arzt oder als Zahnarzt ohne Rücksicht auf die Staatsangehörigkeit jedem erteilt, der die Bedingungen der Prüfungsordnungen erfüllt[2]. Sobald Reichsausländer diesen Bedingungen der Prüfungsordnungen nicht entsprechen, besteht kein Anrecht auf die deutsche Approbation auch dann nicht, wenn sie noch die deutsche ärztliche oder zahnärztliche Prüfung ablegen und eingebürgert werden[3].

Nur ausnahmsweise kommt in solchen Fällen beim Vorliegen besonderer Umstände die Erteilung der deutschen Approbation in Frage jedoch erst nach Ablegung der ärztlichen oder zahnärztlichen Prüfung vor einem reichsdeutschen Prüfungsausschuß und nach erfolgter Einbürgerung[4].

Entsprechenden Gesuchen[5] sind die für die Meldung zur ärztlichen oder zahnärztlichen Prüfung vorgeschriebenen Unterlagen (vgl. Muster S. 90 und 188) ferner Lebenslauf, Arzt=(Zahnarzt=)Diplom, Zeugnisse über die bisherige medizinische oder zahnärztliche Tätigkeit, Geburts= urkunde, polizeiliches Führungszeugnis und Ausweis über Staats= angehörigkeit oder Einbürgerungsurkunde beizufügen.

Eine Möglichkeit, einem im Auslande Approbierten die deutsche Approbation als Arzt oder als Zahnarzt ohne weiteres (d. h. ohne Ablegung der deutschen ärztlichen oder zahnärztlichen Prüfung und ohne Ableistung des Praktischen Jahres) zu erteilen, ist nach § 29 Abs. 4 RGO. und der Bekanntmachung des Bundeskanzlers vom 9. 12. 69 (BGBl. S. 687) gegeben jedoch nur, wenn wissenschaftlich erprobte Leistungen vorliegen und der Gesuchsteller nachweist, daß ihm von seiten eines deutschen Staates oder einer Gemeinde amtliche Verrichtungen übertragen werden sollen. (Näheres hierüber S. 167.)

Mit dem Approbationsgesuch[6] sind in solchen Fällen beizubringen: Lebenslauf, Reifezeugnis, Studiennachweise, Prüfungszeugnisse, Doktor= und Arzt=(Zahnarzt=)Diplom, Zeugnisse über die bisherige medizinische oder zahnärztliche Tätigkeit, wissenschaftliche Arbeiten nebst Verzeichnis dieser Arbeiten (mit Angabe von Ort, Verlag und Zeit der

---

[1] Irgendwelche Abkommen mit ausländischen Staaten wegen gegenseitiger Anerkennung der Approbationen bestehen nicht. Auf diesem Gebiete sind nur Verträge zwischen dem Deutschen Reiche und den Nachbarländern wegen Ausübung der Heilkunde in den Grenzgebieten abgeschlossen worden.

[2] Die Bedingungen der Prüfungsordnungen gelten als erfüllt, wenn das Schulreifezeugnis an einer reichsdeutschen höheren Lehranstalt erworben, das Studium an reichsdeutschen Universitäten zurückgelegt, die Vorprüfung und Prüfung vor reichsdeutschen Prüfungsausschüssen bestanden und überhaupt keine Ausnahmebewilligung benötigt ist.

[3] Auch die etwaige nachträgliche Ablegung der deutschen Reifeprüfung würde allein noch nicht genügen, um die deutsche Approbation zu erlangen. Nach Erwerbung des deutschen Reifezeugnisses müßte man vielmehr noch an deutschen Universitäten Medizin studieren und die beiden ärztlichen oder zahnärztlichen Prüfungen ablegen auch das vorgeschriebene Praktische Jahr ableisten.

[4] Hier handelt es sich meistens um aus ihrer Heimat verdrängte deutschstämmige Personen.

[5] Gesuche sind an die für die Erteilung der Approbation zuständige oberste Landesbehörde (S. 4 Anm. 3 S 5 Anm. 1) zu richten, in deren Gebiet der Antragsteller seinen ständigen Wohnsitz hat.

Veröffentlichung), polizeiliches Führungszeugnis, Geburtsurkunde, Ausweis über Staatsangehörigkeit oder Einbürgerungsurkunde und Nachweis darüber, daß dem Antragsteller von seiten eines Staates oder einer Gemeinde amtliche Verrichtungen übertragen werden sollen.

Wegen der Genehmigung zur Führung eines im Auslande erworbenen medizinischen oder zahnmedizinischen Doktortitels vgl. S. 249.

C. Ausübung der Heilkunde seitens ausländischer Heilkundiger ohne deutsche Approbation.

Beschränkungen. Die Ausübung der Heilkunde ist in Deutschland ein freier Beruf. Die ausländischen Heilkundigen sind daher reichsgesetzlich nicht gehindert, ihren Beruf im Deutschen Reich auszuüben. Auch können sich Ausländer ohne deutsche Approbation an Krankenanstalten im Reichsgebiet medizinisch ausbilden und betätigen. Für Nichtapprobierte bestehen jedoch hierbei reichsgesetzliche Beschränkungen. Diese beziehen sich aber hauptsächlich auf die Titelführung, die Verordnung von starkwirkenden Arzneien usw., nicht jedoch auf die Heilbehandlung im allgemeinen (z. B. auch nicht auf Eingriffe), die im Reichsgebiet freigegeben ist. Näheres hierüber S. 243ff. Zur Ausübung der Heilkunde (Zahnheilkunde) mit dem Titel Arzt (Zahnarzt) bedarf es in Deutschland der deutschen Approbation als Arzt (Zahnarzt).

Im Auslande Approbierte ohne deutsche Approbation dürfen nach § 29 der RGO. (S. 164) nicht als Hilfsärzte in einer staatlichen oder kommunalen Krankenanstalt angestellt werden (K.M. 1. 11. 06 — M 19567 — M.Bl. S. 462)[1]. Bei Anstellung eines solchen als einzige ärztliche Hilfskraft in einer privaten Krankenanstalt kann für diese unter Umständen die Ermächtigung zur Annahme von Medizinalpraktikanten nicht aufrechterhalten werden (M.F. 22. 4. 11 — M 17375).

Stellung und Bezeichnung. Im Auslande Approbierte ohne deutsche Approbation dürfen in Krankenanstalten nur als Intern- oder Volontärassistenten beschäftigt werden, aber nicht selbständig ordinieren und keine stark wirkenden Arzneimittel verschreiben. Ihre Bezeichnung als Hilfsarzt oder Assistenzarzt oder eine solche ähnlicher Art ist auch nicht angängig (vgl. § 147 RGO. S. 247). Sie können aber auf ihren Antrag als Hilfspersonen im Sinne des § 122 der RVO.[2] zur Kassenpraxis zu-

---

[1] Dieser Erlaß bezieht sich nicht auf andere (z. B. private) Krankenanstalten, auch nicht auf solche Heilkundigen, welche nicht selbständig ordinieren und demnach mit ärztlichen Funktionen nicht betraut werden (K.M. 29. 12. 06 — M 20122).

Bei der Annahme von Bewerbern um Assistentenstellen an den Universitäts-Polikliniken werden diejenigen Mediziner, die sich nicht im Besitze der Approbation als Arzt (Zahnarzt) für das Deutsche Reich befinden, nur „mit der Verwaltung der Assistentenstelle" beauftragt, um so den Ausdruck „Annahme als Assistenzarzt" zu vermeiden. Außerdem wird einem solchen Nichtapprobierten ausdrücklich eröffnet, daß er durch die Übertragung der Verwaltung der Assistentenstelle weder die preußische Staatsangehörigkeit noch die Beamteneigenschaft erlangt, ebenso damit weder die Berechtigung, in Deutschland den medizinischen (zahnärztlichen) Doktortitel zu führen, sich Arzt (Zahnarzt) zu nennen und ärztliche (zahnärztliche) Praxis zu treiben, noch auch ein Anrecht auf spätere Erteilung der ärztlichen (zahnärztlichen) Approbation für das Deutsche Reich erwirbt.

[2] Wortlaut S. 244 Anm. 3.

gelassen, und es kann ihnen gemäß Abs. 2 dieser Vorschrift gestattet werden, Kassenmitglieder selbständig zu behandeln.

Wegen Führung eines deutschen oder ausländischen Doktortitels vgl. S. 246 ff.

XI. Geschäftliches für die preußischen Prüfungsausschüsse

A. Zuständigkeitsverhältnisse.

Die Obliegenheiten der Prüfungsausschüsse im allgemeinen regelt *Aufgaben.*
1. die Prüfungsordnung für Ärzte
   a) für den Vorprüfungsausschuß in §§ 3—5, § 7 Abs. 1, §§ 10—18 a. O., §§ 3—5, § 7 Abs. 1, §§ 10—19 n. O.
   b) für den Prüfungsausschuß in § 20, §§ 28—58 a. O., § 21, §§ 29—62 n. O.
2. die Prüfungsordnung für Zahnärzte
   a) für den Vorprüfungsausschuß in §§ 3—5, §§ 10—19,
   b) für den Prüfungsausschuß in § 21, §§ 29—53.

Die Vorsitzenden der Ausschüsse für die ärztliche und die zahnärzt= *Selbständige* liche Vorprüfung entscheiden selbständig: *Entscheidung*
1. in den Fällen, in denen ihnen die Entscheidung in den Prüfungs= ordnungen ausdrücklich übertragen ist, z. B. nach § 4 Abs. 1 und 2 der Prüfungsordnungen,
2. über die Zulassung von Studierenden zur Vorprüfung (soweit Ausnahmen von der Prüfungsordnung in Frage kommen und die Entscheidung hierüber nicht dem Vorsitzenden zusteht, ist die Zulassung erst nach Bewilligung der Ausnahmen statthaft), ferner, wenn
3. ein von reichsdeutschen Studierenden bei der Medizinischen Fa= kultät einer reichsdeutschen Universität ordnungsmäßig zurück= gelegtes
   a) medizinisches Studium auf die für die Zulassung zur zahn= ärztlichen Vorprüfung nachzuweisende Studienzeit,
   b) zahnärztliches Studium auf die für die Zulassung zur ärzt= lichen Vorprüfung nachzuweisende Studienzeit
   bis zu einem Halbjahr anzurechnen ist (vgl. S. 79 Anm. 2.),
4. die Anerkennung der während des Studiums zu 3 erworbenen, nach § 8 der Prüfungsordnungen für Ärzte und Zahnärzte er= forderlichen Nachweise in Frage kommt (zu 3 und 4 M.V. 23. 7. 20 — I M V 5336) (vgl. S. 79 Anm. 2),
5. zwei medizinische Studienhalbjahre, die an einer österreichischen Universität ordnungsgemäß zurückgelegt sind, auf die für die Zulassung zu den ärztlichen Prüfungen nachzuweisende Gesamt= studienzeit anzurechnen sind (vgl. S. 80),
6. die Anerkennung der während des Studiums zu 5 erworbenen, nach § 8 der Prüfungsordnung für Ärzte erforderlichen Nach=

weise (Praktikantenscheine oder Eintragungen in dem Anmeldebuch der österreichischen Universität) in Betracht kommt (zu 5 und
6 M.V. 6. 7. 22 — I M V gen. 242) vgl. S. 80.

Die Vorsitzenden der ärztlichen und zahnärztlichen Prüfungsausschüsse entscheiden selbständig in den Fällen, in denen ihnen die
Entscheidung in den Prüfungsordnungen ausdrücklich übertragen ist,
z. B. nach § 20 Abs. 3 a. O., § 21 Abs. 3 u. O. und dürfen selbständig
die Gesuche um Zulassung zur ärztlichen und zahnärztlichen Prüfung
von solchen Kandidaten genehmigen, die den Vorschriften der Erlasse
M.V. v. 12. 1. 24 — I M V 73 I — (S. 208) und v. 25. 6. 27 — I M III
2033 (S. 209) entsprechen, und ebensolchen Medizinern nach bestandener
Prüfung die Bescheinigung über die Zulassung zum Praktischen Jahr
erteilen (M.V. 20. 2. 24 — I M V 471 — S. 211, 25. 6. 27 — I M III
2033 — S. 212).

Mitwirkung des RI. Folgende Ausnahmebewilligungen nach der Prüfungsordnung für
Ärzte v. 5. 7. 24 sind der zuständigen obersten Landesbehörde zur
selbständigen Entschließung überlassen worden:

1. Zu § 3 Abs. 1, § 15 Abs. 1 (Ablegung oder Fortsetzung der ärztlichen Vorprüfung bei einem nicht zuständigen Prüfungsausschuß):
Erledigung derartiger Gesuche im Wege der unmittelbaren Ver-
ständigung zwischen den in Frage kommenden Landesregierungen,
sofern der an sich zuständige Prüfungsausschuß und der Ausschuß, vor
dem der Studierende geprüft zu werden wünscht, in dem betreffenden
Falle gegen den Wechsel des Prüfungsausschusses Bedenken nicht zu
erheben haben[1].

2. Zu § 6 Abs 2: Anerkennung der Reifezeugnisse von österreichischen
höheren Lehranstalten, die nach den geltenden Bestimmungen zum
Vollstudium an reichsdeutschen Universitäten berechtigen, als genügend (R.F. 28. 9. 22 — II 7929 A —, M.V. 4. 11. 22 — I M V gen.
370 II — S. 195 —)[1].

3. Zu § 7 Abs. 2 Ziff. 1: Anrechnung einer nach Erlangung des
Reifezeugnisses einem dem medizinischen verwandten Studium ge-
widmeten Studienzeit bis zu zwei Halbjahren auf die medizinische
Studienzeit, sofern der Nachweis erbracht wird, daß in der betreffenden
Zeit Vorlesungen oder Übungen aus dem Gebiete des medizinischen
Studiums belegt worden sind (R.K. 23. 12. 15 — III B 5624 —)[1].

4. Zu § 7 Abs. 2 Ziff. 2 und § 24 Abs. 2: Anrechnung einer an österreichischen oder schweizerischen Universitäten mit deutscher Unterrichtssprache zugebrachten medizinischen Studienzeit bis zu zwei Halbjahren auf die bei der Zulassung zu den ärztlichen Prüfungen nachzuweisende Studienzeit sowie Anerkennung der dort während dieser
Zeit erworbenen Bescheinigungen[2] (R.K. 10. 3. 13 — III B 953 —,

---

[1] Vgl. R.I. 27. 4. 27 — II 997 A —, M.V. I M III 1458/27.
[2] Als gleichwertig werden bei medizinischen Studien an österreichischen Universitäten auch die
Eintragungen im Anmeldebuch über die Teilnahme an Übungen und Kursen angesehen (M.V.
6. 7. 22 — I M V gen. 242 — S. 80).

R.Z. 24. 5. 22, 19. 2. 23, 29. 10. 27 — II 4547/22, 937/23, 8845/27 A —
vgl. auch M.V. 6. 7. 22 — I M V gen. 242 — S. 80)[1].

5. Zu § 25 Abs. 2: Anrechnung des Halbjahres, in dem die Vorprüfung bestanden ist, auf die gemäß § 25 Abs. 1 der Prüfungsordnung
nachzuweisende Studienzeit, wenn die im Abs. 2 vorgesehene Frist
um nicht mehr als vier Wochen überschritten ist[1].

6. Zu § 26 Abs. 1 Ziff. 3: Befreiung von dem Nachweis, daß der
Kandidat die Vorlesungen über allgemeine Pathologie und patho-
logische Anatomie, spezielle Pathologie, topographische Anatomie,
Pharmakologie, Hygiene, Orthopädie sowie gerichtliche Medizin nach
vollständig bestandener ärztlicher Vorprüfung gehört haben muß
(R.K. 23. 12. 15 — III B 5624 —)[1].

7. Ausnahmefälle, deren Entscheidung den Vorsitzenden der Vorprüfungsausschüsse übertragen ist (s. S. 203).

8. Ablehnung von Gesuchen um Ausnahmegenehmigungen, deren
Bewilligung nach Maßgabe der bestehenden Grundsätze nicht in Frage
kommt (R.K. 5. 5. 90 — 5489 I)[1].

Vorstehendes gilt sinngemäß auch für die Zuständigkeit bei der Entscheidung über Gesuche um Ausnahmebewilligungen

a) nach der Prüfungsordnung für Ärzte v. 28. 5. 01 in den vorgenannten Fällen zu 2 bis 4, 6 bis 8,

b) nach der Prüfungsordnung für Zahnärzte v. 15. 3. 09 in den vorerwähnten Angelegenheiten zu 2, 7 und 8.

B. Zulassung zu den Prüfungen und zum Praktischen Jahr.

Für die Zulassung zur ärztlichen oder zahnärztlichen Vorprüfung
benötigte Ausnahmebewilligungen, soweit sie nicht der Entscheidung
des Vorsitzenden des Prüfungsausschusses unterliegen (vgl. S. 203),
und sämtliche Zulassungsgesuche der Reichsausländer (vgl. S. 197)
haben die Studierenden möglichst schon am Anfang des letzten Studienhalbjahrs vor der Meldung zur Vorprüfung, nachdem die Vorlesungen
und Übungen für dieses Halbjahr belegt sind, mit dem Reifezeugnis
und sämtlichen Studiennachweisen (diese brauchen nicht geheftet zu sein)
dem Vorsitzenden zur Weitergabe an das Ministerium vorzulegen.
Vor Beginn jedes neuen Studienhalbjahrs sollen die Studierenden
hierauf aufmerksam gemacht werden (M.V. 28. 3. 25 — I M III 779).

Wegen der Prüfungsübersicht, die an Selle der früheren Prüfungsprotokolle als Niederschrift über das Ergebnis der Vorprüfung getreten ist (M.V. 12. 1. 24 — I M V 73 II) vgl. S. 206 Anm. 3.

Die Gesuche um Zulassung zur ärztlichen Prüfung[2] sind von dem
Vorsitzenden des ärztlichen Prüfungsausschusses mit dem Eingangs-
datum zu versehen und auf Vollständigkeit der Zeugnisse nach Zahl
und Inhalt zu prüfen. Etwaige Mängel sind, soweit möglich, zu be-

---

[1] Vgl. S. 204 Anm. 1.
[2] Für die Gesuche um Zulassung zur zahnärztlichen Prüfung gilt sinngemäß dasselbe (K.M
4. 5. 09 — M 17139). Vordrucke S. 90 und 188.

seitigen. Die Zeugnisse sind in der Reihenfolge: Reifezeugnis, Studien=
zeugnisse, Zeugnis über die bestandene Vorprüfung, Nachweise über
die Teilnahme an den Präparierübungen usw. (§§ 8, 22 a. O., 23 n. O.),
Praktikantenscheine in der in § 25 a. O., § 26 n. O. angegebenen Folge,
Sittenzeugnis, Geburtsurkunde zu ordnen und zu einem Hefte zu ver=
einigen. Die Vorlesungen über topographische Anatomie usw. (§ 25,
Nr. 3 a. O., § 26 Nr. 3 n. O.) sind in den Studienzeugnissen durch Anstreichen
kenntlich zu machen. Zur Erleichterung der Durchsicht sind die Zeugnisse
einzeln hintereinander, nicht ineinander zu heften. Mitteilungen über et=
waige Genehmigungen von Ausnahmen (§ 65 a. O., § 68 n. O.) sind den
Zeugnissen vorzuheften. Zulassungsgesuch und Lebenslauf sind lose
zu lassen[1].

Die Gesuche sind mit einem kurzen, unterschriftlich zu vollziehenden
Vermerke über die erfolgte Prüfung und etwa noch verbliebene An=
stände zu versehen[2].

(K.M. 15. 7. 08 — M 18244 U I.)

In der Übersicht über den Verlauf der Prüfung ist der letzte Prü=
fungstag durch Eintragung oder Unterstreichung mit roter Tinte
hervorzuheben.

Die Prüfungsprotokolle[3] sind nach der Reihenfolge der Prüfungs=
abschnitte und Prüfungsteile zu ordnen.

(K.M. 25. 6. 03 — M 1480 U I —.)

Die Prüfungsarbeiten sind bei der Einreichung an das Ministerium
nicht in die Einzelprotokolle[3] hineinzulegen, sondern — getrennt von
diesen — gesammelt in einem besonderen Bogen, der mit dem Namen
des Kandidaten und dem Stempel des Prüfungsausschusses zu ver=
sehen ist, mit den Protokollen[3] vorzulegen[1]. Bei Einreichung der
Prüfungsprotokolle[3] ist künftig die Tagebuchnummer der Zulassungs=
genehmigung und die demnächstige Anschrift des Kandidaten an=
zugeben (M.V. 22. 6. 22 — I M V gen. 269).

Von einzelnen Prüfungsausschüssen werden dem Ministerium die
dessen Genehmigung bedürfenden Meldungen zu den ärztlichen und
zahnärztlichen Prüfungen erst spät, meist erst einige Tage vor Beginn
der Prüfungen, vorgelegt. Infolgedessen hat in den Fällen, in denen
noch Rückfragen erfolgen oder andere Ministerien an der Entscheidung

---

[1] Gesuche um Zulassung zu den Prüfungen, Zeugnisse der Kandidaten, Prüfungsprotokolle,
Prüfungsarbeiten usw. sind dem Ministerium nicht mit einzelnen Aktendeckeln vorzulegen. Es genügt,
wenn diese Gesuche usw. auf einem ganzen Bogen gefertigt und dieser als Umschlag für die An=
lagen verwendet wird. Letztere brauchen im übrigen nicht geheftet zu werden. Nur die bei der
Meldung zu den Prüfungen einzureichenden Zeugnisse (auch Geburtsurkunde und Militärpapiere)
sind in der Reihenfolge, die in der vorgeschriebenen Meldung (vgl. S. 90 und 188) angegeben
ist, von den Kandidaten auf deren Kosten zu heften, die Meldung selbst und der Lebenslauf jedoch
lose zu lassen (M.V. 22. 6. 22 — I M V gen. 269).
[2] Wegen der gutachtlichen Äußerung des Vorsitzenden des Prüfungsausschusses zu den Zu=
lassungsgesuchen vgl. den allg. Erlaß M.V. 12. 1. 24 — I M V 73 I — Ziff. 3 S. 208.
[3] Die Prüfungsprotokolle sind in Fortfall gekommen und durch eine Prüfungsübersicht, die
eine Niederschrift über das Ergebnis der Prüfung in sämtlichen Prüfungsabschnitten und =teilen
darstellt, ersetzt worden. Solche Prüfungsprotokolle werden nur noch bei den Prüfungsausschüssen
verwendet, die noch einen genügenden Vorrat davon besitzen (M.V. 12. 1. 24 — I M V 73 I).
Wegen Beschaffung der Prüfungsübersichten vgl. S. 299.

beteiligt werden mußten, die Zulassung zu den Prüfungen nicht rechtzeitig ausgesprochen werden können. Um dies in Zukunft zu vermeiden,
sollen sich die Prüfungsausschüsse die Meldungen zu den Prüfungen
ohne Exmatrikel bereits am Anfang des letzten Studienhalbjahres (allg. Erlaß v. 12. 1. 24 — I M V 73 — S. 208), nachdem die
Vorlesungen und Übungen für dieses Halbjahr belegt sind, vorlegen
lassen und die Anträge, für deren Erledigung das Ministerium zuständig ist, diesem alsbald einreichen[1]. Dabei ist darauf zu achten, daß
die in dem Erlaß angegebenen Unterlagen — Praktikantenscheine nur,
soweit sie bereits erworben sind — vollständig beigebracht und die
Zeugnisse in der bestimmten Reihenfolge geheftet sind (evtl. mit
Schnellhefter).

Vor Beginn jedes neuen Studienhalbjahres sind die Studierenden
in geeigneter Weise auf die rechtzeitige Einreichung der Meldungen
zu den Prüfungen aufmerksam zu machen.

(M.V. 28. 3. 25 — I M III 779.)

1. Gesuche um Zulassung zur ärztlichen und zahnärztlichen Prüfung sind, um eine zweckmäßigere Bearbeitung zu ermöglichen und
Anhäufungen oder Verzögerungen zu vermeiden, in Zukunft nicht
mehr erst nach Erlangung des Universitätsabgangszeugnisses, sondern
bereits im Laufe des letzten Halbjahrs nach Belegung der Vorlesungen
seitens der Kandidaten den Prüfungsausschüssen vorzulegen. Den
Gesuchen sind der Lebenslauf, die nach den Prüfungsordnungen für
Ärzte und Zahnärzte erforderlichen Zeugnisse — in der vorgeschriebenen Reihenfolge geheftet —, die Geburtsurkunde und Ausweise
über etwaigen Kriegsdienst beizufügen. Über fehlende Unterlagen
und Praktikantenscheine, die erst am Schluß des letzten Halbjahrs
erworben werden, ist ein entsprechender Vermerk im Zulassungsgesuch aufzunehmen. In diesem ist am Kopf der ersten Seite Name
und Staatsangehörigkeit des Antragstellers anzugeben.

2. Kandidaten:

A. der Medizin, welche

   a) zehn[2] regelmäßige medizinische Studienhalbjahre,
      davon mindestens vier Halbjahre nach vollständig be-
      standener ärztlicher Vorprüfung, nachweisen[3],

---

[1] Diese Bestimmung stellt insofern eine Vereinfachung dar, als sich die Kandidaten schon im
Laufe des letzten Studienhalbjahrs zu den Prüfungen melden können und für die Prüfung der
Zulassungsgesuche ein längerer Zeitraum und nicht die kurze Zeit zwischen dem Empfang der
Abgangszeugnisse und dem Beginn der Prüfungen zur Verfügung steht. Ferner bedeutet die Vorschrift insofern einen Vorteil für die Kandidaten, als sie auch während der Zeit der Prüfung immatrikuliert bleiben und die Vergünstigungen der Studierenden genießen (vgl. allg. Erlaß M.V.
11. 10. 27 — I M III 2223 — S. 210). Die Vorschriften über den Beginn der Prüfungen werden
hierdurch nicht berührt.

Dem Ministerium sind die in Betracht kommenden Zulassungsgesuche von den Vorsitzenden
der Prüfungsausschüsse n i c h t g e s a m m e l t, sondern einzeln möglichst bald nach dem Eingang
sowie nach Prüfung und Erledigung etwaiger Bemerkungen zur Entscheidung einzureichen.

[2] Dies ist die Mindestzahl.

[3] Wegen des Nachweises einwandfreier sittlicher Führung vgl. allg. Erl. M.V. 17. 5. 27 —
I M III 1294 I S. 210.

b) im übrigen sämtliche Bedingungen der Prüfungsordnung für Ärzte erfüllen (reichsdeutsches Reifezeugnis,
reichsdeutsches Studium, reichsdeutsche ärztliche Vorprüfung usw.) sowie

c) die deutsche Reichsangehörigkeit besitzen,

B. der Zahnheilkunde, welche

a) sieben[1] regelmäßige zahnärztliche Studienhalbjahre,
davon mindestens drei Halbjahre nach vollständig bestandener zahnärztlicher Vorprüfung, nachweisen[2],

b) im übrigen sämtliche Bedingungen der Prüfungsordnung
für Zahnärzte erfüllen (reichsdeutsches Reifezeugnis,
reichsdeutsches Studium, reichsdeutsche zahnärztliche Vorprüfung usw.) sowie

c) die deutsche Reichsangehörigkeit besitzen,

dürfen vom Beginn der Frühjahrsprüfungsperiode 1924 ab ohne
Einholung meiner vorherigen Genehmigung von den Vorsitzenden
der ärztlichen und zahnärztlichen Prüfungsausschüsse selbständig zur
ärztlichen bzw. zahnärztlichen Prüfung zugelassen werden. Der Zulassung ist eine Aufstellung nach dem Muster a[3] zugrunde zu legen.
Die Zulassungsgesuche nebst dieser ausgefüllten Aufstellung, Lebenslauf, dem Heft Zeugnisse mit Geburtsurkunde und Ausweisen über
etwaigen Kriegsdienst sind mir bei diesen Kandidaten erst nach Beendigung der ärztlichen bzw. zahnärztlichen Prüfung zusammen mit
den Prüfungsergebnissen vorzulegen.

3. Zulassungsgesuche, die Abweichungen von Ziffer 2 A und B
enthalten (z. B. Ausländer, Zwischensemester, deren Anrechnung
nötig ist, anderweitiges oder ausländisches — auch österreichisches —
Studium usw.), sind mir auch in Zukunft möglichst bald nach der
Einreichung mit einer gutachtlichen Äußerung des Vorsitzenden und
der ausgefüllten Aufstellung (Muster a) zur Entscheidung einzureichen
(wegen der beizufügenden Unterlagen vgl. Ziffer 1). Im Falle der
ministeriellen Genehmigung solcher Gesuche hat der Vorsitzende mit
der Prüfung dieser Kandidaten nicht eher zu beginnen, bis die fehlenden Unterlagen (Praktikantenscheine, welche bei der Meldung noch nicht
beigebracht werden konnten) von den Kandidaten vorgelegt worden
sind. Andernfalls sind solche Kandidaten nicht zur Prüfung zuzulassen.

4. Von der Exmatrikulation der Kandidaten und der Beibringung
des Universitätsabgangszeugnisses wird für die Ablegung der ärztlichen
und zahnärztlichen Prüfung in Zukunft Abstand genommen, so daß
die Kandidaten auch während der Prüfungszeit inmatrikuliert bleiben
und die Vergünstigungen der Studierenden genießen können[4]. An Stelle
des Universitätsabgangszeugnisses ist bei der Meldung zur ärztlichen

---

[1] Vgl. S. 207 Anm. 2.   [2] Vgl. S. 207 Anm. 3.
[3] Abgedruckt S. 93. Die Aufstellung ist jetzt im Zulassungsgesuch vorgedruckt. Ihre Ausfüllung und Nachprüfung ist nach wie vor erforderlich (M.B 10. 12. 24 — I M III 2941).
[4] Wegen der Beurlaubung während der Prüfung vgl. M.B. 11. 10. 27 — I M III 2223 — S. 210.

bzw. zahnärztlichen Prüfung das letzte Anmeldebuch) für die Vorlesungen (Testierbuch) beizubringen)[1].

5. Ausländer, die nicht sämtlichen Bedingungen der Prüfungsordnungen für Ärzte und Zahnärzte entsprechen (reichsdeutsches Reifezeugnis, reichsdeutsches Studium, reichsdeutsche ärztliche bzw. zahnärztliche Vorprüfungen usw.), haben künftig den Gesuchen um Zulassung zur ärztlichen bzw. zahnärztlichen Prüfung eine unterschriftlich vollzogene Erklärung darüber beizufügen, daß sie im Falle ihrer Zulassung zur Prüfung auf die Erteilung der deutschen Approbation auch bei ihrer etwaigen späteren Einbürgerung ausdrücklich verzichten[2].

Sämtliche Zulassungsgesuche von Ausländern ohne Rücksicht darauf, ob sie die Bedingungen der Prüfungsordnungen für Ärzte bzw. Zahnärzte erfüllen oder nicht, sind mir gemäß Ziffer 3 zur Entscheidung vorzulegen.

6. Die Bestimmungen des § 21 Abs. 1 der Prüfungsordnung für Ärzte vom 28. 5. 01[3] und § 22 Abs. 1 der Prüfungsordnung für Zahnärzte vom 15. 3. 09 über den allgemeinen Beginn der Prüfungen werden hierdurch nicht berührt.

Berlin, den 12. Januar 1924.

Der Preußische Minister für Volkswohlfahrt.

I M V 73 I.

Nachdem die Prüfungsordnung für Ärzte vom 5. 7. 24 am 1. 10. 24 in Kraft getreten ist und Studierende der Medizin von diesem Zeitpunkte ab nach Zurücklegung eines medizinischen Studiums von vier Halbjahren zur ärztlichen Vorprüfung zugelassen worden sind, haben solche Studierenden nach Erfüllung der Bestimmungen der §§ 24—26 n. O. auch die ärztliche Prüfung nach dieser Prüfungsordnung abzulegen. Die ersten Prüfungen dieser Art werden zum Herbst 1927 stattfinden. Daneben werden aber auch noch weiterhin ärztliche Prüfungen nach der Prüfungsordnung vom 28. 5. 01 abgehalten werden.

Kandidaten, welche die ärztliche Vorprüfung nach Zurücklegung von vier medizinischen Halbjahren begonnen haben, haben die ärztliche Prüfung nach der Prüfungsordnung vom 5. 7. 24 und die übrigen Kandidaten die ärztliche Prüfung nach der Prüfungsordnung vom 28. 5. 01 abzulegen. Maßgebend für die Frage, ob ein Kandidat die ärztliche Prüfung nach der alten oder nach der neuen Prüfungsordnung abzulegen hat, ist stets der Beginn, nicht etwa die Beendigung der ärztlichen Vorprüfung.

Kandidaten der Medizin, welche

a) zehn[4] regelmäßige medizinische Studienhalbjahre, davon mindestens sechs Halbjahre nach vollständig bestandener ärztlicher Vorprüfung, nachweisen,

---

[1] Dies gilt nur für den Nachweis über das Studium an der zuletzt besuchten Universität. Wenn der Studierende vorher bereits andere Universitäten besucht hat, so sind die Abgangszeugnisse der Letzteren in Urschrift der Meldung beizufügen.

[2] Dasselbe gilt von der Bestimmung des § 22 Abs. 1 n. O. [3] Muster S. 198 Anm. 8.

[4] Dies ist die Mindestzahl.

b) im übrigen sämtliche Bedingungen der Prüfungsordnung für Ärzte vom 5. 7. 24 erfüllen (reichsdeutsches Reifezeugnis, reichsdeutsches Studium, reichsdeutsche ärztliche Vorprüfung usw.),

c) die deutsche Reichsangehörigkeit besitzen und

d) in den beigebrachten Abgangszeugnissen oder im Sittenzeugnis der zuletzt besuchten Universität oder, soweit ein polizeiliches Führungszeugnis einzureichen ist, in diesem eine einwandfreie Führung nachweisen (vgl. allg. Erlaß v. 17. 5. 27 — I M III 1294 I — S. 210),

dürfen vom Beginn der Herbstprüfungsperiode 1927 ab ohne Einholung meiner vorherigen Genehmigung von den Vorsitzenden der Ausschüsse für die ärztliche Prüfung selbständig zur ärztlichen Prüfung nach der n. O. zugelassen werden. Im übrigen kommt in diesen Fällen der allg. Erlaß v. 12. 1. 24 — I M V 73 I — (S. 207) in Anwendung.

Für die nach Maßgabe der Prüfungsordnung für Ärzte vom 5. 7. 24 abzulegende ärztliche Prüfung ist eine Prüfungsübersicht nach Art des bisherigen Musters zu verwenden (vgl. S. 229).

Berlin, den 25. Juni 1927.

Der Preußische Minister für Volkswohlfahrt.

I M III 2033.

Über die sittliche Führung der Kandidaten, die sich zur ärztlichen oder zahnärztlichen Prüfung melden und von der zuletzt besuchten Universität nicht das Abgangszeugnis, sondern das Anmeldebuch beibringen (vgl. allg. Erlaß M.W. 12. 1. 24 — I M V 73 I — S. 207), ist von diesen Kandidaten ein Sittenzeugnis von der zuletzt besuchten Universität dem Zulassungsgesuch beizufügen.

Gleichzeitig ist in Ergänzung des genannten Erlasses Ziff. 2 bestimmt worden, daß nur solche Kandidaten der Medizin und der Zahnheilkunde, die in den beigebrachten Abgangszeugnissen oder im Sittenzeugnis der zuletzt besuchten Universität oder, soweit sie ein polizeiliches Führungszeugnis einzureichen haben, in diesem eine einwandfreie Führung nachzuweisen vermögen, künftig ohne Einholung der vorherigen ministeriellen Genehmigung von den Vorsitzenden der Prüfungsausschüsse selbständig zur ärztlichen oder zahnärztlichen Prüfung zugelassen werden dürfen. Zulassungsgesuche von Kandidaten, deren Unterlagen Verfehlungen ergeben, sind dem Ministerium mit einer Stellungnahme zu den Vorgängen zwecks Prüfung und Entscheidung nebst den für die Meldung zur Prüfung vorgeschriebenen Zeugnissen vorzulegen. Über Verfehlungen von Prüfungskandidaten, die erst nachträglich bekannt werden, ist dem Ministerium umgehend zu berichten.

(M.W. 17. 5. 27 — I M III 1294 I).

Während der ärztlichen und zahnärztlichen Prüfung können die Kandidaten weiter immatrikuliert bleiben und von der Verpflichtung, Vorlesungen zu belegen, befreit werden, also als beurlaubt gelten,

und die Vergünstigungen der Studierenden genießen, haben aber
für die Beurlaubung während der nicht mehr belegten Prüfungszeit
die folgenden Gebühren und Beiträge nach der Gebührenordnung für
die preußischen Universitäten zu zahlen:

a) wenn sie im Genusse der studentischen Wohlfahrtseinrichtungen
   bleiben, neben dem Studentenschaftsbeitrag und den Sozialabgaben die Hälfte der Studiengebühr,

b) wenn sie das Recht auf Teilnahme an den studentischen Wohlfahrtseinrichtungen aufgeben, während des ganzen Semesters
   keine Gebühr außer dem Studentenschaftsbeitrag und den
   Sozialabgaben.

Falls ein Kandidat, der sich ohne Exmatrikulation zur Prüfung
gemeldet hat, nicht rechtzeitig die Beurlaubung beantragt, wird er
von der Universität wegen Nichtbelegens von Vorlesungen gestrichen
und erhält später einen entsprechenden Vermerk im Abgangszeugnis.

Wenn ein Nachweis über die Exmatrikulation bis zur Beendigung
der Prüfung noch nicht beigebracht sein sollte, werden nach bestandener
Prüfung die mit der Meldung zu dieser eingereichten Zeugnisse wegen
der Exmatrikulation vom Ministerium an den Rektor der zuletzt besuchten Universität gesandt, bei dem der Kandidat, sobald er die entsprechende Nachricht vom Ministerium erhält, das Abgangszeugnis
zu beantragen hat[1].

Im übrigen werden den Kandidaten, die sich zu Beginn ihres letzten
Studienhalbjahres zur ärztlichen und zahnärztlichen Prüfung zu melden
beabsichtigen, die dafür erforderlichen Zeugnisse, soweit sie sich bei der
zuletzt besuchten Universität befinden, von dieser, wie bisher, ohne
weiteres ausgehändigt.
(M.V. 11. 10. 27 — I M III 2223.)

An Kandidaten der Medizin, die von den Vorsitzenden der ärztlichen Prüfungsausschüsse nach dem allg. Erlaß vom 12. 1. 24 — I M V
Nr. 73 I —[2] selbständig zur ärztlichen Prüfung zugelassen worden sind,
das heißt welche:

Zulassung zum Praktische Jahr.

a) zehn[3] regelmäßige medizinische Studienhalbjahre, davon
   mindestens vier Halbjahre nach vollständig bestandener ärztlicher Vorprüfung, nachweisen,

---

[1] Kandidaten, die an Stelle des Universitätsabgangszeugnisses bei der Meldung zur Prüfung
das letzte Anmeldebuch für die Vorlesungen (Testierbuch)) beigebracht haben, haben die Zeugnisse
nach Beendigung der Prüfung früher vom Ministerium in der Erwartung zurückerhalten, daß
sie ihre Abmeldepflichten der Universität gegenüber erfüllen würden. Es hat sich jedoch herausgestellt, daß es die Kandidaten nach Ablegung der Prüfung in den meisten Fällen unterlassen haben,
sich ordnungsmäßig bei der Universität abzumelden usw. Hierdurch sind der Universität sehr viele
Weiterungen entstanden. Den Kandidaten werden deshalb jetzt die für die Zulassung zur Prüfung eingereichten Zeugnisse nach bestandener Prüfung unmittelbar nur ausgehändigt, wenn
sie bereits ein Abgangszeugnis von der zuletzt besuchten Universität beigebracht haben. Falls eine
Abmeldung jedoch noch nicht nachgewiesen ist, werden sämtliche Zeugnisse nach Beendigung der
Prüfung vom Ministerium dem Rektor der zuletzt besuchten Universität unter Angabe der künftigen
Anschrift des Kandidaten übersandt (M.V. 22. 4. 25 — I M III 256, U I 862).
[2] Vgl. S. 207.
[3] Dies ist die Mindestzahl.

b) im übrigen sämtliche Bedingungen der Prüfungsordnung für
Ärzte erfüllen (reichsdeutsches Reifezeugnis, reichsdeutsches
Studium, reichsdeutsche ärztliche Vorprüfung usw.) sowie

c) die deutsche Reichsangehörigkeit besitzen,

ist, wenn die Kandidaten die ärztliche Prüfung bestanden und die
Prüfungsgebühren bezahlt haben, sowie wenn gegen ihre Persönlichkeit Bedenken nicht vorliegen[1], von den Vorsitzenden nicht die vorgeschriebene Bescheinigung über die bestandene Prüfung[2], sondern in
meinem Auftrage die Bescheinigung über die Zulassung zum Praktischen
Jahr nach anliegendem Formular[3] auszufertigen und auszuhändigen[4].

Bei allen anderen Kandidaten behalte ich mir die Entscheidung
über deren Zulassung zum Praktischen Jahre vor. Diesen Kandidaten
ist von den Vorsitzenden der Prüfungsausschüsse die übliche Bescheinigung über die bestandene Prüfung[5] auszustellen.

Nach Beendigung jeder Prüfung sind mir, wie bisher vorgesehen,
die Prüfungsergebnisse und Arbeiten sowie in denjenigen Fällen, in
denen vom Vorsitzenden des Prüfngsausschusses die Zulassung zur
Prüfung gemäß dem Erlaß vom 12. 1. 24 — I M V Nr. 73 I —[6] genehmigt und die Zulassung zum Praktischen Jahr erteilt worden ist,
auch die Zulassungsgesuche, Lebenslauf, Studienaufstellung, Zeugnisse
nebst Geburtsurkunde und Ausweisen über etwaigen Kriegsdienst
einzureichen. Gleichzeitig ist zu berichten, ob die Zulassung zum Praktischen Jahr dem Kandidaten ausgehändigt ist, ob die Prüfungsgebühren
bezahlt sind, und wie die künftige Anschrift des Kandidaten lautet. Diese
Angaben habe ich auf Seite 3 der Übersicht über die ärztliche Prüfung
(Anlage b des allg. Erlasses vom 12. 1. 24 — I M V 73 I[7] —) vorgesehen.

Die Zeugnisse werde ich den Kandidaten in solchen Fällen nach
Prüfung der Unterlagen unmittelbar zurücksenden[8].

Berlin, den 20. 2. 24.

Der Preußische Minister für Volkswohlfahrt.

I M V 471.

Kandidaten der Medizin, die die Voraussetzungen für die selbständige Zulassung zur ärztlichen Prüfung nach der Prüfungsordnung
vom 5. 7. 24 (vgl. obigen allg. Erlaß M.W. 25. 6. 27 — I M III
2033 — S. 209) erfüllt, die Prüfung nach der neuen Prüfungsordnung

---

[1] Bei Kandidaten der Medizin, die bei der Meldung zur ärztlichen Prüfung nicht eine einwandfreie Führung nachgewiesen haben (vgl. allg. Erlaß M.W. 17. 5. 27 — I M III 1294 I — S. 210),
bleibt deren Zulassung zum Praktischen Jahr dem Ministerium vorbehalten (M.W. 17. 5. 27 —
I M III 1294 I).

[2] Vgl. S. 97 Anm. 1.   [3] Muster S. 115.

[4] Die Bescheinigung ist verwaltungsgebührenfrei (vgl. S. 218).

[5] Vgl. S. 97 Anm. 1.   [6] Vgl. S. 207.

[7] Gemeint ist die Prüfungsübersicht vgl. S. 229.

[8] Die für die Zulassung zur Prüfung eingereichten Zeugnisse werden den Kandidaten nach
bestandener Prüfung unmittelbar nur ausgehändigt, wenn sie bereits ein Abgangszeugnis von der
zuletzt besuchten Universität beigebracht haben. Falls eine Abmeldung jedoch noch nicht nachgewiesen ist, werden sämtliche Zeugnisse nach Beendigung der Prüfung dem Rektor der zuletzt besuchten Universität unter Angabe der künftigen Anschrift des Kandidaten übersandt (M.W. 22. 4. 25
— I M III 256, U I 862). Vgl. auch M.W. 11. 10. 27 — I M III 2223. S. 211.

bestanden und die Prüfungsgebühren bezahlt haben, ist, wenn gegen ihre Persönlichkeit Bedenken nicht vorliegen (vgl. allg. Erlaß M.B. 17. 5. 27 — S. 210), von den Vorsitzenden der Prüfungsausschüsse im Auftrage des Ministeriums die Bescheinigung über die Zulassung zum Praktischen Jahr nach dem üblichen Vordruck auszufertigen und auszuhändigen. Im übrigen ist nach vorstehendem allg. Erlaß vom 20. 2. 24 — I M V 471 — zu verfahren (M.B. 25. 6. 27 — I M III 2033).

C. Prüfungsgebühren.

1. Auf Grund allgemeiner Ermächtigung des Reichsrats und der Bestimmungen der §§ 19 und 61 der Prüfungsordnung für Ärzte vom 5. 7. 24 hat der Reichsminister des Innern die Gebühren für die ärztliche und die zahnärztliche Vorprüfung und Prüfung vom 1. 3. 27 ab, wie folgt, festgesetzt[1]:

A. Ärztliche Prüfungen.
1. Ärztliche Vorprüfung.

(Sowohl für diejenigen Studierenden, die die ärztliche Vorprüfung nach den Bestimmungen der Prüfungsordnung vom 28. 5. 01, wie auch für diejenigen, die die Vorprüfung nach den Bestimmungen der Prüfungsordnung vom 5. 7. 24 ablegen.)

Anatomische Prüfung	20	*RM*
Physiologische "	15	"
Physikalische "	7	"
Chemische "	7	"
Zoologische "	5	"
Botanische "	5	"
Sächliche und Verwaltungskosten	31	"
zusammen:	90	*RM.*

Doktoren der Philosophie oder der Naturwissenschaften haben im Falle des § 12 Abs. 5 a. O., § 12 Abs. 6 n. O. nur die Gebührenanteile für diejenigen Mitglieder des Ausschusses, von denen sie geprüft werden, sowie für sächliche und Verwaltungskosten 31 RM zu entrichten.

Vor der Wiederholungsprüfung sind außer dem Betrage von 12 RM für sächliche und Verwaltungskosten die Gebührenanteile für die Fachvertreter, von denen die Wiederholungsprüfung abgehalten wird, aufs neue zu entrichten. Für die bei der Wiederholungsprüfung der ärztlichen Vorprüfung vorgeschriebene Anwesenheit des Vorsitzenden des Prüfungsausschusses oder, wenn dieser selbst Prüfer ist, für den stellvertretenden Vorsitzenden und die hinzugezogenen Mitglieder des Prüfungsausschusses[2] ist weiterhin für jedes zu wiederholende Fach für den Vorsitzenden und die an der Wiederholungsprüfung teil-

---

[1] Inländer und Ausländer zahlen dieselben Prüfungsgebühren. Besondere Ausnahmen für frühere Kriegsteilnehmer oder Kriegsgefangene sind nicht vorgesehen. Die früheren Ausländergebühren sind fortgefallen.

[2] Vgl. § 16 n. O.

nehmenden Mitglieder des Prüfungsausschusses eine besondere Gebühr von je 3 *RM* zu entrichten.

2. Ärztliche Prüfung.

(Für diejenigen Studierenden, die die Prüfung nach den Bestimmungen
der Prüfungsordnung vom 28. 5. 01 ablegen.)

Teil 1 des Prüfungsabschnitts			I	6 *RM*
„ 2 „	„		I	10 „
„ 1 „	„		II	25 „
„ 2 „	„		II	10 „
„ 3 „	„		II	10 „
„ 4 „	„		II	10 „
„ 1 „	„		III	25 „
„ 2 „	„		III	10 „
„ 3 „	„		III	10 „
„ 4 „	„		III	10 „
„ 5 „	„		III	10 „
„ 1 „	„		IV	12 „
„ 2 „	„		IV	12 „
Prüfungsabschnitt			V	12 „
„			VI	12 „
„			VII	12 „
Sächliche und Verwaltungskosten				34 „

zusammen: 230 *RM*.

3. Ärztliche Prüfung.

(Für diejenigen Studierenden, die die ärztliche Prüfung nach den Bestimmungen der Prüfungsordnung für Ärzte vom 5. 7. 24 abzulegen
haben.)

Abschnitt I, 1. Teil	6	*RM*
2. „	10	„
„ II, 1. Prüfer	6	„
2. „	6	„
„ III, 1. „	6	„
2. „	6	„
„ IV	10	„
„ V, 1. Prüfer	12	„
2. „	12	„
„ VI, 1. Teil, 1. Prüfer	12	„
2. „	12	„
2. „ 1. „	5	„
2. „	5	„
3. „ 1. „	5	„
2. „	5	„
„ VII, 1. „	12	„
2. „ 1. „	6	„
2. „	6	„
„ VIII	12	„
„ IX	10	„
„ X	10	„
„ XI	10	„
„ XII	12	„
„ XIII	12	„
„ XIV	10	„
Sächliche und Verwaltungskosten	34	„

zusammen 252 *RM*.

Zu 2. und 3. Bei Wiederholungen kommen für den betreffenden Abschnitt oder Teil eines Abschnitts außer den anzusetzenden Gebühren jedesmal 4 RM für sächliche und Verwaltungskosten zur nochmaligen Erhebung. Für die bei einer Wiederholungsprüfung[1] vorgeschriebene Anwesenheit des Vorsitzenden[2] und der hinzugezogenen Mitglieder des Prüfungsausschusses ist in jedem zu wiederholenden Abschnitt oder Teile eines Abschnitts für den Vorsitzenden und jedes an der Wiederholungsprüfung teilnehmende Mitglied des Prüfungsausschusses eine besondere Gebühr von je 3 RM zu entrichten.

B. Zahnärztliche Prüfungen.
1. Zahnärztliche Vorprüfung.

Anatomische Prüfung	15	*RM*
Physiologische Prüfung	5	"
Physikalische Prüfung	5	"
Chemische Prüfung	5	"
Prüfung in der Zahnersatzkunde	30	"
Sächliche und Verwaltungskosten	20	"
zusammen:	80	*RM.*

In den Fällen des § 13 der Prüfungsordnung werden neben 20 RM für sächliche und Verwaltungskosten nur die Gebührenanteile für die Fächer erhoben, in denen geprüft wird.

Vor der Wiederholungsprüfung (§ 19 Abs. 3 der Prüfungsordnung) sind außer dem Betrage von 10 RM für sächliche und Verwaltungskosten die Gebührenanteile für die Fächer, in denen die Prüfung noch nicht bestanden ist, aufs neue zu entrichten. Diese Bestimmung findet für den Fall der Fortsetzung einer unterbrochenen Vorprüfung sinngemäß Anwendung.

2. Zahnärztliche Prüfung.

Prüfungsabschnitt I		10	*RM*
" II, Teil 1		20	"
" 2		10	"
" III		20	"
" IV, Teil 1		20	"
" 2		10	"
" V		25	"
" VI		10	"
Sächliche und Verwaltungskosten		30	"
zusammen:		155	*RM.*

Bei Wiederholungen (§ 52 Abs. 3 der Prüfungsordnung) kommen für den betreffenden Abschnitt oder Teil eines Abschnitts außer den anzusetzenden Gebühren jedesmal 4 RM für sächliche und Verwaltungskosten zur nochmaligen Erhebung. Diese Bestimmung findet

---

[1] Vgl. § 54 Abs. 3 a. O., § 57 Abs. 3 n. O.
[2] Falls bei der Wiederholung der Vorsitzende selbst Prüfer ist, so ist an seiner Stelle der stellvertretende Vorsitzende heranzuziehen und ihm die dem Vorsitzenden zustehende Gebühr zu gewähren (M.B. 16. 7. 24 — TM III 1495).

für den Fall der Fortsetzung einer unterbrochenen Prüfung sinngemäße
Anwendung. Ist bei einer zweiten Wiederholungsprüfung gemäß
§ 48 Abs. 3 der Prüfungsordnung die Anwesenheit des Vorsitzenden
vorgeschrieben, so ist außerdem für dessen Teilnahme eine besondere
Gebühr von je 3 RM für jeden zu wiederholenden Abschnitt oder Teil
eines Abschnitts zu entrichten[1].

In den Fällen des § 53 der Prüfungsordnung für Zahnärzte betragen die sächlichen und Verwaltungskosten 30 RM. Außerdem
werden die Gebührenanteile für diejenigen Fächer erhoben, in denen
geprüft wird[2]. Bei der Wiederholung oder Fortsetzung von Prüfungen
finden die für die Fälle des § 19 Abs. 3, § 48 Abs. 3 und § 52 Abs. 3
der Prüfungsordnung für Zahnärzte nunmehr festgesetzten Gebühren
Anwendung.

2. usw.

3. Vorstehende Gebührenregelung[3] findet auf alle Prüflinge Anwendung, die nach dem 1. 3. 27 eine der vorgenannten Gesamtprüfungen
oder Wiederholungsprüfungen beginnen. Soweit die Prüfungen bereits vor dem 1. 3. 27 begonnen haben, bleibt es bei der bisherigen
Gebührenregelung.

4. Zusatz für die Ausschüsse für die ärztliche und die
zahnärztliche Vorprüfung:

Erlaß, Ermäßigung oder Teilzahlung der Prüfungsgebühren kommen
bei der ärztlichen und der zahnärztlichen Vorprüfung nicht in Frage.
Solche Vergünstigungen erscheinen nur bei längeren, in mehrere Abschnitte zerfallenden und sich über eine große Reihe von Wochen hinaus
erstreckenden Prüfungen, wie bei den ärztlichen Prüfungen, dagegen
nicht bei kurzdauernden Prüfungen (ärztliche oder zahnärztliche Vorprüfung) zweckmäßig und angezeigt, zumal bei diesen die Prüfungsgebühren im ganzen ohnehin niedriger sind und von den Prüflingen
leichter getragen werden können.

5. Zusatz für die Ausschüsse für die ärztliche und die
zahnärztliche Prüfung:

Mit Rücksicht auf die allgemeine wirtschaftliche Notlage ist nichts
dagegen einzuwenden, daß bei der ärztlichen und der zahnärztlichen
Prüfung in einzelnen besonderen Fällen die Gebührenanteile für die
Prüfer erlassen, ermäßigt oder in Teilzahlungen erhoben werden.
Voraussetzung für die Gewährung solcher Vergünstigungen ist das
Einverständnis sämtlicher Mitglieder des Prüfungsausschusses. Soweit
dieses Einverständnis erteilt ist, sind grundsätzlich nur solche Kandidaten
zu berücksichtigen, die ihre Bedürftigkeit durch amtliche Unterlagen
nachweisen oder in den letzten Studienhalbjahren Vergünstigungen

---

[1] Falls bei der Wiederholung der Vorsitzende selbst Prüfer ist, so ist an seiner Stelle der stellvertretende Vorsitzende heranzuziehen und ihm die dem Vorsitzenden zustehende Gebühr zu gewähren (M.B. 16. 7. 24 — I M III 1495).

[2] Genaue Berechnung der Gebühren S. 183 Anm. 4.

[3] Die Prüfungsgebühren sind von den Prüflingen grundsätzlich an die zuständige Kasse unmittelbar abzuführen. Den Beamten der Prüfungsausschüsse ist die Annahme von Prüfungsgebühren, sei es auch nur zur Übermittlung an die Kasse, nicht gestattet.

bei der Zahlung der Vorlesungsgebühren genossen haben und dies durch Beibringung des Anmeldebuchs oder einer Bescheinigung der Universitätskasse belegen. Bei Bewilligung von Teilzahlungen empfiehlt es sich, als erste Rate den vollen Gebührenanteil für sächliche und Verwaltungskosten und etwa die Hälfte der Gesamtgebühren für die Prüfer zu erheben. Der Rest dürfte in angemessener, dem Verlauf der Prüfung entsprechender Frist auf einmal, höchstens jedoch in zwei Teilbeträgen einzuziehen sein (allg. Erlaß vom 8. 6. 25 — I M III 1426/25)[1].

Erlaß, Ermäßigung oder Teilzahlungen der Gebührenanteile für sächliche und Verwaltungskosten kommen auf keinen Fall in Frage. Diese sind vielmehr vor Beginn der Prüfung in einer Summe zu entrichten.

Das Zeugnis über die bestandene Prüfung bzw. die Zulassung zum Praktischen Jahr der Mediziner darf in allen Fällen erst ausgehändigt werden, wenn die festgesetzten oder ermäßigten Gebühren vollständig bezahlt sind.

(M.B. 28. 1. 27 — I M III 251/27).

Wegen Rechnungslegung, Gebührenverwaltung und Gebührenerhebung vgl. S. 223ff.

D. Staatliche Verwaltungsgebühren.

1. Am 1. 1. 27 ist die in der GS. 1926 S. 327ff. veröffentlichte Verwaltungsgebührenordnung (VGO.) vom 30. 12. 26 in Kraft getreten. Diese Bestimmung findet auch auf die Preußischen Ausschüsse für die ärztlichen und zahnärztlichen Prüfungen Anwendung. Abschrift der VGO. nebst einem Auszug aus dem Gebührentarif, der die für diese Ausschüsse in Betracht kommenden Tarifnummern (T. Nr.) 1,14 und 30 — ferner zur Kenntnis T. Nr. 5 und 59 — enthält, ist beigefügt[2].

2. Die gebührenpflichtigen Amtshandlungen sind in dem Gebührentarif angegeben.

---

[1] Der allg. Erlaß M.B. v. 8. 6. 25 — I M III 1426/25 — lautet:
Aus Ihren Ausführungen ersehe ich, daß den Kandidaten dort hinsichtlich der Zahlung der Prüfungsgebühren zu weitgehende Erleichterungen gewährt werden und die Prüfungsgebühren sogar über die Prüfungsdauer hinaus gestundet werden, so daß die gestundeten Gebühren nachträglich sehr schwer einzuziehen sind. Dies ist mit den Vorschriften über eine ordnungsmäßige Verteilung und Verrechnung der Gebühren nicht vereinbar.
Die Prüfungsgebühren müssen im allgemeinen im Voraus in einer Summe gezahlt werden (§ 27 a. O., § 28 n. O., § 28 der Prüfungsordnung für Zahnärzte v. 15. 3. 09).
Nach dem allgemeinen Erlaß dürfen die Gebührenanteile für die Prüfer nur ausnahmsweise erlassen, ermäßigt oder gestundet werden, falls sich sämtliche Mitglieder hiermit allgemein einverstanden erklärt haben. Bei Bewilligung von Teilzahlungen habe ich in diesen Fällen empfohlen, als erste Rate den vollen Gebührenanteil für sächliche und Verwaltungskosten und etwa die Hälfte der Gesamtgebühren für die Prüfer zu erheben. Der Rest soll in angemessener, dem Verlauf der Prüfung entsprechender Frist auf einmal höchstens jedoch in zwei Teilbeträgen eingezogen werden. Dabei müssen die Gebühren selbstverständlich mindestens so weit vorher erhoben werden, daß jeweils Deckung für die bevorstehenden Prüfungsabschnitte oder -teile vorhanden ist.
Erlaß, Ermäßigung oder Teilzahlungen der Gebührenanteile für sächliche und Verwaltungskosten kommen auf keinen Fall in Frage. Diese sind vielmehr vor Beginn der Prüfung in einer Summe zu entrichten.
Bei Überreichung der Prüfungsübersicht ist, wie im Vordruck bereits vorgesehen, zu bescheinigen, daß die Prüfungsgebühren bezahlt sind.
[2] Abgedruckt S. 219 und 222.

Verwaltungsgebührenfrei sind u. a. der Schriftwechsel mit Behörden, der mündliche Verkehr, schriftliche Bescheide auf Gesuche und Anfragen, die keine gebührenpflichtigen Amtshandlungen (Genehmigungen usw.) enthalten, und abweisende Bescheide. Ferner ist die Zulassung zu den Prüfungen sowie zum Praktischen Jahr der Mediziner künftig verwaltungsgebührenfrei[1]; der dadurch ausfallende Verwaltungsgebührenbetrag gilt als abgegolten durch die Verwaltungsgebühr für die Approbation.

Die nach den Prüfungsordnungen nebst Ausführungsbestimmungen vorgeschriebenen Zeugnisse[2] über bestandene Prüfungen fallen nicht unter die T. Nr. 14, sondern sind nur gebührenpflichtig, soweit sie in T. Nr. 59 aufgeführt sind.

Danach werden dort in Zukunft Verwaltungsgebühren nur noch zur Erhebung gelangen bei Beglaubigungen, Ausstellung von Bescheinigungen für private Zwecke, Zeugnisabschriften[2] und in ähnlichen Fällen.

3. Die Höhe der Verwaltungsgebühren richtet sich nach dem Gebührentarif. Bei Amtshandlungen der Prüfungsausschüsse nach T. Nr. 30 Abschnitt II sind die Sätze für Mittelbehörden anzuwenden.

Für Reichsausländer gelten — abgesehen von den Fällen der Approbationserteilung (T. Nr. 5) — in den hier in Betracht kommenden Angelegenheiten nur nach T. Nr. 59e besondere Sätze, im übrigen haben Reichsausländer dieselben Verwaltungsgebühren zu entrichten wie Inländer.

Stempel sind neben den Verwaltungsgebühren in den im Gebührentarif geregelten Angelegenheiten nicht zu erheben.

Erlaß und Ermäßigung der Verwaltungsgebühren sind in besonderen Ausnahmefällen in der VGO. (§ 4 bei Bedürftigkeit) und im Gebührentarif (Nr. 30 II aus Billigkeitsgründen) vorgesehen und können gegebenenfalls von den Vorsitzenden der Prüfungsausschüsse, soweit sie für die Amtshandlungen zuständig sind, selbständig gewährt werden.

Am Schlusse jedes gebührenpflichtigen Schriftstücks ist wegen der Gebührenerhebung ein entsprechender Vermerk zu machen.

4. Die Verwaltungsgebühren sind von den Prüfungsausschüssen gemäß § 7 VGO. grundsätzlich spätestens bei der Aushändigung der Entscheidung, des Zeugnisses usw. zu erheben und in der Regel unmittelbar von den Beteiligten, andernfalls durch Postnachnahme einzuziehen.

5. Von den Prüfungsausschüssen oder deren Beamten sind die Verwaltungsgebühren grundsätzlich nur in den Fällen einzuziehen, in denen sie für die Amtshandlung zuständig sind. In den Fällen, in denen die Amtshandlungen von mir vorgenommen werden, werden die Verwaltungsgebühren in der Regel von mir erhoben.

---

[1] Der Vermerk in den Anmeldebüchern der Studierenden über die bestandene Vorprüfung (vgl. S. 86) ist verwaltungsgebührenfrei. Dagegen ist das Duplikat eines solchen Vermerks gebührenpflichtig (M.B. 29. 11. 27 — I M III 3638). Gebühr 2 *RM*.

[2] Vorstehende Anm. gilt sinngemäß auch für Abschriften von Zeugnissen usw., deren Urschriften an sich verwaltungsgebührenfrei sind.

Bei Genehmigungen usw., die von mir erteilt werden und von einem Prüfungsausschuß in meinem Auftrage auszuhändigen sind, sind von ihm bei der Zustellung des Schriftstücks die darin festgesetzten Gebühren einzuziehen. Die Prüfungsausschüsse sind dafür verantwortlich, daß die Verwaltungsgebühren rechtzeitig erhoben werden.

6. Über die aufkommenden Verwaltungsgebühren ist bei jedem Prüfungsausschuß in der bisherigen Weise eine Einnahmekontrolle zu führen. Bei Ablieferung der Verwaltungsgebühren an die zuständigen Kassen ist auf dem Abschnitt zur Postschecküberweisung oder, wenn die Beträge unmittelbar eingezahlt werden, auf einem besonderen Lieferschein kurz zu vermerken, wieviel Verwaltungsgebühren aufgekommen sind und zur Staatskasse abgeliefert werden. Besondere Einnahmeanweisungen an die Kassen sind nicht erforderlich.

7. Die etwa aufkommenden Verwaltungsgebühren sind mindestens einmal vierteljährlich, und zwar am Vierteljahrsersten an die Regierungshauptkasse abzuführen. Falls sich eine solche nicht am Orte befindet, sind die Verwaltungsgebühren an die nächstgelegene staatliche Kreiskasse abzuliefern, die sie sodann summarisch an die Regierungshauptkasse weitergibt. In Berlin sind die Verwaltungsgebühren an die Polizeiamtskasse Alexanderplatz abzuführen.

8. Die aufkommenden Verwaltungsgebühren sind von den Kassen bei Kap. 24 Tit. 14 des Haushalts der allgemeinen Finanzverwaltung zu verrechnen.

In den Abrechnungen über die Prüfungsgebühren[1] sind die Verwaltungsgebühren, die mit den Prüfungsgebührenanteilen für sächliche und Verwaltungskosten nicht im Zusammenhang stehen, nicht nachzuweisen.

9. Die Vorschrift des § 1 Abs. 2 VGO. findet bezüglich der Auftragshandlungen in den vorliegenden Fällen keine Anwendung.

10. Durch diese Regelung werden sämtliche früheren in dieser Angelegenheit erlassenen Anweisungen aufgehoben.

Berlin den 9. Februar 1927.

Der Preuß. Minister für Volkswohlfahrt.

I M III 129/27.

Verwaltungsgebührenordnung (VGO.) vom 30. 12. 26.
(GS. 1926 S. 327 ff.).

Auf Grund des § 4 Abs. 1 des Preuß. Gesetzes über staatliche Verwaltungsgebühren vom 29. 9. 23 (GS. S. 455) wird folgendes verordnet:

§ 1.

(1) Für einzelne Amtshandlungen, die auf Veranlassung der Beteiligten von staatlichen Organen oder kraft staatlichen Auftrags von nichtstaatlichen Organen vorgenommen werden, werden Verwaltungsgebühren nach Maßgabe

---

[1] Vgl. S. 223 ff.

dieser Verordnung und des anliegenden Tarifs erhoben. Die Erhebung von anderweitigen Gebühren oder Stempeln für derartige Amtshandlungen wird ausgeschlossen.

(2) Die Gebühren fließen in die Staatskasse, die für Auftragshandlungen erhobenen Gebühren in die Kasse derjenigen Stelle, deren Organ die Amtshandlung vorgenommen hat.

§ 2.

Gebührenfrei sind:

1. Amtshandlungen, die überwiegend im öffentlichen Interesse erfolgen;
2. Amtshandlungen, die auf Veranlassung eines im unmittelbaren oder mittelbaren Staatsdienste stehenden Beamten, Angestellten, Arbeiters, eines Ruhegehaltsempfängers oder eines Hinterbliebenen dieser Personen vorgenommen werden und das bestehende oder frühere Dienstverhältnis betreffen;
3. Amtshandlungen, die eine Behörde in Ausübung einer öffentlichen Gewalt veranlaßt, es sei denn, daß die Gebühr einem Dritten als unmittelbarem Veranlasser zur Last zu legen ist;
4. der mündliche Verkehr;
5. Angelegenheiten in Gnadensachen;
6. Angelegenheiten der Wohnungszwangsbewirtschaftung;
7. Amtshandlungen auf Grund des Gesetzes über beschränkte Auskunft aus dem Strafregister und die Tilgung von Strafvermerken vom 9. 4. 20 (RGB. S. 507), 6. 2. 24 (RGB. I. S. 44).

§ 3.

Diejenigen Personen, Anstalten usw. die nach § 5 Abs. 1 bis 4 des Stempelsteuergesetzes von der Entrichtung der Stempelsteuer befreit sind, sind unter den dort genannten Voraussetzungen auch von der Entrichtung von Verwaltungsgebühren befreit.

§ 4.

Die für die Gebührenfestsetzung zuständige Behörde ist befugt, die Gebühr im Falle nachgewiesener Bedürftigkeit des Zahlungspflichtigen auf Antrag bis zur 0,50 *RM* herabzusetzen oder zu erlassen.

§ 5.

(1) Die nach dem Werte des Gegenstandes zu berechnende Gebühr beträgt mindestens 0,50 *RM* und steigt in Abstufungen von je 0,10 *RM*, wobei überschießende Gebührenbeträge auf 0,10 *RM* nach oben abgerundet werden, und bei Gebührenbeträgen in Höhe von mehr als 10 *RM* in Abstufungen von je 0,50 *RM*, wobei überschießende Gebührenbeträge auf 0,50 *RM* nach oben abgerundet werden.

(2) Maßgebend ist der Wert des Gegenstandes zur Zeit der Vollendung der Amtshandlung.

§ 6.

Fällig ist der zur Zeit der Vollendung der Amtshandlung geltende Gebührensatz.

§ 7.

(1) Die Gebühr soll grundsätzlich spätestens bei der Aushändigung der Entscheidung, des Zeugnisses usw. entrichtet und erforderlichenfalls durch Postnachnahme erhoben werden; sie kann schon vor der Vornahme der Amtshandlung erfordert werden.

(2) Die Beitreibung erfolgt im Verwaltungszwangsverfahren.

§ 8.

(1) Wird in einer gebührenpflichtigen Angelegenheit eine übergeordnete Behörde im Instanzenzuge angegangen, so ist auch deren Entscheidung gebührenpflichtig; die Gebühr erhöht sich für jede Instanz je um die Hälfte, mindestens jedoch je um 0,50 *RM*.

(2) Die Gebühr für die Entscheidung der übergeordneten Behörde ist nur zu erheben, wenn und soweit im endgültigen Ergebnis die erstinstanzliche Entscheidung aufrechterhalten wird, andernfalls ist nur die Gebühr für die an sich von der ersten Instanz endgültig vorzunehmende Amtshandlung zu erheben, auch wenn sie von der höchsten Instanz selbst vorgenommen wird.

§ 9.

(1) Bei Ablehnung des Antrags auf Vornahme einer Amtshandlung wird $^1/_{10}$ bis $^1/_2$ der Gebühr, bei Zurücknahme des Antrags auf Vornahme einer Amtshandlung, die noch nicht vollendet, mit deren Ausführung oder sachlicher Vorbereitung jedoch bereits begonnen worden ist, $^1/_{10}$ bis $^1/_4$ der Gebühr, mindestens jedoch 0,50 *RM* erhoben; es kann Gebührenfreiheit gewährt werden, wenn der Antrag auf nicht anzurechnender Unkenntnis der Verhältnisse oder auf Unwissenheit beruht.

(2) Für einen lediglich wegen Unzuständigkeit ablehnenden Bescheid ist eine Gebühr nicht zu erheben.

§ 10.

Sofern für den Ansatz einer Gebühr ein Spielraum gewährt wird, ist die Höhe der Gebühr unter Berücksichtigung des Umfanges und der Schwierigkeit der Sache, ihrer Bedeutung für das bürgerliche Leben und der Leistungsfähigkeit des Zahlungspflichtigen festzusetzen. Bei Gegenständen von untergeordneter Bedeutung, bei denen die Sachbehandlung nur von geringem Umfang ist und keine Schwierigkeiten bietet, sind die Mindestgebühren in Ansatz zu bringen.

§ 11.

Gegen die Erhebung einer Gebühr findet die Beschwerde im Aufsichtswege statt, soweit nicht durch besondere Bestimmung eine andere Regelung getroffen ist. Die Beschwerde hat keine aufschiebende Wirkung; jedoch ist in der Regel die Einziehung der Gebühr bis zur Entscheidung über die Beschwerde auszusetzen. Die Entscheidung erfolgt gebührenfrei.

§ 12.

Werden bei der Vornahme einer Amtshandlung besondere bare Auslagen notwendig, so sind sie zu erstatten; auch wenn die Amtshandlung gebührenfrei bleibt. Für die Erhebung der Auslagen gelten die Vorschriften über die Gebührenerhebung entsprechend.

§ 13.

Zur Zahlung der Gebühr ist derjenige verpflichtet, der die Amtshandlung veranlaßt hat, bei Genehmigungen und dergleichen auch derjenige, zu dessen Gunsten die Amtshandlung vorgenommen, insbesondere die Genehmigung erteilt wird.

§ 14.

Betrifft die Verwaltungsgebühren im Verwaltungsbeschlußverfahren.

§ 15.

Diese Gebührenordnung tritt am 1. 1. 27 in Kraft. Die bisherigen auf Grund des Gesetzes über staatliche Verwaltungsgebühren erlassenen Gebührenordnungen mit Ausnahme der Verwaltungsgebührenordnung vom 15. 11. 24 (Volkswohlf. S 460) für die Tätigkeit der Verwaltungsbehörden bei Ausführung des Grundstücksverkehrsgesetzes vom 10. 2. 23 (GS. S. 25) werden aufgehoben.

Berlin, den 30. Dezember 1926.

Das Preuß. Staatsministerium.

Auszug aus dem Gebührentarif.

Lfd. Nr.	Gegenstand	Gebühr ℛ ℳ
1	**Abschriften, Auszüge, Ausfertigungen.**	
	a) Abschriften für jede angefangene Seite	0,30
	mindestens jedoch	0,50
	b) Auszüge aus den Akten, öffentlichen Verhandlungen, amtlich geführten Büchern, Registern und Rechnungen, für jede angefangene Seite	0,50
	Ist die Anfertigung des Auszuges mit besonderer Mühewaltung verbunden, kann die Gebühr für jede angefangene Seite erhöht werden bis auf	5,00
	c) Ausfertigungen von Schriftstücken, soweit nicht auf Grund dieser Gebührenordnung oder ihres Tarifs eine besondere Gebühr zu entrichten oder Gebührenfreiheit angeordnet ist, und für zweite, dritte und weitere Ausfertigungen (Nebenausfertigungen) die Gebühr wie für Abschriften (T. Nr. 1a) und die Beglaubigungsgebühr (T. Nr. 14).	
	Bestallungen sind gebührenfrei auszufertigen.	
	d) Die Gebühren für die auf besonderen Antrag erteilten Abschriften, Auszüge und Ausfertigungen werden in den Fällen der Gebührenfreiheit als Auslagen (§ 12 dieser Gebührenordnung) erhoben, ausgenommen im Falle des § 2 Ziff. 3.	
5	**Approbation der Ärzte, Zahnärzte usw.**	
	a) nach Ablegung der vorgeschriebenen Prüfungen . . .	10
	b) unter Befreiung von den vorgeschriebenen Prüfungen (§ 29 RGO.).	30—150
	Zu a und b. Bei Reichsausländern wird das Fünffache der Sätze erhoben, ausgenommen bei Deutschösterreichern, die einen entsprechenden Ausweis über ihre Staatsangehörigkeit beibringen, und bei Angehörigen der vom Deutschen Reiche abgetrennten Gebiete mit deutscher Abstammung und deutscher Muttersprache.	
14	**Beglaubigungen und andere Zeugnisse, Bescheinigungen, Ausweise u. ä.** (bei Beglaubigungen auch neben der nach T. Nr. 1 fälligen Gebühr)	2
	Die Gebühr kann bei Beglaubigungen, die mit geringer Mühewaltung verbunden sind, ermäßigt werden auf . . .	1
	und bei solchen, die mit größerer Mühewaltung verbunden sind, erhöht werden bis auf	5
	Für einfache Zeugnisse und Bescheinigungen in Angelegenheiten von untergeordneter Bedeutung ermäßigt sich die Gebühr auf	1
	Gebührenfrei sind:	
	a) Zeugnisse über geleistete Arbeiten, den Besuch von Bildungsanstalten, Schulzeugnisse u. dgl.	

Lfd. Nr.	Gegenstand	Gebühr RM
	b) Zeugnisse, welche zum Nachweise der Berechtigung zum Genusse von Wohltaten, Stiftungen und anderen Bezügen für hilfsbedürftige Personen dienen sollen, oder welche wegen Zahlung von Wartegeldern, Pensionen, Unterstützungsgeldern, Krankengeldern, Beerdigungskosten, Witwen- und Waisengeldern und ähnlichen Kosten und Geldern als Rechnungsbelege bei öffentlichen oder privaten Kassen und Anstalten eingereicht werden müssen; c) Totenscheine, Beerdigungsscheine.	
30	**Genehmigungen, Erlaubniserteilungen, Konzessionen usw.** I. in folgenden Angelegenheiten (gewerblicher Art): usw. II. Sonstige Genehmigungen, Erlaubniserteilungen, Ausnahmebewilligungen (auch gewerblicher Art) und andere zum unmittelbaren Nutzen der Beteiligten vorgenommene Amtshandlungen, soweit keine andere Gebühr vorgeschrieben ist, bei den unteren Behörden (Ortsbehörden) . . . . . „ „ Mittelbehörden[1] . . . . „ „ obersten Behörden (Zentralbehörden) . . . . Zu II. Aus Billigkeitsgründen kann von der Gebührenerhebung abgesehen werden. Die Erteilung der Sprecherlaubnis für Polizeigefängnisse und Strafanstalten ist gebührenfrei.	 1—50 2—100 3—150
59	**Medizinalverwaltung, Prüfungsausweise.** a) bis d) usw. e) Zeugnisse und Bescheinigungen für Reichsausländer über eine bestandene ärztliche oder zahnärztliche Prüfung[2]	 10

E. Rechnungslegung über die Prüfungsgebühren.

Am Schlusse jedes Prüfungsjahres, das vom 1. 10. bis 30. 9. j. Js. läuft, haben die Ausschüsse für die ärztliche und zahnärztliche Vorprüfung und Prüfung je eine ordnungsmäßig belegte Rechnung[3] über die Vereinnahmung und Verwendung der im verflossenen Prüfungsjahre aufgekommenen Prüfungsgebühren Anfang Oktober j. Js. durch die Hand des Universitätskurators (Universitätskuratoriums, in Düsseldorf des Regierungspräsidenten) dem Ministerium für Volkswohlfahrt einzureichen[4].

Rechnung.

---

[1] Für die Prüfungsausschüsse maßgebend (vgl. allg. Erlaß M.V. 9. 2. 27 — I M III 129 — Ziff. 3 Abs. 1 S. 218).

[2] Gemeint sind nur die Zeugnisse über die ärztliche und die zahnärztliche Prüfung. Die Zeugnisse über die Vorprüfung sind verwaltungsgebührenfrei (vgl. allg. Erl. M.V. 9. 2. 27 — I M III 129 — Ziff. 2 Abs. 3 S. 218).

[3] Vordrucke werden den preußischen Prüfungsausschüssen von den Ausschüssen für die ärztliche und die zahnärztliche Vorprüfung in Berlin C 2, Universität, oder von den Ausschüssen für die ärztliche und die zahnärztliche Prüfung in Berlin W 8, Leipziger Str. 3, unentgeltlich abgegeben (vgl. S. 230).

[4] Für die Herstellung der Rechnung stehen die Universitätsherbstferien zur Verfügung.

Falls Prüfungen vorbezeichneter Art nicht stattgefunden haben, ist Fehlanzeige zu erstatten (K.M. 16. 6. 04 — U I 645 —, 18. 5. 11 — U I 965 —).

Die Rechnung ist von dem Vorsitzenden des Prüfungsausschusses und von dem Rechnungsführer zu vollziehen und muß eine Bescheinigung über die Richtigkeit der nachgewiesenen Einnahmen und über das Vorhandensein der verbliebenen Bestände enthalten (K.M. 14. 10. 92 — M 9139).

Die Portoliquidation ist mit dem Attest der Richtigkeit, einer Zahlungsanweisung und der Bescheinigung zu versehen, daß die in Rechnung gestellten Portoausgaben lediglich im Interesse des betreffenden Prüfungsausschusses entstanden und sonach von anderen Personen weder ganz noch teilweise zu tragen gewesen sind (K.M. 30. 11. 93 — M 12344 —).

Die jeweiligen Ausgaben, die auf Veranlassung oder im Interesse der Prüflinge entstehen (Porto, Heften der Zulassungspapiere usw.), sind nicht aus den Prüfungsgebühren zu decken, sondern von den Prüflingen zu tragen (M.V. 10. 2. 22 — I M V gen. 53).

Neue persönliche Ausgaben und besondere Anschaffungen der Prüfungsausschüsse, die einen größeren Kostenaufwand verursachen, bedürfen der ministeriellen Genehmigung, die stets rechtzeitig vorher einzuholen ist (M.V. 22. 6. 22 — I M V gen. 269).

Als Einnahmebeleg dient eine Übersicht über die eingegangenen Prüfungsgebühren und deren Verteilung auf die einzelnen Prüfungsabschnitte und auf die Verwaltungskosten[1]. Es brauchen deshalb Kassenquittungen über die vereinnahmten Gebühren[1] nicht beigebracht, auch die geprüften Kandidaten in der Rechnung nicht aufgeführt zu werden. Die Quittungen über die geleisteten Ausgaben sind für die ärztlichen und die zahnärztlichen Ausschüsse je besonders auszustellen und in Urschrift vorzulegen. Von den Prüfern sind Jahresquittungen beizubringen. In der Rechnung, für die Vordrucke bestehen (vgl. S. 230), ist auf die Belege, die mit fortlaufenden Nummern zu versehen und zu einem Heft zu vereinigen sind, zu verweisen. Ungeheftet in Bündeln sind Belege an das Ministerium nicht einzusenden.

Der nach der Vorrechnung verbliebene Bestand ist in der folgenden Rechnung als Einnahme vorzutragen und gemäß der Bestimmungen über seine Verwendung in Ausgabe nachzuweisen. Auch sind Belege über die erfolgte Verwendung beizubringen.

Rechnerische Feststellung. Auf dem Titelblatt der Rechnung ist das vorgeschriebene Kalkulaturattest von einem bei der Rechnungslegung nichtbeteiligten Beamten auszustellen (K.M. 14. 10. 92 — M 9139).

---

[1] Vordrucke für die Verteilungsübersichten und Quittungen werden den preußischen Prüfungsausschüssen von den Ausschüssen für die ärztliche und die zahnärztliche Vorprüfung in Berlin O 2, Universität, oder von den Ausschüssen für die ärztliche und die zahnärztliche Prüfung in Berlin W 3, Leipziger Str. 8, unentgeltlich abgegeben (vgl. S. 230.)

Nach § 5 der Rechnungsordnung für die allgemeine Verwaltung usw. sind als befähigt zur rechnerischen Prüfung und Feststellung von Rechnungen und Rechnungsbelegen anzusehen:

a) Alle Beamten, die einer Beamtenklasse angehören, der nach der von dem zuständigen Verwaltungschef im Einvernehmen mit der Oberrechnungskammer getroffenen Bestimmung die Befähigung zur Abgabe rechnerischer Bescheinigungen beiwohnt[1],

b) diejenigen Beamten, die für ihre Person von der Verwaltung nach Grundsätzen, die mit der Oberrechnungskammer vereinbart sind, als befähigt anerkannt sind.

Rechnerische Bescheinigungen können nicht erteilen:

a) Beamte, die bei der Kassen- und Materialienverwaltung einer Amtsstelle unmittelbar beteiligt sind, zu den ihre eigene Verwaltung berührenden Rechnungsbelegen usw. und

b) alle Beamte zu den von ihnen selbst aufgestellten Rechnungsbelegen usw.

Hiernach ist zur Feststellung der Rechnungen der Ausschüsse für die ärztliche und zahnärztliche Vorprüfung nebst Belegen ein nicht bei der Rechnungslegung beteiligter geeignetenfalls der mit der rechnerischen Prüfung der Abschlüsse der Universitätskasse betraute Beamte (in Berlin und in Frankfurt a. M. ein Bureaubeamter bei der Verwaltungsdirektion bei der Universität in Berlin bzw. dem Universitätskuratorium in Frankfurt a. M.) zu beauftragen.

Mit der Vollziehung der Bescheinigung über die rechnerische Prüfung und Feststellung wird die Verantwortung für die Richtigkeit aller zahlenmäßig zu ermittelnden Angaben übernommen. Die rechnerische Prüfung hat sich hiernach nicht auf die eigentliche rechnerische Feststellung der Belege zu beschränken, sondern auf eine Prüfung der den Berechnungen zugrunde liegenden Zahlenangaben nach den maßgebenden Vorschriften usw. mitzuerstrecken.

Für die Rechnungslegung gelten die Vorschriften der Rechnungsordnung und der Prüfungsordnungen für Ärzte und Zahnärzte.

Die vorgenannten Rechnungen nebst Unterlagen werden von den Vorsitzenden der betreffenden Ausschüsse dem Universitätskuratorium zugesandt und sind von diesem nach Prüfung, Erledigung etwaiger

---

[1] Durch Staatsministerialbeschluß vom 6. 6. 11 betr. die rechnerische Prüfung und Bescheinigung der Rechnungsbelege und Rechnungen ist bestimmt worden, daß grundsätzlich nur Beamte des mittleren Dienstes, die ihre Befähigung zur selbständigen Bearbeitung von Rechnungssachen nachgewiesen haben, zur Abgabe rechnerischer Bescheinigungen für befähigt zu erachten sind (Ausführungsbestimmung Fin.-Min. 22. 7. 11 — I 8880 MBl. i. V. S. 281). Bei den durch den Krieg geschaffenen außerordentlichen Verhältnissen hat es sich nicht vermeiden lassen, daß während des Krieges und in der Nachkriegszeit auch anderen Personen die volle oder beschränkte Befähigung zur Abgabe rechnerischer Bescheinigungen erteilt worden ist. Künftig wird bei Zuerkennung der rechnerischen Prüfungsbefähigung wieder streng nach den Vorschriften von 1911 verfahren werden. Den zur Ruhe gesetzten Rechnungsbeamten, die ihre dienstliche Tätigkeit noch nach ihrem Ausscheiden als Staatsbeamte im Angestelltenverhältnis fortsetzen, und denjenigen Angestellten, denen die Befähigung zur selbständigen Bearbeitung von Rechnungssachen einmal beigelegt worden ist, darf die rechnerische Prüfungsbefugnis jedoch bis auf weiteres belassen werden (Fin.-Min. 29. 9. 25 — IA 2. 3171, III 6. 203 — Auszugsweise).

Ausstellungen und rechnerischer Feststellung dem Minister für Volks=
wohlfahrt vorzulegen.

(M.V. 31. 10. 20 — I M V 8411, U I 3100.)

Gebühren-
verwaltung.

Die sämtlichen Einnahmen und Ausgaben der Ausschüsse für die
ärztliche und zahnärztliche Vorprüfung sind in den Büchern der Uni=
versitätskasse als Verwahrgelder in Einnahme und Ausgabe nach=
zuweisen (K.M. 15. 12. 13 — U I 2685 —).

Um auch die ärztlichen und zahnärztlichen Prüfungsausschüsse vom
baren Geldverkehr zu befreien, sind die Einnahmen, im wesentlichen
also die Prüfungsgebühren, nicht mehr dem Prüfungsausschuß oder
der von ihr bisher bestimmten Dienststelle, sondern der Regierungs=
hauptkasse zuzuführen und von dieser auch die erforderlichen Zahlungen
(Gebühren der Prüfer, sächliche Ausgaben u. a.) zu leisten.

Die Prüflinge haben die von ihnen zu entrichtenden Gebühren mit
Zahlkarte, auf deren linkem Abschnitt die Art der Gebühren zu be=
zeichnen ist, bei der Post auf das Postscheckkonto der Regierungshaupt=
kasse einzuzahlen. Die Annahme von Geldern, sei es auch nur zur
Übermittlung an die Regierungshauptkasse, haben der Prüfungs=
ausschuß und seine Beamten abzulehnen. Die Posteinlieferungs=
scheine gelten als Nachweise über die Zahlung der Gebühren durch die
Prüflinge.

Die Anweisungen an die Regierungshauptkasse zur Leistung von
Ausgaben sind schriftlich zu erteilen und von dem Vorsitzenden des
Prüfungsausschusses zu vollziehen. Es wird sich empfehlen, zu den
etwa erforderlichen Quittungen, namentlich denjenigen der Prüfer
über Prüfungsgebühren, einheitliche Vordrucke verwenden zu lassen;
die Quittungen sind, den allgemeinen Vorschriften entsprechend, auf
die „Staatskasse" auszustellen.

Die Rechnungslegung verbleibt wie bisher dem Prüfungsausschuß.
Die Regierungshauptkasse wird dem Ausschuß Ende August j. Js. eine
Zusammenstellung der bis dahin seit 1. Oktober des vorhergehenden
Jahres entstandenen Ausgaben nebst den Belegen, desgleichen eine
Nachweisung der in der gleichen Zeit vereinnahmten Prüfungsgebühren
nebst den darüber vorhandenen Zahlkartenabschnitten zustellen, die der
Rechnung als Unterlagen mit beizufügen sind. In den nach bisheriger
Weise von dem Prüfungsausschuß aufzustellenden Nachweisungen über
die Verteilung der Prüfungsgebühren sind die Namen der Prüflinge
in alphabetischer Reihenfolge aufzuführen.

Die Regierungshauptkassen sind angewiesen, die Einnahmen und
Ausgaben bei den Verwahrgeldern nachzuweisen. Ausgaben sind,
soweit nicht etwa von einzelnen Empfängern ein anderes Verfahren
ausdrücklich gewünscht wird, im Postscheckwege zu leisten.

Gleichzeitig ist den Regierungshauptkassen mitgeteilt worden, daß
das Prüfungsjahr zwar erst Ende September ablaufe, die vorbezeich=
neten Zusammenstellungen usw. jedoch bereits Ende August übersandt

werden könnten, da von da ab bis zum Schlusse des Prüfungsjahres erfahrungsgemäß Einnahmen und Ausgaben nicht mehr zu erwarten sind. Einnahmen und Ausgaben sind von den Regierungshauptkassen für die ärztlichen und die zahnärztlichen Prüfungen getrennt aufzuführen. Die Übereinstimmung der Zusammenstellungen usw. mit den Kassenbüchern und die Richtigkeit des durch Gegenüberstellung von Einnahme und Ausgabe sich ergebenden Bestandes sind von der Kassenrevisionskommission der Regierungshauptkasse zu bescheinigen. (M.F. 17. 9. 14 — M 17414, F. M. I 11649 —.)

Nach § 58 der Prüfungsordnung für Ärzte vom 28. 5. 01 sind vorbehaltlich der Bestimmung in § 56 Abs. 2 die Gebühren für sächliche und Verwaltungskosten bei dem Rücktritt oder der Zurückstellung des Kandidaten von der Prüfung nach Verhältnis zurückzuzahlen.

Gebührenerhebung.

In Ergänzung dieser Vorschrift wird folgendes bestimmt:

Von dem Betrage für sächliche und Verwaltungskosten sind, sobald der Kandidat in die Prüfung eintritt, so viel für den Prüfungsausschuß vorweg zu verrechnen, um die Vergütungen für Kassen- und Rechnungsführung, Sekretariats- usw. Geschäfte und Botendienste zu bestreiten und anteilig die sächlichen Ausgaben für Bureaubedürfnisse, Formulare usw. zu decken.

Der verbleibende Rest ist dem Kandidaten bei dem Rücktritt usw. von der Prüfung für die noch nicht begonnenen Prüfungsabschnitte anteilig zurückzuzahlen.

Tritt der Kandidat von der ärztlichen Prüfung zurück, bevor er sie überhaupt begonnen hat, so ist der ganze Betrag der eingezahlten Prüfungsgebühren nach Abzug der bestimmungsmäßigen Vergütung für die Kassen- und Rechnungsführung zurückzuzahlen. Entschädigungen für Sekretariats- usw. Geschäfte und Botendienste sind in diesem Falle nicht in Ansatz zu bringen.

Wird der Kandidat auf seinen Antrag einem anderen Prüfungsausschuß zur Beendigung der Prüfung überwiesen, so dürfen die Vergütungen für die Beamten und Diener des neuen Ausschusses, falls die noch ausstehenden Prüfungsabschnitte erledigt werden, in der zulässigen Höhe, keinesfalls aber in höherem Betrage gewährt werden, als für sächliche Ausgaben und Verwaltungskosten noch zur Verfügung steht. Findet eine Prüfung in den noch ausstehenden Abschnitten nicht statt, so sind bei dem Rücktritt des Kandidaten von der Prüfung die Bestimmungen des vorstehenden Absatzes sinngemäß anzuwenden. (K.M. 28. 1. 07 — M 19696 —)

Bei den ärztlichen Prüfungen nach der Prüfungsordnung für Ärzte vom 5. 7. 24 und den zahnärztlichen Prüfungen verfallen in der Regel die Prüfungsgebühren beim Rücktritt des Kandidaten von der Prüfung (§ 10 Abs. 2 bis 4, § 14 Abs. 5, 6, § 59 der Prüfungsordnung für Ärzte vom 5. 7. 24, § 10 Abs. 2 bis 4, § 15 Abs. 5, 6, § 50 der Prüfungsordnung für Zahnärzte).

In einem Einzelfalle ist folgende Ausführungsbestimmung erlassen worden:

Von den verfallenen Prüfungsgebühren (§§ 56, 58 Abs. 4 a. O., § 59 n. O. und § 50 der Prüfungsordnung für Zahnärzte v. 15. 3. 09) werden die Anteile für Prüfungsabschnitte und -teile nicht den Prüfern ausgezahlt, sondern einbehalten, während die Gebührenanteile für sächliche und Verwaltungskosten für diese Kosten zur Verfügung stehen.

Sämtliche verfallenen und einbehaltenen Gebührenanteile werden in der Abrechnung dadurch, daß sie zwar vereinnahmt, aber nicht verausgabt werden, in dem Bestande nachgewiesen.

Wenn ein Kandidat die Prüfung nicht beginnt oder die begonnene Prüfung abbricht, sowie Ermahnungen und Vorladungen nicht Folge leistet, kommen die Vorschriften des § 56 Abs. 1 bis 3 a. O., des § 59 Abs. 1 bis 5 n. O. und des § 50 Abs. 1 bis 5 der Prüfungsordnung für Zahnärzte v. 15. 3. 09 zur Anwendung. Die endgültige Abrechnung der Prüfung und Einreichung der Prüfungsübersicht kommt in solchen Fällen erst nach Ablauf der vorgeschriebenen Frist für die Beendigung der Prüfung (§ 56 Abs. 4 a. O., § 59 Abs. 6 n. O., § 50 Abs. 6 der Prüfungsordnung für Zahnärzte v. 15. 3. 09) in Frage.

Rückständige Prüfungsgebühren können nicht im Verwaltungszwangsverfahren beigetrieben, sondern müssen im ordentlichen Rechtswege beansprucht werden. Derartige Weiterungen können jedoch vermieden werden, wenn die Prüfungsgebühren bei Teilzahlungen mindestens so weit vorher von den Kandidaten eingezogen werden, daß jeweils Deckung für die bevorstehenden Prüfungsabschnitte oder -teile vorhanden ist. Im übrigen wird auf den allg. Erlaß v. 28. 2. 24 — I M V 562 I — Ziff. 8 letzter Absatz[1] betr. Einbehaltung von Zeugnisse verwiesen.

(M.V. 6. 6. 25 — I M III 1333.)

F. Vordrucke, Statistik und Prüfungsakten.

Vordrucke.

I. Für Gesuche der Prüfnngskandidaten sind folgende Vordrucke eingeführt (M.V. 10. 12. 24 — I M III 2941):

1. Gesuch um Zulassung zur ärztlichen Vorprüfung[2] (Form. 3), Muster S. 73.

2. Gesuch um Zulassung zur zahnärztlichen Vorprüfung[2] (Form. 4), Muster S. 187.

3. Gesuch um Zulassung zur ärztlichen Prüfung nach der Prüfungsordnung v. 28. 5. 01 (Form. 1), Muster S. 90.

---

[1] Jetzt M.V. 28. 1. 27 — I M III 251 — Ziff. 5 letzter Absatz, S. 217.

[2] Bei den Ausschüssen für die ärztliche und zahnärztliche Vorprüfung in Berlin C 2, Universität, werden zur Erleichterung des Geschäftsverkehrs dieser Ausschüsse mit der verhältnismäßig großen Zahl der Medizin und Zahnheilkunde studierenden Reichsausländer in Berlin außerdem noch besondere Vordrucke für Gesuche von Ausländern an das Ministerium für Volkswohlfahrt in Berlin um Erteilung der Genehmigung zur Ablegung der ärztlichen oder zahnärztlichen Vorprüfung in Berlin vorrätig gehalten und abgegeben.

4. Gesuch um Zulassung zur ärztlichen Prüfung nach der Prüfungs=
ordnung v. 5. 7. 24[1] (Form. 1a), Muster S. 90.

5. Gesuch um Zulassung zur zahnärztlichen Prüfung (Form. 2),
Muster S. 188.

6. Gesuch um Erteilung der Approbation als Arzt (Form. 5),
Muster S. 166.

Diese Vordrucke werden bei der Hirschwaldschen Buchhandlung in
Berlin NW 7, Unter den Linden 68, vorrätig gehalten[2], von der sie
den Kandidaten zu einem geringen Preise abgegeben werden. Die
Prüfungsausschüsse können die Vordrucke auch gesammelt beziehen,
haben die Kosten aber nicht aus den Prüfungsgebühren zu bezahlen,
sondern von den Prüflingen einzuziehen. Die Kandidaten in Berlin
haben sich obige Vordrucke unmittelbar von der Buchhandlung selbst
zu besorgen.

II. Für die Durchführung der Prüfungen bestehen folgende
Vordrucke (M.B. 12. 1. 24 — I M V 73 —, 10. 12. 24 — I M
III 2941 —, 25. 6. 27 — I M III 2033):

1. Übersicht über die ärztliche Vorprüfung[3] (Erlaß M.B. 31. 5. 26
— I M III 1202 II).

2. Übersicht über die zahnärztliche Vorprüfung[3],

3. Übersicht über die ärztliche Prüfung nach der Prüfungsordnung
v. 28 5. 01[3],

4. Übersicht über die ärztliche Prüfung nach der Prüfungsordnung
v. 5. 7. 24,

5. Übersicht über die zahnärztliche Prüfung[3],

6. Zeugnis über die ärztliche Vorprüfung (Muster S. 75f.) in drei
verschiedenen Ausfertigungen und zwar
   a) für Vorprüfungen, die beim ersten Versuch bestanden sind,
   b) für Vorprüfungen, die beim ersten Versuch nicht bestanden
      sind (mit Vermerk über die Frist zur Wiederholung),
   c) für Wiederholungsprüfungen,

7. Zeugnis über die zahnärztliche Vorprüfung (Muster S. 190) in
denselben drei Ausfertigungen wie bei 6,

8. Bescheinigung über die Zulassung zum praktischen Jahr durch
die Prüfungsausschüsse (Erlaß M.B. 20. 2. 24 — I M V 471 —
S. 211, 4. 4. 25 — I M III 857 — Muster S. 115).

Diese Vordrucke werden den preußischen Prüfungsausschüssen
kostenfrei zur Verfügung gestellt und können von diesen angefordert
werden und zwar die

---

[1] Vgl. allg. Erlaß M.B. 25. 6. 27 — I M III 2033.

[2] Der Text wird im Ministerium für Volkswohlfahrt vor jeder Neuauflage durchgesehen und
geprüft.

[3] Gegen die weitere Benutzung der früher in Gebrauch gewesenen einzelnen Prüfungsprotokolle
ist nichts einzuwenden. Ein Neudruck einzelner Protokolle ist jedoch nicht gestattet. Nach Verbrauch
des Vorrats sollen die neuen Prüfungsübersichten benutzt werden, die an Stelle der früheren
Prüfungsprotokolle als Niederschrift über das Ergebnis der Prüfungen getreten sind (M.B. 12. 1. 24
— I M V 73). Vgl. auch S. 206 Anm. 3.

Vordrucke 1, 2, 6, 7 bei den Ausschüssen für die ärztliche und zahnärztliche Vorprüfung in Berlin C 2, Universität,

Vordrucke 3, 4, 5, 8 bei den Ausschüssen für die ärztliche und zahnärztliche Prüfung in Berlin W 8, Leipziger Straße 3.

III. Für die Gebührenerhebung, Buchführung, Rechnungslegung und Statistik sind folgende Vordrucke vorgesehen (MB.
3. 8. 27 — I M III 2471):

Vordruck A   Rechnung über die Prüfungsgebühren,

"   B   Kassenanweisung und Quittung über die Prüfungs-
             gebühren,

"   C   Verzeichnis der Kandidaten, welche die Prüfung
             bestanden haben (Erlaß MB. 5. 7. 24 — I M III
             1335/24 — S. 232),

"   D   Statistik über den Ausfall der Prüfungen (Erlaß
             M.B. 5. 7. 24 — I M III 1335 — S. 232),

"   E   Übersicht über die Verteilung der Gebühren für die
             ärztliche Vorprüfung,

"   F   Übersicht über die Verteilung der Gebühren für die
             zahnärztliche Vorprüfung,

"   G 1 Übersicht über die Verteilung der Gebühren für
             die ärztliche Prüfung (neue Prüfungsordnung),

"   G 2 Übersicht über die Verteilung der Gebühren für die
             ärztliche Prüfung (alte Prüfungsordnung),

"   H   Übersicht über die Verteilung der Gebühren für die
             zahnärztliche Prüfung,

"   K   Liste über die Gebühren für die ärztliche Vorprüfung,

"   L   Liste über die Gebühren für die zahnärztliche Vor-
             prüfung,

"   M 1 Liste über die ärztlichen Prüfungen (neue Prüfungs-
             ordnung),

"   M 2 Liste über die ärztlichen Prüfungen (alte Prüfungs-
             ordnung),

"   N   Liste über die zahnärztlichen Prüfungen,

"   P   Verzichterklärung der Ausländer hinsichtlich der
             Approbation bei der Meldung zur ärztlichen und
             zahnärztlichen Prüfung (Erlaß MB.. 12. 1. 24
             — I M V 73 I — Ziff. 5 — S. 209), Muster S. 198,
             Anm. 3.

Auch diese Vordrucke werden von den Berliner Ausschüssen für die
entsprechende Prüfung kostenfrei abgegeben (Anschriften der Ausschüsse für die ärztliche und die zahnärztliche Vorprüfung, Berlin C 2,
Universität, sowie für die ärztliche und die zahnärztliche Prüfung,
Berlin W 8, Leipziger Straße 3)[1].

---

[1] Die Vordrucke C, D, E, F, G 1, G 2, H sind als Anlagen zur Gebührenabrechnung bestimmt
Die Vordrucke K, L, M 1, M 2, N sollen für die Kontrolle über die Gebührenzahlung und den
Prüfungsverlauf (Niederschrift über die Prüfungsübersicht) sowie als Grundlage für die Rechnungs-

Hierzu ist in dem Erlaß M.V. 3. 8. 27 — I M III 2471 — folgendes bemerkt worden:

Falls bei einzelnen Prüfungsausschüssen noch Vordrucke für andere Zwecke z. B. für Vorladungen zur Vorprüfung usw. benutzt werden, ist gegen ihre Weiterverwendung nichts zu erinnern. Hierfür sollen gegebenenfalls nach Möglichkeit Stempel angeschafft werden. Auch können Stempel zur Ausfüllung oder Ergänzung der Vordrucke verwendet werden. So läßt sich z. B. der Vordruck B auf der Rückseite für die Vorprüfung durch Aufdruck sämtlicher Prüfungsfächer und der auf sie entfallenden Gebühren ergänzen, falls solche Angaben bei einzelnen Prüfungsausschüssen eingeführt sind und sich bewährt haben.

Wenn die Prüfungsgebühren durch Zahlkarten eingezahlt werden, erübrigt sich die Benutzung des Vordrucks B; denn der Posteinlieferungsschein gilt wie bisher als Nachweis über die Zahlung der Gebühren Diese sind von den Prüflingen grundsätzlich an die zuständige Kasse unmittelbar abzuführen. Ihre Annahme, sei es auch nur zur Übermittlung an die Kasse, haben der Prüfungsausschuß und seine Beamten nach wie vor unter allen Umständen abzulehnen.

Im übrigen verbleibt es bei den für die Rechnungslegung usw. erlassenen Bestimmungen (vgl. S. 223ff.).

IV. Für das Zeugnis für Kandidaten der Medizin über die Ableistung des Praktischen Jahres an den zugelassenen Anstalten (Prüfungsordnungen für Ärzte v. 28. 5. 01 § 60 Abs. 1 und v. 5. 7. 24 § 65 Abs. 1)[1] sind Vordrucke bei der Hirschwaldschen Buchhandlung in Berlin NW 7, Unter den Linden 68, hergestellt worden — F. Nr. 6 —. Sie werden dort vorrätig gehalten und zu einem mäßigen Preise abgegeben (M.V. 16. 12. 26 — I M III 3999).

V. Weitere Vorschriften für die Durchführung der ärztlichen und zahnärztlichen Vorprüfung bzw. Prüfung:

Hilfsformulare für die Prüfung selbst, z. B. das pharmakologische Extemporale u. a., die Benachrichtigung der Kandidaten und die Aktenvermerke bei Wiederholungsprüfungen usw. dürfen auf Kosten der Prüfungsausschüsse nicht mehr gedruckt werden. Die Benachrichtigung der Kandidaten bei Wiederholungsprüfungen kann mündlich erfolgen. Der entsprechende Aktenvermerk ist in den neuen Prüfungsübersichten vorgesehen.

Für Bescheinigungen über die bestandene Prüfung sind nach Möglichkeit Durchschläge mit der Schreibmaschine auf Quartblättern zu verwenden.

---

legung dienen und sind nach Gebrauch bei den Prüfungsausschüssen aufzubewahren. In den Vordrucken M 1, M 2, N können die Namen der Prüfer abgekürzt und die Abschnittsurteile für mehrteilige Prüfungsabschnitte in den betreffenden Spalten unter einer Klammer eingetragen werden.

Von den Vordrucken werden C zwei- und vierseitig sowie als Einlagebogen, E, F, G 1, G 2, H als Titel- und Einlagebogen sowie K, L, M 1, M 2, N nur als Einlagebogen geführt.

[1] Muster S. 116.

Die Zusammenstellung des Prüfungsergebnisses (Übersicht über
die ärztliche und zahnärztliche Prüfung) ist dem Ministerium, wie
bisher, für jeden Kandidaten besonders urschriftlich in einfachster Form
unter Angabe der künftigen Anschrift des Kandidaten ohne Begleit=
bericht einzureichen.

Gegen die Anschaffung und Verwendung von Gummistempeln für
geeignete Fälle ist nichts einzuwenden.

Papier darf nur für den Gebrauch des Vorsitzenden und dessen Bu=
reau, dagegen nicht für die Prüfung selbst, auf Kosten des Prüfungs=
ausschusses angeschafft werden.
(M.B. 12. 1. 24. — I M V 73.)

Statistik.   Die Ausschüsse für die ärztliche und zahnärztliche Vorprüfung und
Prüfung haben am Schlusse eines jeden Prüfungsjahres, spätestens
bis zum 1. Oktober jeden Jahres, evtl. mit den Gebührenrechnungen
(vgl. S. 223), je ein alphabetisches Verzeichnis der von jedem Ausschuß
in dem jeweils abgelaufenen Prüfungsjahre mit Erfolg geprüften
Kandidaten der Medizin bzw. der Zahnheilkunde nach folgendem
Muster vorzulegen:

Verzeichnis[1,2]

derjenigen Kandidaten der ...., welche die
.... prüfung im Prüfungsjahre 19..../.... nach der Prüfungs=
ordnung vom .... bestanden haben.

Lfd. Nr.	Zuname	Vor- (Ruf-) name	Geburtsort	Provinz (für preuß. Orte), Land (für außerpreußische Orte) zu 4	Staats-angehörig-keit	Prüfungs-ausschuß	Gesamt-urteil
1	2	3	4	5	6	7	8

Die erforderlichen Angaben sind aus den vorschriftsmäßigen Zu=
lassungsgesuchen (Vgl. S. 228) ersichtlich.

Außerdem ist in dem Begleitbericht je besonders anzugeben[2], wie=
viel Prüflinge (getrennt nach Reichsdeutschen und Reichs=
ausländern) die Vorprüfung in dem jeweils abgelaufenen Prü=
fungsjahr:

---

[1] Da die Verzeichnisse im Ministerium weiterverarbeitet werden, wird auf deren deutliche
Schreibweise besonderer Wert gelegt. Es empfiehlt sich deshalb, die Verzeichnisse mit der Schreibmaschine herzustellen.

Für Kandidaten der Medizin, die die ärztliche Vorprüfung oder Prüfung nach den Prüfungsordnungen für Ärzte vom 28. 5. 01 bzw. 5. 7. 24 ablegen, sind je besondere alphabetische Verzeichnisse aufzustellen (M.B. 4. 4. 25 — I M III 858 25).

[2] Vordrucke werden den preußischen Prüfungsausschüssen von den Ausschüssen für die ärztliche
und die zahnärztliche Vorprüfung in Berlin C 2, Universität, oder von den Ausschüssen für die ärztliche und die zahnärztliche Prüfung in Berlin W 8, Leipziger Str. 3, unentgeltlich abgegeben
(vgl. S. 230).

1. bestanden haben zusammen?
2. bestanden haben sehr gut?
3. bestanden haben gut?
4. bestanden haben genügend?
5. nicht beendet haben?
(M.V. 5. 7. 24 — I M III 1335.)

Die Prüfungsakten für die ärztliche und zahnärztliche Vorprüfung Prüfungsal sind alljährlich alphabetisch geordnet dem Ministerium mit den Gebührenabrechnungen bis Ende Oktober j. Js. zur Einsichtnahme einzureichen (M.V. 8. 10. 25 — I M III 2810).

G. Zusammensetzung der Prüfungsausschüsse.

Die Vorschläge über die Zusammensetzung der Ausschüsse für Zusamme setzung de Ausschüss die ärztliche und die zahnärztliche Vorprüfung sowie die ärztliche und die zahnärztliche Prüfung sind von den Medizinischen Fakultäten[1] für jeden Prüfungsausschuß besonders aufzustellen[2] und durch die Universitätskuratoren usw. am Ende des Sommerhalbjahrs bis spätestens zum 1. August j. Js. der Zentralbehörde einzureichen (wegen der ärztlichen Vorprüfung K.M. 22. 8. 84 — U I 3503 M —, der zahnärztlichen Vorprüfung K.M. 1. 11. 10 — U I 1811 —, der ärztlichen Prüfung — K.M. 19. 7. 83 — M 4628 —, und der zahnärztlichen Prüfung K.M. 4. 5. 09 — M 17 139).

Diese Vorschläge sind an die Minister für Wissenschaft, Kunst und Volksbildung sowie für Volkswohlfahrt — mit Umschlag an den Minister für Wissenschaft, Kunst und Volksbildung — zu richten (M.V. 26. 11. 19 — M 25 067 —, U I 20 027 —, K.M. 20. 8. 21 — U I 2307).

Die Prüfungsausschüsse haben auch über den bei der Ernennung ihrer Mitglieder bezeichneten Zeitpunkt hinaus so lange zu fungieren, bis die Zusammensetzung der Ausschüsse für das folgende Jahr erfolgt ist (K.M. 1. 2. 01 — U I 2437, M 3159 —).

Die während der Prüfungsperiode zur Emeritierung gelangenden Professoren scheiden mit dem Zeitpunkt der Emeritierung aus den Prüfungsausschüssen aus (M.V. 28. 4. 21 — I M V gen. 111).

Wegen Auswahl der Prüfer für die ärztliche Vorprüfung in Anatomie und Physiologie bei Trennung dieser Fächer vgl. S. 70, für Abschnitt III (pathologische Physiologie) bei der ärztlichen Prüfung vgl. S. 88 und für Abschnitt II Teil 1 und Abschnitt IV Teil 1 bei der zahnärztlichen Prüfung vgl. S. 186.

---

[1] In Düsseldorf ist der Akademische Rat der Medizinischen Akademie zuständig
[2] Die Vorschläge gelten den Prüfungsordnungen entsprechend nur als Gutachten, haben aber für die entscheidenden Stellen keine bindende Wirkung.
Bei allen Vorschlägen sind die Prüfer namentlich anzugeben, auch wenn Veränderungen gegenüber dem Vorjahr nicht vorgesehen sind.
Die Vorschläge sollen nicht zu zweien oder zu dreien vereinigt, sondern für jeden einzelnen Prüfungsausschuß getrennt eingereicht werden (K.M. 25. 8. 92 — U I 1682, M. 7425).
Die Vorschläge für die Zusammensetzung der Ausschüsse für die ärztliche Prüfung sind vom Herbst 1927 ab nach der neuen Ordnung aufzustellen (M.V. 20. 6. 27 — I M III 1898, U I 1246).

Bertretung
er Prüfer.

Zur Durchführung der Bestimmungen des § 4 Abſ. 1 und § 20 Abſ. 3 der Prüfungsordnung für Ärzte v. 28. 5. 01 bzw. § 4 Abſ. 1 und § 21 Abſ. 3 der Prüfungsordnung für Ärzte v. 5. 7. 24 ſowie des § 4 Abſ. 1 und § 21 Abſ 3 der Prüfungsordnung für Zahnärzte v. 15. 3. 09 iſt folgendes beſtimmt worden:

Bei vorübergehender Behinderung eines Prüfers innerhalb oder außerhalb der Univerſitätsferien ordnet der Vorſitzende des Prüfungs=ausſchuſſes deſſen Stellvertretung an, ohne daß es hierzu der Zu=ſtimmung des betreffenden Prüfers bedarf.

Für die Regelung der Stellvertretung bei längerer Abweſenheit oder beim Ausſcheiden eines Prüfers hat der Vorſitzende des Prüfungs=ausſchuſſes die miniſterielle Genehmigung nachzuſuchen.

Eine längere Unterbrechung der Prüfung infolge Behinderung eines Prüfers iſt mit Rückſicht auf die Notlage der meiſten Prüflinge nicht angängig.

Die Prüfer haben daher gegebenenfalls von ihrer Behinderung den Vorſitzenden des Prüfungsausſchuſſes zwecks Regelung der Stell=vertretung rechtzeitig zu benachrichtigen und können dabei einen Ver=treter in Vorſchlag bringen.

(M.B. 24. 5. 23 — I M V 1159.)

Wegen der Prüfungen in den Univerſitätsferien vgl. S. 88.

XII. Doktorpromotion.

A. Allgemeines.

llgemeines.

Die mediziniſche und die zahnmediziniſche Promotion iſt durch die „Promotionsordnung der Mediziniſchen Fakultät" für jede Univerſität beſonders geregelt. Für dieſe Promotionen (Zulaſſung und Aus=nahmebewilligungen) ſind in erſter Linie die Mediziniſche Fakultät der betreffenden Univerſität und weiterhin die zuſtändige Unterrichts=verwaltung (in Preußen das Miniſterium für Wiſſenſchaft, Kunſt und Volksbildung in Berlin) zuſtändig[1].

Die Ablegung der Promotionsprüfung iſt erſt beim Nachweis von 10 mediziniſchen oder 8 zahnmediziniſchen Studienhalbjahren zu=läſſig.

Perſonen, die nur die Erlaubnis haben, als Gaſthörer den Vor=leſungen beizuwohnen, ſind in Preußen grundſätzlich nicht als „Stu=bierende" im Sinne der Promotionsordnungen anzuſehen. In be=ſonderen Ausnahmefällen kann eine Anrechnung von Gaſthörſemeſtern in beſchränktem Umfange erfolgen, jedoch bedarf es für eine ſolche Anrechnung im Einzelfalle der Genehmigung des Preußiſchen Mini-

---

[1] Im Gegenſatz hierzu ſind für die ärztlichen und zahnärztlichen Prüfungen auf Grund der „Prüfungsordnung" für Ärzte oder Zahnärzte in erſter Linie die Prüfungsausſchüſſe und weiterhin die Geſundheitsverwaltungen (in Preußen das Miniſterium für Volkswohlfahrt in Berlin) zuſtändig.

steriums für Wissenschaft, Kunst und Volksbildung, soweit die Promotionsordnungen nichts anderes bestimmen (K.M. 6. 6. 25 — U I 1093)[1].

Durch die Ablegung der Promotionsprüfung wird nur das Recht zur Führung der Titel Dr. med. oder Dr. med. dent. erworben, während zur Beilegung der Titel „Arzt" oder „Zahnarzt" die Approbation erforderlich ist (vgl. S. 242)[2].

Als Tag der Erlangung der Doktorwürde gilt der Tag der Vollziehung des Doktordiploms. Den Doktortitel darf der Kandidat aber erst führen, wenn ihm das Doktordiplom ausgehändigt worden ist.

B. Medizinische Doktorpromotion.

Am 1. 10. 1900 sind zwischen den deutschen Bundesregierungen nachfolgende Grundzüge[3] für die Promotionsordnungen der Medizinischen Fakultäten vereinbart worden (K.M. 16. 7. 1900 — U I 1498 — Z.Bl.U.V. 1900 S. 747):

Allgemeines.

I. Der medizinische Doktorgrad darf nur verliehen werden auf Grund einer durch den Druck veröffentlichten Dissertation und einer mündlichen Prüfung.

Eine Promotio in absentia findet unter keinen Umständen statt.

II. Durch die Dissertation soll der Kandidat sich darüber ausweisen, daß er die Befähigung erlangt hat, selbständig wissenschaftlich zu arbeiten.

Die Dissertation ist in deutscher Sprache abzufassen; die Anwendung einer anderen Sprache ist mit Genehmigung der Fakultät zulässig. Am Schlusse der Dissertation ist der Lebenslauf des Kandidaten anzufügen.

Bei Vorlage der Dissertation hat der Kandidat anzugeben, ob und in welcher wissenschaftlichen oder Krankenanstalt er die Dissertation ausgearbeitet und inwieweit er sich bei Ausarbeitung derselben etwa noch sonst fremden Rats bedient hat. Dieser Angabe ist die eidesstattliche Versicherung hinzuzufügen, daß darüber hinaus keine weitere Beihilfe stattgefunden habe.

Nach Annahme der Dissertation durch die Fakultät hat der Kandidat die Drucklegung auf eigene Kosten zu besorgen. Dabei ist auf

---

[1] Ausführungsbestimmung für studierende Beamte (Lehrer) und Gewerbetreibende K.M. 21. 12. 25 — U I 2029 — hier nicht abgedruckt.

[2] Ausländer, die nicht sämtliche Bedingungen der Prüfungsordnungen für Ärzte und Zahnärzte erfüllen, können die Approbation nicht erhalten, (vgl. S. 200), aber den Doktortitel erwerben, weil diese Titel unabhängig von einander verliehen werden.

[3] Nach dieser Vereinbarung sind alle medizinischen Promotionsordnungen der deutschen Universitäten mit ministerieller Genehmigung aufgestellt worden. Da die einzelnen Promotionsordnungen nicht übereinstimmen, empfiehlt es sich, die Ordnung der Universität einzusehen, an der die Promotionsprüfung abgelegt werden soll.

der Rückseite des Titelblatts die Genehmigung der Fakultät unter namentlicher Bezeichnung des oder der Referenten etwa in folgender Art zu erwähnen:

„Gedruckt mit Genehmigung der Medizinischen Fakultät der Universität .... (Name).

Referent: Professor .... (Name)."

III. Die mündliche Prüfung besteht nach Verschiedenheit der Fälle (vgl. unten VI, VII, XII, XIII) entweder in einem einfachen Kolloquium oder in einem Examen rigorosum.

Die Promotion von Inländern.
(Angehörige des Deutschen Reiches.)

IV. Die Zulassung von Inländern darf in der Regel erst erfolgen, nachdem sie die Approbation als Arzt für das Reichsgebiet beigebracht haben[1].

V. Ausnahmen können in besonderen Fällen durch einstimmigen Beschluß der Fakultät mit Genehmigung der Aufsichtsbehörde zugelassen werden, wo die Erfüllung jener Vorbedingung dem Kandidaten aus gewichtigen Gründen nicht zuzumuten ist[2].

Dabei darf jedoch hinsichtlich der Vorbildung unter die Anforderungen des Zeugnisses der Reife von einem deutschen Realgymnasium, hinsichtlich der sonstigen beizubringenden Ausweise unter das in Nr. XIII 2 festgesetzte Maß — vorbehaltlich des zu b daselbst zugelassenen Dispenses — in keinem Falle herabgegangen werden.

VI. Die mündliche Prüfung beschränkt sich in den regelmäßigen Fällen der Nr. IV auf ein Kolloquium vor dem Dekan oder seinem Vertreter als Vorsitzenden und zwei gewählten Mitgliedern der Fakultät. Jeder der drei Examinatoren hat den einzelnen Kandidaten in der Regel eine Viertelstunde zu prüfen. Dabei soll die wissenschaftliche mehr als die praktische Seite der Medizin betont werden.

VII. In den Ausnahmefällen der Nr. V ist das Examen rigorosum abzulegen. Die Prüfungskommission besteht aus dem Dekan oder seinem Vertreter als Vorsitzenden und mindestens sieben weiteren, von der Fakultät gewählten Examinatoren. Die Prüfung zerfällt in einen theoretischen und einen praktisch-klinischen Teil.

Die theoretische Prüfung hat sich auf folgende Fächer zu erstrecken:
1. Anatomie,
2. Physiologie,

---

[1] Nach Einführung des Praktischen Jahres ist hieran nur insofern etwas geändert worden, als gestattet worden ist, daß die Kandidaten während des Praktischen Jahres ihre Doktorarbeit einreichen und teilweise auch die mündliche Prüfung ablegen dürfen. Die Verleihung des Doktorgrades, d. h. die Aushändigung des Doktordiploms darf jedoch erst erfolgen, nachdem der Kandidat die Approbation als Arzt für das Reichsgebiet erlangt hat (vgl. K.M. 31. 3. 98 — U I 2299, M 611 II).

[2] Kandidaten der Medizin, welche die Bedingungen der Prüfungsordnung für Ärzte erfüllen (reichsdeutsches Reifezeugnis, Studium und Prüfungen an reichsdeutschen Universitäten), also die ärztliche Prüfung ablegen und die Approbation als Arzt erhalten können, dürfen erst nach Erlangung der deutschen Approbation als Arzt zum Doktor der Medizin promoviert werden. Diese Bestimmung entspricht nicht nur den geltenden Promotionsordnungen, sondern auch dem § 147 Abs. 1 Nr. 3 RGO., dem § 360 Abs. 1 Nr. 8 StGB. und den §§ 3 und 4 des Reichsgesetzes gegen den unlauteren Wettbewerb vom 7. 6. 19 (S. 247). Mit der ministeriellen Genehmigung zu einer medizinischen Promotion ohne vorherige Erteilung der Approbation als Arzt kann nicht gerechnet werden (K.M. 4. 1. 26 — U I 2445).

3. pathologische Anatomie mit Einschluß der allgemeinen Pathologie,

4. Hygiene.

In jedem der Fächer zu 1 und 2 wird der einzelne Kandidat mindestens eine Stunde, in jedem der Fächer zu 3 und 4 mindestens eine halbe Stunde geprüft, und es muß dabei außer dem Examinator noch der Vorsitzende oder im Behinderungsfall ein anderes Mitglied der Prüfungskommission zugegen sein. Die Prüfung ist insoweit öffentlich, daß jedem medizinischen Lehrer an einer deutschen Universität und jedem für das Deutsche Reich approbierten Arzte der Zutritt freisteht.

In der Woche vorher findet die praktisch-klinische Prüfung in der inneren Medizin, in der Chirurgie und in der Geburtshilfe und Gynäkologie am Krankenbette statt. Die Prüfung umfaßt die Stellung einer oder, nach Befinden des Examinators, zweier Diagnosen, an welche sich ein weiteres Examen, wie es bei der ärztlichen Prüfung vorzunehmen ist, anschließt.

VIII. Sowohl bei dem Kolloquium wie bei dem Rigorosum erfolgt die Feststellung des Ergebnisses durch mündliche oder schriftliche Abstimmung. Jedes Mitglied der Prüfungskommission stimmt mit „bestanden" oder „nicht bestanden" ab. Im Kolloquium genügt, um die Gesamtzensur „bestanden" (rite) zu erhalten, die einfache Majorität, im Rigorosum muß der Kandidat zur Erlangung derselben Zensur mindestens drei Viertel Gesamtstimmenzahl und darunter die Stimmen der praktisch-klinischen Examinatoren in den zu VII Abs. 4 genannten Fächern für sich haben.

Eine höhere Zensur, als welche „gut' (cum laude) und „sehr gut" (magna cum laude) zugelassen sind, darf nur erteilt werden, wenn die Dissertation als besonders tüchtige Leistung anzuerkennen ist; die Kommission entscheidet darüber mit einfacher Majorität. Ausnahmsweise kann, aber nur durch einstimmigen und von der Fakultät genehmigten Beschluß der Kommission, die Zensur „ausgezeichnet" (summa cum laude) erteilt werden.

IX. Hat der Kandidat die mündliche Prüfung nicht bestanden, so muß er sie ganz wiederholen. Das kann frühestens nach 3 Monaten (Kolloquium) oder nach 6 Monaten (Rigorosum) geschehen.

X. Der Promotionsakt darf erst nach der durch Druck erfolgten Veröffentlichung der Dissertation und nach bestandener mündlicher Prüfung erfolgen.

XI. Die Gebühren sollen in den Ausnahmefällen der Nr V, also in allen Fällen, in welchen das Examen rigorosum stattzufinden hat, 50% mehr als in den regelmäßigen Fällen der Nr. IV, jedenfalls aber nicht weniger als 450 RM betragen[1].

---

[1] Die Gebühren betragen für die Promotion 200 *RM*, für das Rigorosum 300 *RM*. Die Fakultät ist berechtigt, begabten und bedürftigen Studierenden die Gebühren ganz oder teilweise zu erlassen.

Die Promotion von Ausländern[1].

(Nichtangehörige des Deutschen Reichs.)

XII. Auf Ausländer, welche die ärztliche Approbation für das Deutsche Reich erlangt haben, finden bezüglich der Promotion dieselben Vorschriften Anwendung, wie auf die in gleicher Lage befindlichen Inländer.

XIII. Ausländer, welche die ärztliche Approbation für das Deutsche Reich nicht besitzen, haben sich bei der Fakultät behufs ihrer Zulassung zur Promotion darüber auszuweisen:

1. daß ihnen eine Vorbildung zuteil geworden ist, welche in dem Staate, dessen Angehörige sie sind, für die Erwerbung des medizinischen Doktorgrades und die Ablegung der ärztlichen Prüfung erfordert wird: fehlt es in dieser Beziehung in ihrem Heimatsstaate an bestimmten Festsetzungen, so haben sie durch vorgelegte Reifezeugnisse (nötigenfalls unter Beifügung inländischer Ergänzungszeugnisse) mindestens eine Vorbildung nachzuweisen, welche den Anforderungen für das Zeugnis der Reife an deutschen Realgymnasien entspricht;

2. daß sie nach Erlangung dieser Vorbildung

a) so viel Semester, wie in Deutschland für die Zulassung zur ärztlichen Prüfung vorgeschrieben sind, an einer gut eingerichteten medizinischen Fakultät ein geordnetes medizinisches Studium, ähnlich wie es in Deutschland üblich ist, geführt und

b) mindestens eines dieser Semester an derjenigen deutschen Universität, bei welcher sie promovieren wollen, studiert haben[1].

Von letzterem Erfordernis kann, wenn der Kandidat der Fakultät genauer bekannt ist, mit Genehmigung der Aufsichtsbehörde ausnahmsweise abgesehen werden.

Im übrigen und abgesehen von Nr V finden auf diese Ausländer bezüglich ihrer Promotion diejenigen Vorschriften Anwendung, welche für die in gleicher Lage befindlichen Inländer gelten[2].

Schlußbestimmungen.

XIV. An Stelle der zur Genehmigung ungedruckt vorzulegenden Dissertation kann nach Ermessen der Fakultät auch eine bereits durch den Druck veröffentlichte wissenschaftliche Arbeit des Kandidaten treten. Die Vorschriften zu II finden in diesem Falle entsprechende Anwendung.

XV. Die Ehrenpromotion, promotio honoris causa, wird durch vorstehende Bestimmungen nicht berührt.

---

[1] Ausländern kann die Genehmigung zur Zulassung zur Doktorpromotion nur dann erteilt werden, wenn sie mindestens zwei Halbjahre an einer deutschen Universität studiert haben (P.M. 10. 5. 22 — U I 144).

[2] D. h. die Ausländer müssen das Examen Rigorosum ablegen und dürfen zum Kolloquium nur zugelassen werden, wenn sie den Nachweis über die im Deutschen Reich bestandene ärztliche Prüfung beibringen. Die Zulassung von Ausländern ohne deutsche ärztliche Prüfung zum Kolloquium kann nur in ganz besonderen Ausnahmefällen erfolgen, wenn hervorragende wissenschaftliche Leistungen eine Ausnahme rechtfertigen und die Medizinische Fakultät selbst sie beantragt (M.V. I M III 1111/25).

C. Zahnmedizinische Doktorpromotion.

**Bestimmungen der Preußischen Staatsregierung vom 10. 8. 1919
— U I 1665/19 — über die Verleihung der Würde eines Doktors der
Zahnheilkunde[1].**

1. Die Verleihung des Doktors der Zahnheilkunde (Doctor medicinae dentariae) erfolgt durch die Medizinische Fakultät, zu der an Universitäten ohne planmäßige Lehrer der Zahnheilkunde die außerplanmäßigen Lehrer dieses Faches hinzutreten. Bei der mündlichen Prüfung muß mindestens ein Lehrer der Zahnheilkunde beteiligt sein. Es bleibt jedoch den Fakultäten unbenommen, besondere Sektionen als Prüfungskommission für die zahnärztliche Doktorprüfung zu errichten.

2. Die Verleihung der Würde eines Doktors der Zahnheilkunde ist an die Anfertigung einer wissenschaftlichen druckfertigen Abhandlung und eine mündliche Prüfung (Kolloquium) gebunden; sie kann auch als eine Ehrenerweisung durch freies Zugeständnis der Fakultät erfolgen[2].

Grundsätzlich dürfen nur in Deutschland approbierte Zahnärzte die Würde eines Doktors der Zahnheilkunde erwerben[2,3].

3. Die wissenschaftliche Arbeit hat ein Thema aus der praktischen oder theoretischen Zahnheilkunde oder aus den die Zahnheilkunde berührenden medizinischen Fächern zu behandeln. Die mündliche Prüfung umfaßt das gesamte Gebiet der Zahnheilkunde sowie nach näherer Maßgabe der Ziff. 8 drei weitere mit der Zahnheilkunde im Zusammenhange stehende medizinische Fächer (Anatomie, Physiologie, Pathologie, Chirurgie, innere Medizin, Dermatologie, Hygiene und Bakteriologie, Pharmakologie[4]).

4. Die Gebühren sollen 500 RM nicht übersteigen[5]. Eine Wiederholung der Prüfung soll gestattet sein.

Eine Promotio in absentia findet unter keinen Umständen statt.

5. Bei der Meldung ist vorzulegen:

1. das Reifezeugnis eines humanistischen Gymnasiums, eines Realgymnasiums oder einer Oberrealschule;
2. die Approbation als Zahnarzt[3];
3. der Nachweis eines mindestens achtsemestrigen geordneten Studiums (Abgangszeugnisse deutscher oder als anerkannt geltender Universitäten des Auslandes)[6];

---

[1] In der vorliegenden Fassung sind die nachträglichen Änderungen berücksichtigt.

[2] (Fassung v. 28. 2. 23 — U I 1.) Für die älteren in Deutschland approbierten Zahnärzte, die unter den erleichterten Bestimmungen der früheren Prüfungsordnung für Zahnärzte ohne Reifezeugnis ihre Ausbildung empfangen haben, war die Möglichkeit gegeben, bis zum 15. 3. 23 zum Dr. med. dent. zu promovieren.

[3] Die Vorschriften des allg. Erlasses K.M. 4. 1. 26 — U I 2445 — S. 236 Anm. 2 gelten sinngemäß auch für die Promotion zum Doktor der Zahnheilkunde. Vgl. ferner S. 240 Anm. 2.

[4] Dazu kommt vom 1. 10. 24 ab das Fach der Hals-, Nasen- und Ohrenkrankheiten (K.M. 7. 3. 24 — U I 2505).

[5] Wegen der Gebühren vgl. S. 237 Anm. 1.

[6] Die Vorschrift des § 5 Ziffer 3 der Bestimmungen über die Verleihung der Würde eines Doktors der Zahnheilkunde ist im Einvernehmen mit den zahnärztlichen Standesverbänden erlassen worden. An ihr muß auch in Zukunft festgehalten werden.

Ein geordnetes Studium liegt nur dann vor, wenn der Studierende nach dem Urteil der Fa-

4. eine in deutscher Sprache abgefaßte, leserlich geschriebene Dissertation mit Lebenslauf des Kandidaten;

5. eine eidesstattliche Versicherung, daß die Dissertation selbständig, ohne unerlaubte Hilfe gearbeitet ist.

Mit Genehmigung des Ministers für Wissenschaft, Kunst und Volksbildung kann, sofern Gleichwertigkeit der Vorbildung im Ausland gesichert erscheint, ein ausländisches Reifezeugnis sowie das Studium an einer außerdeutschen Universität als ausreichend angesehen werden[1],[2].

6. Bei Zurückweisung der Dissertation kann dem Kandidaten gestattet werden, spätestens innerhalb eines Jahres eine neue oder die verbesserte Dissertation einzureichen. Die Drucklegung der Dissertation hat der Kandidat auf eigene Kosten zu besorgen. Die Genehmigung der Fakultät mit gleichzeitiger Bezeichnung des Referenten ist auf dem Titel der Dissertation zu erwähnen.

7. Die Zulassung zur mündlichen Prüfung kann erst nach Annahme der Dissertation durch die Fakultät erfolgen.

8. Die mündliche Prüfung erstreckt sich auf zwei Hauptfächer, von denen das eine gemäß Ziff. 3 Zahnheilkunde ist, das andere durch den Gegenstand der Dissertation bestimmt wird, sowie zwei Nebenfächer, welche der Kandidat zu wählen hat. Ist die Dissertation dem Gebiete der Zahnheilkunde entnommen, so wird das zweite Hauptfach von dem Kandidaten gewählt.

9. Bei der mündlichen Prüfung soll die wissenschaftliche Seite mehr als die praktische betont werden. Die Zensuren dieser Prüfung und die Zensur der Dissertation ergeben das Prädikat, mit welchem die Prüfung auf dem Diplom als bestanden bezeichnet werden soll. Besteht der Kandidat die mündliche Prüfung nicht, so ist sie ganz zu wiederholen, frühestens nach 3 Monaten. Zwischen der mündlichen Prüfung und Promotion kann höchstens ein Zeitraum von 2 Jahren liegen.

9a. Ausnahmweise können auch Kandidaten, die nicht die Approbation als Zahnarzt besitzen, mit Genehmigung des Ministers für Wissenschaft, Kunst und Volksbildung zur zahnärztlichen Doktorprüfung zugelassen werden[1],[2].

---

kultät durch dasselbe sich das Wissen aneignen konnte, über dessen Besitz er sich durch die Prüfung ausweisen sollte. Wenn dieses Wissen in der Regel auch nur durch ein achtsemestriges zahnärztliches Studium zu erlangen ist, so wird in Einzelfällen es kein Bedenken haben, in andern Fakultäten betriebene Studien dann anzurechnen, wenn sie der Zahnheilkunde verwandte Fächer, wie z. B. Naturkunde oder dgl. betrafen. Studien, die in gar keinem Zusammenhang standen, können jedenfalls nicht als ein geordnetes Studium der Zahnheilkunde angesehen werden. Dasselbe gilt von nicht ernstlich betriebenen Studien, also z. B. von Vorlesungen, die nur dem Scheine nach belegt worden sind. Sache der Fakultät wird es sein, in jedem einzelnen Falle zu prüfen, ob ein derartiges geschlossenes Studium vorliegt. In Zweifelsfällen wird meine Entscheidung einzuholen sein. (K.M. 26. 8. 20 — U I 2494).

[1] Fassung vom 28. 2. 23 — U I 1.

[2] In besonders begründeten Ausnahmefällen kann hiernach mit ministerieller Genehmigung von dem Besitz der Approbation als Zahnarzt abgesehen und Kandidaten, denen diese Approbation nach den geltenden Bestimmungen auch gar nicht zusteht (Ausländern), sofern die sonstigen Bedingungen erfüllt sind, die Zulassung zur zahnmedizinischen Doktorpromotion (Rigorosum) erteilt werden. Vgl. jedoch auch S. 238 Anm. 1.

9 b. Haben diese Kandidaten auch die zahnärztliche Prüfung nicht bestanden, so haben sie statt des Kolloquiums ein Rigorosum abzulegen, das nach Inhalt und Umfang der zahnärztlichen Prüfung entspricht[1].

Die Fakultäten werden ermächtigt, Ausführungsvorschriften über das Rigorosum, insbesondere über die Zusammensetzung der Prüfungskommission zu erlassen[1].

10. Bei der Promotion überreicht der Dekan dem jungen Doktor das Diplom. Die Kosten der Herstellung des Diploms trägt der Doktorand.

11. Die Ehrenpromotion bezweckt die Anerkennung ausgezeichneter Leistungen auf dem Gebiete der Zahnheilkunde; sie kann auf Antrag eines Vertreters der Zahnheilkunde durch einstimmigen Beschluß der Fakultät erfolgen. Sie geschieht unentgeltlich und bei kostenfreier Ausfertigung und Zustellung des Diploms.

12. Nach 50 Jahren kann das Doktordiplom erneuert werden.

13. Die Doktorwürde geht verloren:

> 1. wenn die eidesstattliche Versicherung über die selbständige Anfertigung sich als unrichtig erweist,
> 2. wenn dem Besitzer rechtskräftig die bürgerlichen Ehrenrechte aberkannt sind.

Die Entziehung des Diploms hat durch öffentliche Bekanntmachung am schwarzen Brett zu erfolgen.

D. Diplom und Dissertation.

Für die nach dem 31. 3. 25 den Fakultäten eingereichten Dissertationen ist der Druckzwang eingeführt. Angesichts der wirtschaftlichen Notlage eines Teils der Studierenden können die Fakultäten in Einzelfällen, wenn der Doktorand sein wirtschaftliches Unvermögen nachweist, bis auf weiteres hinsichtlich des Druckes nach den folgenden Grundsätzen des Erlasses v. 12. 4. 20 — U I 829 — verfahren (K.M. 16. 1. 25 — U I 2304):

1. Die Dissertation ist anstatt im Druck in Maschinenschrift, und zwar in 4 Exemplaren, einzureichen. Zwei von diesen erhält die Universitätsbibliothek, eins die Staatsbibliothek in Berlin, eins steht zur Verfügung der Fakultät. Die Exemplare müssen in haltbarem Zustande, mindestens steif broschiert, geliefert werden. Von den der Universitätsbibliothek überwiesenen Exemplaren darf eins ausgeliehen werden.

2. Der Doktorand hat ferner in der sonst für die gedruckten Dissertationen vorgeschriebenen Anzahl von Exemplaren einen nur wenige Seiten umfassenden, gedruckten Auszug[2] seiner Arbeit einzureichen.

---

[1] Fassung vom 28. 2. 23 — U I 1.
[2] Dispens von dem Druck des Auszuges ist unstatthaft, es sei denn, daß der Auszug in einer öffentlichen Fachzeitschrift, die in mindestens 150 Exemplaren erscheint, abgedruckt wird (K.M. 27. 8. 28 — U I 428).

3. Der Auszug unterliegt ebenso wie die Dissertation der Genehmigung durch die Fakultät.

(R.M. 12. 4. 20 — U I 829.)

Über die richtige Titelführung in Deutschland vgl. S. 246.

XIII. Bedeutung der Approbation[1].

Durch die Approbation erlangt der Heilkundige die staatliche Anerkennung als Arzt oder als Zahnarzt, d. h. Arzt- (Zahnarzt-)eigenschaft und Arzt- (Zahnarzt-)titel. Wegen Titelführung vgl. S. 246ff. Die Approbation gilt für das ganze Gebiet des Deutschen Reiches[2] und auf Lebenszeit, auch wenn von ihr nicht ununterbrochen Gebrauch gemacht wird, erlischt also auch nicht bei Nichtausübung des Berufs.

Die Erteilung der Approbation ist zu versagen, wenn schwere strafrechtliche oder sittliche Verfehlungen vorliegen. Die Entscheidung erfolgt endgültig durch die oberste Landesbehörde, die für die Erteilung der Approbation zuständig ist, ist bindend für alle Zentralbehörden der anderen Länder und diesen Behörden durch Vermittlung des Reichsministeriums des Innern mitzuteilen (§ 2 Abs. 3 POÄ., POZ.).

Ein Rechtsmittel gegen die Versagung der Approbation ist nach § 40 RGO. nicht gegeben.

Die Approbationen dürfen weder auf Zeit erteilt, noch vorbehaltlich der Bestimmungen in § 53 RGO. widerrufen werden (§ 40 RGO.) und können nur durch Entziehung verlorengehen.

Für die Entziehung der Approbation gilt folgendes:

Die Approbationen können von der Verwaltungsbehörde nur dann zurückgenommen werden, wenn die Unrichtigkeit der Nachweise dargetan wird, auf Grund deren solche erteilt worden sind, oder wenn dem Inhaber der Approbation die bürgerlichen Ehrenrechte aberkannt worden sind, im letzteren Falle jedoch nur für die Dauer des Ehrverlustes (§ 53 Abs. 1 RGO.). Im ersteren Falle (Unrichtigkeit der Nachweise) ist die Entziehung der Approbation eine dauernde. Im letzteren Falle (Ehrverlust) lebt die Approbation nach Ablauf der Zeit des Ehrverlustes wieder auf. Es ist also keine ausdrückliche Zurückgabe notwendig.

Für das Verfahren ist in beiden Fällen in Preußen der Bezirksausschuß und als Berufungsinstanz das Oberverwaltungsgericht zuständig [Ziff. 59, 62 der preuß. AA. zur RGO. v. 1.5. 1904, MBl. S. 241[3], § 120 Nr. 1 des ZG.]. Es besteht jedoch keine Verpflichtung der Verwaltungsbehörde zur Einreichung eines derartigen Antrages. Ein ehrengerichtliches Verfahren auf Entziehung der Approbation ist nicht zulässig (vgl. auch § 15 des PrG. v. 25. 11. 1899). Der Arzt kann also trotz des Strafurteils im Besitz der Approbation bleiben.

---

[1] Dieser und der folgende Abschnitt ist zum Teil der Arbeit: Opitz, Rechte und Pflichten der Ärzte und Zahnärzte (Verlag von Julius Springer in Berlin) entnommen, wo einzelne Fragen noch ausführlicher behandelt und erläutert sind.

[2] Durch VO. v. 30. 9. 1808 ist die frühere Einrichtung, wonach praktische Ärzte nur für bestimmte Orte approbiert wurden und bei jeder Veränderung ihres Wohnsitzes eine neue Approbation nachsuchen mußten, aufgehoben. Seitdem gelten die Approbationen für den ganzen Umfang des Staates, seit 1869 des Norddeutschen Bundes und seit 1871 des Deutschen Reiches.

[3] (59) Zur Erhebung der Klage auf Zurücknahme von Approbationen (§ 53 Abs. 1 RGO.) ist die Polizeibehörde des Ortes, an dem das Gewerbe betrieben wird, mit der Maßgabe zuständig, daß sie zuvor die Ermächtigung des Regierungspräsidenten einzuholen hat, wenn die Klage abzielt auf Entziehung der Approbation eines Arztes (Zahnarztes).

(62) Ist die Zurücknahme der in § 29 bezeichneten Approbationen rechtskräftig erfolgt, so hat die Ortspolizeibehörde die Auslieferung der Approbationsurkunde nötigenfalls auf dem in §§ 127 ff. LVG. bezeichneten Wege herbeizuführen.

Für andere als die vorgenannten Fälle, z. B. wegen gerichtlicher Verurteilung zu einer Freiheitsstrafe ohne Verlust der bürgerlichen Ehrenrechte, Verletzung der Berufspflichten, bei Entmündigung oder geistiger Erkrankung, ist die Entziehung der Approbation gesetzlich nicht vorgesehen.

Den dauernden Verlust der öffentlichen Ämter, Würden, Titel (d. h. Sanitätsrat, Professor, Privatdozent, Dr. usw.) bewirkt die Aberkennung der bürgerlichen Ehrenrechte (§ 33 StGB.).[1]

Der Verlust der bürgerlichen Ehrenrechte kann als Nebenstrafe neben der Todesstrafe und der Zuchthausstrafe, unter gewissen Voraussetzungen auch neben den Gefängnisstrafen, besonders ausgesprochen werden (§ 32 StGB.). Falls dies nicht geschehen ist, kann die Approbation oder das Doktordiplom nicht zurückgenommen werden.

Weiterführung des Arzt-(Zahnarzt-) und Doktortitels nach Zurücknahme der Approbation und des Doktordiploms wird nach § 147 Abs. 1 Nr. 3 RGO. und § 360 Abs. 1 Nr. 8 StGB. mit Geldstrafe oder Haft bestraft (vgl. S. 247)[2].

Personen, denen die Approbation und das Doktordiplom entzogen ist, verlieren die Berechtigung, sich Arzt (Zahnarzt) und Dr. zu nennen. Ihnen steht es frei, das Heilgewerbe auszuüben (als Heilgehilfe usw.). Sie unterliegen dabei jedoch den den nichtapprobierten Personen auferlegten gesetzlichen Beschränkungen (vgl. S. 243 unten).

Der Entwurf eines neuen StGB. kennt übrigens einen Ehrverlust nicht. Demnach wäre es nach Inkrafttreten dieses Gesetzentwurfs nur noch möglich, die Approbation bei der Unrichtigkeit der für deren Erteilung beizubringenden Unterlagen zu entziehen, wenn nicht andere neue gesetzliche Bestimmungen hier Abhilfe schaffen.

Die Ausübung der Heilkunde (auch Zahnheilkunde) ist im Deutschen Reich nach den gesetzlichen Bestimmungen (§ 1 RGO.) für jedermann freigegeben, also von einer besonderen Erlaubnis nicht abhängig (auch Operieren). Ausgenommen ist die Behandlung von Geschlechtskrankheiten, die nach dem RG. v. 18. 2. 27 (RGB. I S. 61) nur den in Deutschland approbierten Ärzten vorbehalten ist und von Nichtapprobierten nicht ausgeführt werden darf. Für die Ausübung der Heilkunde bestehen im übrigen reichsgesetzliche Beschränkungen insoweit, als für die Bezeichnung als Arzt oder Zahnarzt eine Approbation vorgeschrieben (§ 29 RGO. S. 164), die Krankenhilfe und Gutachtertätigkeit bei der Sozialversicherung, die Mitwirkung bei der öffentlichen Gesundheitspflege und Seuchenbekämpfung, die Stellung als Schiffsarzt auf Auswandererschiffen u. a. den approbierten Ärzten und Zahnärzten (bei der Krankenversicherung unter beschränkter Beteiligung der Zahntechniker) vorbehalten ist. Nicht approbierten Personen, welche die Heilkunde gewerbsmäßig ausüben, ist insbesondere verboten,

1. sich als Arzt (Wundarzt, Augenarzt, Geburtshelfer, Zahnarzt) zu bezeichnen oder sich einen ähnlichen Titel beizulegen, durch den der

Ausübung der Heilkur

---

[1] Den dauernden Verlust hat der Rechtsspruch unmittelbar und ohne weiteres zur Folge. Es besteht aber die Möglichkeit, einzelne Titel usw. (z. B. die Doktorwürde) von neuem zu erwerben. Der Entwurf eines neuen StGB., der eine Aberkennung der bürgerlichen Ehrenrechte nicht kennt, sieht dafür in § 55 folgende Bestimmung vor: „Wer unfähig wird, öffentliche Ämter zu bekleiden, verliert zugleich dauernd die öffentlichen Ämter, die er inne hat. Den öffentlichen Ämtern stehen gleich . . . öffentliche Würden“ (d. h. auch die Doktorwürde usw.).

[2] Die Ortspolizeibehörden in Preußen haben zu verhindern, daß Personen, denen die im § 29 RGO. vorgeschriebene Approbation rechtskräftig entzogen ist (§ 53 Abs. 1 RGO.) den Titel Arzt oder einen arztähnlichen Titel führen (Ziffer 60 Abs. 2 der Preuß. AA. zur RGO. v. 1. 5. 04 — MBl. S. 241). Ebenso haben die Kreisärzte Zuwiderhandlungen gegen diese Bestimmungen sofort der zuständigen Behörde mitzuteilen (§ 46 Abs. 3 DAK.).

Glaube erweckt wird, der Inhaber sei eine geprüfte Medizinalperson (§ 147 Abf. 1 Nr. 3 RGO. — vgl. auch S. 247),

2. die Heilkunde im Umherziehen auszuüben (§ 56a Nr. 1, § 148 Nr. 7a RGO.),

3. Gifte und gifthaltige Arznei- und Geheimmittel sowie Bruchbänder im Umherziehen feilzubieten oder an andere käuflich zu überlassen (§ 56 Nr. 9, § 148 Nr. 7a RGO.),

4. starkwirkende Arzneimittel zu verordnen (Bundesratsbeschlüsse v. 13. 5. 96 und 22. 3. 98)[1],

5. zu impfen (§ 8 des Impfgesetzes v. 8. 4. 74 — RGB. S. 31),

6. ärztliche Zeugnisse über den Gesundheitszustand einer Person auszustellen (§ 277 StGB.),

7. Anzeigen oder Ankündigungen zu veröffentlichen, die über Vorbildung, Befähigung oder Erfolge zu täuschen geeignet sind oder prahlerische Versprechungen enthalten (K.M. 28. 6. 02 — M 1692 I).

8. Frauen, die nicht als Arzt approbiert sind oder das Prüfungszeugnis als Hebamme und eine Niederlassungsgenehmigung besitzen, ist die Ausübung der Geburtshilfe untersagt (PrG. 20. 7. 22 — GS. S. 179).

Amtliche Funktionen[2] dürfen von dem Staate oder einer Gemeinde (auch von anderen Körperschaften öffentlichen Rechts — Provinzen, Kreisen usw.) nur einem im Deutschen Reich approbierten Arzt oder Zahnarzt übertragen werden (§ 29 RGO. S. 164).

Für die Heranziehung der Heilkundigen zur Kassenpraxis sind die §§ 122 und 123 RVO. maßgebend[3].

Die Beschäftigung von Studierenden und Kandidaten der Medizin als Vertreter von Ärzten (Zahnärzten) ist sehr bedenklich und läßt nicht nur die gebotene Rücksichtnahme auf die berechtigten Interessen des arztbedürftigen Publikums vermissen, sondern erscheint auch geeignet, sowohl die Stellung und das Ansehen des Ärztestandes in der Öffentlichkeit herabzusetzen, als auch die vertretenden Personen selbst in eine bedenkliche Lage zu bringen; denn letztere müssen den Beginn

---

[1] Rezepte von Personen ohne deutsche Approbation dürfen von Apothekern nur angefertigt werden, wenn sie lediglich solche Stoffe verordnen, welche dem freien Verkehr überlassen sind (Hausmittel). Rezepte über starkwirkende Arzneien bedürfen zur Erlangung der Wirksamkeit der Unterschrift eines in Deutschland approbierten Arztes (Zahnarztes).

[2] Hierbei handelt es sich bei Ärzten und Zahnärzten nur um amtliche Funktionen ärztlicher oder zahnärztlicher Natur, z. B. als Kreis-, Gerichts-, Polizei-, Impf-, Stadt-, Krankenhaus-, Schiffs- usw. Arzt.

[3] §§ 122 und 123 RVO. lauten:

§ 122. Die ärztliche Behandlung im Sinne dieses Gesetzes wird durch approbierte Ärzte, bei Zahnkrankheiten auch durch approbierte Zahnärzte (§ 29 RGO.), geleistet. Sie umfaßt Hilfeleistungen anderer Personen, wie Bader, Hebammen, Heildiener, Heilgehilfen, Krankenwärter, Masseure u. dgl. sowie Zahntechniker, nur dann, wenn der Arzt (Zahnarzt) sie anordnet oder wenn in dringenden Fällen kein approbierter Arzt (Zahnarzt) zugezogen werden kann.

Die oberste Verwaltungsbehörde kann bestimmen, wieweit auch sonst Hilfspersonen innerhalb der staatlich anerkannten Befugnisse selbständige Hilfe leisten können.

§ 123. Bei Zahnkrankheiten mit Ausschluß von Mund- und Kieferkrankheiten kann die Behandlung außer durch Zahnärzte mit Zustimmung des Versicherten auch durch Zahntechniker gewährt werden. Die oberste Verwaltungsbehörde bestimmt, wieweit auch sonst Zahntechniker bei solchen Zahnkrankheiten selbständige Hilfe leisten können. Sie kann bestimmen, wieweit dies auch Heildiener und Heilgehilfen tun können. Sie bestimmt ferner, wer als Zahntechniker im Sinne dieses Gesetzes anzusehen ist.

der Ausübung der Heilkunde (mangels der Approbation) gleich den Kurpfuschern bei dem Kreisarzte anmelden (K.M. 25. 3. 04 — M 3612).

Eine vollständige Vertretung eines approbierten Arztes auch durch einen Medizinalpraktikanten kann nicht in Frage kommen. Insbesondere ist es einem solchen „Vertreter" nicht gestattet, ärztliche Atteste auszustellen und starkwirkende Arzneien zu verschreiben. Auch erscheint es rechtlich zweifelhaft und wird gegebenenfalls der Entscheidung der Gerichte zu überlassen sein, ob die Bezeichnung des Praktikanten als „Vertreter des Arztes X" nicht einen Verstoß gegen die Reichsgewerbeordnung enthält. Dazu kommt, daß der Medizinalpraktikant nach der Absicht und dem Wortlaut der Prüfungsordnung für Ärzte die ärztliche Tätigkeit und Heilbehandlung nicht selbständig ausüben soll, sondern unter der Aufsicht des Arztes, der demnach, wenn er der Forderung genügen will, dauernd zur Stelle sein muß (M.V. 2. 6. 25 — I M III 1439).

In Preußen ist durch Regierungspolizeiverordnungen vorgeschrieben, daß jeder Arzt (Zahnarzt), der den ärztlichen (zahnärztlichen) Beruf oder eine medizinische (zahnärztliche) Tätigkeit aufnimmt, dies dem für den Wohnort zuständigen Kreisarzt unter Vorlegung der Approbation anzuzeigen hat.

Ferner hat in Preußen nach § 4 PrG. über die Ärztekammern und einen Ärztekammerausschuß vom 30. 12. 26 (GS. S. 353) und den dazu ergangenen Ausführungsbestimmungen v. 8. 3. 27 (MBlV. Sp. 295ff.) jeder Arzt, der den ärztlichen Beruf oder eine medizinische Tätigkeit aufnimmt, binnen zwei Monaten dies dem Vorstande derjenigen Ärztekammer mitzuteilen, in deren Bezirk sein Wohnsitz liegt.

Ein Schutz vor Erschleichung der Befähigung zu einem Beruf usw. (dies gilt auch für die Prüfungen zur Erlangung der Approbation und der Doktorwürde) soll durch das neue StGB. eingeführt werden. In dem Entwurf dieses StGB. (§ 140) ist folgende Bestimmung vorgesehen:

„Wer bei einer Prüfung, die bei einer Behörde zum Nachweis der Befähigung zu einem Amte oder Beruf oder zur Erlangung einer Anstellung oder eines Titels abzulegen ist, eine Prüfungsarbeit abgibt, die er ganz oder im wesentlichen von einem anderen hat anfertigen lassen, oder wer einen anderen bestimmt, eine solche Prüfung für ihn abzulegen, wird mit Gefängnis bis zu einem Jahre oder mit Geldstrafe bestraft.

Ebenso wird bestraft, wer einem anderen für eine solche Prüfung eine Prüfungsarbeit ganz oder im wesentlichen anfertigt, oder wer für einen anderen eine solche Prüfung ablegt.

Wer die im Abs. 2 bezeichnete Tat gewerbsmäßig begeht oder wer sich öffentlich zur Herstellung von Prüfungsleistungen für andere anbietet, wird mit Gefängnis bis zu zwei Jahren bestraft."

In der Begründung zu dieser Bestimmung heißt es u. a.: Die Vorschrift ist erforderlich geworden, nachdem sich in immer steigendem Maße Personen damit beschäftigen, Prüfungsarbeiten gegen Entgelt für andere anzufertigen, und nachdem es sogar vorgekommen ist, daß sie auch mündliche Prüfungen für andere abgelegt haben. Bisher konnten derartige Personen regelmäßig nicht bestraft werden. Sie konnten vielmehr ihr unlauteres Treiben, auch wenn dieses wiederholt aufgedeckt wurde, immer weiter ausüben. Als Mißstand ist es auch empfunden, daß auch gegen die Personen, die sich der von anderen angefertigten Prüfungsarbeiten bedient hatten, oder die andere für sich die mündliche Prüfung hatten ablegen lassen, in der Regel strafrechtlich nicht eingeschritten werden konnte, da die Voraussetzungen des Betruges nicht gegeben waren und die Abgabe einer eidesstattlichen Versicherung gerade in den wichtigsten Fällen, nämlich in den meisten staatlichen Prüfungen, nicht erfordert wird. Der Tatbestand des § 140 umfaßt sämtliche Fälle von Prüfungen, auch die Abschlußprüfung auf den Schulen, da sie die Befähigung zum Ergreifen gewisser Berufe ergibt. Strafbar ist nicht jede Hilfeleistung, die bei einer derartigen Prüfungsarbeit von einem anderen gewährt wird, z. B. nicht ein gelegentliches Besprechen der Arbeit miteinander, sondern nur die Hilfeleistung, die darin besteht, daß der andere die Arbeit ganz oder im wesentlichen angefertigt hat. Vollendet ist der Tatbestand, sobald die Arbeit bei der Prüfungsbehörde abgegeben wird. Daraus, ob der Täter auf Grund dieser Arbeit die Prüfung besteht oder die Anstellung oder den Titel erlangt, kommt es nicht an.

XIV. Titelführung[1].

Titel-erleihung.

Art. 109 Abs. 4 R.V. bestimmt: „Titel dürfen nur verliehen werden, wenn sie ein Amt oder einen Beruf bezeichnen; akademische Grade sind hierdurch nicht betroffen." Abs. 6 dieses Artikels lautet: „Kein Deutscher darf von einer ausländischen Regierung Titel oder Orden annehmen." Die für (nichtbeamtete) Mediziner (Zahnmediziner) besonders in Betracht kommenden Titel sind „Professor", „Arzt (Zahnarzt)", „Dr."[2]. Die beiden ersteren werden vom Staate verliehen, und zwar in Preußen der Professortitel vom Ministerium für Wissenschaft, Kunst und Volksbildung als Amtsbezeichnung[2] für Universitätslehrer durch Aushändigung einer Bestallung und der Arzt-(Zahnarzt-)titel vom Ministerium für Volkswohlfahrt als Berufsbezeichnung durch Erteilung der deutschen Approbation als Arzt oder als Zahnarzt. Der Doktortitel ist ein akademischer Grad, den die Fakultäten der Deutschen Hochschulen zu verleihen berechtigt sind. Über die Voraussetzungen für die Erlangung des medizinischen und zahnmedizinischen Doktortitels vgl. S. 234 ff.

:elführung.

Die von den zuständigen deutschen Organen verliehenen Titel dürfen nach Empfang der Verleihungsurkunden im Gebiet des Deutschen Reiches ohne weiteres geführt werden. Für den Arzt-(Zahnarzt-)titel gilt dabei im einzelnen folgendes: Dieser Titel ist durch § 29 RGO. gesetzlich geschützt[3] und dient als staatlicher Ausweis über die nach-

---

[1] Dieser und der vorhergehende Abschnitt ist zum Teil der Arbeit: Opitz, Rechte und Pflichten der Ärzte und Zahnärzte (Verlag von Julius Springer in Berlin) entnommen, wo einzelne Fragen noch ausführlicher behandelt und erläutert sind.

[2] Der Charakter als Sanitätsrat usw. und der Ehrentitel „Professor" werden mit Rücksicht auf Art. 109 Abs. 4 RV. nicht mehr verliehen (Titel „Sanitätsrat" für Ärzte in Preußen durch Kabinettsorder v. 22. 8. 40 eingeführt, vorher „Hofrat").

[3] Arzt ist ein durch die RGO. genau bestimmter Rechtsbegriff, der allein durch die (deutsche) Approbation erfüllt wird, und der weder direkt noch mittelbar auf nicht (in Deutschland) approbierte Personen ausgedehnt werden darf (Reichsgerichtsurteil v. 26. 2. 1909). Deshalb darf sich in Deutschland niemand ohne deutsche Approbation Arzt oder Zahnarzt nennen, auch nicht in Verbindungen wie Volontärarzt usw. Vgl. S. 101, 202 und 248.

gewiesene Befähigung zur Ausübung der Heilkunde. Dieser Titel unterscheidet den Inhaber wesentlich von der nichtapprobierten Heilperson, die eine selbstgewählte Bezeichnung (Naturheilkundiger usw.), aber keine arzt=(zahnarzt=)ähnliche Bezeichnung führen darf.

Über die Titelführung bestehen folgende Strafbestimmungen:

a) § 147 Abs. 1 Ziff. 3 RGO.: Mit Geldstrafe bis zu 300 RM und im Unvermögensfalle mit Haft wird bestraft, wer, ohne hierzu approbiert zu sein, sich als Arzt (Wundarzt, Augenarzt, Geburtshelfer, Zahnarzt, Tierarzt) bezeichnet oder sich einen ähnlichen Titel beilegt, durch den der Glauben erweckt wird, der Inhaber desselben sei eine geprüfte Medizinalperson.

b) § 360 Abs. 1 Ziff. 8 StGB.: Mit Geldstrafe bis zu 150 RM oder mit Haft wird bestraft, wer unbefugt … Titel, Würden … annimmt …[1].

c) § 3 des RG. gegen den unlauteren Wettbewerb vom 7. 6. 09 (RGB. S. 499): Wer in öffentlichen Bekanntmachungen oder in Mitteilungen, die für einen größeren Kreis von Personen bestimmt sind, über geschäftliche Verhältnisse, insbesondere über die Beschaffenheit, den Ursprung, die Herstellungsart oder die Preisbemessung von … gewerblichen Leistungen, … über den Besitz von Auszeichnungen … unrichtige Angaben macht, die geeignet sind, den Anschein eines besonders günstigen Angebots hervorzurufen, kann auf Unterlassung der unrichtigen Angaben in Anspruch genommen werden.

§ 4 Abs. 1 desselben R.G.: Wer in der Absicht, den Anschein eines besonders günstigen Angebots hervorzurufen, in öffentlichen Bekanntmachungen oder in Mitteilungen, die für einen größeren Kreis von Personen bestimmt sind, über geschäftliche Verhältnisse, insbesondere über die Beschaffenheit, den Ursprung, die Herstellungsart oder die Preisbemessung von … gewerblichen Leistungen, … über den Besitz von Auszeichnungen … wissentlich unwahre und zur Irreführung geeignete Angaben macht, wird mit Gefängnis bis zu einem Jahre und mit Geldstrafe … oder mit einer dieser Strafen bestraft[2].

d) Nach § 10 Titel 17 Teil II ALR. muß die Polizeibehörde die nötigen Anstalten zur Erhaltung der öffentlichen Ordnung und zur Abwendung der dem Publikum oder einzelnen Mitgliedern desselben

---

[1] Während § 147 Abs. 1 Ziff. 3 RGO. die falsche Titelführung Nichtapprobierter bedroht, richtet sich § 360 Abs. 1 Ziff. 8 StGB. auch gegen Approbierte, wenn sie unbefugt Titel usw. annehmen. Zu den Würden gehören auch akademische Würden (Doktorgrad usw.). Nach dem Entwurf eines neuen StGB. (§ 359 Ziff. 1) soll bestraft werden, wer unbefugt inländische oder ausländische Titel oder Würden führt.

[2] Das RG. gegen den unlauteren Wettbewerb findet auch auf Heilpersonen Anwendung, z. B. bei unbefugter oder falscher Führung von Doktortiteln allein oder in Verbindung mit einer Arztbezeichnung mit oder ohne Hinweis auf ein ausländisches Diplom. Hierzu gehören sämtliche Verstöße gegen § 147 Abs. 1 Ziff. 3 RGO. und § 360 Abs. 1 Ziff. 8 StGB., soweit die Bezeichnungen unwahre Angaben darstellen. Ein unlauterer Wettbewerb liegt auch vor, wenn sich ein Zahnarzt oder Zahntechniker einen Doktortitel beilegt, den er überhaupt nicht oder nicht in ordnungsmäßiger Weise erworben hat, oder wenn er sich in einer der Wirklichkeit nicht entsprechenden Weise als approbierter Zahnarzt bezeichnet.

Zur Herbeiführung einer Bestrafung nach dem RG. gegen den unlauteren Wettbewerb ist die Strafanzeige seitens eines Arztes (Zahnarztes), der in der Praxis steht, eines rechtsfähigen Vereins, auch Ärzte-(Zahnärzte-)Kammer, oder eines Kreisarztes an die Staatsanwaltschaft, bei den übrigen Verstößen von jedermann auch an die Polizeibehörde zu richten.

bevorstehenden Gefahr treffen, kann mithin auch eine unrechtmäßige
Titelführung verbieten.

Hiernach bestehen z. B. keine Bedenken, wenn ein approbierter
Arzt den Titel Homöopath, Naturarzt, Hydropath, Magnetopath,
Elektropath, Direktor einer Klinik usw. führt. Wenn sich aber ein
Nichtapprobierter so oder als Biologe, Biochemiker, stellenweise auch
als Dentist usw. bezeichnet, so dürfte diese Bezeichnung geeignet sein,
in der breiten Masse des Volkes den Eindruck eines im Inlande
approbierten Heilkundigen zu erwecken, der auf einem wissenschaftlich
begründeten Zweige der Allgemeinmedizin Spezialpraxis ausübt
(Facharzt).

Ausländische
Titel.
Oben erwähnte Strafbestimmungen kommen auch bei der un-
richtigen oder unerlaubten Führung der im Auslande erworbenen
Titel in Deutschland zur Anwendung. Vgl. hierzu die VO. v. 30. 9. 24
S. 249.

Der Ausdruck „approbierter Arzt (Zahnarzt)" auch mit dem Zusatz
„im Ausland" oder „ausländischer Arzt (Zahnarzt)" und ähnliches kann
in Deutschland den Anschein einer den deutschen Begriffen und Anforderungen entsprechenden Ausbildung und staatlichen Prüfung als
Arzt oder Zahnarzt erwecken (schließt also die Verwechslung mit einem
im Inlande approbierten Arzt [Zahnarzt] nicht aus). Ebenso ist ein
Ausdruck, wie er für die von deutschen Universitäten verliehenen
Doktortitel in lateinischer Sprache in Deutschland üblich ist, den Irrtum
im Publikum zu erregen geeignet, daß der geführte Doktortitel von
einer inländischen Universität oder doch wenigstens von einem in
ähnlicher Weise wie die deutschen Universitäten den Doktortitel nur
auf Grund gleicher besonderer wissenschaftlicher Qualifikation ver-
leihenden ausländischen Institut öffentlichen Rechts erteilt ist. Das
große Publikum legt nach der Rechtsprechung hauptsächlich nur auf
den gebrauchten Titel Gewicht, läßt aber etwaige Erläuterungen über
die Bedeutung oder die Berechtigung zur Führung des Titels un-
beachtet. Daß tatsächlich ein solcher Irrtum erweckt oder beabsichtigt
ist, braucht nicht nachgewiesen zu werden. Dasselbe gilt auch für die
Führung eines ausländischen Professortitels.

Für die Beurteilung der Strafbarkeit ist immer der ganze Titel
und der Standpunkt eines Durchschnittslesers, der solchen Titeln nur
in oberflächlicher Betrachtung gegenübertritt und deshalb Täuschungen
leichter ausgesetzt ist, maßgebend.

Das Reichsgericht beanstandet in seinen Entscheidungen gemäß
§ 147 Abs. 1 Ziff. 3 RGO. nicht die Bezeichnung „in ... approbierter
Arzt (Zahnarzt)", da durch den beigefügten Hinweis für jedermann
erkennbar gemacht ist, daß der sich so bezeichnende Heilkundige nur
im Auslande approbiert und nicht eine in Deutschland approbierte
Medizinalperson ist. Das Preuß. Kammergericht vertritt dagegen einen
strengeren Standpunkt, indem es die Bezeichnung als Arzt unter allen
Umständen geschützt wissen will und wiederholt ausgesprochen hat,

daß ein der Arztbezeichnung beigefügter ausdrücklicher Hinweis auf die ausländische Approbation die Strafbarkeit nicht ausschließe. Das Preuß. Oberverwaltungsgericht hat bisher auf dem Standpunkte des Reichsgerichts gestanden, aber in einer im Preuß. Verwaltungsblatt Jahrgang 45 S. 366 veröffentlichten Entscheidung v. 24. 1. 24 Zweifel zum Ausdruck gebracht, ob es an seiner bisherigen Rechtsprechung festhalten und nicht vielmehr unter Aufgabe derselben dem Standpunkte des Kammergerichts beitreten solle.

Heilkundige, die den medizinischen oder zahnmedizinischen Doktortitel an deutschen Universitäten erworben, aber die deutsche Approbation als Arzt oder als Zahnarzt nicht erhalten haben[1], dürfen den Doktortitel in Deutschland führen, jedoch ohne weiteren Zusatz. Wenn der deutsche Doktortitel z. B. mit Krankheitsbezeichnungen in Verbindung gebracht wird, dürfte es sich um einen arztähnlichen Titel handeln, dessen Führung einem Nichtapprobierten nach vorstehend genannten Bestimmungen verboten ist. Das Recht, den von einer deutschen Universität verliehenen Doktortitel zu führen, erleidet durch die §§ 29, 147 RGO. auch insofern eine gesetzliche Beschränkung, als das Wort „Doktor" vielfach gleichbedeutend mit „Arzt" aufgefaßt, sein Gebrauch also geeignet ist, jenen Glauben zu erwecken.

Im Auslande erworbene akademische Grade (Professor, Doktor usw. Titel) dürfen in Preußen nur mit Genehmigung des Preuß. Ministers für Wissenschaft, Kunst und Volksbildung geführt werden. Hierfür war bisher die Königl. VO. v. 7. 4. 97 (GS. S. 99) maßgebend[2]. Jetzt gilt die folgende Preuß. VO. v. 30. 9. 24:

VO. über die Führung akademischer Grade v. 30. 9. 24 (GS. S. 605).

§ 1. Preußische Staatsangehörige, die einen akademischen Grad einer Hochschule außerhalb Preußens erworben haben, bedürfen zur Führung dieses Grades in Preußen der Genehmigung des Ministers für Wissenschaft, Kunst und Volksbildung.

Diese Genehmigung kann hinsichtlich der akademischen Grade bestimmter außerpreußischer Hochschulen allgemein erteilt werden.

Eine Genehmigung ist nicht erforderlich, wenn es sich um den akademischen Grad einer deutschen Hochschule handelt, der auf Grund einer schon vor dem 1. 1. 23 bestehenden Satzung verliehen worden ist.

§ 2. Für nichtpreußische Reichsangehörige und für Ausländer, die sich in Preußen aufhalten, gilt die Bestimmung des § 1 mit der Maßgabe, daß es, sofern sie sich nur vorübergehend und nicht zu Erwerbszwecken oder ausschließlich im amtlichen Auftrag in Preußen aufhalten, genügt, wenn sie nach dem Rechte ihres Heimatstaats zur Führung des akademischen Grades befugt sind[3].

---

[1] Hierbei handelt es sich in der Regel um Reichsausländer. Wegen der Voraussetzungen für Erlangung des Doktortitels vgl. S. 234ff.

[2] Die vor dem 15. 4. 97 erworbenen ausländischen Doktortitel dürfen ohne ministerielle Genehmigung in Preußen geführt werden.

Zur Führung des amerikanischen Titels „Doctor of dental surgery" wird die Genehmigung grundsätzlich nicht erteilt.

[3] D. h. wer sich nur vorübergehend und nicht zu Erwerbszwecken oder wer sich ausschließlich im amtlichen Auftrage in Preußen aufhält, kann hier ohne weiteres den akademischen Grad führen, zu dessen Beilegung er in seiner Heimat rechtlich befugt ist. Wer aber in Deutschland seinen ständigen Wohnsitz hat, und hier einen im Auslande erworbenen Grad führen will, muß die ministerielle Genehmigung einholen.

§ 3. Diese Verordnung tritt mit dem Tage der Verkündung in Kraft. Gleichzeitig tritt die Königliche Verordnung, betreffend die Führung der mit akademischen Graden verbundenen Titel v. 7. 4. 97 (GS. 1897 S. 99) außer Kraft.

In Preußen wird die Führung eines ausländischen medizinischen oder zahnmedizinischen Doktortitels in der Regel genehmigt, wenn er unter denselben formellen und materiellen Voraussetzungen erworben worden ist, wie der deutsche Doktortitel an deutschen Hochschulen (staatlich oder staatlich anerkannte Anstalten mit Befugnis zur Titelverleihung, Erlangung der wissenschaftlichen Befähigung, Dissertation usw.) und der Inhaber des Titels die deutsche Approbation als Arzt oder als Zahnarzt besitzt. Dagegen wird nichtapprobierten Personen die Führung eines solchen Doktortitels regelmäßig nicht gestattet.

Die Genehmigung hat, da sie auf Grund des Landesrechts und von den Landesbehörden erfolgt, nur für das betreffende Land Bedeutung. In einem anderen deutschen Lande ist evtl. eine neue Genehmigung erforderlich, soweit dort von dieser die Führung des Titels abhängig gemacht ist.

Abkürzung der Titel.

Ein im Auslande erworbener Titel darf nach erfolgter Genehmigung nur in der Form geführt werden, in der er verliehen worden ist, oder in den Abkürzungen, die im Auslande üblich sind; dagegen kann es nicht als erlaubt angesehen werden, einen im Auslande in einer bestimmten Form verliehenen Doktortitel in einer davon abweichenden, im Auslande nicht üblichen Form oder Abkürzung zu führen, falls dadurch der ausländische Ursprung nicht mehr ersichtlich wird und der Titel sich wie ein im Inlande erworbener darstellt. Die Führung eines so veränderten Titels ist unbefugt. Nichtapprobierte haben dabei noch darauf zu achten, daß durch die Abkürzung beim Publikum nicht der Anschein erweckt wird, als handle es sich um einen in Deutschland approbierten Arzt (Zahnarzt).

Die Führung des Titels Dr. seitens eines nicht zum Dr. med. promovierten Arztes ist nicht statthaft, da die Führung des Titels Dr. (im Zusammenhang mit dem Titel Arzt oder einer ärztlichen Tätigkeit) geeignet ist, im Publikum die Täuschung hervorzurufen, der Betreffende sei eine zur Führung des medizinischen Doktortitels befugte Persönlichkeit. Ein Arzt, welcher Dr. phil. und nicht Dr. med. ist, würde sich hiernach durch die Bezeichnung Dr. ohne den Zusatz phil. der Möglichkeit der Bestrafung aussetzen (MBl. 1903 S. 211). Ebenso würde auch ein Dr. med. dent. oder vet. nicht berechtigt sein, sich unter Weglassung des dent. oder vet. als Dr. med. zu bezeichnen. Die Abkürzung Dr. med. ist nach einem Urteil des Kammergerichts v. 8. 7. 24 durch den täglichen Gebrauch zur Bezeichnung eines Doktors der allgemeinen Medizin geworden. In einem anderen Falle ist ein Dr. phil. bestraft worden, der sich als Dr. bezeichnet und ein Krebsmittel angeboten hatte.

Die Kontrolle über die Befolgung der geltenden Bestimmungen üben die Ortspolizeibehörden und die Gesundheitsbeamten (Kreisärzte) aus. In Preußen sind erstere durch Ziff. 60 Abf. 2 der AA. zur RGO. v. 1. 5. 04 (MBl. S. 241) ausdrücklich angewiesen worden, zu verhindern, daß Personen, denen die im § 29 RGO. vorgeschriebene Approbation nicht erteilt ist, den Titel Arzt oder einen arztähnlichen Titel führen. Die Kreisärzte haben gemäß § 46 Abf. 3 DAK. Zuwiderhandlungen gegen diese Bestimmungen sofort der zuständigen Behörde mitzuteilen.

Die Ortspolizeibehörden dürfen bei vorstehenden Übertretungen nach § 132 LVG. Geldstrafen, an deren Stelle im Unvermögensfalle Haft, festsetzen, gegebenenfalls u. a. Namens und Geschäftsschilder mit unrichtigen Titeln, wenn solche polizeilichen Verfügungen nicht ausgeführt oder angefochten werden, im Zwangswege durch dritte Personen auf Kosten der Eigentümer entfernen lassen und zu diesem Zweck von letzteren einen entsprechenden Kostenvorschuß einziehen. Ferner können die Polizeibehörden bei Anzeigen solcher Heilkundigen in Zeitungen usw. auch die Bestrafung des für die Anzeige verantwortlichen Schriftleiters auf Grund des § 147 Abf. 1 Ziff. 3 RGO. in Verbindung mit § 20 Abf. 2 des RG. über die Presse v. 7. 5. 74 (RGBl. S. 65) herbeiführen und das Publikum über die Nichtberechtigung zur Führung der beanstandeten Titel öffentlich durch die Tagespresse belehren und die irreführenden Reklamen dadurch richtigstellen.

Anhang.

Auszug aus der preußischen Prüfungsordnung für Kreisärzte vom 9. 2. 1921.

§ 1. Das Befähigungszeugnis für die Anstellung als Kreisarzt wird von dem Minister für Volkswohlfahrt dem erteilt, der die Prüfung für Kreisärzte bestanden hat.

§ 2. Die Prüfung wird vor dem Prüfungsausschuß in Berlin abgelegt.

§ 3. Das Gesuch um Zulassung zur Prüfung ist an den für den Wohnsitz des Bewerbers zuständigen Regierungspräsidenten, in dem Stadtkreis GroßBerlin an den Polizeipräsidenten in Berlin, bei Bewerbern, die außerhalb Preußens ihren Wohnsitz haben, unmittelbar an den Minister zu richten. Der Regierungspräsident (Polizeipräsident) prüft die Vorlagen und gibt sie mit seinem Bericht an den Minister weiter.

Der Minister entscheidet über die Zulassung.

Voraussetzung für die Zulassung zur Prüfung ist, daß der Bewerber nach Erlangung der Approbation als Arzt eine mindestens dreijährige Beschäftigung in der ärztlichen Praxis nachgewiesen hat. Der Minister kann im Einzelfalle auch eine andere ärztl che Tätigkeit anerkennen.

§ 4. Dem Zulassungsgesuche sind in Urschrift beizufügen:

1. die Approbation als Arzt;
2. der Nachweis über den Erwerb der medizinischen Doktorwürde bei einer Universität des Deutschen Reiches. Das Doktordiplom ist in einem Abdruck beizufügen;
3. der Nachweis, daß der Bewerber während oder nach Ablauf seiner Studienzeit an einer Universität des Deutschen Reiches

a) eine Vorlesung über gerichtliche Medizin besucht,

b) mindestens ein Halbjahr lang an der psychiatrischen Klinik als Praktikant mit Erfolg teilgenommen hat;

4. der Nachweis, daß der Bewerber einen abgeschlossenen Lehrgang in der sozialen Hygiene an einer der sozialhygienischen Akademien Breslau, Charlottenburg oder Düsseldorf mit Erfolg abgeleistet hat;

5. der Nachweis, daß der Bewerber einen pathologisch-anatomischen, einen hygienisch-bakteriologischen, einen gerichtlich-medizinischen Kursus, jeden von mindestens dreimonatiger Dauer, in einem Universitätsinstitut des Deutschen Reiches durchgemacht sowie eine wenigstens dreimonatige Tätigkeit als Hilfsassistent an einer psychiatrischen Klinik abgeleistet hat. Der pathologisch-anatomische, hygienisch-bakteriologische und der gerichtlich-medizinische Kursus können auch an einer der genannten sozialhygienischen Akademien oder an der medizinischen Akademie in Düsseldorf abgeleistet werden. Der hygienisch-bakteriologische Kursus kann auch im Institut für Infektionskrankheiten „Robert Koch" in Berlin abgeleistet werden.

Die Nachweise werden durch die Zeugnisse der Fachlehrer, des Akademievorstandes und der Leiter der Kurse erbracht.

Ausnahmsweise kann auch der Nachweis einer auf anderem Wege erlangten Ausbildung zu 4 und 5 als vorschriftsmäßig erachtet werden, wenn der Prüfungsausschuß diese Ausbildung als gleichwertig und die Gründe für den anderweiten Bildungsgang als triftig anerkannt hat;

6. ein eigenhändig geschriebener Lebenslauf, in dem der Gang der Universitätsstudien und die Beschäftigung nach Erlangung der Approbation (siehe § 3 Abs. 3) darzulegen ist.

§ 5. Die Prüfung zerfällt in einen schriftlichen und einen praktisch-mündlichen Teil.

Sachverzeichnis.

Druck von C. Schulze & Co., G.m.b.H., Gräfenhainichen.